JN411557

회고록

한 프랑스 귀족부인이 겪은 프랑스혁명

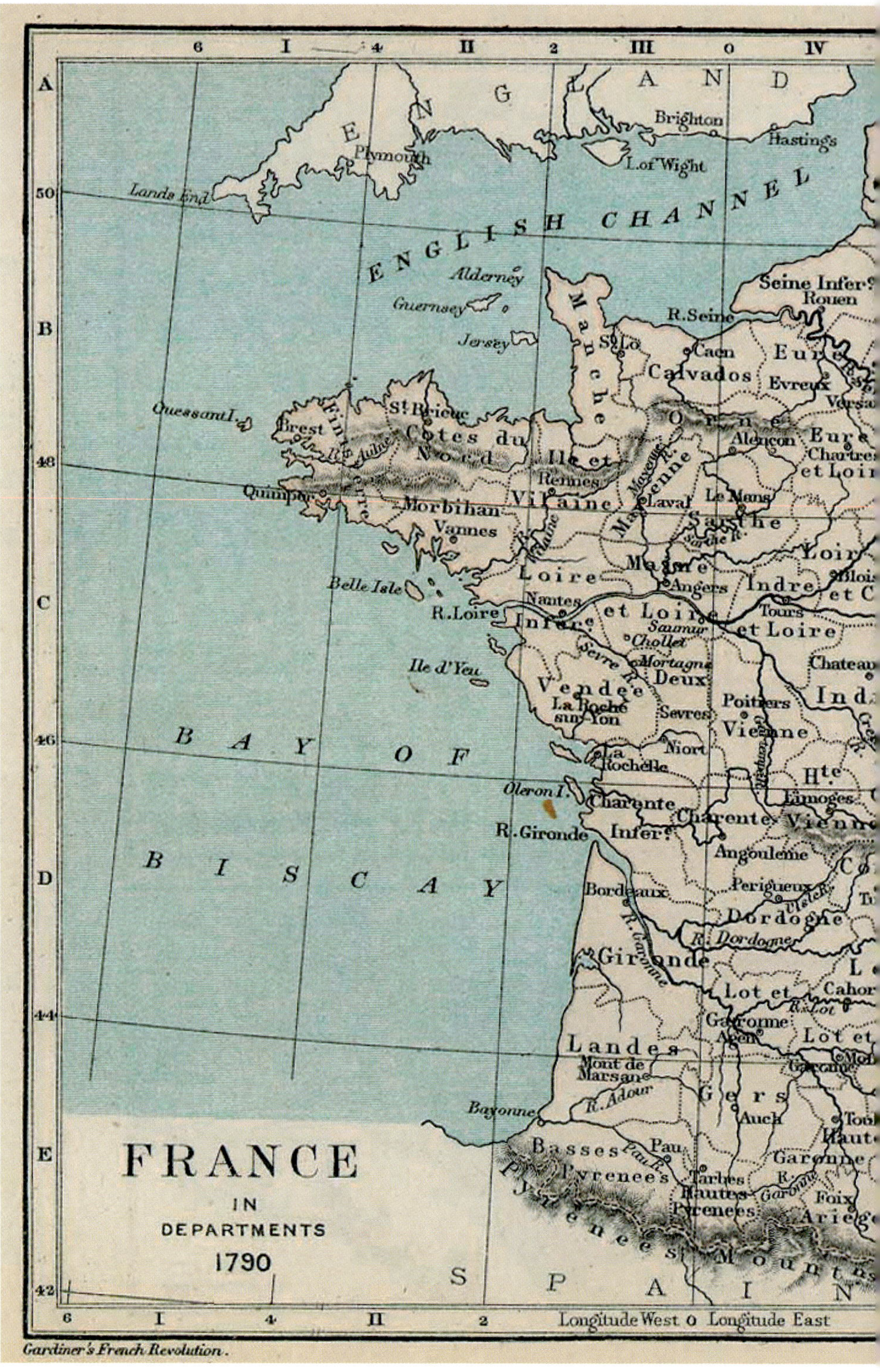

▲ 1905년 C. Colbeck 편 The Public Schools Historical Atlas에서

V
4
VI
6
VII
8
VIII
10
A
50
B
48
C
46
D
44
E
42
R. Scheldt
R. Meuse
R. Rhine
THE
EMPIRE
Coblenz
Lille
Sambre R.
Namur
Arras
Mezieres
Sedan
Luxemburg
R. Moselle
Oise
Laon
Ardennes
Aisne
Longwy
Verdun
Moselle
Metz
Rheims
Varennes
Valmy
R. Marne
Marne
Meuse
Stuttgart
Chalons
Bar-le-Duc
Nancy
Meurthe
Bas Rhin
Strasbourg
Paris
Seine et Marne
Melun
Aube
R. Aube
Troyes
Haute Marne
Chaumont
Vosges
Epinal
Ht. Rhin
Mulhausen
L. of Constance
R. Rhine
Auxerre
Yonne
Hte. Saone
Vesoul
Basel
Coté d'Or
Dijon
R. Saone
Besançon
Doubs
R. Aar
Bern
Nievre
Nevers
Jura
L. of Neuchatel
SWITZERLAND
Saone et Loire
Lons le Saulnier
L. of Geneva
Moulins
R. Rhone
Allier
R. Loire
Macon
Bourg
Ain
Geneva
Rhone
Clermont
Puy de Dome
Loire
Lyons
Mt. Blanc
Chambery
R. Ticino
R. Adda
Vienne
Isere
Savoy
Cantal
Ht. Loire
Le Puy
Grenoble
Turin
R. Po
Valence
Privas
Lozere
Ardeche
Drome
Hautes Alpes
Gap
Genoa
R. Lot
Mende
R. Rhone
Orange
Basses Alpes
Digne
Gard
Vaucluse
Avignon
Nismes
Arles
Durance R.
Herault
Montpellier
Nice
Bouches du Rhone
Var
Draguignan
Aix
SEA
Marseilles
Toulon
C. Corso
MEDITERRANEAN
Perpignan
CORSICA

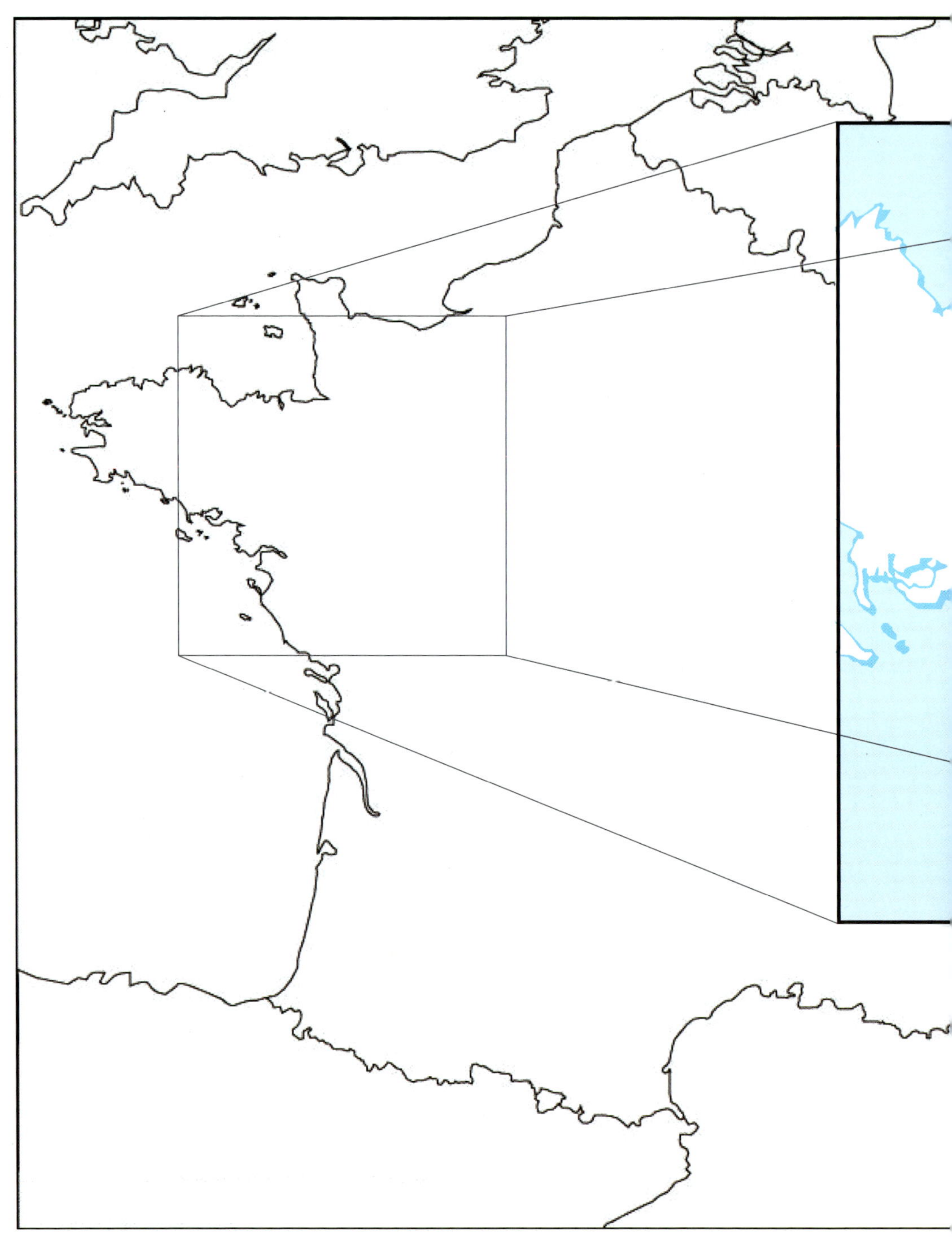

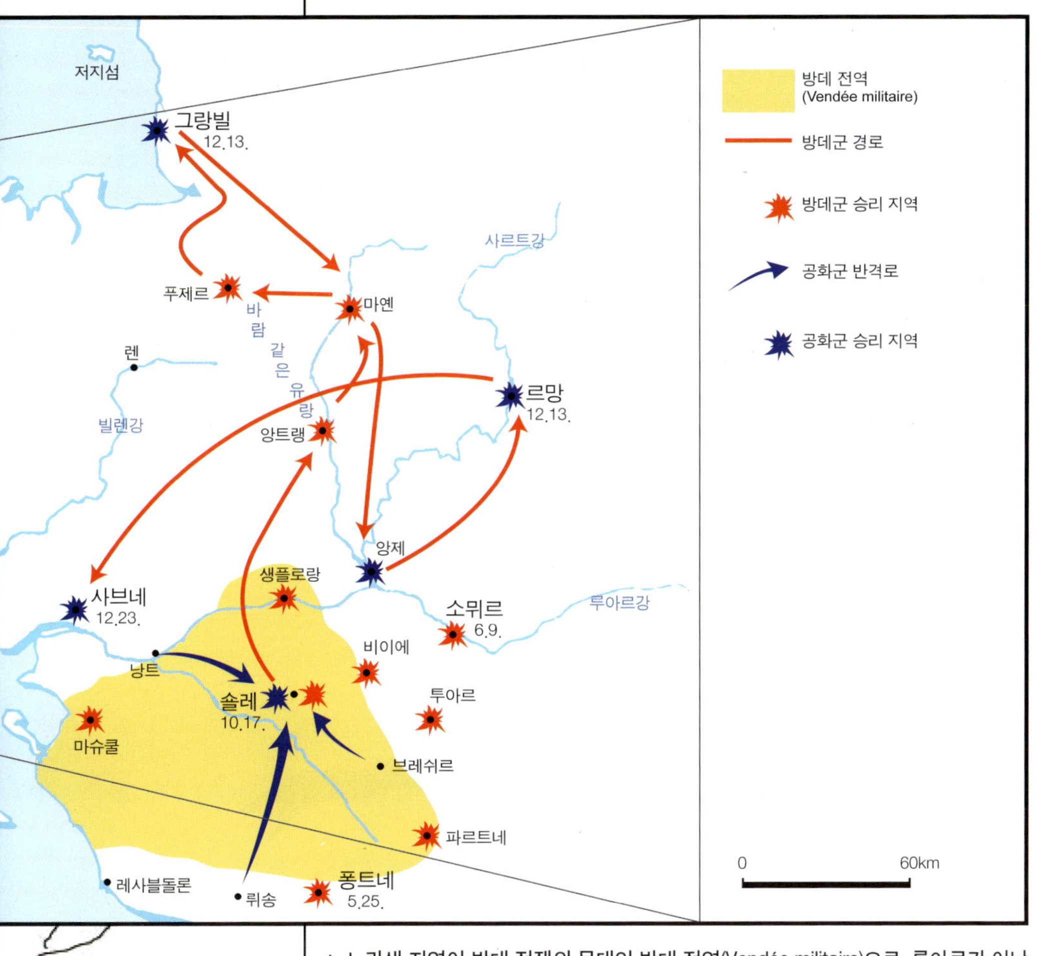

▲ 노란색 지역이 방데 전쟁의 무대인 방데 전역(Vendée militaire)으로, 루아르강 이남 지역의 루아르 앵페리외르도(道)의 일부, 맨 에 루아르도(道)의 일부, 되세브르도(道)의 일부, 방데도(道)의 일부를 포함한다.

방데 전쟁은 1793년 3월에 시작되었다. 방데군은 처음에는 마슈쿨, 브레쉬르, 퐁트네, 파르트네, 비이에, 투아르, 소뮈르, 생플로랑 등지에서 승리를 거두었으나, 최종적으로 10월 17일 숄레 전투에서 패한 후 루아르강을 건너 소위 '바람 같은 유랑(la virée de Galerne)'을 시작한다. 10만여 명의 방데군(가족 포함)은 앙트랑, 마옌, 푸제르 등을 거쳐 11월 13일 최종 목적지인 그랑빌로 갔으나 그랑빌 공략에 실패한 후 마옌, 앙제, 르망 등지를 거쳐 남으로 내려와 루아르강 도하를 시도하나 실패하고 12월 23일 사브네에서 소멸된다.

▲ 라로슈자클랭 후작부인

▲ 성심.
아래에는 '신·왕'라고 쓰여 있다

▲ 라로슈자클랭 후작부인이 만든 방데 가톨릭근왕군 깃발 문양.
위에는 '국왕 만세', 아래에는 '가톨릭근왕군'이라고 쓰여 있다. 가운데 파란색 타원 속에는 왕을 상징하는 백합꽃 문양이 3개 있고 왕관 위에는 십자가가 있다.

▲ 앙리 드 라로슈자클랭의 죽음.
19세기 알렉상드르 블로흐(Alexandre Bloch, 1857~1919) 작. Thomas-Dobrée 박물관 소장.

▲ 파리 민중과 연맹군의 튈르리 왕궁 공격(1792년 8월 10일).
봉기군과 스위스 경비대 사이에 격렬한 전투가 벌어져 양측에서 각각 400여 명이 사망했다.
1793년 장 뒤플시-베르토(Jean Duplessi-Bertaux) 작. 베르사유 궁전 박물관 소장.

▲ **마슈쿨 대학살.**
1884년 프랑수아 플라망(François Flameng, 1856~1923) 작. 캔버스에 유채.
숄레(Cholet) 예술 및 역사 박물관 소장.

▲ **1793년 10월 숄레(Cholet)의 패배.**
1886년 쥘 지라르데(Jules Girardet, 1856~1938) 작.
숄레(Cholet) 예술 및 역사 박물관 소장.

▲ **생플로랑에서 루아르강을 건너는, 부상당한 레스퀴르 장군.**
1882년 쥘 지라르데(Jules Girardet, 1856~1938) 작. 가로 249cm, 세로 152cm, 캔버스에 유채.
윌리엄슨 미술관(영국 버컨헤드) 소장.

▲ **르망 전투, 1793년 12월 13일.**
1852년 장 소리욀(Jean Sorieul) 작. 캔버스에 유채. 르망 la Reine Bérengère 박물관 소장.

▲ 매복한 슈앙.
1883년경 에바리스트 카르팡티에(Évariste Carpentier) 작. 숄레(Cholet) 예술 및 역사 박물관 소장.

▲ **방데군 장군 레스퀴르 후작**(1766~1793).
1816년 루이 18세가 주문한 초상화 중에서. 캔버스에 유채. 숄레(Cholet) 예술 및 역사 박물관 소장.

▲ **자크 카틀리노**(1759~1793).
1816년 루이 18세가 주문한 초상화 중에서. 안-루이 지로데(1767~1824) 작. 가로 150cm, 세로 220cm, 캔버스에 유채. 숄레(Cholet) 예술 및 역사 박물관 소장.

▲ **봉샹 장군.**

1816년 안-루이 지로데(Anne-Louis Girodet de Roussy-Trioson, 1767~1824) 작. 가로 150cm, 세로 220cm, 캔버스에 유채. 숄레(Cholet) 예술 및 역사 박물관 소장.

▲ 앙리 드 라로슈자클랭.
1816년 피에르-나르시스 게랭(Pierre-Narcisse Guérin, 1774~1833) 작, 1817년 살롱 전시. 가로 142cm, 세로 216cm, 캔버스에 유채. 숄레(Cholet) 예술 및 역사 박물관 소장.

▲ **샤레트 장군**(1763~1796).
1816년 폴랭 게랭(Paulin Guérin, 1783~1855) 작. 캔버스에 유채.
숄레(Cholet) 예술 및 역사 박물관 소장.

▲ 루이 드 라로슈자클랭(1777~1815).
1816년 루이 18세가 주문한 초상화 중에서. 피에르 나르시스 게랭(Pierre-Narcisse Guérin, 1774~1833) 작.
가로 140cm, 세로 216cm, 캔버스에 유채. 숄레(Cholet) 예술 및 역사 박물관 소장.

서양편 · 761

회고록

한 프랑스 귀족부인이 겪은 프랑스혁명

마리 루이즈 드 라로슈자클랭 지음
김응종 옮김

한국문화사

한국연구재단 학술명저번역총서 서양편 · 761

회고록

한 프랑스 귀족부인이 겪은 프랑스혁명

1판 1쇄 발행 2018년 12월 10일
원 제 Mémoires de Madame La Marquise De La Rochejaquelein
지 은 이 마리 루이즈 드 라로슈자클랭(Marie-Louise Victoire de La Rochejaquelein)
옮 긴 이 김응종
교 정 이지은
펴 낸 이 김진수
펴 낸 곳 **한국문화사**
등 록 1991년 11월 9일 제2-1276호
주 소 서울특별시 성동구 광나루로 130 서울숲IT캐슬 1310호
전 화 02-464-7708
전 송 02-499-0846
이 메 일 hkm7708@hanmail.net
홈페이지 www.hankookmunhwasa.co.kr

ISBN 978-89-6817-704-0 93920

이 저서는 2016년 대한민국 교육부와 한국연구재단의 지원을 받아 수행된 연구임.(NRF-2016S1A5A7017110)

이 도서의 국립중앙도서관 출판예정도서목록(CIP)은 서지정보유통지원시스템 홈페이지(http://seoji.nl.go.kr)와 국가자료공동목록시스템(http://www.nl.go.kr/kolisnet)에서 이용하실 수 있습니다.(CIP제어번호: CIP2018038924)

'한국연구재단 학술명저번역총서'는 우리 시대 기초학문의 부흥을 위해
한국연구재단과 한국문화사가 공동으로 펼치는 서양고전 번역간행사업입니다.

차례

역자 해제 / xxi

나의 아이들에게 1
서문 3

1. 나의 출생에서 삼신분회까지 9
2. 삼신분회에서 10월 6일까지 26
3. 가스코뉴로의 출발부터 1792년 8월 10일까지 42
4. 8월 10일 – 파리 탈출 55
5. 보카주에 대한 묘사 – 주민들의 심성 – 혁명의 첫 번째 효과 – 1792년 8월의 봉기 – 방데 전쟁 이전 시기 65
6. 전쟁 발발 – 므쓔 라로슈자클랭의 출발 – 우리의 체포 78
7. 앙주 부대의 철수 – 므쓔 라로슈자클랭이 레조비에에서 승리를 거두다 – 앙주 부대가 손실을 만회하다 – 브레쉬르 학살 – 공화파가 도시를 포기하다 – 므쓔 라로슈자클랭이 클리송에 도착하다 93
8. 방데인들이 브레쉬르를 점령하다 – 왕당파 부대의 구성 109
9. 투아르, 파르트네, 샤테느레 점령 – 퐁트네 패배 – 퐁트네 점령 126
10. 최고위원회 구성 – 비이에, 두에, 몽트뢰유의 승리 – 소뮈르 점령 142
11. 앙제 점령 – 낭트 공격 – 파르트네 철수 – 물랭 오 셰브르 숲의 전투 156
12. 샤티옹 재점령 – 마르티녜와 비이에 전투 – 므쓔 델베의 선출 – 뤼송 공격 169
13. 므쓔 탱테니아크의 도착 – 제2차 뤼송 전투 – 샹토네 승리 180
14. 라로슈 데리네, 마르티녜, 두에, 투아르, 코롱, 볼리외, 토르푸, 몽태귀, 생퓔장 전투 – 클리송 수송대 공격 194
15. 물랭 오 셰브르 전투 – 샤티옹 탈환과 재탈환 – 라트랑블레 전투와 숄레 전투 .. 211
16. 루아르강 도하 – 앵그랑드, 캉데, 샤토 공티에, 라발 통과 222
17. 라발과 샤토 공티에 사이에서의 전투 – 마옌, 에르네, 푸제르 길 – 므쓔 레스퀴르의 죽음 238

18. 영국에서 파견된 두 망명자의 도착 – 퐁토르송과 아브랑슈 경유 – 그랑빌 공략 – 아브랑슈, 퐁토르송, 돌을 지나서 돌아감 ······ 253
19. 돌 전투 – 앙트랭, 푸제르, 라플레슈 경유 – 앙제 공략 ······ 266
20. 라플레슈로 귀환 – 르망 패주 ······ 282
21. 루아르강 재도하 시도 – 사브네 패주 – 군대의 소멸 ······ 293
22. 브르타뉴인들의 용감한 환대 – 1793년과 1794년의 겨울 ······ 308
23. 드레뇌프 성 체류 ······ 321
24. 사면 – 방데인 도망자들에 대한 세부 사실들 ······ 337
25. 전쟁을 계속한 방데인들에 대한 기술 – 보르도로 돌아감 ······ 347
26. 결혼 이후 ······ 370
27. 1808년에서 1814년까지 ······ 387
28. 3월 12일 ······ 403

보유: 뒤무스티에 집안 사람들에 대한 간단한 기술 ······ 414

인명 찾아보기 / 419

• 일러두기 •

1. 이 책은 저자 라로슈자클랭 후작부인의 회고록 제6판(1848)을 번역 원본으로 삼았다.
2. 원저자 주는 (원주)라고 표기했으며, 나머지는 모두 옮긴이의 주이다.
3. 인명과 지명은 국립국어원 외래어 표기법에 맞추었으나 일부는 현지 발음에 맞추었다.
4. 도판은 퍼블릭 도메인과 Creative Commons License를 사용하고 현 소장처를 도판 아래 병기했다.

I. 책의 구성

이 책은 프랑스의 한 귀족부인이 직접 체험한 프랑스혁명에 대한 회고록이다. 다시 말해 이 책은 전문 역사가가 쓴 프랑스혁명사도 아니며 전문 작가가 쓴 프랑스혁명사 이야기도 아니다. 따라서 이 책에서 체계적인 학술적 분석이나 문학적 기술을 기대할 수는 없다. 프랑스혁명에 대한 지식이나 관심, 특히 저자가 겪은 반혁명에 대한 지식이나 관심이 없다면, 이 책을 역사적으로 가치 있게 만든 방데 전쟁에 대한 기술이 무의미하고 지루한 전쟁 이야기로 보일지 모른다. 그러나 "자유, 평등, 형제애"라는 프랑스혁명에 대한 고정관념을 버리고, 혁명이 아니라 반혁명의 시각에서, 승자가 아니라 패자의 입장에서 혁명을 바라본다면 전에 보이지 않았던 슬프고도 위대한 측면들이 드러날 것으로 생각한다. 저자의 '기억'은 프랑스혁명의 '역사'를 재현하는 데 중요한 사료적 가치를 지닌다.

이 책은 모두 28장과 '보유'로 구성되어 있다. 제1장은 저자의 출생에서부터 1789년 5월 5일 삼신분회가 소집될 때까지의 저자와 저자 가족에 대한 이야기이다. 제2장은 삼신분회 소집부터 같은 해 10월 6일 파리 민중이 베르사유를 공격하여 왕실과 의회를 파리로 옮겨가는 이야기이다. 당시 저자는 베르사유에 살았으므로 베르사유에서 벌어진 사건들을 생생하게 전해주고 있다. 제3부는 왕실이 파리로 옮겨간 후 저자의 가족이 프랑스 중서부의 가스코뉴 영지로 내려가서 살던 이야기이다. 저자와 남편 레스퀴르 후작은 망명을 떠나는 길에 파리의 왕궁에 들렀다가 왕비의 권유로 파리에 남아 1792년 6월 20일 파리 민중의 왕궁 공격 사건을 목격한다. 제4장은 1792년 8월 10일 파리 민중과 연맹군이 왕궁을 공격하여 사실상 왕정을 붕괴시킨 사건에 대한 이야기이다. 8월 10일 사건은 "제2의 프랑스혁명"으로 불릴 정도로 중요한 사건인데, 이 사건에 대한 저자의 기록은 상세하고 생생하여 높은 사료 가치를 지닌다고 판단된다.

제5장부터 제21장까지는 이 책의 핵심인 방데 전쟁 체험기이다. 방데 전쟁은 1793년 3월에 시작되어 그해 12월 말에 끝난다. 당시 프랑스는 주변국과의 전쟁, 서부의 방데 전쟁, 남부의 대도시들에서 일어난 소위 연방주의 반란으로 그야말로 존망지추의 위기에 빠져 있었다. 혁명정부는 '공포정치'라는 방법으로 대응했기 때문에 방데 전쟁과 연방주의 반란에 대한 진압과 사후처벌은 대단히 잔혹했다. 방데 전쟁으로 전체 주민의 3분의 1인 20만 명의 방데인이 목숨을 잃었다. 일부 자유주의 역사가들은 혁명정부가 양민 수만 명을 학살한 것에 주목하여 방데 전쟁에서 나치의 유대인 학살과 같은 제노사이드(인종 학살)가 자행되었다는 주장을 했고 이후 프랑스혁명사에서는 제노사이드 논쟁이 벌어졌다. 학살의 성격이 제노사이드인가 아닌가 여부를 떠나 혁명정부가 비무장양민을 무차별 학살했다는 사실 자체가 충격으로 다가온다. "자유, 평등, 형제애"라는 혁명 이념에 감추어진 '폭력성'을 확인할 수 있는 것이다. 사실 혁명은 본질적으로 폭력이니만큼 방데 전쟁에서 혁명의 참모습을 볼 수 있는 것은 아닐까 싶다. 이러한 차원에서 저자의 기술은 역사적 증언으로서의 높은 가치를 지닌다. 전투 이야기가 산만하고 지루하게 계속되지만 '폭력'이라는 점에 초점을 맞추어 읽는다면 의미 있는 혁명사 공부

가 될 것으로 생각한다.

제22장부터 제25장까지는 1793년 12월 말 사브네 전투 패배로 방데 전쟁이 소멸된 후 브르타뉴 지방의 벽촌 농가에 숨어 살다가 1794년 7월의 열월 정변으로 로베스피에르의 공포정치가 끝나 그해 말 사면될 때까지 저자와 저자의 동료들이 겪은 이야기이다. 브르타뉴 지방의 가난하고 무지한 농민들이 죽음을 무릅쓰고 방데인 도망자들을 보호해주는 이야기는 참으로 감동적이다. 동시에 그것은 가난하고 무지하며 광신적인 농민들은 광신적인 가톨릭 사제들과 여자들의 사주를 받아 반혁명에 동원되었다는 역사가들의 설명이 농민들에 대한 인식 부족에서 비롯된 편견이 아닐까 하는 생각을 하게 해준다. 방데 전쟁 도망자들을 보호해준 브르타뉴의 농민들은 비록 가난하고 무지했지만 나름대로 확고한 정치적 신념을 가지고 있었다. 그들은 피동적인 존재가 아니라 능동적인 존재였다.

제26장부터 마지막 제28장까지는 저자가 방데 전쟁의 총사령관이었던 앙리 드 라로슈자클랭 후작의 동생인 루이 드 라로슈자클랭 후작과 결혼한 이후 남편이 보르도 지방의 왕정복고운동에 가담하여 활동한 이야기이다. 『회고록』은 루이 드 라로슈자클랭이 국왕 루이 18세를 알현하는 것으로 끝난다. '보유'는 저자가 브르타뉴 지방에 숨어 지낼 때 보호해준 뒤무스티에 집안 사람들이 방데 전쟁 이후 전개되는 슈앙 반혁명운동에 가담하여 싸운 이야기이다.

제1장부터 제3장까지와 제26장부터 제28장까지는 다소 산만하고 지엽적인 이야기이니 독자들은 제4장부터 제25장까지의 방데 전쟁에 대한 이야기를 먼저 읽는 것이 이 책을 흥미롭게 읽는 방법이 아닐까 싶다. 무엇보다도 중요한 것은 반혁명에 대한 관심과 애정을 가지고 라로슈자클랭 후작부인의 증언에 귀를 기울이는 것이라고 생각한다.

II. 저자의 생애

마리 루이즈 빅투아르 드 도니상(Marie Louise Victoire de Donnissan)은 1772년 베르사유에서 태어나 1857년 사망했다. 그녀는 고위 궁정귀족인 기 조제프 드 도니상 후작과 마리 프랑수아즈 드 뒤르포르 드 시브라크의 무남독녀로 태어났으며, 화려한 궁정생활을 누리며 자랐다. 루이 16세의 고모인 마담 빅투아르와 루이 16세의 동생인 프로방스 백작(왕정복고 후의 루이 18세)이 그녀의 대모와 대부를 섰다. 마담 빅투아르는 왕궁에서 저녁을 마치면 저자의 외할머니 집에 와서 시간을 보내기도 할 정도로 그녀의 집안은 왕실과 밀착되어 있었다. 1791년 그녀는 이종사촌인 루이 마리 드 레스퀴르 후작과 결혼했다. 그러나 그녀의 행복은 오래 지속되지 못한다.

1789년의 프랑스혁명은 그녀의 삶을 그야말로 혁명적으로 바꾸어 놓았다. 원래 레스퀴르 후작도 다른 대부분의 귀족처럼 망명을 떠날 생각이었다. 그러나 그는 왕과 왕비의 권유로 파리에 남았고, 1792년 8월 10일 파리 민중이 왕궁을 공격하여 왕권을 정지시키는 엄청난 사건을 체험했다. 그들은 귀족이라는 이유로 파리 민중에게 붙잡혀 학살당할 위험을 간신히 넘기고 고향인 푸아티에로 낙향하여 조용히 살고 있었다. 그러나 1793년 3월 방데 지방에서 농민들의 봉기가 일어났고, 레스퀴르 후작이 농민군의 지휘를 맡게 되면서 그들의 불행이 시작되었다. 가톨릭 근왕군은 초기에는 승승장구하여 혁명 파리를 위협할 정도였으나 그해 10월의 숄레 전투에서 패한 후 루아르강을 건너 브르타뉴 지방을 유랑하다가 1793년 12월 말 사브네 전투에서 패한 후 사실상 소멸된다. 그녀는 구사일생으로 탈출하여 브르타뉴 지방의 가난한 농민 집에서 숨어 지냈다. 농민들은 목숨 걸고 방데 전쟁 도망자들을 보호해주었다. 1년간의 도피

생활은 혹독한 빈곤과 고통과 불안의 시간이었으나, 동시에 브르타뉴 농민들의 소박한 삶과 용기와 인간미를 맛볼 수 있는 시간이었다. 라로슈자클랭 후작부인은 아홉 달간의 전쟁에서 남편과 아버지 그리고 어린 딸을 잃었으며, 도피 중에 태어난 두 딸 역시 도피 중에 세상을 떠났다.

1794년 말 단행된 사면으로 레스퀴르 후작부인은 죽음의 그림자에서 벗어나 어느 정도 안정된 생활을 영위할 수 있게 되었다. 그녀는 1802년에 레스퀴르 후작의 사촌이며 방데 전쟁 총사령관이었던 앙리 드 라로슈자클랭의 동생인 루이 드 라로슈자클랭과 재혼하여 라로슈자클랭 후작부인이 되었다. 루이는 방데 전쟁 중에 죽은 형의 뒤를 이어 왕정복고운동에 적극적으로 뛰어들어 1814년 왕정복고의 주역이 되었다. 그러나 그는 1815년 권좌에 복귀한 나폴레옹에 맞서 방데 봉기를 주도하다가 사망했다. 저자의 둘째 아들인 루이 앙리는 1830년 혁명으로 왕위를 빼앗긴 샤를 10세의 며느리인 베리 공작부인이 주도한 방데 봉기에 가담했으며 1833년에 리스본 전투에서 사망했다.

1832년 라로슈자클랭 후작부인은 방데 지방 지역인 푸아투를 떠나 두 딸이 사는 오를레앙으로 올라왔다. 마침 오를레앙에서는 방데 봉기에 가담했던 왕당파 피의자들이 재판을 기다리고 있었다. 그녀는 자신의 『회고록』 집필을 도와준 유력 정치가 프로스페르 드 바랑트(1782~1866) 같은 인사들에게 청원하여 그들이 무죄 방면되도록 돕는 일에 전력을 다했다. 그녀는 자신의 많은 재산을 가지고 방데 전쟁에서 생사고락을 함께했던 농민들을 돕는 일에 전념했다.

라로슈자클랭 후작부인은 1857년 2월 15일 파란만장한 삶을 마감했다. 그녀의 장례식에 참석한 사람 가운데 귀족은 두셋에 불과했고 나머지 200~300명은 빈민이었다. 당국은 장례식이 정치집회가 되지 않을까 우려했지만, 장례식은 후작부인의 관대하고 고결한 덕성을 기리는 종교적인 집회가 되었다. 장례식에 참석하여 추도사를 한 푸아티에의 주교는 그녀가 자선사업에 헌신했음을 찬양했다. 그러면서도 그는 "방데 전쟁의 지도자들은 신(神)이었다"는 정치적인 발언을 숨기지 않았다. 실제로 첫 남편인 레스퀴르 후작은 '푸아투의 성인'으로 칭송받을 정도로 방데 지역에서 존경받는 인물이었다. 방데 전쟁의 지휘관들뿐만 아니라 일반 농민들도 놀라운 종교적인 덕성을 지니고 있었다는 것은 『회고록』에서도 엿볼 수 있다. 방데 전쟁은 가톨릭을 파괴한 프랑스혁명이라는 대체 종교에 맞선 '성전'의 의미가 있지 않았나 생각해볼 수 있을 정도다.

III. 『회고록』 출판

라로슈자클랭 후작부인은 1794년 말에 사면을 받고 고향으로 돌아와서 정치와 거리를 두고 조용히 지내고 있었다. 혁명력 5년 수확월 18일(1797년 9월 4일)의 위기가 발생하면서 후작부인의 삶에 파란이 일어났다. 후작부인은 혁명기에 망명을 떠난 적이 없었음에도 망명자 명단에 이름이 올라있었기 때문에 프랑스 안에 있다가 발각되면 망명자로 취급되어 처벌을 받을 수 있었다. 이에 후작부인은 스페인으로 망명을 떠났다가 8개월 후에 망명을 떠나지 않았음이 인정되어 프랑스로 돌아왔다. 그러나 지롱드도(道)에서는 망명자 명부에서 삭제했으나 파리에서는 삭제하지 않았기 때문에 그녀는 또다시 망명을 떠나지 않을 수 없었다. 그녀는 다시 스페인으로 망명을 가서 10개월 체류한 후 1799년 5월 프랑스로 돌아왔다. 그녀가 『회고록』 집필을 시작한 것은 바로 이 시기였다.

후작부인은 1802년 재혼한 후 한동안 중단했던 회고록 집필을 계속했고, 방데 전쟁 중에 함께 생사를 넘나들었던 어머니와 전쟁 동지들의 도움을 받아 초고를 완성했다. 후작부인이 초고의 내용을 수정하고 표현을 다듬는 데 도움을 준 사람은 역사가이고 작가이며 정치가인 프로스페르 드 바랑트였다. 바랑트는 1807년부터 1815년까지 브레쉬르 군수, 방데도(道) 지사, 루아르 앵페리외르도(道) 지사 등을 역임하면서 라로슈자클랭 후작부인 부부와 친교를 맺었으며, 후작부인의 원고를 읽고 수정하고 정리하는 일을 도와주었다. 후작부인의 초고에 담겨 있던 솔직하고 거친 표현들은 바랑트의 문재(文才)를 통해 정제되어 1814년에 출판되었다.

『회고록』은 전(全)유럽에서 성공을 거두었다. 프랑스에서는 1889년 이전에 최소한 13판이 출판되었으며, 1816년에는 미국에서, 1817년에는 독일에서 출판되었고, 벨기에에서는 2판, 영국에서는 5판이 출판되었다. 영국에서는 월터 스콧이 1816년에 『회고록』을 직접 번역하고 감동적인 서문을 붙였다. 더욱 주목할 만한 것은 『회고록』은 옛 공포정치가인 메르시에 뒤 로셰 같은 잔혹한 반대자들의 비판적인 검토를 견뎌내었다는 점이다.[1] 『회고록』은 방데 전쟁을 증언해주는 귀중한 사료임을 양측에서 인정받은 것이다. 프랑스혁명을 둘러싼 논쟁에서 수정 해석을 대표하는 프랑수아 퓌레도 방데 전쟁을 이해하는 데 필수적인 자료로 이 『회고록』을 꼽고 있다.[2]

책이 성공을 거두면서, 후작부인의 원고가 책으로 완성되는 데 있어서 바랑트가 어느 정도의 역할을 했는지를 둘러싸고 여러 가지 이야기들이

---

1 Alain Gérard, “La Vendée comme expérience spirituelle”, in *Mémoires de la marquise de La Rochejaquelein*, Edition critique établie et présentée par Alain Gérard, collection mémoire de Vendée, 2010, p. 17.

2 François Furet, “Vendée”, François Furet, Mona Ozouf (dir.), *Dictionnaire critique de la Révolution française*, Flammarion, 1988, p. 190.

나돌았다. 이 번역판의 '저자 서문'에서도 그러한 분위기를 감지할 수 있다. 두 사람의 작업은 후작부인의 원고를 바랑트가 읽고 다시 후작부인이 최종적으로 확인하는 식으로 진행되었다. 따라서 1814년과 그 이후에 출판된 『회고록』의 내용, 표현, 판단, 문체 등이 후작부인의 것임을 부정할 수는 없다. 그럼에도 불구하고, 특히 역사가들에게는, 바랑트가 정제하기 이전의 더 솔직하고 순수하며 가공되지 않은 후작부인의 목소리를 듣고 싶은 바람이 컸고, 또 거기에 더 많은 사료적 가치를 부여할 수 있는 것도 사실이다. 1889년에 후작부인의 아들인 쥘리앵 드 라로슈자클랭이 펴낸 『회고록』은 이러한 바람에 따라 필사본 원고를 토대로 출판한 것이고, 2010년에 알랭 제라르가 펴낸 『회고록』은 쥘리앵 드 라로슈지클랭의 『회고록』에서 정제되기 이전의 더 순수한 필사본 원고를 토대로 출판한 것이다.

여기에 번역한 1848년판은 제6판이므로 후작부인이 사망하기 전 마지막으로 나온 책이다. 제5판까지는 초판과 크게 다르지 않으나 제6판은 구성이 달라졌다. 원래 필사본에는 어린 시절 이야기를 세 장(章)으로 구성했었으나 1814년의 초판에서는 그것을 하나의 장으로 줄였던 것을 1848년판에서는 원래대로 세 장(책의 제1장, 제2장, 제3장)으로 구성했다. 또 1848년판에서는 초판에 있던 보유를 3장으로 늘렸고(제26장, 제27장, 제28장), 브르타뉴 지방에 숨어 지낼 때 도움을 준 뒤무스티에 집안 사람들에 대한 기술을 덧붙였다.

『회고록』이 사료로서의 귀중한 가치를 지니는 이유는 솔직하고 사실적인 기술 때문이다. 후작부인이 간결한 문체를 고집한 이유도 간결한 문체만이 진실성을 담보할 수 있다고 보았기 때문이다. 참으로 『회고록』의 문체는 간결하며 내용은 솔직하고 냉정하다. 독자들은 후작부인이 처했던 고통스러운 상황을 안타까워하면서도 후작부인의 솔직한 표현을 보면 인간미를 느끼게 된다. 1792년 8월 10일, 왕궁을 공격하는 파리의 상퀼로트를 피해 남편과 함께 도망 다니던 후작부인은 극심한 공포에 이성을 잃고서 급기야는 "상퀼로트 만세! 불을 비추어라! 유리창을 부숴라!"라고 마치 상퀼로트처럼 외쳤다. 스무 살의 젊은 귀족부인은 너무도 무서워서 그렇게 하는 것이 살 수 있는 유일한 방법이라고 생각했던 것이다. 그것을 고백할 정도로 후작부인은 솔직하다. 개인적으로 역자는 이 대목을 읽고서 후작부인의 기술을 신뢰하게 되었을 뿐만 아니라 책에 흥미를 느끼게 되었다. 1793년 10월 루아르강을 건너 유랑할 때는 병사들과 비무장인(여자, 어린이, 노인들)이 함께 이동했다. 적군의 공격으로 패배가 확실해지자, 후작부인은 농민보다 더 농민답게 옷을 입고서 미친 듯이 도망치는 모습을 보여준다. 앙제를 공격할 때 후작부인은 전투에서 패배할지도 모른다는 절망감에 일종의 착란상태에 빠졌다. 말을 타고 무작정 전진하는 그녀를 아버지가 구해주었는데, 그때의 상황을 그녀는 "나는 내가 찾아 나선 위험에서 벗어날 때 은근한 만족감을 느꼈다"고 기술한다. 브르타뉴 지방에 은거할 때 공화파의 야간 수색에 쫓겨 농가에서 나온 후작부인과 어머니는 들판에서 잠을 잔다. 그때 후작부인은 어머니의 무릎에 머리를 묻고 "편안하게" 잠을 잤다.

루아르강을 건너 유랑하던 시기는 죽음이 임박했음을 예감하던 시기였다. 총사령관이었던 앙리 드 라로슈자클랭은 "나는 죽고 싶습니다"라고 울먹였다. 후작부인은 브르타뉴의 농가에 숨어 지내다 낳은 쌍둥이 딸의 죽음을 보며 "네가 나보다 더 행복하구나"라고 말한다. 아버지, 남편, 세 딸의 죽음을 그토록 담담하게 맞이하고 표현을 절제할 수 있었던 것은 그녀 역시도 죽음을 피할 수 없다고 체념하고 있었기 때문일 것이다.

IV. 『회고록』에 비친 프랑스혁명

우리나라의 교과서에 나오는 프랑스혁명은 '자유, 평등, 형제애'의 위대한 시민혁명이지만, 『회고록』에 나오는 프랑스혁명은 광적인 폭력이다. 1792년 8월 10일의 사건은 교과서에서는 왕정을 무너뜨리고 공화정을 연 위대한 사건이지만, 그 자리에 있었던 후작부인에게는 특권계급에 대한 증오심에 취한 (그리고 실제로 술에 취한) 파리 민중이 일으킨 폭동이었다. 프랑스혁명의 소위 정통해석을 대표하는 알베르 소불은 8월 10일의 사건을 "1792년 8월 10일의 혁명"이라고 환호하지만, 후작부인에게 있어서 그것은 그해 9월 초에 벌어진 '9월 학살'과 그 후에 진행된 공포정치의 전주곡이었다. 9월에 파리의 그 민중들은 파리의 여러 감옥을 공격하여 신서거부신부 270여 명을 포함하여 수인(囚人) 1,000여 명을 즉결 처형했다. 그 후 공포정치가 자행되어 시민 5만여 명이 약식 처형당한다.

1793년 3월부터 1793년 12월 말까지 계속된 방데 전쟁에서는 후일 "프랑스인에 의한 프랑스인의 인종 학살(제노사이드)" 논쟁이 벌어질 정도로 광적인 폭력이 자행되었다. 누가 폭력을 행사했는가? '가톨릭 근왕군'의 기치를 내걸고 반란을 일으킨 구체제의 야만적인 농민들이 폭력을 행사했는가? 아니면 '자유, 평등, 형제애'를 내세운 공화국 병사들이 폭력을 행사했는가? 혁명군은 방데군의 학살에 대한 보복을 하는 것이라고 생각했지만 그들의 보복은 혁명이라는 이름이 무색할 정도로 지나쳤으며 야만적이었다. 그들은 병사들은 물론이고 무장하지 않은 여자, 어린이, 노인들을 포함하여 20만 명이 넘는 방데인을 학살했고, 방데 지방을 생명체가 살 수 없는 사막으로 만들어버렸다. 방데라는 이름도 아예 '방제'(복수라는 뜻)로 바꾸어버렸다.

물론 방데인들이 학살을 자행하지 않은 것은 아니다. 1793년 3월 마슈쿨에서 반란을 일으킨 농민들은 애국파 160여 명을 학살했다. 그러나 초기의 농민반란이 지휘체계를 갖추어가면서 이러한 학살은 사라졌다. 라로슈자클랭 후작부인은 방데군은 마슈쿨의 불행한 학살 이후에는 학살을 자행하지 않았음을 강조하고 있다. 『회고록』에서는 방데군 장군들이 학살과 약탈을 금지하고 만류하는 모습을 볼 수 있다. 봉샹 장군이 공화파 포로 5,000여 명을 석방한 것은 방데인들의 휴머니즘을 보여준다. 이 놀라운 사건은 공화파들에게 널리 알려졌고, 후일 포로로 수감되어 있던 봉샹 장군의 부인은 이때 풀려난 공화파 병사들의 증언으로 목숨을 구했다. 전세가 불리해지고 정부군의 보복이 자행되면서 방데군도 보복학살의 유혹을 받았으나, 그들은 대체로 폭력을 자제했다. 방데군 장군들은 전의를 상실하고 후퇴하는 병사들에게 사기를 불어넣어주기 위해 약탈을 허용한 적이 있지만, 그들은 그 때문에 신의 징벌을 받았다며 그것을 후회했다. 방데 전쟁에서는 혁명군이 방데군보다 더 폭력적이었다는 사실을 부정할 수 없다. 그들은 항상 무기와 불을 함께 들고 다녔다. 공화주의 역사가인 미슐레는 방데군이 가톨릭교회의 광신주의에 젖어 있어서 마치 중세의 종교전쟁에서처럼 잔인했으며 야만적인 폭력을 행사했다고 강조하지만 아무래도 미슐레의 주장은 그의 반교권주의에서 비롯된 편견이지 않을까 싶다.

프랑스혁명의 폭력성은 1794년 7월의 열월 정변으로 공포정치의 주도자인 로베스피에르가 처형되면서부터 누그러진다. 우리의 후작부인이 공화파의 수색에서 자유로워지고 드디어 사면을 받게 된 것도 열월 정변 덕분이었다. 우리의 교과서는 이 사건을 열월 '반동'이라고 규정하여 혁명의 시계를 거꾸로 돌린 반동적인 사건인 것처럼 평가하지만, 그러한 해석은 방데 전쟁 희생자들의 동의를 얻기 어렵다. 공포정치가들은 혁명 이념을 실현하기 위해 전진하던 혁명가들이라기보다는, 프랑수아 퓌레가 말하듯이, "독재와 신화라는 미지의 세계로 대책 없이 도망치는" 사람들이었다.[3] 로베스피에르는 장 클레망 마르탱 같은 역사가들이 변호하듯이 상퀼로트들의 무정부주의적인 폭력을 제어하려고 애쓴 사람이 아니었다.[4] 로베스피에르가 1794년 봄에 과격한 에베르파와 온건한 당통파를 제거하고, 전쟁 승리로 상황이 호전되어 공포정치를 계속할 명분이 사라졌음에도 1794년 6월에 목월의 법을 제정하여 오히려 "대공포정치"를 자행한 것은 로베스피에르를 평가할 때 결정적인 대목이 아닐까 싶다. 로베스피에르는 '덕의 공화국'이라는 명분과 '자유의 독재'라는 미명 하에 독재정치를 자행한 인물로 평가해야 할 것이다. 1794년 7월의 열월 정변은 바로 독재자 로베스피에르를 제거하고 혁명의 이탈을 바로잡은 사건으로 보아야 한다.

열월 정변의 뒤를 이어 혁명을 종식시킨 사람은 나폴레옹이었다. 1799년 11월 9일(혁명력 8년 안개월 18일) 쿠데타를 일으켜 권력을 장악한 나폴레옹은 "프랑스혁명은 끝났다"고 선언했다. 그는 방데 전쟁에 대해서 "부당한 법이 제정되었고 집행되었으며 자의적인 행동들이 시민들의 안전과 양심의 자유를 위협했다"고 인정한 후,[5] 종교의 자유를 선포했고 희생자들에 대한 보상을 실시했으며 전쟁으로 파괴된 방데 지역에 대한 복구 사업을 벌였다. 『회고록』에서, 보르도 지역을 방문한 나폴레옹은 방데군 사령관이었던 레스퀴르 후작과 앙리 라로슈자클랭 후작에 대해

---

3 프랑수아 퓌레, 드니 리셰, 김응종 옮김, 『프랑스혁명사』, 일월서각, 1990, 274쪽.

4 Jean-Clément Martin, *La Terreur. Part maudite de la Révolution*, Découverte Gallimard, 2010, p. 66.

5 Reynald Secher, *La Vendée-Vengé. Le génocide franco-français*, PUF, 1986, p. 301.

호의적인 모습을 보여준다. 이들은 "모든 군대를 격파한 군대를 격파한" 기적적인 부대의 장군들이었던 것이다.[6]

『회고록』에서는 혁명의 허상이 깨어지고, '구체제'는 오랜 왜곡에서 벗어나 순수한 모습을 드러낸다. 서부의 귀족들은 교과서에 나타나듯이 농민들을 착취하는 '특권지배계급'이 아니었다. 프랑스혁명기에 귀족들이 망명을 떠난 것은 비겁하게 도망친 것이 아니라 반혁명군에 가담하여 혁명을 무너뜨리기 위함이었다. 레스퀴르 후작처럼 부득이하게 프랑스에 남아 반혁명전쟁에 가담한 귀족들은 무질서한 농민군의 선두에 서서 그들을 지휘했다. 나이 스물한 살의 앙리 라로슈자클랭은 농민들의 지휘를 맡으면서 "내가 전진하면 나를 따르고, 내가 후퇴하면 나를 죽이고, 내가 죽으면 내 복수를 해 달라"는 유명한 연설을 했으며, 그대로 실천했다. 그들은 귀족으로서의 명예는 지켰지만 목숨은 지키지 않았다. 이러한 귀족으로서의 노블레스 오블리주를 잘 보여준 인물이 레스퀴르 후작과 앙리 라로슈자클랭 후작이다. 역자는 이 책을 읽으면서 젊은 귀족들의 명예심과 거기에서 나오는 노블리스 오블리주에 감동을 받았다.

농민들도 순수했다. 그들은 귀족들에게서 착취당하지 않았기에 귀족들을 따랐으며, 혁명이 강요한 성직자민사기본법에 선서하지 않은 신부들을 존경했다. 농민들이 '가톨릭 근왕군'에 기꺼이 참여한 것은 농민-귀족-성직자 사이에 맺어진 신뢰 때문이었다. 브르타뉴의 농민들이 방데 학살을 피해 도망친 후작부인과 어머니를 보호하는 데에서는 어떠한 계급적인 적대감도 찾아볼 수 없다. 그들에게서 볼 수 있는 것은 혁명에 대한 적대감이었다. 착취하는 귀족, 무위도식하는 성직자의 이미지는 혁명이 혁명을 정당화하려고 만들어낸 가공의 이미지였는지도 모른다. 어

[6] Alain Gérard, "La Vendée comme expérience spirituelle", p. 10.

쨌든 그러한 귀족과 성직자는 『회고록』의 무대였던 프랑스 서부지역에서는 다수가 아니었다.

『회고록』을 읽으면, 프랑스혁명은 누구를 위한 혁명이었는지, 과연 혁명이라는 것이 있었는지 자문하게 된다. 1789년 혁명이 발발했을 때는 방데의 농민들도 혁명을 환영했다. 그러나 농민들의 기대는 1792년 왕정의 붕괴, 1793년 1월 루이 16세의 처형 등을 겪으며 실망과 환멸로 바뀌었다. 농민들의 분노와 반감은 1793년 3월에 실시된 30만 명 징집에 대한 거부로 분출했다. 전쟁 승리를 위해 공포정치가 실시되면서 혁명은 폭력으로 변질되었다. 혁명은 다수의 국민들에게 외면당한 소수의 혁명가들과 상퀼로트들이 짊어지고 나아가는 무거운 짐이 되었다. 프랑스 국민의 다수가 염원한 혁명은 헌법이 제정되고 입헌군주정이 수립되는 것이었다. 입헌군주정은 18세기 계몽사상가들이 제시한 개혁이었다. 바르나브가 말했듯이, 이 지점에서 혁명을 끝냈어야 했을 것이다. 그들에게 있어서 전제정을 없애는 방법은 헌법을 제정하는 것이었지 왕을 죽이는 것이 아니었다. 우리의 후작부인이 체험한 1792년 8월 이후의 프랑스 혁명은 무정부주의요 독재정치였다.

우리나라의 프랑스혁명 이해는 이념적으로 편향되어 있다. 혁명은 선(善)이고 반(反)혁명은 악(惡)이라는 식의 이분법적 단순 도식이 여전히 지배적이다. 방데 전쟁이 반혁명전쟁이라는 이유로 무시되고 폄하되는 것도 그 때문일 것이다. 이러한 점에서 『회고록』은 방데 전쟁에 대한 생생한 이야기를 전해주는 것은 물론이고 혁명 그 자체에 대해 새로운 생각을 하게 해준다. 역사에서 중요한 것은 균형 잡힌 인식을 갖는 것인데, 『회고록』은 그러한 인식을 갖게 하는 데 역할을 잘 해낼 것으로 기대한다.

나의 아이들에게

Mémoires de Madame La Marquise De La Rochejaquelein

사랑하는 나의 아이들아, 나는 너희가 태어나기 전에 시작했으나 수도 없이 포기했던 이 『회고록』을 너희 덕분에 끝마칠 용기를 냈다. 나는 너희에게 너희 부모와 친척들의 삶과 죽음의 영광스러운 사실들을 이야기하려고 한다. 그것은 슬프면서도 기쁜 작업이구나. 다른 책들은 그들의 뛰어난 활약상을 너희에게 알려줄 것이다. 그러나 너희 어머니가 쓴 단순한 이야기는 더욱 정겨운 느낌을 불러일으켜 너희가 그들에 대해 영예로운 기억을 가질 수 있도록 해줄 것으로 생각한다. 또한 나는 그들의 용감한 전우들에게 경의를 표하는 것이 나의 의무라고 생각했다. 그러나 나를 비껴간 사건도 얼마나 많은가! 나에게는 아무런 기록도 없었다. 그 많은 사건이 나에게 심어놓은 생생한 기억만이 유일한 자료였다. 따라서 나는 '방데의 완전한 역사'를 쓸 수는 없었다. 내가 목격한 내전 시기에 일어난 일조차 모두 이야기할 수 없었다. 수많은 망각이 한스럽구나. 나는 내가 완전히 기억하는 것만 쓸 수 있었고 또 쓰려고 했다. 어느 모로 보나 칭송받아 마땅한 행동이나 사람을 기록하지 않았거나 그저 사실만 간단히 언급한 것은 다름 아니라 내가 모르기 때문이었다.

나보다 더 잘 아는 다른 사람들이 그들에 대해 합당한 평가를 해주기 바란다. 나는 나의 친척과 친구에 관련된 일만을 제대로 알 수 있었다. 따라서 나는 내가 기억하는 것만을 내가 그때 받았던 인상에 따라 정확하게 이야기하는 것으로 한정할 수밖에 없었다.

책을 쓴 후 나는 우리 군(軍)에 함께 있었던 믿을 만한 사람들에게 읽게 했다. 그들은 오류를 지적했고 내 이야기의 범위 안에 들어갈 수 있는 사실들을 덧붙였다. 따라서 이러한 점들을 추가하려고 책을 다시 써야 했다. 그 때문에 불필요한 세부 사실들이 넘쳐났고, 이따금 문장도 산만하고 부정확해졌다. 나는 그것을 므쓔 프로스페르 드 바랑트에게 맡겼다. 나의 친구인 그는 진실을 기록하는 데 필요한 간결성을 유지하면서 책의 교정을 맡아 주었다. 제5장에 나오는 지역에 대한 묘사는 전적으로 그가 한 것이다.

도니상 드 라로슈자클랭

1811년 8월 1일

서문

Mémoires de Madame La Marquise De La Rochejaquelein

나는 책을 쓰려고 하지 않았으며 작가가 될 생각도 없었다. 그러니 어떻게 해서 『회고록』을 출판하게 되었는지 그 과정을 이야기하는 게 좋겠다.

내가 얼마 전에 겪은 그 불행한 일들이 일어났던 시대에 대한 기억을 글로 쓰기 시작한 것은 스페인으로 두 번째로 망명했던 그 슬픈 기간 중이었다.[1] 나는 그 기억을 이야기하면서 감정이 격해졌다. 내 펜은 빠르게 움직였으며, 나는 되살아난 고통 속에서 기진맥진했다. 나는 때로는 몇 주일씩이나 작업을 재개할 용기를 내지 못했다. 내가 쓴 것들을 다시 읽을 수조차 없었다.

그때 나는 루아르강 도하(渡河)까지 이야기를 했다.[2] 몇 년 후, 나는

---

* 원주는 (원주)라고 표기했으며, 나머지는 모두 옮긴이의 주이다.

1 라로슈자클랭 후작부인은 1795년 5월 사면을 받은 후에도 행정적인 착오로 여전히 망명자 리스트에 올라 있었기 때문에 프랑스를 떠나지 않을 수 없었다. 부인은 두 차례 스페인으로 망명을 떠나, 각각 8개월, 10개월을 망명지에서 보냈다.

2 루아르강 도하: 1793년 3월에 봉기를 일으킨 방데군은 그해 10월 17일 숄레 전투

므쓔 라로슈자클랭의 요청에 따라 『회고록』 집필을 계속했고, 필사본 하나를 만들어 방데인 서너 명에게 은밀히 읽게 했다. 우리의 가까운 친구인 이들은 여백에 몇 가지 사항을 적어주었다.

그 무렵, 므쓔 라로슈자클랭은 얼마 전에 브레쉬르 군수로 임명된 므쓔 바랑트를 알게 되었다.[3] 나는 이 책의 보유(補遺)에서 그가 어떠한 행정을 펼쳤는지, 방데에 얼마나 좋은 기억을 남겼는지, 때와 상황이 바뀌어도 전혀 변하지 않는 우정과 믿음을 우리에게 어떻게 심어주었는지를 이야기했다. 나는 그에게 내 회고록을 읽어달라고 부탁했다. 남편은 회고록을 잘 정리하고 정확하게 고치기를 원했다. 므쓔 바랑트는 우리가 애도한 친척들과 친구들의 불행과 헌신과 용기에 관한 이야기에 깊은 관심이 있었다. 그는 우리 보카주 농민들의 온순하고 독립적이며 군건한 성격을 좋아했다.[4] 나는 그가 하겠다고 제안한 일을 그에게 맡기는 것이 최선이라고 생각했고, 그리하여 나의 회고록은 새롭게 집필되었다. 나는 회고록이 아무에게도 알려지지 않기를 바랐다. 그렇지만 우리 가족과

에서 패한 후 루아르강을 건너 브르타뉴 지방으로 들어갔다. 브르타뉴 지방에서 반혁명세력과 합류하고 노르망디 지방의 그랑빌로 가서 영국군의 지원을 받기 위해서였다. 그러나 그들은 그랑빌을 점령하지 못하고 다시 남쪽으로 후퇴를 거듭하다가 그해 12월 말 사브네 전투에서 패한 후 '소멸'된다. 방데군이 브르타뉴 지방을 휩쓸고 지나간 것을 역사학에서는 '비레 드 갈레른'(Virée de Galerne)이라고 부른다. 갈레른은 브르타뉴 지방에 부는 북서풍을 말하고, 비레는 짧은 여행, 선풍 등을 뜻한다.

3 Prosper de Barante(1782~1866). 오베르뉴의 귀족 집안 출신. 역사가, 작가, 정치가. 『18세기 프랑스문학 연표』(1810)로 스탈 부인의 극찬을 받았다. 『부르고뉴 공작과 발루아 가문의 역사』(1824~1826)를 출판하여 호평을 받았고 1828년에 프랑스학술원 회원으로 선임되었다.

4 보카주(Bocage). 이 책의 제5장에 보카주에 대한 자세한 묘사가 나온다. bocage는 '숲'이라는 뜻으로 경작지가 생울타리나 관목 숲으로 에워싸여 있는 지형을 가리킨다. 방데 전쟁이 벌어진 프랑스 서부에는 높은 산맥이나 산이 없는 대신 이러한 지형이 많다.

우리 동료와 우리의 감정에 대한 이 소중한 증언에 대해 나보다 더 많은 가치를 부여한 므쓔 라로슈자클랭은 지나치게 신중할 필요는 없다며, 므쓔 바랑트로 하여금 그의 친구들과 우리의 친구들 몇 명에게 그것을 읽게 하자고 말했다. 므쓔 바랑트는 그것을 제네바에 있는 자기 아버지 집에서 읽었다. 스탈 부인과 소수의 사람들만 그 자리에 참석했다.[5] 그리고 나서, 파리에서 므쓔 라로슈자클랭의 허락 아래 므쓔 마티외 드 몽모랑시와 므쓔 아드리앵 드 라발이 그 원고를 보았다. 독서가 진행되면서 그 책이 사람들의 입에 오르내리기 시작했다. 내 가족 중 몇은 자기들도 알지 못하는 그 회고록은 가짜일 것으로 생각하고 나에게 편지를 보냈다. 나는 므쓔 바랑트에게 그렇게 인식되는 것이 슬프며 그로 인해 박해를 받을지도 몰라 두렵다는 내용의 편지를 보냈다. 므쓔 바랑트는 강독을 중단했다. 그 후, 누군가 나에게 파리에서 떠도는 소문을 전해주었다. 므쓔 탈레랑이 그 필사본을 24시간 동안 가지고 있으면서 사본을 만들었을 뿐만 아니라 심지어 그 사본을 나폴레옹에게 전달했다는 것이다.[6] 나는 걱정했고 혼란스러웠다. 나는 제국 경찰이 내 회고록에 수정을 가해 출판하지 않을까 두려웠다. 혹시 몰라, 나는 출판사가 어떠한 출판도 하지 못하도록 조처했다. 나는 전체적으로 혹은 일부를 발췌하여 사본이

5 스탈 부인(Madame de Staël). 프랑스혁명 직전 루이 16세의 재무대신이었던 네케르(Jacques Necker)의 딸이고 저명한 작가이자 철학자이다. 『독일로부터』(1813~1814)에서 독일 작가들을 프랑스에 소개하여 프랑스 낭만주의의 문을 열었다. 프랑스혁명의 입헌군주정을 지지했기에 혁명가들에게서 스위스로 추방당했다. 나폴레옹 역시 그녀를 자기 정책의 적으로 인식하여 프랑스 체류를 금지했다.

6 탈레랑(Charles-Maurice de Talleyrand-Périgord, 1754~1838). 고위귀족 가문 출신으로 사제서품을 받고 1788년에 오툉(Autun)의 주교가 되었으나 이듬해 혁명이 발발하자 사제직을 버리고 정치에 투신했다. 국민의회 의장을 거쳐, 총재정부, 통령정부, 나폴레옹 제정기에는 외무대신을 역임했으며, 왕정복고기에도 대사, 외무대신 등을 역임했다.

몇 개 제작되었음을 알았다. 그러나 그것이 므쓔 바랑트의 잘못은 아니었다.

1814년에 국왕이 돌아왔을 때 나는 보르도에 있었다.[7] 상황은 완전히 달라졌다. 그렇지만 내 필사본이 출판되지 않을까 하는 두려움은 더욱 커졌다. 행정당국은 전과 달리 그것을 금지할 권리가 없었기 때문이다. 파리에 있던 어머니는 나보다 더 걱정이 많았다. 어머니는 내가 가급적 빨리 그것을 출판하라고 말했다. 나는 회고록을 꼼꼼히 다시 읽었다. 나는 처음 몇 장(章)의 몇몇 구절은 나의 어린 시절 이야기이고 방데와는 아무 관계가 없기 때문에 줄이거나 삭제했고, 첫 세 장(章)을 하나의 장(章)으로 줄였다. 나는 교정쇄를 수정했고 므쓔 바랑트도 그것을 검토했다. 책은 출판된 후 4판이 더 나왔다. 제5판에서만 약간의 수정을 가했다.

나는 제1판의 머리말에 "그녀 자신이 썼고, 바랑트 남작이 정리한"이라고 썼다. 그는 그다음 판부터는 자기 이름을 빼게 했다. 그러나 그의 저서들을 다룬 신문들과 전기(傳記)들은 그가 회고록의 저자라고 이야기하곤 했다. 몇몇 사람은 항의하라고 말했지만 나는 원치 않았다. 그러면 그가 진심으로 맡기를 원했던 집필 과정에서의 그의 역할을 내가 축소하려는 것으로 여겨지지 않을까 생각했기 때문이었다. 내가 쓴 회고록을 므쓔 바랑트보다 먼저 보았던 므쓔 보샹은 어느 지면에선가 보유(補遺)만이 므쓔 바랑트의 것이라고 썼다. 아니다. 그는 거기서는 아무 역할도 하지 않았다. 나는 보유를 보르도에서 급하게 썼고, 그는 그것을 읽었지만 거의 손대지 않았다. 나의 그 뛰어난 친구는 이미 높은 문학적 명성을 누리고 있었기 때문에 내 회고록은 그의 명성을 높이는 데 아무 보탬

[7] 나폴레옹 보나파르트가 퇴위한 1814년 4월 6일에 왕정복고가 이루어져 영국에 망명 중이던 루이 18세가 프랑스에 돌아온 것을 말한다.

도 되지 않았다.

'보유'는 별로 흥미롭지 않다. 거기에는 세부 사실이 빠져 있다. 그것은 하나의 요약이지 이야기가 아니다. 거기에 언급된 사건들은 너무 최근의 것이어서 함부로 이야기되거나 평가될 수 없다. 무정부적인 혼란과 독재정치가 내 가족에게 입힌 불행 때문에 너무나 참혹한 고통을 겪은 나에게는 특히 그렇다. 나는 그 엄청난 불행 다음에는 행복한 날들이 예비되어 있기를 희망했다.

므쓔 라로슈자클랭은 국왕에 의해 왕실척탄기병대 여단장으로 임명되었다. 그는 망명자들, 방데인들, 제국 군대의 용감한 장교들을 그 부대의 장교로 불러들였다. 척탄병은 거의 모두 황제의 근위대 출신이었다. 나는 이들 병사들과 함께 지내는 것이 즐거웠다. 그리고 나는 그들이 '라로슈자클랭의 척탄병'이라고 불리는 것이 자랑스러웠다. 남편은 그들에게 거의 아버지와 같은 권위를 가지고 있었다. 그들의 충성심은 3월 20일에 그의 믿음에 부응했다.[8] 나는 아이를 여덟 두었다. 그때 큰애는 아직 열두 살이 안 되었다. 나는 아이들이 모든 정파에게서 사랑받는 이름의 보호를 받으며 태어난 것을 기쁘게 바라보았다.

나는 곧바로 닥쳐온 새로운 불행을 이야기할 용기가 없었다. '백일천하'가 일어난 것이다.[9] 나는 1815년 6월 4일 방데 전투에서 또다시 남편을 잃었다. 그 치명적인 시간 이후 나는 슬픔 속에서 살았다. 나는 아이를 여럿 잃었고, 남은 아이들도 잔인한 상실을 겪었다. 내 둘째 아들은 정통주의를 위해 싸우다가 리스본의 성벽 아래에서 쓰러졌다.[10] 그리고

---

8 1815년 3월 20일. 나폴레옹이 돌아와 권력을 장악한 날이다.

9 백일천하는 1814년 4월 6일 퇴위한 나폴레옹이 권좌에 복귀한 1815년 3월 20일부터 1815년 6월 22일까지의 기간을 가리킨다.

10 정통주의(Légitimité, Légitimisme). 1830년 7월 혁명으로 샤를 10세는 손자 보르

나는 참으로 고결한 내 어머니의 눈을 감겨드렸다. 나는 눈물 속에서 살아갈 것이다. 나는 눈이 보이지 않는다. 나는 나의 마지막 고통의 이야기를 구술할 힘이 없다.

회고록에는 최초의 필사본에 있던 두 장(章) 외에도 내가 하나의 추억으로 기록한 이러저러한 일화들이 추가되었다. 이 산만한 일화들은 내가 보기에는 별로 흥미롭지 않았지만 몇몇 사람의 생각은 달라서 나는 그것들을 새로운 판에 끼워 넣는 데 동의했다.

나는 처음에는 3월 12일과 그전에 보르도에서 일어난 일만 간단히 기록했있다.[11] 그러나 그 후 30년이 흘렀기 때문에, 당시에는 출판하기에 적합하지 않았던 세세한 사실을 이번에는 많이 덧붙였다.

도 공작(샹보르 백작)에게 왕위(앙리 5세)를 물려주고 퇴위했다. 그러나 의회는 오를레앙 공작 루이 필리프를 국왕(프랑스인의 왕)으로 추대했다. 정통주의는 루이 필리프가 아니라 앙리 5세가 프랑스의 합법적인 국왕이라고 주장하는 사람들의 이념을 말한다. 보르도 공작의 어머니인 베리 공작부인은 아들이 정당한 왕위계승자라고 주장하며 1832년 방데에서 봉기를 일으켰지만 호응을 얻지 못하고 실패했다. 이 책의 제27장에는 나폴레옹이 프랑스의 발랑세 성에 감금한 스페인의 페르난도 7세에 대한 이야기가 나오는데, 페르난도 7세는 1813년에 스페인으로 돌아가 다시 왕좌에 오른다. 그러나 그는 아들이 없어 어린 딸인 이사벨라에게 1833년에 왕위를 넘기는데, 이에 페르난도의 동생인 카를로스가 정통 왕위계승자임을 주장하며 반란을 일으켜 스페인 내전이 시작된다. 후작부인의 시동생인 오귀스트와 아들 루이는 이 스페인 내전에서 카를로스 편에 가담했다가 1833년에 사망했다.

11 이 책의 마지막 장이 아르투아 백작(루이 16세와 루이 18세의 동생으로, 왕정복고기의 샤를 10세)의 아들인 앙굴렘 공작이 보르도에 입성한 1814년 3월 12일에 대한 이야기이다.

1

나의 출생에서 삼신분회까지

Mémoires de Madame La Marquise De La Rochejaquelein

나는 1772년 10월 25일 베르사유에서 후일 루이 18세가 되시는 왕제(王弟)의[12] 시종(侍從)귀족인 도니상 후작과 마리 프랑수아즈 드 뒤르포르 드 시브라크의 무남독녀로 태어났다. 내 외할아버지인 시브라크 공작은 베네치아와 나폴리 대사를 역임한 후, 빈에 파견되어 왕세자와 불행한 마리 앙투아네트의 결혼 문제를 매듭지었다.[13] 외할아버지는 마담 빅투아르의 시종기사였으며[14] 성령기사단원이었다.[15] 내 외할머니도 이 왕녀의 시종부인이었다. 외할아버지와 외할머니는 자녀를 넷 두었다. 우선 로르주 공작이 있는데, 그의 부인은 아르투아 백작부인의 시종부인이었

---

12 루이 16세의 동생인 프로방스 백작이다.

13 왕세자는 후일 루이 16세이고 마리 앙투아네트는 루이 16세의 부인이다. 마리 앙투아네트는 1793년 말 처형당한다.

14 Madame Victoire는 루이 15세의 넷째 딸이다. 루이 15세는 루이 16세의 할아버지이므로 마담 빅투아르는 루이 16세의 고모이다.

15 성령기사단(Cordon bleu). 종교전쟁이 한창이던 1578년에 가톨릭 귀족들이 프로테스탄트에 대항하기 위해 만든 기사단이다. 프랑스혁명으로 폐지될 때까지 성령기사단원이 되는 것은 프랑스 귀족의 최고 영예였다.

다.[16] 내 어머니인 도니상 후작부인은 마담 빅투아르의 의복부인이었다(이 왕녀의 선하심으로, 감히 말하자면 우정으로, 왕녀는 우리 가족 모두의 후견인이 되셨다. 나는 영광스럽게도 마담 빅투아르와 루이 18세의 대녀가 되었다). 그리고 레스퀴르 후작부인이 있는데, 그녀는 내가 태어나기 6년 전에 독자(獨子)를 낳다가 사망했다. 마지막으로, 샤스텔뤼 백작부인은 마담 빅투아르의 수행부인이었다가 시종부인이 되었다.

어머니는 나를 애지중지했다. 나는 우리 집에서 유일한 아이였다. 나보다 나이가 많은 사촌들은 콜레주에 있었다.[17] 샤스텔뤼 이모는 위로 네 아이를 잃은 후, 주위의 요구대로 나머지 아이들을 시골로 보냈다. 우리는 모두 베르사유 성에 있는 외할머니 집에서 살았다. 외할머니는 고결하고 지혜롭고 우아한 분이었다. 베르사유에 오는 고위 인사들은 외할머니와 가족 구성원들의 사회성, 집안의 화목함, 궁정에서의 지위 때문에 모두 외할머니 집을 방문했다. 왕이 외교단을 접견하는 날인 화요일이면, 외할머니의 살롱은 대사들과 외국인들로 가득 찼다. 왕과 왕족들은 그들의 방에서 함께 저녁을 먹었는데, 왕이 자리를 뜨면 마담 빅투아르는 외할머니 집에 와서 나머지 저녁 시간을 보냈다. 선하면서도 소박한 그 훌륭한 왕녀는 자기의 지위를 드러내지 않으려고 애썼다.

나의 처음 16년은 이렇게 지나갔다. 내가 이 이야기를 하는 이유는 내 삶의 순간들이 더욱 뚜렷이 대조되게 하기 위해서이다. 나는 궁정의 온갖 장엄한 축연을 직접 보았으며 화려함과 고귀함 속에서 자랐다. 나는 외할머니 집에서 왕족들, 대신들, 대사들, 저명한 외국인들, 심지어는 스웨덴 왕처럼 지위가 높고 저명한 사람들을 만났다. 그러나 이러한 것

---

16 아르투아 백작은 루이 16세의 셋째 동생으로 1824년에 샤를 10세가 된다.

17 콜레주는 당시의 중등교육기관을 말한다.

들은 나에게 흐릿한 추억만을 남겨주었을 뿐 대단한 것이나 특별한 것으로 여겨지지 않았다. 그런 일들은 내가 살던 세계에서 일상적으로 일어나던 일이기 때문이다.

그렇지만 그 시절 중 나에게 강한 인상을 남겨준 사건을 하나 기억하는데, 그것은 로앙 추기경의 구속이었다.[18] 그는 외할머니 집에 꽤 자주 왔었다. 아홉 살이던 어느 날, 나는 시골로 소풍을 나가려던 참이었다. 누군가 어머니에게 추기경 집 앞에 근위대가 깔렸으며 병사 둘이 그를 왕궁에서 체포하여 데려왔다고 말했다. 어머니는 매우 놀랐고, 추기경이 체포되었다는 사실을 믿지 못했다. 내가 밖으로 나가 추기경이 머물던 소성당의 회랑으로 들어섰을 때, 외할머니와 나는 추기경이 하인 둘 뒤에서 병사 둘 사이에 끼여 걸어가는 것을 보았다. 추기경은 자기 집으로 들어간 다음, 거기서 바스티유 감옥으로 끌려갔다. 그는 자기를 뒤따라오는 호기심 많은 사람들에게 차분하고 정중하게 인사했다. 나는 그에게서 자주 과자를 얻어먹은 기억이 나서, 울면서 뛰쳐나왔다.

당시 루브르에서는 2년마다 대연회실에 새로운 그림을 걸었다.[19] 어느 날, 외할머니는 아무도 없는 시간에 그곳에 들어가게 해달라고 부탁했다. 당시 나는 열 살인가 열한 살이었다. 외할머니는 나를 데리고 갔다.

---

18 Rohan 공(prince) Louis-René-Édouard(1734~1803). 로앙 가문의 귀족으로 주로 베르사유 궁정과 교회에서 높은 지위를 차지했다. 프랑스 궁정사제장으로 있을 때 목걸이 사건에 연루되었다. 왕비 마리 앙투아네트의 환심을 사려 했던 로앙 추기경은 왕비에게 고가의 다이아몬드 목걸이를 판매하려는 사기 사건에 연루되어 수도원에 유폐되는 처벌을 받았다. 사실, 마리 앙투아네트는 고가의 다이아몬드 목걸이를 구매하지 않았고, 그럴 돈이 있으면 차라리 전함을 구입하라고 할 정도였으나, 다이아몬드 목걸이 판매 사기와 관련된 추문에 휩싸였다. 소문은 사실보다 위력적이어서 결과적으로 왕비와 왕실의 명예와 권위가 크게 실추되었다.

19 루브르궁은 원래는 왕궁이었으나 루이 14세가 베르사유로 이전한 후에는 프랑스 학술원 등이 들어와 있었고 미술관으로 개조하려는 움직임이 있었다. 프랑스혁명으로 압류한 미술품이 늘어나자 미술관으로 개조했다.

우리가 도착하고 얼마 안 있어 문이 활짝 열리더니 오를레앙가(家)의 세 아들과 딸이 그들의 양육교사이고 가정교사인 장리스 부인의 안내를 받으며 들어왔고, 잠시 후 공작의 행렬이 들어왔다.[20] 외할머니는 그녀가 데려온 사람들에게 말했다. "아! 참 운이 좋네요! 장리스 부인을 오랫동안 못 보았는데!"[21] 외할머니와 장리스 부인은 즉시 서로에게 다가갔다. 그들은 서로 잘 알고 있었지만 외할머니는 오랫동안 그녀를 보지 못했었다. 나는 장리스 부인이 쓴 어린이를 위한 책들을 읽었고 또 그녀가 쓴 단편 희곡 작품의 연극에 출연한 적이 있었기에 그녀를 가까이서 보게 되어 매우 기뻤다. 나는 사람들이 그녀에 대해 수군거리는 소리를 들었고 웃는 것을 자주 보았으므로 커다란 호기심을 느꼈다. 내가 지금 이야기하는 장면은 마치 어제 일어나기나 한 것처럼 기억에 생생하다.

장리스 부인은 이두운 색의 소박한 옷과 두건 달린 검은 망토를 입고 있었다. 그녀는 말랐고 피부색은 거무스름했으며, 입, 치아, 매혹적인 눈 등 멋진 얼굴이었다. 그녀는 사랑스럽고, 온화하고, 매력적이며, 고상한 분위기를 지니고 있었다. 어린 왕족들의 모습은 그 시대로서는 특이했다. 왜냐하면 그들은 영국 아이들처럼 머리를 어깨까지 내려서 둥글게 말았고 분도 바르지 않았는데, 그때로서는 매우 이상한 모습이었기 때문이다. 이 왕족들의 보조양육교사들과 화가들이 그들에게 그림을 설명하는 동안, 외할머니와 장리스 부인은 서로에 대해 찬사를 아끼지 않았다.

---

20 오를레앙 공작은 1344년에 국왕 필리프 6세가 둘째 아들에게 부여한 작위이다. 그 후 전통적으로 오를레앙 공령은 국왕 둘째 아들의 영지가 되었다. 루브르에 온 세 아이 가운데 한 명이 1830년 혁명 이후 프랑스인의 왕이 되는 루이 필리프다.

21 Stéphanie Félicité du Crest de Saint-Aubin(1746~1830). 장리스 백작과 결혼하여 장리스 백작부인이 되었다. 장리스 부인은 청소년 교육론으로 유명해졌으며 수백 편의 문학작품을 발표했다. 장리스 부인은 프랑스혁명이 일어나고 1791년까지 살롱을 열었는데, 오를레앙 공작, 탈레랑, 다비드, 라메트, 바레르, 바르나브 등이 출입했다. 공포정치 시기에는 영국으로 도피했다.

장리스 부인은 자기 딸을 외할머니에게 소개했다. 후일 발랑스 부인이 되는 그 아이는 당시에는 나이 열넷이었고 건강하며 예뻤다. 외할머니는 그녀 옆에 나이 일곱 먹은 어린 소녀가 있는 것을 보고 장리스 부인에게 말했다. "당신은 딸이 둘뿐인 걸로 아는데 (큰딸인 로외스틴 부인은 이미 결혼했다) 이 매력적인 아이는 누군가요?" "아! 이 작은 아이 이야기는 매우 감동적이고 흥미롭지만, 아직은 말할 수 없습니다." 장리스 부인은 목소리를 낮추었지만 나는 들었다. "지금 당신은 아무것도 보지 못하지만, 머지않아 이 아이에 대해 높이 평가할 것입니다!" 장리스 부인은 이렇게 덧붙이고 나서 목소리를 높여 "파멜라, 엘로이즈 역을 연기해봐!"라고 말했다. 그러자 파멜라는 머리핀을 뺐다. 분을 바르지 않은 그 아이의 아름다운 머리카락이 긴 고리처럼 내려왔다 그녀는 급히 바닥에 한쪽 무릎을 꿇고, 하늘을 우러러보며, 한쪽 팔을 들어올렸다. 그녀의 모습은 열정적인 엑스터시를 표현했다. 그녀는 한동안 그 자세로 있었다!!! 그러는 동안, 장리스 부인은 매우 기뻐했으며 외할머니에게 그 연기에 대해 몸짓을 하며 코멘트를 했고, 외할머니는 그녀의 어린 제자가 아름답고 우아하다고 그녀에게 찬사를 보냈다. 나는 아무것도 이해하지 못한 채 그저 어안이 벙벙했을 뿐이다. 외할머니는 지체하지 않고 그 만남을 즐기기 시작했다. 일주일 동안 외할머니는 당신을 보러 오는 사람들에게 그 이야기를 했다. 그것은 파멜라를 가르친 그 훌륭한 교육에 대한 계속된 유쾌한 이야기였다!!! 내가 당시에는 알지 못했던 이 모든 대화와 신(新)엘로이즈에 대한 그 열정적 표현력은 오래도록 인상에 남았다.[22] 그 후 나는 장리스 부인도 발랑스 부인도 파멜라도 만나지 못했다.[23]

---

22 『신엘로이즈』는 루소가 1761년에 발표한 감성적인 소설로서 당시에 큰 성공을 거두었다. 장리스 부인은 루소, 볼테르 같은 계몽사상가들과도 만났다.

23 Pamela Brûlart de Sillery(1777~1831). 필리프 도를레앙과 장리스 부인 사이에서

나는 애지중지 자랐고 밝고 쾌활하게 생활했다. 그러나 나만큼 많은 감독을 받고 자란 사람도 없었다. 내 가정교사인 미혼의 트레젤 선생님은 지혜롭고 고결한 분이었지만, 내가 어머니와 함께 있을 때가 아니면 나를 혼자 두지 않고 그야말로 내 일거수일투족을 감시했다. 아무리 작은 소리로 얘기해도 다 들었고 무엇을 써도 다 읽었다.

나는 또래 아이들과 어울렸는데, 특히 스랑 공작의 딸들과 친했다. 함께 산다고 말할 수 있을 정도였다. 스랑 공작은 아르투아 백작의 아이들을 가르치는 양육교사였다.[24] 나는 시골에서 어린 왕족들을 자주 보았고 함께 놀았다.

1785년 나는 어머니와 함께 비시의 온천과 루부아 성에 갔다. 어머니는 왕녀들을 수행했었다.

열세 살이 되었다. 외할머니는 몇 년 전부터 치명적인 병을 앓고 계셨다. 내 결혼 상대는 스페인 대사직을 마치고 돌아온 몽모랭 백작의 아들로 정해졌다. 몽모랭 백작은 성령기사단원이었고 공작 작위를 받기로 되어 있었다. 그는 높은 지위 외에도 5만 프랑의 연금을 받았으며 전도가 양양했다. 그의 아들은 나이 열넷이었다. 우리는 2년 후에 결혼하기로 정해졌다.

그렇지만 나는 어렸을 때 이종사촌인 므쓔 레스퀴르와 결혼하기로 약속한 상태였다. 나는 그를 진심으로 사랑했다. 그는 나이 다섯 살 때부터 예수회 출신인 테이유 신부를 양육교사로 두었다. 이 지혜로운 성직자는

태어난 사생아이다. 출생 후 영국으로 보냈다가 오를레앙 공작 가문 아이들의 영어공부를 돕는다는 구실로 프랑스로 돌아오게 했다. 공식적으로는 장리스 부인의 양녀로 통했다. 14세가 되었을 때 뛰어난 미모 때문에 오를레앙 공작 살롱에 출입하는 정치인들의 사랑을 받았다. 카미유 데물랭도 그녀에게 구애했으며, 베르트랑 바레르도 그녀에게 호감을 가졌다. 1791년에 바레르는 그녀의 후견인이 되었다.

24 아르투아 백작은 루이 16세의 동생으로, 1824년에 프랑스 국왕 샤를 10세가 된다.

그에게 종교와 학문에 대한 사랑을 심어주었고, 그는 높은 수준에 도달했다. 나는 그들이 1792년 파리에서 오랜만에 재회했을 때 행복해하던 모습을 기억한다. 그 거룩한 신부는 자기의 경건한 학생을 보러 자주 왔다. 우리는 그에게 성직자의 옷을 입고 다니면 위험하다고 말했지만 소용없었다. 그는 그것을 벗느니 차라리 죽겠다고 말했다. 얼마 후 그는 가르멜 수도원 감옥에서 살해당했다.[25]

테이유 신부의 후임은 므쓔 토마생이었다. 그는 므쓔 레스퀴르가 나이 열셋에 파리사관학교에 들어갈 때까지 함께 있었다. 므쓔 토마생은 직업이 여러 개였는데, 그중 군인도 있었다. 그는 지적인 사람이었으나 매우 악했고, 자기의 악행을 감추는 기술이 있어서 고귀한 사람들에게서 추천 받았다. 므쓔 레스퀴르는 그가 좋은 모범만을 보여주었다고 평가했다. 므쓔 레스퀴르는 나이 열여섯에 사관학교를 졸업했다. 그 또래의 소년 가운데 그보다 더 똑똑하고 고결하고 완벽한 사람은 없었다. 그럼에도 그는 자기의 장점을 부끄러워할 정도로 겸손했고 그것을 감추려 애썼다. 그는 키도 크고 용모도 수려했지만 극도로 소심하고 서툴러서 사람들의 호감을 얻지 못했다. 그는 활달한 성격을 가지고 태어났지만 주위의 전반적인 본을 받고 자라면서 그리고 품행이 경박한 아버지의 모습을 보면서 성스럽고 금욕적인 삶으로 두드러졌다. 그의 신앙심은 그를 타락하지 않도록 보호해주었으나, 궁정생활과 세상 생활에서 그를 고립시켰다. 자신의 성벽(性癖)과 외부의 유혹을 끊임없이 끊어내는 습관은 그를 비사교적으로 만들었다. 그의 사고는 그의 정신 속에 강하게 박혀있었다. 때

---

[25] 프랑스혁명으로 모든 수도원이 폐쇄되었다. 가르멜 수도원은 반혁명적이라고 의심받던 사람들을 가두는 감옥으로 변했다. 1792년 9월 학살로 파리의 여러 감옥에 갇혀 있던 수인 1,000여 명이 학살당했는데, 가르멜 수도원 감옥에서도 3명의 주교를 포함한 191명의 성직자가 학살당했다.

때로 그는 고집스럽게 그러나 언제나 내면에서 나오는 비밀스러운 동기에 의해 강하게 그것에 매달렸다. 그럼에도 그는 한없이 부드러웠고, 화를 내거나 거친 언어를 사용한 적이 없었으며, 한결같았고 평정심을 잃지 않았다. 그는 기도하고, 읽고, 공부하며 시간을 보냈다. 허영심이 아니라 정말로 좋아해서 그렇게 했으며, 자기가 아는 것을 과시하려고 하지 않았다. 두 가지 사례만 보여주겠다.

어느 날 그는 우리 외할머니인 시브라크 공작부인 집에 있었다. 그는 사람들과 대화하는 대신, 늘 그러하듯, 책을 꺼내 들었다. 외할머니는 질책하며, 책이 그렇게 재미있으면 큰 소리로 읽으라고 말했다. 그러자 그는 외할머니 말씀을 따라 습관대로 아주 빨리 읽어 나갔다. 30분쯤 지나, 누군가 그에게 가까이 가더니 외쳤다. "아니, 영어 아냐? 왜 말하지 않았어?" 그는 당황해서 대답했다. "외할머니는 영어를 모르시잖아요. 그래서 프랑스어로 읽어야 했어요."

후일 루이 18세가 되는 왕제는 매우 똑똑한 사람이었고, 특히 언어에 뛰어났다. 그는 궁정에서 시간을 보낸 다음에는, 자기처럼 공부에 흥미를 느끼는 궁정인들과 함께 문학에 대해 담소하기를 좋아했다. 하루는, 그의 시종인 몽테스키우 백작이 저녁을 먹으러 외할머니 집에 왔다. 그는 호라티우스의 책을 손에 들고 있었다. 그는 왕제의 집에서 오는 길인데, 그와 몇몇 사람이 매우 어려운 한 서정단시에 대해 설명하려고 했으나 한 연의 진정한 의미를 정확히 파악할 수 없었다고 말했다. 그들은 비록 이해는 했지만 자기들의 번역에는 뭔가 불완전한 것이 있다고 생각했던 것이다. 므쓔 몽테스키우는 시인의 진정한 생각을 알 때까지 그 서정단시를 여러 사람에게 보여줄 생각이라고 말했다. 외할머니 집에는 사람이 많았다. 사람들은 그를 피했다. 그러자 외할머니는 므쓔 몽테스키우에게 말했다. "참, 내 손자에게 한번 보여주세요!" (므쓔 레스퀴르는 당시 나이 열여섯이었고 사관학교를 졸업했다.) 사람들이 므쓔 레스퀴르를 불렀다. 그는 창가에 있었는데, 당황하면서 모든 사람에게 등을 돌렸다. 잠시 후 그는 앞으로 다가와서 라틴어를 읽은 지 오래되어 호라티우스의 시를 설명할 수 없을 것 같다고 말했다. 외할머니는 "한번 해봐라. 틀려도 괜찮아"라고 말했다. 그는 그 책을 들고, 그 서정단시를 프랑스어로 처음부터 끝까지 매우 빠르게 읽고서 즉시 그 연의 의미를 설명했다. 므쓔 몽테스키우는 그의 목을 열렬히 껴안고 나서 왕제의 집으로 달려갔다. 므쓔 레스퀴르는 너무나 부끄러워서 얼굴이 빨개졌다. 그는 "우연이에요, 저는 라틴어를 잘 못해요"라고 중얼거리며 창가로 돌아갔다.

므쓔 레스퀴르는 독일어와 이탈리아어도 잘했으며, 역사와 지리에 강했고, 수학에도 뛰어났다. 그는 그 후 몇 년 동안 축성과 전술 연구에 몰두했다.

그의 아버지도 근본은 훌륭한 사람이었으나 불행하게도 방탕한 삶과 도박에 빠졌다. 아들의 양육교사인 므쓔 토마생은 그의 쾌락의 동반자였고 비서 역할도 했다. 그러나 그의 아들은 엄격하고도 부드러운 사람이어서, 그들은 그를 자기들의 무질서한 삶 속으로 끌어들이려 하지 않았으며 그에게 자기들의 잘못을 털어놓고 그에게서 충고와 위로를 구했다. 이처럼 역할이 바뀌었지만, 아들은 아버지에 대해 존경과 사랑을 잃지 않았다.

내 이모부는 에름농빌에서 사망했다. 내 이종사촌은 당시 나이 열여덟이었다. 바뤼엘 신부는 이모부의 끔찍한 죽음에 대해 이야기하면서, 그를 레스퀴르 기사라고 잘못 불렀다. 나는 여기에 대해서는 별로 아는 게 없었지만 그의 죽음과 에름농빌 체류에는 무엇인가 이상한 점이 있다고 생각했다. 남편은 내 물음에 대해 한두 번 그것도 짧게 대답했다. 나는 그것이 그에게 얼마나 고통스러운 일인지 알고 있었기에 그에게 묻지 않으려 조심했다. 후일 내 시아버지가 되는 이모부는 나이 서른일곱인가 여덟 무렵이던 1785년에 연대장으로 있다가 에름농빌에서 죽었다. 이모부의 아버지는 루이 16세의 아버지인 왕세자의 시종 가운데 한 사람이었으며, 나이 스물다섯에 아가트 주느비에브 드 소베스트르와 결혼했다. 그의 처남은 퐁트네 전투에서 사망했고 두 누나는 어머니의 반대에도 수녀가 되었다. 막내 여동생도 똑같은 소명을 받았는데, 오빠가 죽자 어머니가 혼자 지내지 않게 하려고 수녀원에서 나왔다.

레스퀴르 백작은 당시 이탈리아 주둔 용기병 연대의 대령으로 임명되어 결혼한 지 한 달 만에 임지로 떠났다.[26] 그는 고생고생하며 눈 덮인 알프스를 넘어 피아첸차 전투 바로 전날에야 겨우 부대에 도착했다. 그는 부상당했지만 전쟁터를 떠나려 하지 않았다. 그는 용기병 연대의 유일한 대령이었고 모두를 지휘했다. 그는 "내 나이로서는 상황이 너무 좋았기 때문에 퇴역할 수 없었다"고 말했다. 그는 또다시 부상을 입었다. 대포 파편이 머리에 박혔고 용기병들이 그를 안고 후송했다. 당시 임신 중이던 레스퀴르 백작부인은 신앙심이 깊은 여자였다. 그녀는 모든 시간을 어머니와 아들인 레스퀴르 후작에게 할애했다. 레스퀴르 후작은 아버지 덕분에 많은 혜택을 입었다. 레스퀴르 후작은 나이 열일곱에 내 어머니의 여동생인 잔 드 뒤르포르 시브라크와 결혼했다. 내 이모 레스퀴르 부인은 출산 중에 죽었는데, 그때 태어난 아이가 나의 남편이다. 이모부는 이모를 너무 사랑했기에 죽을 만큼 고통스러워했다.

이모부는 나이 스물셋에 그의 어머니의 뜻에 따라 마드무아젤 소미에브르와 재혼했다. 그는 딸을 하나 얻었지만 딸은 태어나자마자 죽었고

---

26 용기병(龍騎兵. dragons)은 말을 타고 전장으로 이동한 후 말에서 내려 싸우는 부대이다. 중세 이래 용(龍)은 힘과 용기의 상징이었으므로 많은 기병 부대들은 깃발에 용을 새겼다. 용기병이라는 이름은 여기에서 유래한 것으로 추정된다.

부인은 4년간 병을 앓다가 지극한 신앙심을 간직한 채 조용히 사망했다. 그녀는 남편을 존경했다. 남편은 그녀를 사랑하지는 않았지만 언제나 따뜻하게 대해 주었다. 이모부는 부드럽고, 선하고, 쾌활하고, 용기 있는 사람으로, 세상에서 말하는 대로 명예심이 가득한 사람이었다. 그는 성격이 사랑스러웠기에 모두에게 사랑을 받았다. 그러나 그는 온갖 종류의 오락과 쾌락에 빠져들었고 고통과 비용은 전혀 신경 쓰지 않았다.

그는 ***부인에게 홀딱 빠져 있었다.[27] 그를 에름농빌로 불러들인 사람도 바로 그녀였다. 그는 이곳에서 생의 마지막 몇 해를 온갖 광기에 빠져 보냈고 그의 체류에 기이한 기억을 붙였다. 내 시아버지는 참으로 가벼운 사람이어서 모든 것을 하찮은 일로만 여겼다. 그는 병이 들자 아들에게 와서 보살펴 달라고 편지를 보냈다. 그때 그는 자기의 상태가 위중하다고 느꼈어야 했다. 그는 40일간 삶과 죽음의 경계를 넘나들었다. 끝없이 땀을 흘리고 극히 쇠약했으나 열은 없었다. 그는 에름농빌을 떠나자고 아들을 졸랐고, 다시는 돌아오지 않겠다고 말했다. 므쓔 레스퀴르는 성(城)의 주민들과 식사하고 예의상 살롱에 30분 정도 머물 때를 제외하고는 아버지 곁을 떠나지 않았다. 그 이상한 모임에서 두 가지 상황이 그에게 충격을 주었다. 하나는 므쓔 Pl***의 극히 외설스러운 말투였다. 그곳에는 그의 미혼인 딸 셋이 있었는데 그들은 모두 동일한 말투로 얘기했다. 그러다가 갑자기 이 이상한 모임은 그들 가운데 한 사람이 성서를 펴고 읽으면 그를 중심으로 심각한 명상의 분위기를 띠며 차분해지곤 했다. 그들의 태도를 보면 무슨 수도자들 모임으로 착각할 정도였다. 그러나 책을 덮으면, 외설스러운 말과 상스러운 웃음이 다시

---

27 저자는 권말의 정오표(Errata)에서 madame la baronne de Pl***을 madame ***로 정정했다.

시작되었다.

시아버지는 상태가 조금 좋아지자 말(馬)을 가져오라 했고, 머리를 손질하며 아들에게 말했다. “살롱에서 잠깐만 쉬었다 가자.” 그러나 얼굴에 바른 분을 지우려 일어나다가 마루에서 넘어져 아무 말도 하지 못한 채 2분 후에 죽었다. 이것이 내가 므쓔 레스퀴르에게서 그의 아버지의 죽음에 대해 전해 들은 이야기이다.

그의 늙고 충실한 하인인 페리에는 검시(檢屍)에서 의사들이 하는 이야기를 들었다면서, 자기 주인이 에름농빌에서 독살당했다는 얘기를 멈추지 않았다. 명백한 증거를 가지고 있을 뿐만 아니라 주인의 병은 불가사의했다는 것이다. 사람들은 그의 옆구리에서 종양이 발견되었는데 그것은 사냥하다 나무에 부딪혀 생긴 것이라고 그의 아들과 주위 사람들에게 말했다.

에름농빌 모임은 내 시아버지의 죽음 직후 슬그머니 해체되었다. 모임의 우두머리였던 므쓔 Pl***은 무슨 명예훼손 혐의를 받다가 브라방 지방으로 돌아갔다.

페리에는 이모부가 죽기 전날 므쓔 Pl***이 이모부를 보러 와서 안부를 물었는데 환자는 대답하기조차 힘들어했다고 말했다. 그러자 므쓔 Pl***은 잔에 탕약을 따르고, 설탕을 넣고 숟가락으로 저은 다음 그에게 주며 “마시세요, 좀 나아질 겁니다”라고 말했다. 이모부는 처음에는 화난 표정으로 그를 물리쳤다. 므쓔 Pl***은 단호한 표정으로 그를 쳐다보았다. 이모부는 한마디도 하지 않고 분노와 용기가 가득한 표정으로 잔을 들고 므쓔 Pl***을 쳐다보면서 마셨다. 서로를 바라보는 두 사람의 눈빛에는 증오와 살기가 가득했다.

이모부인 레스퀴르 후작은 80만 프랑의 빚을 남기고 죽었다. 그의 무질서한 행동 때문에 내 부모님은 나와 그의 아들의 결혼 생각을 접었다.

므쓔 레스퀴르는 아버지 재산 상속을 포기하고 그가 받을 수 있을 다른 유산과 다른 재산만으로 만족하며 채권자들이 아버지의 모든 재산을 나누어 갖도록 하자는 충고를 받아들일 수 없었다. 아버지가 남긴 재산은 빚을 갚는 데에도 충분하지 않았다. 그는 열여덟의 나이에 극도의 절약을 하지 않을 수 없었다. 그는 값비싼 취미를 갖지 못했으며 그럴 생각조차 못 했다. 그가 존경하는 외할머니인 레스퀴르 부인도 똑같은 결핍을 겪지 않을 수 없었으나, 성당에 내는 많은 기부금만큼은 줄이지 않았다. 그는 극도로 절약한 끝에 아버지의 빚을 거의 다 갚게 되었다. 나이 스물다섯이 되었을 때, 빚은 20만 프랑밖에 남지 않았고 8만 프랑 이상의 연금이 있었다.

나는 진심으로 그를 사랑했지만, 그 사실을 알지 못했다. 어머니가 나로 하여금 결혼을 단념하게 하는 것은 전혀 어렵지 않았다. 사람들은 므쓔 레스퀴르가 파산했으니 그와 결혼하는 것은 좋지 않다고 나에게 말했다. 사람들은 그가 세상에서 어떤 조롱을 받고 있는지 내게 분명히 알려주었다. 그렇지만 나는 그를 친동기간처럼 사랑했고 그와 함께 있으면 행복했다. 그러나, 나는 그와의 결혼을 전혀 고려하지 않았기에, 행동이 서투르기만 하고 구식 옷과 머리 스타일 때문에 조롱받기만 하는 이종사촌과 결혼하라는 이야기가 나왔다면 슬펐을 것이다.

열네 살 때(1786년) 외할머니가 돌아가셨다. 그 후 곧바로 우리는 왕녀들이 빌려준 벨뷔 아래의 브랭보리옹이라는 시골집에서 얼마간 지내러 그리로 떠났다. 우리가 거기서 머무는 동안 므쓔 몽모랭이 외무대신으로 임명되었다.

외할아버지는 외할머니가 돌아가신 후 오래 살지 못하셨다. 이 거듭된 상실은 어머니를 너무나 큰 고통 속에 빠뜨려서 어머니는 매일 오랫동안 실신했고 신경발작 후에야 깨어났다. 어떤 약도 소용없었다. 사람들은 어머니의 기분전환을 위해서 여행을 떠나라고 아버지에게 권했다. 우리는 스위스로 떠났다. 어머니는 디스바흐 백작부인, 아프리 가족 등과 친교가 있었다. 우리의 여행은 다른 사람들의 여행기와 별반 다르지 않으니 여기에서는 얘기하지 않겠다. 게다가 내 기억에는 특별한 것이 남아 있지도 않다. 나는 브리엔츠에서 카글리오스트로를 본 것을 기억할 뿐이다.[28] 도시 전체가 이 이상한 사람을 숭배하고 있었다. 그를 본 적이 없는 아버지는 그의 집에 가보고 싶어 했다. 아버지는 일행 가운데 두세 사람만 데리고 갔다. 나는 아버지에게 떼를 써서 아버지를 따라갔다. 그 집에서는 처음에는 우리를 들이려 하지 않았다. 프랑스인은 아예 출입이 금지되어 있었다. 아버지는 자기가 보르도에서 그에게 열정을 불어넣어 주었고 그와 그의 아내에게 숙박을 제공했던 브리바자크 부인의 친척이라고 말했다. 이런 설명이 통해서 우리는 집 안에 들어갔고 환대를 받았다. 카글리오스트로는 작고 뚱뚱하고 피부가 검었으나 용모는 멋있었다. 그는 넥타이를 매지 않았고, 당시의 어린이들처럼, 끝이 접히고 모슬린으로 장식한 셔츠를 입고 있어서 목이 드러났다. 카글리오스트로 부인은 젊지는 않았으나 용모는 예쁜 편이었고 부드럽고 사랑스러웠다. 아침 8시도 되지 않았지만 그녀는 벌써 장밋빛 옷을 입고 깃털 달린 모자를 쓰고 있었다. 내가 살롱에 들어서자마자 그녀는 내 옆에서 줄곧 음악 이야기만 했기에 나는 떠날 때가 되어서야 카글리오스트로가 아버지에게 한 말을 들었을 뿐이다. "후작님, 카글리오스트로 백작은 후작님의 명령을 잘 수행하는 사람이 되도록 노력하겠습니다."

---

28 Giuseppe Balsamo, Cagliostro 백작(1743~1795). 이탈리아의 신비주의자, 비학자, 연금술사, 의사, 심령술사, 프리메이슨 단원. 파리에서는 로앙 추기경의 후원을 받았으나 로앙 추기경 때문에 목걸이 사건에 말려들어갔다가 바스티유에 투옥되었다. 프랑스에서 추방된 후, 영국, 스위스, 이탈리아 등지에서 살다가 교황청의 이단재판을 받고 교황청 감옥에서 죽었다.

취리히에서 우리는 라바테르를 보러 갔다.[29]

스위스에서 돌아왔을 때, 어머니는 마담 빅투아르를 모시는 일을 다시 시작했고, 나는 즐겁게 일상으로 돌아갔다. 내 장래 시어머니가 될지도 모르는 몽모랭 부인은 매일 우리를 만나러 왔으며 나에게 애정 표시를 아끼지 않았다. 당시 내 나이는 열다섯이었다. 결혼 날짜가 다가왔다. 신랑감은 우리 집에 들락거렸다. 그는 자기 동생과 자기 양육교사와 함께 왔다. 우리는 함께 공부했으나 둘 다 매우 소심했기에 대화를 나누지는 않았다. 드디어 혼수 준비가 끝났고 자세하게는 아니지만 결혼계약서 작성 이야기가 오갔다. 결혼식이 임박했다. 므쓔 몽모랭이 부모님께 말했다. "저는 빚이 있음을 숨기지 않겠습니다. 저는 언제나 저 자신의 일보다 국왕의 일에 더 신경을 썼으니까요. 저는 돈을 벌 수 있는 자리에 있었습니다만, 제 일을 관리하는 사람들은 제가 파산지경이라고 말합니다. 저는 그들을 당신들께 보내겠습니다. 그들과 이야기를 하시면 제 재정 상황을 정확히 아시게 될 겁니다. 그 참에 저도 제 상황을 알게 되겠지요."

재정적인 난맥과 낭비가 너무 심해서 므쓔 몽모랭 집안에는 재산보다 부채가 더 많았다. 몽모랭 부인은 아들에게 줄 수 있는 자기 지참금이 20만 프랑 있다고 말했으나 어처구니없게도 18만 프랑에 달하는 금액을 양장점에 지급해야 한다고 누군가 그녀에게 알려주었다. 므쓔 몽모랭은 왕의 총애를 받았고 높은 자리에만 있었으며 커다란 야심을 가지고 있어서인지 이러한 파산을 대수롭지 않게 받아들였다. 그러나 어머니는 나의 미래를 궁정의 예측할 수 없는 변화에 맡기기를 원치 않으셨다. 혼담은

---

29 Kaspar Lavater(1741~1801). 취리히의 신학자이자 작가. 『골상학으로 사람을 아는 기술』로 유명하다.

깨졌다. 그렇지만 두 집안의 우정은 계속되었다.

나는 어머니에게서 들은 에옹 기사에 대한 이야기를 기억한다. 나는 국왕께서 그에게 여자 옷 차림으로 프랑스에 돌아오라고 한 이유에 대해서는 어디에서도 들은 바가 없다.

런던 주재 대사관 참사였던 므쓔 에옹은 런던 주재 대사였던 므쓔 게르시를 비난하는 말을 하고 글을 쓰고 다녔으므로, 대사의 아들은 아버지가 죽자 그 기사와 결투하기를 원했다. 사람들이 퍼뜨린 소문대로 그가 여자가 아니라면 말이다. 그러자 국왕께서는 결투를 막으려고 므쓔 에옹에게 여자 옷을 입으라고 명령했다. 또한 누군가 어머니에게 하는 말을 들었는데, 프랑스는 그가 매우 젊었을 때 그를 러시아 여황제 엘리자베타의 시녀로, 실제는 스파이로, 파견했다고 한다. 그는 3년간 그 일을 했다. 몇 년 후 러시아가 이러한 모험에 대해 의심을 품자 프랑스는 느긋하게 그가 여자라고 주장했다. 나는 어렸을 때 베르사유의 외할머니 집에서 그를 본 기억이 있다. 그는 당시 모든 사람의 호기심을 모았고, 정말 여자로 통했다.

『만인 전기』에 의하면 그는 1777년에 베르사유에 있었다. 그때 나는 겨우 다섯 살이었지만 에옹의 기이한 용모가 지금도 생생하게 기억나 훨씬 더 나이 들었을 때인 것처럼 생각될 정도다. 그는 검은 옷을 입었고 당시 '목욕모자'라고 불리던 커다란 빵모자를 쓰고 있었는데 머리 스타일은 정말 끔찍했다. 검고 두툼한 눈썹은 그의 불타는 눈에 그림자를 드리울 정도였다. 그 흉측한 눈에 더해진 검붉은 색의 생기 넘치는 얼굴과 뻔뻔스러움, 요란한 팔다리 움직임 등은 정말 꼴불견이었다! 그는 커다란 성 루이 십자가를 달고 있었다. 그때 나는 또 다른 성 루이 기사단원을 만났던 것을 기억한다. 전쟁할 기회가 전혀 없었던 그 기사단 여단장이 여자 옷에 달린 훈장을 조롱하려 하자, 그는 화를 내며 대답했다.

"므쓔, 나는 이 훈장을 전쟁터에서 얻었습니다. 많은 사람들처럼 난롯불 옆에서가 아니라."

사람들이 나에게 그 기이한 여자를 껴안으라고 말했을 때 나는 그녀가 매우 무서웠다. 외할머니가 알고 있는 한 호텔 지배인은 그가 남자라는 것을 알고 있었다. 그는 자기 눈을 믿을 수 없었다. 그래서 그는 그 기사를 자세히 관찰하고자 매번 그가 있는 방의 문을 줄곧 열어보았다. 사람들은 그의 호기심을 보고 즐겼다. 특히 마드무아젤 에옹 기사가 그를 알아보고 그를 포옹할 때 그러했다.

외할아버지와 외할머니를 잃은 후 약해진 어머니의 건강은 회복되지 않았다. 어머니는 마담 빅투아르에게 가스코뉴 지방으로 가게 해달라고 요청했다. 그곳은 내가 가본 적이 없는 곳이었다. 아버지와 어머니는 투르에서 숙박하면서 베르사유의 옛 이웃이었지만 친하지는 않았던 로앙 추기경의 소식을 알아보려고 사람을 보냈다. 유배 중이던 추기경은 내 부모님의 호의에 감격해서 즉시 우리를 만나러 왔다. 우리는 우리 영지와 외삼촌인 로르주 공작의 영지에서 여름을 보내고 나서 1788년 말경에 베르사유로 돌아왔다. 주변에서는 내 결혼에 관해 이야기가 분분했지만 부모님은 아무런 결정도 내리지 않으셨다. 이렇게 때를 기다리고 있을 때, 삼신분회가 소집되었다.[30]

---

30 1789년 5월 5일, 프랑스의 세 신분, 즉 성직자, 귀족, 제3신분의 대표 1200여 명이 베르사유에 소집되었다. 이들이 국민의회를 결성하면서 프랑스혁명이 시작되었다.

2

삼신분회에서 10월 6일까지

Mémoires de Madame La Marquise De La Rochejaquelein

내가 쓰는 것은 혁명의 역사가 아니다. 나는 직접 보거나 겪은 몇몇 사건에 대해서만 이야기할 것이다. 내 이야기는 이미 커다란 사건들은 알고 있으면서 작은 사실들에 대해 탐구하는 사람들에게 흥미로울 것이다.

삼신분회는 많은 사람을 베르사유로 끌어들였고 도시를 활기차게 만들었다. 어머니는 거의 매일 집에서 귀족단 의장인 뤽상부르 공작과 여러 우파 대표들을 만났다. 이 모임은 국왕의 대의를 전적으로 지지했다. 다른 의견을 가진 사람들은 출입하지 않았다.

나는 매일 저녁이면 연주를 했다. 우리 콘서트의 단골 멤버 가운데 근위대 장교인 다스토르 백작이 있었다. 그는 예전에 베르사유에서 파리 대주교에 반대하는 폭동이 일어났을 때 어떤 사람에게 의도치 않은 부상을 입혔으며, 므쓔 네케르가 해임당한 후에는 국경에 갈 때까지 그를 감시하는 책임을 맡았기에 특히 개혁가들의 미움을 받았다.[31]

---

[31] 네케르(Jacques Necker. 1732~1804). 스위스 제네바 출신 재정가로 스탈 부인의 아버지이다. 1788년에 여론의 지지를 업고 루이 16세의 재무대신이 되어 삼신분

삼신분회 개회 직후에 왕세자가 구루병으로 죽었다. 나는 전에 왕세자를 자주 보았는데, 왕세자의 양육교사인 아르쿠르 공작의 손녀이며 그들의 할머니 손에서 자란 모르트마르의 소녀들과 친했던 것이 나에게 그런 기회를 준 것이다. 왕세자의 준수한 용모와 선하고 고결한 성품은 모두의 희망이었다. 그는 사람들의 애도를 받을 자격이 있었다. 죽기 전 그의 상태는 끔찍했다. 걸을 수도 없었고 온몸이 상처투성이였다. 그는 차분히 고통을 견뎌냈다. 어느 날 그는 정원에 나가기를 원했다. 아르쿠르 공작부인이 종을 울리려 하자 그가 말했다. "종을 울리지 마세요. 오늘 근무인 아무개(그의 하인 가운데 한 사람)가 올 텐데 그는 언제나 나를 아프게 해요." 아르쿠르 부인이 대답했다. "그는 저하의 고통을 덜어드리려 최선을 다할 겁니다. 그는 다른 사람들만큼 능숙하지는 않습니다만, 그들만큼은 열의가 있습니다. 저하께서 그를 거부하신다면 그는 절망할 겁니다." 그러자 왕세자가 외쳤다. "아! 즉시 종을 울리세요. 그 용감한 사람에게 고통을 주느니 내가 힘든 게 낫죠." 그는 언제나 그렇게 선했다. 사람들은 그에게 역사와 문학 분야에서 선별한 책을 읽어주었다. 그의 정확하고 예리한 성찰은 수준 높은 정신을 드러냈다. 하루는 그에게 『메로프』를 읽어주었다.[32] 그는 "첫 번째 왕은 행복한 병사였다"라는 시구를 듣자, "이것은 내가 좋아하지 않는 시구다"라고 말했다.

그의 하인들은 모두 그를 존경했다. 왕세자가 막 사망했다는 소식을 듣고 급하게 잠에서 깬 어떤 하인은 슬픔을 이기지 못해 죽었다.

1789년 7월 13일, 부이용 연대와 나소 연대가 베르사유에 도착하여

회를 소집했다. 1789년 7월 11일 왕실회의에 불참하여 해임당했다가 바스티유 감옥 함락 이후 혁명가들을 진정시키려 재임명되었다. 국민의회의 반대에 직면하여 1790년 9월 사임한 후 새로운 평등 원칙을 비판하는 글을 썼다.

32 볼테르가 쓴 비극.

오랑주리에 주둔했다. 우리는 그들을 보러 갔다. 다음 날인 7월 14일, 많은 사람이 화려하게 차려입고 오랑주리 위쪽에 있는 미디 화원에서 산책했다. 장교들은 군악대를 집결시켰고 환상적인 음악을 연주했다. 모든 사람이 즐거워했다. 멋진 광경이었다. 그러나 나는 그때 갑자기 일어난 일을 잊지 못할 것이다. 우리는 수군거리는 소리를 들었는데, 근위대 장교인 므쓔 봉솔이 다가와서 아주 작은 소리로 말했다. "돌아가세요, 돌아가세요, 파리 민중이 봉기했습니다. 그들이 바스티유를 점령했습니다. 베르사유로 향하고 있답니다." 우리는 즉시 집으로 돌아왔다. 도처에서 즐거움이 두려움으로 변했다. 순식간에 테라스가 텅 비었다. 며칠 후 나는 사람들이 모르는 것 같은 꽤 기이한 사실을 알게 되었다.

바스티유 감옥 함락 이후, 그리고 일부 사람들이 거리에서 "오를레앙 공작 만세!"를 외치는 동안, 사건이 어떻게 진행될지 몰라 불안해하던 오를레앙 공작은 처제인 마담 랑발이 사는 툴루즈 저택으로 갔다.[33] 그녀는 기분이 좋지 않았으므로 그가 빨리 돌아갔으면 하는 눈치를 보였다. 그러나 그는 그녀의 기분에도 아랑곳하지 않고 저녁 11시까지 눌러앉았다. 그는 말을 거의 하지 않았고 하찮은 소리에도 크게 걱정했으며 폭동 소식에 초조하게 귀를 기울였다. 마담 랑발은 사람들이 "오를레앙 공작 만세!"라고 외치는 것을 모르는 척했으며, 그 자신도 그것에 대해 말하지 않았다. 오를레앙 공작의 지지자들은 공작이 은거해 있는 장소를 몰

---

33 오를레앙가는 프랑스 왕실의 차남 집안으로 왕실과 대립각을 세워왔다. 오를레앙 공작(Louis-Philippe-Joseph d'Orléans)은 파리고등법원이 국왕에 맞서 투쟁할 때 파리고등법원을 지지했으며, 프리메이슨에 가담했고, 귀족대표로 삼신분회에 들어갔다. 그는 루이 16세의 왕위에 욕심을 내고 있었다. 그는 1792년 이후에는 평등공 필리프라는 이름으로 국민공회에 들어가는 등 혁명에 가담했으나, 1793년 11월 기요틴에 처형당했다. 랑발 공작부인(Princesse de Lamballe) 혹은 마담 랑발은 왕비 마리 앙투아네트의 절친으로 1793년 9월 학살 때 처형당했다.

랐고, 공작은 아무것도 주도하지 않았던 것 같다. 왜냐하면 그가 있는 동안 아무도 그에게 와서 보고하지 않았기 때문이다. 나는 이 일화를 랑발 공작부인의 시종부인으로 그 자리에 함께 있었던 친척인 라스 카즈 후작부인에게서 들었다.

국왕께서 파리 시청으로 가시기 전날, 우리는 스랑 공작 집에서 저녁을 보냈다.[34] 스랑 공작은 그날 밤 아르투아 백작의 아들들을 데리고 외국으로 나갈 예정이었다. 그는 우리에게 출발을 숨겼다. 그러나 그와 그의 가족의 눈에는 눈물이 가득했고, 떠날 때 우리와 작별의 악수를 나누었다.

우리는 밤새 뜬눈으로 지냈다. 우리 집 창문은 레제르부아르 거리 쪽으로 나 있었다. 동이 틀 때까지, 우리는 마차 소리, 말(馬) 소리, 사람들이 신호하는 소리들을 들었다. 므쓔 스랑의 마구간은 우리 집 앞에 있었다. 우리는 그가 마차에 올라 어린 왕족들과 조용히 떠나는 것을 보았다. 아침이 밝아오자 우리는 회랑으로 내려가 주위를 둘러보았다. 어디에서나 창백하고 겁먹은 얼굴들만 눈에 띄었다. 프랑스를 떠나지 않을 수 없었던 뤽상부르 공작을 제외한 나머지 의회 대표들은 국왕과 함께 파리로 가려고 모였다. 모든 사람이 베르사유를 떠났다. 우리는 어떻게 될지 알지 못했다. 로르주 외삼촌은 견해 차이에도 여전히 친교가 있던 뢴 공작에게 당피에르에 도피처를 마련해 달라고 부탁했다. 우리는 아침 5시에 일어나 그곳으로 떠났다. 우리는 우리의 견해와 우리가 어울리는 사람들 때문에 더 많은 의심을 받았기 때문이다. 저녁 무렵 국왕께서 베르사유로 돌아왔을 때 우리도 돌아왔고 과거와 똑같은 생활을 재

34 바스티유 감옥 함락 이후, 루이 16세는 7월 17일 파리로 올라가 파리 시장 바이이가 증정하는 삼색모를 받았다. 국왕이 7월 14일 사건을 승인한 것이다.

개했다.

모든 사람이 미래에 대한 걱정 없이 베르사유로 돌아왔으나, 미래는 여전히 불확실했다. 대부분의 사람이 상황을 낙관하고 있는 가운데 소수의 사람들은 엄청난 불행을 예감하고 있었는데 우리 부모님도 여기에 속했다.

8월 말, 베르사유 국민방위대가 성의 경비를 맡기 시작했다.[35] 외곽 출입문은 언제나 두 초병부대가 담당했는데, 하나는 스위스인 경비대였고 다른 하나는 프랑스인 경비대였다. 프랑스인 경비대원들은 파리의 민중에 합류하려 하나둘 부대를 이탈하여 일곱 사람밖에 남지 않았다. 이 용감한 병사들은 초소에서 36시간 계속 근무하다가 결국 피로에 지쳐 절망의 눈물을 흘리면서 철수했다. 다음 날 아침, 버려진 모든 초소를 국민방위대가 접수했다. 사람들은 놀라고 슬퍼했으나 불평할 수 없었다. 국왕은 그 충성스러운 경비대의 하사를 전열(戰列)부대의 장교로 임명했고 사병 여섯은 전열부대의 하사로 진급했다.

1789년 9월, 나는 그 자체로는 중요하지 않지만 내 상상력을 크게 자극한 사건을 목격했다. 국왕께서는 전에 내 시아버지가 지휘했었고 레스퀴르 용기병이라 불렸던 트루아제베셰 연대의 경기병 200명을 베르사유로 불러들였다.[36] 국왕께서는 그들을 베르사유로 오게 하는 데 있어서 새로운 법이 요구하는 요건을 다 갖추었다. 그들은 드라공(龍) 연못 앞 철책문 앞에 도착했다. 민중은 그들이 오는 것을 보고 분개하여 철책문

---

35 국민방위대(la garde nationale). 프랑스혁명기에 전국적으로 만들어진 민병대로, 최초의 국민방위대는 1789년 7월 14일에 조직된 파리 국민방위대이다. 7월 15일 루이 16세는 라파예트 후작을 파리 국민방위대장으로 임명했다.

36 chasseur. '사냥하다'라는 어원 때문에 엽기병이라고 번역하나, 사냥과는 관계없기 때문에 엽기병이라는 번역은 어색하다. 신속하게 이동하는 경기병(輕騎兵)을 말한다.

을 닫고 돌을 던지며 공격하기 시작했다. 그들은 그곳에서 몇 시간이나 아무 명령도 받지 못하고 식량배급도 받지 못한 채 굶은 상태로 대기하고 있었다. 저녁 5시 무렵, 국왕이 사냥에서 돌아와 그들 앞으로 지나갔다. 그러자, 그들은 자기들이 버려졌다는 사실도 잊고, "국왕 만세" 하고 외치기 시작했다. 그들 모두는 왕이 철책문을 열거나 그들이 왕을 따라 성안으로 들어오도록 명령을 내릴 것으로 기대했다. 그러나 왕의 마차는 멈추지 않고 그냥 지나갔다. 나는 산책 나갔다 돌아오다가 이 장면을 목격했다. 언제나처럼 나약하고 우유부단한 그 불쌍한 왕은 매일매일 이렇게 위엄을 잃어갔다. 용기병들은 저녁에야 성안으로 들어갔다.

10월 1일, 플랑드르 연대가 도착하자 근위대는 플랑드르 연대, 베르사유 국민방위대, 스위스 경비대, 그 밖의 다른 병사들에게 훗날 유명해진 문제의 그 식사를 제공했다.[37] 나는 그 자리에서 그 장면을 보았다. 장소는 성의 오페라 극장이었다. 궁정인들과 그 밖의 사람들은 그 연회를 보려고 박스석에 앉아 있었다. 플랑드르 연대, 국민방위대, 스위스 경비대 병사들이 차례로 들어왔고 국왕의 건강을 위해 건배했다. 그 회합은 화기애애해서 사람들에게 큰 희망을 주었다. 왕과 왕비께서 들어와 박스석에 앉았다. 왕비는 두 번째 왕세자를 안고 있었다. 사람들은 왕족들을 알아보고 환성을 질렀다. "오, 리샤르! 오, 나의 왕" 음악이 연주되었다. 왕비가 홀 안으로 내려와 식탁을 한 바퀴 돌았다. 왕비는 사람들의 마음을 사로잡는 우아함과 매력을 발산하며 사람들과 이야기했다. 왕비는 근위병들이 왕세자를 안아보게 했다. 몇 분 후 왕비는 국왕 곁으로 돌아

---

37 국왕은 베르사유의 경비를 강화하려고 플랑드르 연대를 베르사유로 이동시켰다. 이들은 연회 중에 삼색휘장을 짓밟는 등 혁명을 부정하는 행동을 했고, 이것이 파리의 민중을 격분시켰다. 10월 5일 수많은 여성을 포함한 파리의 민중들은 빵을 요구하며 베르사유로 몰려갔고, 그다음 날 왕과 왕실을 앞세우고 파리로 귀환했다.

갔다. 분위기가 절정에 달했다. 모든 사람의 눈에서 눈물이 흘러내렸다. 왕비는 복도를 한 바퀴 돌았으며, 왕은 그녀 앞으로 왔다. 그들이 극장의 회랑을 가로질러갈 때, 장교들과 사병들과 국민방위대는 그들을 다시 보려고 오케스트라석으로 몰려갔다. 그들은 왕과 왕비 앞으로 가려고 비어 있는 뒷좌석 쪽으로 질러갔다. 마치 모든 사람이 공격에 나선 것 같았다. 그들은 외쳤다. "국왕 만세! 왕비 만세! 우리는 죽을 때까지 그들을 지킬 것이다!"

기쁨이 가득한 가운데, 나는 국민의회에게도 민중파에게도 그 누구에게도 욕설이 가해지는 것을 듣지 못했다. 병사들은 극장의 회랑에서 전하 부부를 본 다음, 뜰 안으로, 테라스로, 왕족들의 저택 창문 아래로 흩어졌다. 얼마 후 그들이 국왕의 침실 발코니 아래로 왔을 때 국왕이 나타났다. 발코니는 칠책문 앞에 있는 대리석 궁 안에 있었고 높이는 20피에(약 6.5미터)는 족히 되는 높이였다. 한 병사가 동료들의 도움을 받아 벽을 타고 거기로 올라갔다. 그는 줄곧 "국왕 만세"라고 외쳤다. 전하 부부는 이러한 충성심에 크게 감동받았다. 다음 날 근위대 단독으로 부대 안에서 점심식사를 했다. 그것은 저녁보다 더 요란했다고 하는데 증인은 없다. 그들만의 이야기다.

이러한 열정은 국왕을 지지하는 사람들의 희망을 높여주었다. 그렇지만, 나는 10월 4일, 나르본 프리츨라르 백작이 우리 집에 온 것을 기억한다. 그는 프리츨라르를 잘 지킨 공으로 루이 15세에게서 나르본 프리츨라르라는 별명을 얻었다.[38] 그는 나이 많은 훌륭한 군인이었고 계급은 중장이었는데, 지금은 아무런 지위가 없지만 국왕에 대한 충성심은 변함

---

[38] 7년 전쟁 막바지인 1761년 나르본 백작은 300~400명의 척탄병을 이끌고 프리츨라르를 프로이센의 공격에서 지켜냈다.

이 없었다. 그는 소란이 일어난 후 베르사유에 살면서 어떤 의미 있는 역할을 할 수 있기를 기대했다. 매일매일 그는 맨발로, 말을 타고서, 격렬한 운동을 했다. 그에 따르면, "유사시를 대비하여 힘을 기르기 위해서"였다. 그는 그 유명한 연회가 끝나고 사흘 후에 우리 집에서 저녁식사를 했다. 그때 이후로 베르사유 주민들은 패배하지 않을 거라고 믿었다. 어머니는 그의 의견을 물어보았다. 그는 작은 소리로 말했지만 나는 분명히 들었다. "마담, 석 달 전부터 나는 이곳을 매일 산책했습니다. 나는 공격을 받으면 어떻게 될지 예측하고자 여러 가지 대비책을 살펴보았습니다. 아무 준비도 아무 계획도 없습니다. 전반적인 작전계획을 수립하는 것은 물론이요 그럴 생각조차 없습니다. 므쓔 라파예트가 공격한다면 단 한 번의 공격으로 궁을 접수할 수 있을 것입니다. 그가 연회가 있던 그 날 저녁에 공격해왔다면, 병사들은 비록 무질서하긴 했지만 열심히 싸우기는 했을 겁니다. 그러나 지금은 다릅니다. 모두 무기력합니다. 왕은 희망이 없습니다."

다음 날(10월 5일), 므쓔 나르본이 옳았음이 밝혀졌다. 왕은 사냥을 떠났다. 오후 서너 시경, 파리 민중이 성을 공격하러 떠났다는 소식이 퍼지기 시작했다. 그 소식은 믿을 수 없었다. 대신들의 궁으로 향한 철책문 앞에 군대가 배치되었다. 뫼동 숲에서 사냥을 하고 있던 왕에게 상황을 알리기 위해 전령이 급파되었다. 전령은 파리에서 온 성 루이 기사단원이 왕의 발 앞에 꿇고 위험을 알리는 순간에 도착했다. 그 열정적인 기사는 자신이 누구라고 말하지도 않고 돌아갔다. 왕은 즉시 마차에 올라 녹색문과 대로를 통해 황급하게 돌아왔다. 5분만 늦었더라면 파리로 가는 교차로에서 파리 민중의 선두와 마주쳤을 것이다. 몇몇 사람은, 옳건 그르건, 그렇게 되지 않은 것을 유감스럽게 생각했다. 그들은 왕을 납치하려 했을 것인데, 근위대 800명과 경기병 200명은 고작해야 600명의 남자와 여자로 구성된 그 천한 무리를 쉽게 해산시켰을 것이고, 이 최초의 패배는 아직 파리 외곽 지역에 있던 대부분의 폭도를 겁먹게 해서 퇴각시켜버렸을 것으로 생각했기 때문이다.

베르사유로 돌아온 왕은 므쓔 네케르를 비롯한 대신들과 함께 고심했다. 이들 가운데 몇몇은 작금의 상황에 은근히 호의적이었다. 성문은 모두 닫혔고 모든 것은 말할 수 없이 무질서했다. 남자들과 여자들은 회랑에서 우왕좌왕했다. 궁전에는 귀족이 700여 명 있었는데 모두 성장(盛裝)을 했고 팔 아래에 모자를 끼고 있었으며 무기라고는 에페 칼밖에 없었다. 몇몇은 피스톨과 사브르 칼을 가지고 있었다.[39] 이들의 어쭙잖은 선의와 전혀 군사적이지 않은 복장은 씁쓸하고 한심했다. 속되게 말해서 모두 얼이 빠져 있었다. 우리는 에르퀼(헤라클레스) 홀에서 창문을 통해 뜰에서 벌어지는 일을 바라보았다. 600명의 남자와 여자 혹은 여장남자들이 연병장에서 부산하게 움직였다. 그들은 누더기를 입고 있었고, 날카로운 창, 철제 도구, 낫 등으로 무장했으며, 작은 대포 2문을 끌고 왔다. 그들은 사람들 가운데 가장 훌륭한 사람이자 프랑스를 지배했던 왕들 가운데 가장 인간적인 왕의 발코니 앞에서 "빵을 달라! 빵을 달라!"라고 외쳤다. 그들은 과거에 기근을 일으키는 데 사용된 무서운 방법들을 잘 알고 있었다. 그들은 파리 사람들의 제1열이었다. 베르사유의 민중이 이들과 합류할지는 불확실했다.

파리의 폭도들이 부산하게 움직이는 동안 스위스 경비대는 연병장의 오른쪽에서 전투를 벌이고 있었다. 기마경찰대를 동반한 플랑드르 연대와 200명의 경기병은 전에 프랑스인 경비대가 있던 왼쪽을 지켰다. 근위기병 800명은 대신들의 궁 철책문 앞에 집결해 있었다. 스위스 경비대는

---

39 에페(épée)는 양쪽에 날이 있는 칼이고, 사브르(sabre)는 한쪽만 날이 있는 칼이다.

외곽 출입문을 지켰고, 근위대는 내부 출입문을 지켰다.

우리는 이러한 부대 배치를 바라보고 있었다. 그때 갑자기 사람들이 근위대 장교 한 사람을 데리고 가는 것이 보였다. 사람들은 그를 궁으로 들여보낸 후, 국왕에게 충실한 해군대신인 뤼제른 백작의 방으로 들어가게 했다. 이 장교는 므쓔 사보니에르였다. 그는 자기 부대 서너 걸음 앞에서, 지근거리에서, 총에 맞았다. 총을 맞은 후 그는 외쳤다. “동지들이여, 내 복수를 하지 마라. 왕의 명령을 기다리고 그를 잘 보호하라!” 그는 이 상처 때문에 얼마 후에 죽었다. 우리는 몇몇 부인의 남편이 근위대 장교로 현장에 나가 있었기에 더욱더 이 사건을 주시했다. 얼마간은 이것이 유일한 무질서였다. 왜냐하면 아무도 더는 총을 쏘지 않았기 때문인데, 므쓔 사보니에르의 분명한 권고 때문이었을지 모른다. 그는 므쓔 네케르가 일시적으로 쫓겨날 때 국왕의 명령으로 므쓔 다스토르와 함께 그를 국경까지 데려간 그 사람이라고 알려졌다.

밤에, 사람들은 국왕이 랑부예로 떠날 수 있도록 마차를 여러 대 준비시켰다.[40] 그러나 마차들은 부대와 조신들이 있는 연병장을 통해 테라스로 가는 대신 다른 길을 통해 드라공 연못 앞 철책문으로 갔는데, 민중은 마차를 멈춰 세우고 돌아가게 했다. 마차 시종 몇몇은 죽을 위험을 무릅썼다. 사람들은 돌아와서 마차가 성에 올 수 없었다고 국왕에게 말했다.

어머니와 나는 돌아가는 상황을 파악하려고 끊임없이 집 안팎을 들락거렸다. 아버지가 왕제 곁을 떠나지 않았음은 두말할 필요도 없다. 파리의 국민방위대가 모두 내려왔다는 말도 있었고 그것은 거짓 소문이라는 말도 있었다. 드디어, 저녁 9시에, 우리는 민중이 울리는 종소리를 들었

---

40 랑부예(Rambouillet)는 베르사유에서 남서쪽으로 약 30km 떨어진 곳에 있는 작은 코뮌으로 루이 16세의 성이 있다.

다. 근위대는 부대로 철수하라는 명령을 받았고, 민중은 그들이 움직이는 것을 보고 그들에게 총을 쏘았다. 근위대는 성 뒤의 테라스에 집결한 후 랑부예로 떠났다. 성안에는 근무자들밖에 남지 않았다. 파리의 폭도는 계속 늘어났다. 무장한 베르사유 국민방위대의 일부가 폭도들에 합류했다. 베르사유 국민방위대의 장교인 므쓔 콜레는 사격을 멈추게 하려고 민중과 근위대 사이로 뛰어들었다. 그는 두 발을 맞았고, 사격은 멈추었다. 근위대는 반격하지 말라는 명령을 받은 상태였다. 앞에서 말했듯이, 그들은 조용히 철수했다.

우리가 종소리, 북소리, 총소리를 듣고 있는 동안, 칼비몽 백작이 어머니 집에 들어와 한마디도 하지 못한 채 실신하며 쓰러졌다. 그는 파리에서 베르사유로 올 때, 40km도 넘는 길을 우회해서 걸어왔다. 파리의 폭도들은 만나는 사람이면 누구나 합류하도록 강요했기 때문이다. 그는 오는 동안 계속 북소리를 들었으며, 베르사유에 도착해서 총소리가 나자 전투가 벌어졌다고 생각했다. 그가 도착했을 때 성문은 닫혀 있었다. 그러나 그는 시종(侍從)이었으므로 들어올 수 있었다. 그는 저녁을 걸러서 배고프고 피곤해서 쓰러졌던 것인데 어쨌든 우리를 두렵게 했다. 식사를 한 후, 그는 왕을 지키려 성에 모여 있는 사람들과 합류하러 나갔다. 베르사유궁의 대기실에서 므쓔 칼비몽은 파리 사람들이 국민방위대 사령관인 므쓔 라파예트와 함께 오고 있다고 말했다. 한쪽 구석에 있던 근위대 중대장 아옝 공작은 자기의 사위인 므쓔 라파예트가 베르사유로 온다고 생각하는 사람들을 비웃었다. 사람들은 그를 설득하기 위해 므쓔 칼비몽을 그에게 데려갔다. 그는 므쓔 칼비몽에게 조용히 대답했다. "젊은이, 당신은 여기 오고 있는 부대가 정오에 출발했다고 말했지. 그렇다면 그 부대는 도착했어야 하네. 왜냐하면 지금 9시니까 말이야. 그들은 파리로 돌아간 것 같네. 자네 말은 맞지 않아." 그리고 그는 더는 아무 말도 들으려 하지 않았다. 대기실에는 아무 고통도 불안도 느끼지 않는 것 같은 사람들이 있었다. 그들 가운데, 마담 스탈이 커다란 꽃을 들고서 웃음을 터뜨리고 있었다.

왕은 언제나 대신들과 함께 틀어박혀 있었다. 아무도 그를 볼 수 없었다. 점점 더 혼란스러워졌다. 파리 폭도들의 대표가 국왕 집무실로 들어갔다. 그 가운데에는 생선장수 복장을 한 여자들이 있었다. 그들은 왕에게 빵을 요구했다.

우리는 왕녀들이 있는 곳으로 내려갔다. 마담 빅투아르는 마담 아델라이드 집에 있었다. 그곳에는 그들 집안의 다른 사람들도 많이 있었다. 왕녀들은 외침과 소란 속에서도 침착함과 용기를 잃지 않았다. 마담 아델라이드의 위엄 있는 목소리가 지금도 귀에 선하다. "우리는 그들에게 죽는 것을 가르쳐줄 것이다." 그 집은 1층에 있었기에 겉창은 닫혀 있었다. 매 순간 사람들이 들어와서 소식을 전해주었으나 상반된 소식이었다. 마담 아델라이드의 시종기사이며 므슈 라파예트의 가까운 친구인 루이 드 나르본 라라 백작이 11시 30분에 도착했다. 그는 대기실에서 오는 참이었다. 그는 상황이 진정되었다고 말하며, 그들의 불안에 대해 농담하기 시작했다. 그때 므슈 티앙주와 마담 베옹이 "므슈 라파예트가 국왕 처소에 있어요"라고 외치면서 문을 열었다. 사람들이 이 소식에 얼마나 놀랐는지는 말로 표현하기 힘들다.

곧바로, 사람들은 므슈 라파예트가 사색이 되어 국왕 처소에 들어갔으며 몇 가지 법령을 재가해줄 것과 파리의 의용병들이 경비를 설 수 있도록 호의를 베풀어달라고 요청했다고 말했다. 사람들 가운데에는 파리의 민중이 그렇게 시시한 것을 요구하려고 군인 복장을 하고 왔다고 믿는 순진한 사람이 많았다. 왕녀들은 비밀 계단을 이용하여 국왕에게 갔고 우리는 돌아갔다.

사람들은 베르사유궁의 대접견실에서 밤을 보내기를 원했다. 그러나 아옝 공작은 걱정할 것 없다며 모두 돌려보냈다. 소성당 회랑으로 통하는 모든 문은 여느 때처럼 닫혀 있었다.

일종의 착란 증세에 빠져 많은 사람은 안심했다. 우리도 만난 적이 있는 매우 충성스러운 소타반 공작은 어머니에게 다음과 같이 말할 정도였다. “자, 다 끝났습니다. 가서 주무세요.” “뭐라고요? 다 끝났다고요?” 라고 어머니가 말했다. “나도 잘은 모릅니다. 그러나 최종적으로 모든 소요는 끝났고, 왕은 므슈 라파예트의 요청을 수락했고, 그것은 단지 몇 가지 법령을 재가하는 것뿐이었다고 하네요.” 어머니가 말했다. “아! 여러분은 내일 그들이 왕실 가족을 납치하여 파리로 데려가는 것을 볼 것입니다.” 그가 말했다. “그것은 불가능합니다. 왜냐하면 튈르리궁에는 오래전부터 아무 가구도 없기 때문이지요. 갈 만한 집이라고는 왕비의 궁밖에 없습니다.” 이렇게 말하고 그는 우리를 떠났다. 아버지와 몇몇 사람이 우리에게 왔다.

퐁텐블로 사령관인 몽모랭 백작이 조금 후에 왔다. 그는 지혜라고는 하나도 없는 젊은이지만 명예심은 대단했고 특히 국왕에 대한 충성심이 가득한 사람이었다. 그는 플랑드르 연대의 부연대장이었다. 그는 국민의회 좌익이었던 뤼시냥 대령이 부재중이어서 연대를 지휘하고 있었다. 사람들이 그에게 그의 충성심에 대해 이야기하자, 그는 자기 연대에 화약 공급이 거부되었고, 베르사유에 도착하니 대포는 일시적으로 국민방위대에 넘긴다는 구실로 가져갔으며, 간곡히 요청했지만 탄약도 대포도 돌려받지 못했고, 그래서 병사들은 불만이 많지만 그럼에도 아직은 제자리를 잘 지키고 있다고 말했다. 마지막으로, 그는 연대가 주둔하고 있는 프티트 에퀴리에 연대를 가두고 철책문을 잠근 다음에 열쇠를 가져오라는 말도 안 되는 명령을 조금 전에 받았다고 말했다. 그 열쇠를 찾지 못하자, 다른 자물쇠를 채우고 열쇠를 가져오라는 명령을 받았다고 했다. 그는 분노로 울면서, "왕은 배신당했다"고 외쳤다. 모든 것이 너무나 믿기 어려워서 글로 쓰기도 쉽지 않다.

아버지, 어머니, 그리고 마담 빅투아르 궁의 에스투르멜 백작부인은 응접실에서 밤을 보냈다. 나는 성 안에서는 오직 그들만 밤을 새웠다고 생각한다. 우리는 유리창을 통해 연병장, 대신들의 궁을 볼 수 있었고, 민중의 움직임을 관찰할 수 있었다. 아침 5시경, 어머니는 민중이 소란스럽게 움직이기 시작하는 것을 보았다. 어머니는 아버지와 에스투르멜 부인과 함께 나갔다. 그들은 대접견실로 통하는 소성당 입구까지 갔으나, 문이 닫혀 있었으므로 들어갈 수 없었다. 모든 것이 말할 수 없이 조용했다. 그들은 제때 돌아왔는데, 왜냐하면 얼마 되지 않아 하인들이 와서 두 근위병이 접견실 출입이 봉쇄된 것에 대해 불평하며 달려왔다고 말했기 때문이다. 바로 그때, 민중들이 떼 지어 복도로 달려갔다.

어머니는 걱정을 떨치지 못하고, 상황이 전개되는 것에 대해 자세히 알 수도 없어서, 우리 집 창문 아래에 배치된 국민방위대 초병에게 민중이 궁 안에서 무엇을 하고 있는지 물었다. 창은 지면에서 매우 높이 있었다. 초병이 외쳤다. "부인, 그들은 근위대를…" 그와 동시에 그는 그들의 목을 자르는 손짓을 했다.

베르사유에는 내부 수비를 담당하는 200명 정도의 근위대밖에 없었다. 민중은 그들을 뒤쫓았다. 대부분은 가지가지 모습으로 변장하여 목숨을 건졌고, 몇 사람은 영웅적으로 싸우다가 부상을 입고 죽었다. 무질서의 주모자들은 자기들이 원할 때 민중의 행동을 중단시킬 수 있었다. 왜 학살이 벌어지기 전에 그렇게 하지 않았을까?

우리가 그 무시무시한 상황에 대해 알았을 때 어떤 상태에 있었는지 기술하기 어렵다. 우리 가까이에서 묵고 있던 몇몇 비번 근위대 병사는 우리에게 와서 은신처를 요구했다. 우리는 옆집에 피해있던 근위대 병사들에게 옷을 보내주었다. 우리 하인들은 그들 가운데 여러 명을 구했다. 사람들은 성에 사는 사람 모두가 학살당하지 않을까 두려워했다. 왜냐하면 민중과 파리 국민방위대가 궁 안으로 밀려들어왔기 때문이다. 밤에, 그들은 플랑드르 연대의 깃발을 탈취했다. 군인들은 민중이 그것을 들고 있는 것을 보고 그것을 되찾으러 철책문 위로 올라갔다. 그러자 민중은 포도주와 돈을 퍼부으면서 군인들을 설득했고, 군인들은 쉽게 넘어갔다. 탄약 거부와 대포 상실 그리고 그들을 가두라는 명령 때문에 이미 감정에 격해진 그들은 아무런 저항 없이 굴복한 것이다. 그들은 민중과 합류했지만 학살에는 가담하지 않았다.

반도들이 궁에 몰려 들어가 있는 동안 레제르부아르 거리는 텅 비었다. 우리는 그 틈을 타서 성 밖으로 나갔다. 어머니와 나는 두려움에 떨면서 크르네 백작이 그 마을에 소유하고 있는 작은 집으로 갔다. 여러 사람이 은신처를 찾아 그리로 왔는데 그 가운데에는 근위대 장교도 있었다. 곧바로 대포 소리와 총성이 30분간 계속되었다. 우리는 사람들이 성을 공격한다고 생각했다. 그러나 그것은 기쁨의 신호였다. 왕이 삼색휘장을 두르고 발코니에 나타나 이제부터는 파리에서 살 거라고 선언했다는 소식을 듣고 우리는 걱정을 덜었다. 얼마나 만족해하고 얼마나 기뻐했던가! 우리는 왕녀들의 처소로 돌아갔다. 나는 그들에게 리본 장식을 만들어주었고, 모두 그것을 받았다. 그들의 하인 가운데 베르사유 국민방위대에 들어간 사람은 제복을 입었다.

왕녀들은 마차에 올라탔다. 나르본 라라 공작부인, 샤스텔뤼 이모, 어머니와 나는 그들과 함께 있었다. 우리의 마차는 왕의 마차를 멀리서 뒤따라갔다. 얼마 안 있어 우리 마차는 사람과 마차가 엄청나게 많았기 때문에 왕의 마차 행렬에서 이탈했다.

나는 왕비가 자기를 죽이려는 사람들에 둘러싸여 마차에 오르면서 근위대 장교인 로스 남작이 변장하고 군중 속에 있는 것을 보았다는 것을 기록에서 빠뜨리고 싶지 않다. 왕비는 그에게 큰 소리로 "나를 대신하여 므쓔 사보니에르의 소식을 알아봐주세요. 내가 그의 처지에 동정을 보낸다고 전하세요"라고 말할 정도로 선하고 용기가 있었다. 므쓔 로스는 얼마 후에 그것을 우리에게 이야기해주었다.

2천 대가 넘는 마차가 왕을 뒤따랐다. 왕이 떠나면 성은 약탈당할 거라는 소문이 돌았으므로, 하인들은 황급히 가구를 들어냈고, 들리는 말에 의하면, 그릇과 거울을 창밖으로 던져버렸다. 유례없이 혼란스러운 광경이었다. 그러나 약탈은 없었다. 파리에서 베르사유로 가는 길은 끔찍이도 무질서했다. 모든 사람이 뒤섞여 있었다. 파리의 남자들과 여자들은 사나운 표정을 지었다. "국민 만세"라는 외침이 끊임없이 사방에서 울려 퍼졌고, 매 순간 총소리가 났다.

파리 국민방위대원 100명이 왕녀들에게 특별히 배치되었다. 그들은 마차를 에워쌌다. 왕녀들은 가는 도중 가끔 두려움 때문이라기보다는 솔직하고 상냥한 본래의 성품대로 지극히 선량한 어투로 그들과 이야기를 나누었다. 특히 몸을 움직일 필요가 있던 마담 아델라이드는 그들과 이야기를 많이 했다. 베르사유를 떠나 왕녀들이 거주를 허락받은 벨뷔까지 가는 데 다섯 시간 걸렸다. 100명은 왕녀들을 지키기 위해서 그곳에 남았다.

우리는 벨뷔에서 10월 19일까지 있었다. 그곳에서의 삶은 매우 슬펐다. 어머니의 상태는 끔찍했다. 혁명의 광경들이 일으킨 충격 때문에 어머니는 건강을 해쳤다. 어머니는 불면증과 신경발작에 시달렸다. 그러자 마담 빅투아르는 어머니가 가스코뉴의 영지로 가도록 허락했다. 아버지는 왕제의 승인을 얻었다. 우리는 함께 떠났다.

3

가스코뉴로의 출발부터 1792년 8월 10일까지

Mémoires de Madame La Marquise De La Rochejaquelein

우리는 1789년 10월 말에 로르주 외삼촌과 그의 둘째 아들인 시브라크 후작과 함께 가스코뉴로 떠났다. 우리의 여행은 매우 행복했다. 우리는 리부른 부근에 있는 외삼촌의 블래냐크 성에 도착했다. 집의 경관은 매우 아름다웠고 정원은 쾌적했다. 그러나 계절은 나빴다. 우리는 완벽한 고립 속에서 살았다. 길은 불편했고, 주변 농민들은 매우 위협적이어서 우리는 이웃을 보러 갈 수 없었다. 방문객도 너무 적어서 아주 지루했다. 외삼촌에게 딸린 농민들은 조용한 편이었기에 외삼촌은 불만이 없었다. 외할아버지와 외삼촌은 농민들에게 언제나 아주 잘해주었기 때문이다. 일요일이면 마을 사람들은 성에 와서 춤을 추었다. 내 유일한 오락은 그들과 함께 춤을 추는 것이었다.

그러나 도르도뉴 지방의 선원들은 온순하지 않았다. 그들은 외삼촌과 모든 강변 사람들의 어장을 파괴했다. 블래냐크에서 여덟 달 동안 체류한 후 우리는 메도크 지방의 시트랑에 있는 아버지 집으로 갔다. 그 지방의 상황은 꽤 나빴다. 그러나 시트랑은 600여 년 전부터 우리 집안에 속해 있었고, 조상들은 그곳에서 좋은 일을 많이 했다. 아버지도 마찬가지여서, 주민들의 사랑을 받았다. 아버지는 그들에게 일거리를 주었고, 그들은 노동자로서도 아버지에게 의존했다. 우리는 평화롭게 지냈다.

부모님은 나를 위해 훌륭한 결혼을 준비하셨는데, 혁명의 혼란 때문에 늦춰졌었다. 그러나 그분들은 므슈 레스퀴르와 내가 어렸을 때부터 서로 관심이 있었음을 기억했다. 이전의 계획을 파기하게 했던 사유는 더는 남아 있지 않았다. 내 이종사촌은 자기 아버지의 빚을 거의 다 갚았기 때문이다. 그는 3만 리브르 이상의 연금을 받았으며, 그의 할머니는 그에게 최소 5만 리브르를 남겨 주실 것이었다.

므슈 레스퀴르는 1791년 6월에 우리를 보러 왔다. 어머니는 결혼하고 싶으면 결혼해도 좋다고 우리 각자에게 따로 말했다. 어머니의 승낙은 우리의 기분을 밝게 해주었다. 어머니가 므슈 레스퀴르에게 희망을 주자 그의 애정은 더욱 커졌으며, 난생처음으로 나에게 애정을 표현했다. 그 말을 듣자마자 나는 전부터 그를 사랑해왔음을 느꼈다. 나는 내 감정을 어머니에게 말했고, 어머니는 그것을 그에게 전했다. 우리의 결혼은 결정되었다. 우리는 세상에서 가장 행복한 사람들이었다.

당시 므슈 레스퀴르는 푸아투 지방과 그 인근 지방에서 결성된 한 동맹에 속해 있었다. 동맹의 규모는 3만 명을 헤아릴 정도로 매우 컸다. 지역의 거의 모든 귀족이 거기에 참여했으며 지역 주민 다수에게 의지할 수 있었는데, 사건의 경과는 실제로 그러했음을 보여주었다. 그들은 두 연대를 끌어들였다. 하나는 라로셸 수비대였고, 다른 하나는 푸아티에 주둔 부대였다. 정해진 날이 되어 명령이 떨어지면, 연대는 출동할 것이고, 각자는 무기를 들고 리옹으로 가는 길을 장악한 다른 동맹과 연합하여 당시 사부아 지방에 있던 왕제들을 기다릴 계획이었다. 그러나 왕의 탈출과 체포가 이 모든 계획을 무산시켰다.[41]

므슈 레스퀴르는 왕이 출발했음을 알고서 우리를 떠나 자기 위치로 갔다가 며칠 후에 돌아왔다. 왜냐하면 푸아투의 귀족들은 동맹의 목적이 깨지자 다른 귀족들과 마찬가지로 망명을 떠나기로 결정했기 때문이다. 그러한 결정은 예상치 못한 것이었다. 왜냐하면 모든 귀족은 그 동맹을 결성하는 데 상호 합의했었기 때문이다. 이 지역의 귀족들은 박해를 받지 않았을 뿐만 아니라 오히려 지역 소교구의 국민방위대 지휘관으로 지명되었으며, 농민들은 매일같이 그들을 찾아와 자칭 애국파들에 대항하여 무장하라고 간청했다. 왕족들은 이러한 상황을 잘 알고 있었기에 푸아투의 동맹 귀족들이 망명을 떠나는 것에 동의하지 않았다. 그러나 젊은 귀족들은 격류를 따르고 싶어 했다. 그들은 필요한 곳에 있어야 하며 다행히 충성스러운 지역에 살았으므로 더더욱 떠나서는 안 된다는 얘기를 들었지만 따르려 하지 않았다. 그들은 왕족들의 최종 명령을 받으러 떠난 두 사람이 돌아오는 것을 기다리려고도 하지 않았다. 이렇게 해서 푸아투의 동맹은 깨졌다. 그들은 대거 망명했고, 생각이 달랐던 사람들도 그들을 뒤따랐다. 므쓔 레스퀴르는 사촌인 로르주 백작과 함께 가스코뉴 지방을 떠났다. 그들은 프랑스를 벗어나는 데 위험을 겪었다. 그들은 국경에서 검문을 당했기에 밀수꾼을 길잡이로 고용하여 우회로를 택해 걸어갔다.

므쓔 레스퀴르는 투르네에 도착한 다음 날 할머니가 뇌졸중으로 쓰러지셨으며 임종이 임박했다는 소식을 들었다. 그는 망명자들의 대장에게 푸아투 지방에 잠깐 다녀오겠다고 말해 허가를 받았다. 그는 레스퀴르 부인 곁에 도착했다. 그는 할머니의 상태가 아직은 희망이 있음을 보고

[41] 1791년 6월 21일, 국왕 가족이 프랑스를 탈출하려다 로렌 지방의 바렌(Varennes)에서 체포된 사건을 말한다. 이 사건으로 국가의 어버이로서의 국왕의 이미지가 깨지고, 국왕은 혁명 프랑스의 적이라는 인식이 강해졌다. 이때부터 공화국을 세우는 문제가 혁명가들 사이에서 논의되기 시작한다.

망명자들에게로 돌아가려 했다. 그는 그전에 나를 다시 만나 함께 하루를 보내기를 원했다.

그는 지롱드 지방의 블레에 도착했다. 선원들이 길이 나쁘다고 말해 돈의 힘으로 배를 탔으나 연안으로 떠밀려갔다. 두 차례 더 시도했으나 성공하지 못했고, 결국 우회해서 보르도를 경유할 수밖에 없었다.

므쓔 레스퀴르가 망명을 원하자, 어머니는 내 결혼 날짜를 잡기 위해 전에 프랑스 주재 오스트리아 대사였고 친구인 메르시 아르장토 백작과 망명 문제에 대해 상의했다. 그는 카우니츠 공의 신임을 받고 있었으며, 빈(Vienne) 정부의 조치에 누구보다 정통했다. 그는 오스트리아는 전쟁 준비를 하지 않고 있으며 열강들은 불가피할 때만 전쟁을 하기로 결정할 것이니, 므쓔 레스퀴르는 프랑스에서 편안히 겨울을 지낼 수 있을 거라고 대답했다. 그러나 므쓔 레스퀴르는 이 대답이 도착하기 전에 떠났다.

왕녀들을 로마까지 수행했던 샤스텔뤼 이모는 내 결혼에 필요한 교황의 관면을 보내왔다.[42] 거기에는 선서를 거부했거나 선서했다가 철회한 신부가 결혼식을 주재해야 한다는 내용이 담겨 있었다.[43] 교황이 선서 문제에 대해 견해를 밝힌 것은, 내 기억으로, 이번이 처음이었다. 그러자 우리 주위의 여러 신부는 선서를 철회했다. 우연인지는 몰라도 우리 소교구의 케리오 신부는 선서거부신부여서 신임 선서주교가 다른 신부를 파견했지만 그는 독일 신부였으므로 가스코뉴 지방의 농민들과 소통이 잘 되지 않아 결국 돌아갔다. 소교구에 신부가 없자, 주민들은 주교에게

---

[42] 둘은 이종사촌이어서 교회가 금하는 근친결혼에 해당했기에 교황의 관면이 필요했다.

[43] 프랑스혁명 이후 1790년 7월 12일 제헌국민의회가 제정했고 8월 24일 루이 16세가 재가한 '성직자 민사기본법'은 성직자들에게 헌법에 대한 선서를 강요하여 선서한 신부만 신부로서의 직능을 수행할 수 있게 했다. 이후 선서를 거부한 신부는 반혁명혐의자로 몰려 극심한 박해를 받는다.

다른 신부를 요청했다. 주교는 종교적인 견해차를 심각하게 여기지 않는 솔직한 회의주의자였으므로, 옛 신부가 소교구에 잠시 돌아오도록 하라고 주민들에게 권했다. 그는 나쁜 신자들에게서는 비난을 받았지만, 신앙심과 용기를 가지고 특별한 상황을 잘 견뎌냈다.

이 모든 상황과 그 이상으로 므쓔 레스퀴르와 나의 서로에 대한 감정은 어머니로 하여금 내 결혼을 결정하게 했다. 므쓔 레스퀴르는 돌아오자마자 결혼공시가 걸렸음을 알았다. 그는 므쓔 메르시의 편지를 보았다. 사흘 후인 1791년 10월 27일, 우리는 결혼했다. 내 나이는 열아홉이었고 레스퀴르는 스물다섯이었다. 축하객은 아무도 없었다. 우리는 농민들에게 식사를 제공했고, 저녁에 그들과 함께 춤을 추었다. 그때가 내 인생에서 가장 행복한 순간이었다. 그러나! 그것은 오래 지속되지 못한다. 며칠 후 므쓔 레스퀴르는 할머니의 병이 다시 도졌다는 것을 알았다. 나는 그와 함께 할머니에게 갔다.

할머니는 두 달간 사경을 헤맸다. 할머니는 끊임없이 토했고, 뇌졸중이 자주 재발했으며, 암이 발견되었다. 할머니는 오직 신께 기도하고 사람들이 돌봐주는 것에 대해 감사하는 말만 겨우 할 수 있을 뿐이었다. 그렇게 천사 같은 용기를 가지고 세상을 떠난 사람은 없을 것이다. 할머니의 모든 직함이 삭제되어, 할머니의 묘에는 아무 직함도 새길 수 없었다. 농민들은 다음과 같이 썼다. "여기 빈자들의 어머니가 눕다." 이 비문은 그 어떤 비문보다도 고귀하다.

므쓔 레스퀴르는 할머니의 죽음을 깊이 애도했다. 할머니는 돌아가시기 11년 전에 당신이 할 수 있는 유언을 했다. 그것은 할머니가 남기는 유산으로 가득했다. 할머니가 자기 손자의 채무에 대해 알고 있었고 혁명이 그의 재산에 미칠 영향을 고려할 수 있었다면, 할머니는 생각을 바꾸었을 것이다. 유언장에는 필수 형식이 빠져 있었기에 그가 그것을 지킬 의무는 없었다. 그러나 므쓔 레스퀴르는 그것을 꼼꼼하게 하나하나 다 따랐다. 그는 오래전부터 할머니를 위해 일했지만 유언에 포함되지 않은 하인들이 무시되었다고 생각하는 것을 원하지 않아서, 그들 모두에게도 할머니의 유언이라는 듯이 할머니의 이름으로 돈을 주었다.

1792년 2월, 우리는 망명을 떠나기로 결정했다. 므쓔 베르나르 드 마리니가 우리와 동행했다. 그는 므쓔 레스퀴르의 친척이고 친구였으며, 해군장교였고 성 루이 기사단원이었다. 그는 같은 신분의 사람 가운데에서 특출한 사람이었다. 그는 키도 크고 힘도 센 그야말로 멋있는 사람이었다. 쾌활하고 고결했으며, 충성심이 강하고 용기도 있었다. 나는 그 사람만큼 친절한 사람을 보지 못했다. 그는 언제나 다른 사람들을 위해 좋은 일을 할 준비가 되어 있었다. 내가 기억하기에 그는 수의학 지식이 있었으므로 마을의 농민들은 가축이 아플 때마다 그를 찾아왔다. 그의 유일한 단점은 지나친 활력이었다. 나는 앞으로 그에 대해 자주 이야기할 것이므로 미리 그 점을 알려주는 것이다. 그는 당시 나이 마흔둘이었다.

우리는 파리에 도착했다. 마차가 고장 나서 길을 계속 가기 전에 이곳에서 며칠 지내야 했지만, 전하를 알현할 수 없었다. 전하께서 파리로 오신 후, 모든 알현이 중지되었기 때문이다.

나는 튈르리궁에 있는 랑발 공작부인의 처소로 갔다.[44] 그녀는 어머니의 가장 가까운 친구로 나를 딸처럼 맞이했다. 다음 날 므쓔 레스퀴르가 전하를 알현하러 갔다. 왕비께서 그에게 말했다. "네가 빅토린[45]을 데려

---

44 Marie-Thérèse-Louise de Savoie, princesse de Lamballe(1749~1792). 1767년에 루이 14세의 증손자인 prince de Lamballe과 결혼했다가 이듬해에 과부가 되었다. 마리 앙투아네트가 왕세자빈이었을 때부터 친구였으며 왕비가 된 후에는 왕비궁의 관장이 되었다. 1792년 8월 10일 왕정이 폐지되고 왕실 가족과 함께 탕플 감옥에 갇혔다가 다시 포르스 감옥으로 이송된 후, 9월 3일에 파리 민중에 의해 학살되었다.

온 것을 알고 있지만, 빅토린은 전하를 알현할 수 없단다. 그러나 나는 빅토린이 보고 싶구나. 빅토린이 내일 정오에 랑발 공작부인의 처소로 오기 바란다."

므쓔 레스퀴르는 이 기분 좋은 명령을 나에게 전하면서, 그 귀한 기회를 이용하여, 국왕 부처께서 자기가 파리에서 국왕 곁에 머물기를 원하는지 아닌지 알아보라고 나에게 말했다. 나는 랑발 공작부인 처소로 갔다. 왕비께서 오셔서 나를 껴안으셨다. 우리 셋은 응접실로 갔다. 정담이 오간 후, 왕비께서 말씀하셨다. "빅토린, 이제 뭐 하려느냐? 너희는 망명 떠나는 길이었지?" 나는 그것이 므쓔 레스퀴르의 생각이었지만, 그러나 파리에 있는 것이 전하께 도움이 된다면 그는 파리에 머물 거라고 말했다. 그러자 왕비께서는 잠시 생각하신 후 "그는 야심이 없는 훌륭한 신하다. 그가 머물면 좋겠다."라고 진지하게 말씀하셨다. 나는 왕비의 명령은 법이라고 대답했다. 이어서 왕비께서는 자녀들에 대해 이야기하셨다. "네가 그들을 본 지 오래되었지. 내일 6시에 마담 투르젤 처소로 오너라. 공주를 데리고 그리 가마." 왜냐하면 당시 왕비께서는 친히 공주를 교육하는 것으로 위로를 삼았고, 마담 투르젤은 궁내에서 왕세자만 담당하고 있었기 때문이다.

왕비께서 떠나신 뒤, 랑발 공작부인은 내가 왕비의 환대를 받아 얼마나 기뻤는지 말했다. 나는 그것이 얼마나 값진 것인지 알고 있으며 므쓔 레스퀴르는 분명히 떠나지 않을 거라고 대답했다. 랑발 공작부인은 이 이야기는 모두 비밀로 하라고 당부했다.

다음 날 나는 마담 투르젤 처소에 갔다. 그곳에는 많은 사람이 있었다. 왕비께서 공주와 함께 오셔서 내 손을 꽉 잡은 후 작은 목소리로 말했다.

---

[45] 왕비는 저자 라로슈자클랭 부인을 이렇게 다정하게 불렀다.

"빅토린, 나는 너희가 남았으면 좋겠다." 나는 그러겠다고 대답했다. 왕비께서는 다시 내 손을 잡은 후, 랑발 공작부인과 마담 투르젤과 담소하러 가셨다. 그리고 천사 같은 선함과 애정을 가지고 대화하다가 목소리를 높여 말씀하셨다. "빅토린이 우리와 함께 있을 거야!" 그 후, 므쓔 레스퀴르는 매일 튈르리궁으로 갔으며 그때마다 왕비께서는 그를 불러 이야기를 나누셨다.

그러나 나는 마음이 불편해졌음을 고백하지 않을 수 없다. 사람들은 대거 망명을 떠났으며 므쓔 레스퀴르가 떠나지 않는다고 비난했기 때문이다. 그가 전반적인 움직임을 따르지 않는다면 그의 명성이 위태로울 것 같았다. 파리에 도착하자마자 그는 망명을 떠날 거라고 공언했었는데, 망명자의 재산을 몰수한다는 법령이 공포된 지 정확히 이틀 지나 결심을 바꾼 셈이 되었기 때문이다. 상황은 끔찍했다. 그는 친구들과 친척들에게서 편지로 극심한 압력을 받았다. 나는 걱정이 되어, 랑발 공작부인에게 왕비께 다시 이야기해달라고 부탁했다. 왕비께서는 랑발 공작부인에게 당신의 대답을 그대로 전하게 하셨다. "나는 므쓔 레스퀴르에게 새롭게 할 말이 없다. 그가 자기의 양심, 자기의 의무, 자기의 명예심과 상의해야 한다. 왕실의 수호자들은 국왕 옆에 있을 때 올바른 자리에 있는 것임을 명심해야 한다." 나는 망명 왕족들이 왕을 지키기 위해 남은 사람들을 인정할 것으로 확신하고 안심했다. 대의는 똑같았다. 그들은 계속 연락을 유지하고 있었다.

므쓔 레스퀴르는 왕비의 대답을 듣자 망설이지 않았다. 그는 말했다. "내가 한순간이라도 평판과 의무 사이에서 흔들린다면 그것은 비열한 짓이다. 나는 무엇보다도 왕에게 복종해야 한다. 그것 때문에 고통을 당할지도 모르지만, 비난받지는 않을 것이다. 나는 망명자들을 존경한다. 그러나 그들도 나와 같은 상황에 있었다면 나처럼 행동했을 것이다. 내가 남는 것은 두려워서도 아니고 인색해서도 아니다. 여기에서도 그들처럼 싸울 것임을 증명할 수 있으면 좋겠다. 내가 그럴 기회를 얻지 못하고 나의 신분을 사람들이 모를지라도 나는 내 명예를 다해 왕을 위해 헌신할 것이다. 무엇보다도 내 의무를 다할 것이다."

나는 므쓔 레스퀴르의 생각을 존중했으나 걱정이 가시지는 않았다. 때때로 나는 그에게 망명자들이 프랑스에 돌아온 후 그의 명예와 용기에 대해 의심을 퍼뜨릴지 모른다고 말했다. 그는 단호했다. "나는 그들과 싸우지 않을 것이다. 내 종교는 그것을 금한다. 유럽에서 일어날 첫 번째 정당한 전쟁에는 자원해서 참가할 것이다. 내가 용기가 있는지 없는지 분명히 보여줄 것이다."

두 달 후, 칼비몽 백작이 파리에서 며칠 머물고자 코블렌츠에서 돌아왔다.[46] 나는 칼비몽 백작이 므쓔 레스퀴르가 특별한 명령을 받았다는 것을 내 외삼촌인 로르주 공작에게, 비밀을 유지하며 세부 사실은 생략한 채로, 전해도 좋다는 허락을 얻었다.

므쓔 마리니는 므쓔 레스퀴르가 떠나지 않는다는 것과 궁에 자주 간다는 것을 알았다. 그러나 그는 그 이유를 굳이 알려 하지 않고, 자기는 므쓔 레스퀴르를 너무 좋아하기에 그의 운명을 뒤따를 거라고 말했다.

우리는 랑발 공작부인에게 므쓔 마리니에 대해 이야기했다. 므쓔 레스퀴르는 왕이 그에게 남으라는 명령을 내렸음을 전해도 좋다는 허락을 받았다. 므쓔 레스퀴르와 므쓔 마리니의 사상과 고귀함을 잘 알고 있던 푸아투의 많은 사람들은 그들이 프랑스에 남는 것을 보고 매우 놀랐다. 그들은 내가 계속 랑발 공작부인을 만난다는 것을 알았고 두 사람이 무

46 Coblenz. 독일 서부 라인란트팔츠 주에 있는 도시로, 당시 망명귀족이 모여 있던 곳이다.

슨 비밀 지령을 받지 않았나 생각했다. 그들은 자기들도 남으라고 권하기만 하라고 두 사람을 압박했으며 그러면 자기들은 파리를 떠나지 않을 거라고 약속했다. 나는 랑발 공작부인에게 이 이야기를 자주 했다. 나는 200~300명에게만 명령을 내리는 것은 그들이 왕을 수호하지도 못한 채 무의미하게 죽기를 바라는 것과 다르지 않다고 그녀에게 말했다. 나는 헌신적이고 야심 없는 귀족이 많이 남도록 해야 한다고 제안했다. 랑발 공작부인은 내 생각이 옳다고 인정했다. 그러나 그녀는 비밀을 완벽하게 유지해야 한다고 말하면서 이러한 어중간한 조치를 할 수밖에 없는 상황을 나와 함께 탄식했다. 그래서 므쓔 레스퀴르와 므쓔 마리니는 자기들에게 조언을 구하는 사람들에게 아무 말도 할 수 없었다. 그러나 나는 궁정에서는 망명은 인정하면서도 귀족들의 일부는 프랑스에 남기를 바란다고 생각했다. 그러나 궁정은 불신 때문에 말하지 않았다. 궁정은 배신을 두려워했으며, 무엇보다도 국민의회를 흥분시킬지도 모르는 실수를 범하지 않을까 크게 우려했다.

우리는 소세 거리에 있는 디스바흐 건물에서 살았다. 우리의 생활은 매우 호젓했다. 나는 나이가 어렸으므로 아무도 만나지 않았다. 므쓔 레스퀴르는 자주 튈르리궁에 갔다. 어떤 불길한 움직임이라도 감지되면 그는 거기서 온종일 보냈다.

6월 20일, 나는 몹시 무서웠다. 나는 혼자 마차를 타고 랑발 공작부인 처소로 향했다. 황후가 죽었기에 궁은 상중(喪中)이었다.[47] 상을 치르는 문제 때문에 몇 사람은 민중의 비난을 받았다. 나는 카루셀에 도착했으나 사람들이 에워싸고 있어서 마부는 앞으로 나갈 수 없었다. 나는 군중

---

[47] 마리 앙투아네트의 오빠인 신성로마제국 황제 레오폴트 2세의 부인(Marie-Louise d'Espagne)을 말한다. 1792년 5월 15일 사망했다. 당시 프랑스는 신성로마제국과 전쟁 중이었다.

들이 근위병들의 무기를 빼앗고 폭행하는 것을 보았다. 튈르리궁의 문은 닫혀 있었다. 아무도 들어갈 수 없었다. 나는 남의 눈에 띄지 않게 집으로 돌아갔다.[48]

여름 내내 비슷한 생활이었다. 므쓔 레스퀴르는 언제나 튈르리궁에 가거나 상황을 알아보러 변장을 하고 공공장소에 가거나 했으며, 민중들과도 어울렸다. 나는 세상을 등졌다. 랑발 공작부인의 처소에 가는 것이 고작이었다. 나는 그녀의 모든 걱정과 슬픔을 보았다. 그녀보다 용기 있고 왕비에게 더 헌신적인 사람은 없었다. 그녀는 자기의 삶을 희생했다. 8월 10일 직전, 그녀는 나에게 말했다.[49] "위험이 커질수록 나는 더욱 강해진다. 나는 죽을 각오가 되어 있어. 아무것도 두렵지 않아." 그녀는 왕과 왕비 생각만 했다. 랑발 공작부인의 시아버지인 팡티에브르 공작은 자기를 극진히 돌본 그녀를 존경했다. 그는 며느리의 참혹한 최후를 슬퍼하며 죽었다.[50]

7월 25일경, 마담 랑발은 프랑스 원수인 비오메닐 남작이 코블렌츠에서 왔으며 국왕 곁에 남은 귀족들을 지휘할 거라고 말했다. 그때 마침 비오메닐 남작이 들어오자, 그녀는 므쓔 레스퀴르가 명령을 받았다며 그에게 추천했다.

마담 랑발은 므쓔 레스퀴르를 파리에 잡아둔 이유를 왕족들에게 알려도 좋다고 나에게 허락했다. 그러나 그녀는 프랑스를 위해 항상 비밀을 지켜달라고 당부했다.

7월 29일, 아버지, 어머니, 그리고 집안사람 몇 명이 메도크 지방을

---

48 1792년 6월 20일 파리 민중은 튈르리 왕궁을 공격했다.

49 1792년 8월 10일, 파리 민중은 튈르리 왕궁을 공격했다. 왕은 의회로 피신했으며 의회는 왕권 정지를 선언했다.

50 랑발 공작부인은 1792년 9월 학살 때 참혹하게 죽었다.

피해 파리로 올라왔다. 당시 보르도에서는 신부 둘이 학살당하는 사건이 일어났기 때문이다.

8월 8일, 우리는 우리가 사는 지역에서 무서운 사건을 목격했다. 우리 건물 앞에는 가죽제품을 파는 신부가 살고 있었는데, 어느 날 "아시냐가 구두 가격을 올려놓을 것이다. 곧 22프랑이 될 것이다"라고 말해 그 지역 민중들의 분노를 샀다.[51] 그 후 그는 매점매석을 했다는 비난을 받았다. 가죽제품을 실은 마차가 그의 집에 도착하자, 국민방위대원 한 사람, 여자 한 사람 그리고 아이 몇이 마차를 세우고 "그놈 죽여라"라고 외쳤다. 신부는 그들을 진정시키려 내려왔으나 허사였다. 그들은 강제로 가죽제품을 가까이 있는 구(區)로 가져가려 했다.[52] 그는 그들이 그렇게 하도록 내버려두었고 자기도 그리로 갔다. 우리는 샹젤리제로 산책하러 갔다가 돌아오는 길이었다. 거리에는 사람이 꽉 찼지만 그렇게 시끄럽지는 않았다. 우리가 집으로 돌아오자마자 사람들이 외쳐대기 시작했다. 민중은 구에 가 있는 신부를 넘기라고 말했다. 어떤 행정관들은 그를 구하려 했고 어떤 행정관들은 반대했다. 우리는 무질서가 더 심해지지 않을까 걱정했다. 우리는 집을 떠나기로 결정하고서 집에서 나와 군중 사이를 헤치고 지나갔다. 몇 걸음 떨어지지 않은 곳에서는, 반혁명적이라고 비난받던 카페의 유리창이 산산조각 났다. 그들은 우리에게는 시비를 걸지 않았다. 잠시 후, 그들은 그 불쌍한 신부를 창밖으로 내던졌고 그의 몸은 박살났다.

8월 9일, 국왕입헌근위대[53] 장교인 스위스인 므쓔 그레미옹이 므쓔 디

---

51 아시냐(assignat)는 프랑스혁명기에 유통된 지폐이다. 엄청난 인플레이션을 유발하여 민중의 분노를 일으켰다.

52 구(區. section). 1790년 5월 21일 제헌의회는 파리시(市)를 기존의 60개 지구(district)에서 48개 구(section)으로 개편하는 법을 통과시켰다.

스바흐가 예약한 작은 방에 들어가려고 우리가 사는 건물로 왔다. 그는 저녁에 도착하여 다행히 이웃은 그 사실을 알지 못했다.

다음 날 무슨 일이 일어날 거라는 소문이 돌았다. 므쓔 레스퀴르는 성에서 밤을 보낼 준비를 했다. 그때 므쓔 몽모랭이 도착했다. 그는 퐁텐블로의 사령관이었고 왕의 각별한 신임을 받는 사람이었다. 그는 그럴 자격이 있는 사람이었으며 왕의 명령으로 파리에 남았다. 그는 말했다. "오늘 저녁에 성에 갈 필요는 없네. 나는 지금 거기서 돌아오는 중이오. 국왕께서는 사람들이 12일에 당신을 공격할 것으로 알고 있소. 오늘 밤 시끄럽긴 할 거요. 그러나 장소는 아르스날(병기고) 쪽일 거요. 민중은 거기서 화약을 탈취하려 할 거고, 국민방위대 5천 명은 그들을 저지하라는 명령을 받을 거요. 그러니, 무슨 말인가 들은 모양인데 걱정하지 마오. 성은 안전하오. 나는 그곳에 돌아갈 거요. 마담 투르젤 집에서 저녁을 먹으러 말이오."

이 생각은 우리로 하여금 궁은 안전하다는 불확실한 정보를 공유하게 했다.[54]

---

53 la garde constitutionnelle du roi. 1791년 제헌국민의회가 해산하면서 공포한 법에 따라 설치된 국왕경호대이다.

54 1792년 8월 10일, 파리 민중과 연맹군은 튈르리궁을 공격하여 왕궁을 점령했고, 국왕은 의회로 도피했다. 이 사건의 여파로 프랑스 군주정은 정지되었으며, 입법의회가 해체되고 국민공회가 출범했다. 1792년 9월 21일 국민공회 의원들은 만장일치로 군주정 폐지를 결정했고, 1792년 9월 22일 공화국을 공식 선포했다.

4

8월 10일–파리 탈출

Mémoires de Madame La Marquise De La Rochejaquelein

자정 무렵에 처음으로 우리는 거리에서 사람들이 움직이고 살그머니 문을 두드리는 소리를 들었다. 창문으로 바라보니 그들은 조용히 집결해 있는 구(區)의 전투원들이었다. 우리는 그들이 아르스날을 공격하려는 모양이라고 생각했다.

새벽 2시와 3시 사이에 우리 지역에서 종소리가 울리기 시작했다. 므쓔 레스퀴르는 걱정을 이기지 못해 무장을 하고서, 민중이 튈르리궁으로 가지는 않는지 보러 므쓔 마리니와 함께 나갔다. 아버지와 므쓔 그레미옹은 온 지가 얼마 되지 않아 성 출입증을 아직 받지 못해서 남아 있을 수밖에 없었다. 그러나 출입증도 아무 소용이 없었다. 므쓔 레스퀴르와 므쓔 마리니는 자기들이 잘 아는 모든 출입구를 통해 들어가려고 시도했으나 국민방위대의 감시병들이 모든 문을 지키고서 왕의 경호원들이 왕 곁으로 가는 것을 막았기 때문이다. 므쓔 레스퀴르는 튈르리궁을 한 바퀴 돌고 므쓔 쉴로가 살해당하는 것을 본 후 민중으로 변장하려고 집으로 돌아왔다.[55] 그때 포성이 울리기 시작했다. 그는 절망감에 사로잡혔다. 그는 성으로 들어가지 못한 것을 자책했다. 그때 갑자기 "살려주세요!

스위스 놈들이다! 우리는 졌다!"라고 외치는 소리가 들렸다. 구(區) 전투원들이 급하게 되돌아왔고, 새 창으로 무장한 파리 교외 지역 주민 3천 명이 이들과 합류했다. 우리는 한순간 왕이 우세하구나 하고 생각했다. 그러나 곧이어, "국민 만세! 상퀼로트 만세!"라는 외침이 우리가 처음에 들었던 외침을 대체했다.[56] 우리는 삶과 죽음 사이에서 망연자실했다.

므쓔 마리니는 민중들에게 에워싸여 성을 공격하는 사람들 속으로 휩쓸려 들어가는 바람에 므쓔 레스퀴르와 떨어졌다. 공격이 시작되어 므쓔 마리니 옆에 있던 한 여자가 부상당하자 그는 그녀를 팔에 안고 돌아갔다. 이렇게 해서 그는 자기가 구하려던 왕을 본의 아니게 공격하는 끔찍한 불행을 피했다. 다른 사람들은 그러한 행운을 얻지 못했다. 므쓔 몽모랭은 큰 위험을 피한 후 가까스로 우리 집에 도착했다. 그는 성에서 빠져나왔으나, 살육에 굶주린 국민방위대원 네 사람의 추격을 받았다. 그는 식료품점으로 들어가 증류주 한 잔을 시켰다. 국민방위대원 네 사람도 미친 사람처럼 따라 들어왔다. 가게 주인은 므쓔 몽모랭이 성에서 나왔다고 생각하고서는 아는 사람인 척하며 그에게 말했다. "아! 사촌, 너는 시골에서 올라오며 폭군의 종말을 기대하지 않았느냐? 자, 이 용감한 동지들과 국민을 위해서 건배하자." 이렇게 해서 그 훌륭한 의인은 므쓔 몽모랭이 누군지 알지 못했지만 그를 구했다. 그러나 그것도 잠시뿐, 그는 9월 2일 학살당했다.

그 밖의 여러 사람이 우리 집으로 도망쳐왔다. 우리는 숨이 막힐 듯한

---

55 François-Louis Suleau. 루이르그랑 콜레주에서 카미유 데물랭, 로베스피에르와 함께 공부한 왕당파 팸플릿 작가.

56 상퀼로트(Sans-culottes). 퀼로트는 구체제에서 부유한 사람들이 입던 반바지이다. 상퀼로트는 이러한 반바지를 입지 않고 청색과 백색 줄무늬가 그려진 긴바지를 입던 민중을 말한다. 상퀼로트는 직접민주주의를 요구한 과격한 혁명세력이었다.

걱정 속에서 하루를 보냈다. 사람들은 주위에 있는 스위스 용병들을 학살했다. 우리 집 건물 문 위에는 "디스바흐 건물"이라는 표지가 붙어 있었고 많은 통행인이 그것을 주목했다. 지역 사람들은 므쓔 레스퀴르가 단검 기사라고 말했는데, 그것은 왕의 비밀 경호원들에게 붙여진 이름이었다. 다행히 그들은 므쓔 그레미옹의 도착을 알지 못했다. 게다가 우리는 동네에서 평판이 좋았는데, 왜냐하면 집안의 모든 가구를 동네 가게에서 구입하는 등 신경을 썼기 때문이다.

우리는 집에서 달아나려고 저녁이 되기를 초조하게 기다렸다. 각자 변장을 하고, 생제르맹 교외의 위니베르시테 거리에 있는 옛 하녀의 집으로 피신하기로 결정했다. 아버지와 어머니는 함께 나가셨고 무사히 그곳에 도착했다. 나는 므쓔 레스퀴르와 함께 집을 나섰다. 나는 그에게 피스톨을 두고 가라고 말했다. 그것 때문에 사람들이 그를 단검 기사로 알아보지 않을까 무서웠기 때문이다. 그는 내 절박한 간청을 들어주었다. 나는 그때 임신 일곱 달째였다.

우리는 마리니 길을 따라갔고 거기서 샹젤리제 안으로 들어갔다. 그곳은 어둡고 조용했다. 멀리 튈르리궁 쪽에서 총소리가 들려왔다. 거리는 텅 비었다. 그때 우리는 한 여자가 우리 쪽으로 오며 구원을 요청하는 소리를 들었다. 그녀는 그녀를 죽일 듯이 달려드는 한 남자의 추격을 받고 있었다. 그녀는 므쓔 레스퀴르의 팔을 잡고 말했다. "므쓔, 저를 구해주세요!" 그는 무기도 없었을뿐더러 자기에게 딸린 실신 지경인 두 여자 때문에 무척 당황했다. 므쓔 레스퀴르는 그 남자 쪽으로 몸을 움직이려 했으나 헛일이었다. 그는 우리에게 총을 겨누며 말했다. "나는 오늘 반혁명파 놈들을 많이 죽였다. 여기 한 놈 더 있군."[57] 그는 완전히 취해

---

[57] aristocrate. 귀족이라는 뜻이지만, 반혁명파라는 넓은 뜻으로 사용되었다.

있었다. 므쓔 레스퀴르는 이 여자에게서 무엇을 원하는지 그에게 물었다. “나는 그녀에게 튈르리궁으로 가는 길을 물었지. 스위스 용병 놈들을 죽이러 가려고 말이야.” 사실, 그는 처음에는 그녀에게 못되게 굴 생각이 없었다. 그녀가 두려워서 대답도 하지 않고 도망쳤기에 뒤쫓은 것이다. 므쓔 레스퀴르는 놀랍도록 냉정하게 그에게 말했다. “당신이 맞아. 나도 그리 가는 중이야.” 그러자 그 남자는 므쓔 레스퀴르와 이야기하기 시작했다. 가끔 그는 우리가 반혁명파로 보인다고 말하며 우리에게 총을 겨누었다. 그는 그 여자는 죽일 생각이라고 말했다. 므쓔 레스퀴르는 그에게 덤벼들려고 하는 것 같았으나 그럴 수 없었다. 그 여자와 나는 무의식중에 점점 더 강하게 그의 팔에 매달렸기 때문이다. 결국, 므쓔 레스퀴르는 우리도 튈르리궁으로 간다고 말하며 그 남자를 달랬다. 그러자 그는 우리와 함께 가기를 원했다. 므쓔 레스퀴르는 그에게 말했다. “내 아내는 출산이 임박했고 겁이 많다. 아내를 처제 집에 데려다 놓은 다음 당신을 만나러 오겠다.” 그는 그 약속을 믿고 우리가 떠나는 것을 허락했다.

나는 무슨 일이 있어도 이 좁은 길에서 벗어나 샹젤리제를 관통하는 큰길로 가고 싶었다. 나는 내 눈 앞에서 벌어진 광경을 결코 잊지 못할 것이다. 오른쪽과 왼쪽에는 샹젤리제가 있었는데, 이곳에서는 낮 동안에 1,000여 명이 학살당했다. 칠흑 같은 어둠이 깔려 있었다. 앞쪽으로는, 막사에서 불이 솟아 튈르리궁 위로 번지는 모습이 보였다. 우리는 민중들이 총을 쏘고 외치는 소리를 들었다. 우리 뒤에 있는 외곽 건물도 불타고 있었다. 우리는 오른쪽 좁은 길을 지나 루이 15세 다리로 가려 했으나 사람들이 외치고 다짐하는 소리가 들려서 그쪽으로 갈 엄두가 나지 않았다. 공포가 엄습했다. 우리는 완전히 왼쪽으로 붙어서 생토노레 외곽 지역의 정원을 따라 내려가 루이 15세 광장에 도착했다. 우리는 광장을 지나가면서 민중 부대가 일제사격을 하며 선개교(旋開橋)를 통해 튈르리궁으로 들어가는 것을 보았다. 우리는 루아얄 거리로 갔다가 생토노레 거리로 갔다. 우리는 창으로 무장한 민중들 사이를 헤치고 지나갔다. 그들은 사나운 구호를 외쳤는데, 대부분은 술에 취해 있었다. 나는 완전히 이성을 잃고 내가 하는 말이 무슨 말인지도 모르고 외쳤다. "상퀼로트 만세! 불을 비추어라! 유리창을 부숴라!" 나는 내가 들은 분노의 말들을 기계적으로 반복했다. 므슈 레스퀴르는 나를 진정시킬 수도 내 외침을 막을 수도 없었다. 드디어 우리는 루브르에 도착했다. 그곳은 어둡고 쓸쓸했다. 우리는 퐁뇌프를 지나 부두로 갔다.

센 강 이쪽에는 어두운 침묵이 깔려 있었고, 강 저쪽에서는 튈르리궁의 화염이 어렴풋한 빛을 던지며 솟아오르고 있었다. 우리는 대포 소리, 총소리, 군중의 외침 소리를 들었다. 강의 이쪽과 저쪽은 충격적인 대조를 이루었다. 강은 상이한 두 지역을 나누는 것 같았다. 나는 너무 피곤해서 어머니가 숨어있는 곳으로 갈 수 없었다. 나는 생제르맹 변두리의 작은 거리에 있는 마담 레스퀴르의 옛 하녀 집으로 갔다. 거기서 나의 용감한 옛 하인 둘을 만났는데, 그들은 자기들이 생명의 위협을 무릅쓰고 가져온 나의 다이아몬드와 귀금속들을 숨겨놓기 위해 온 것이었다. 민중은 집을 약탈하는 사람이나 그렇게 보이는 사람은 모두 죽였기 때문이다. 그들은 어머니는 무사하다고 알려주었다. 나는 어머니에게 가서 나의 상태에 대해 안심시켜 드리라고 말했으나 그들은 어머니에게 갈 수 없었다. 어머니는 아버지가 나의 상황을 알아보려고 도시를 뒤지는 동안 걱정 속에서 밤을 지새웠다. 부모님들은 다음 날 아침에야 내 소식을 들었다.

우리는 디스바흐 건물에 남아 있던 여자 두세 사람을 통해 민중들이 밤새도록 우리가 살던 거리에서 스위스 용병들을 학살했다는 것을 알았다. 내 하녀인 아가트는 숨어 있던 한 스위스 경비병이 변장할 수 있도록 옷을 가져다주고 돌아오다가 그녀 옆에서 한 남자가 죽는 것을 보았다. 다음 날에도 살육이 계속되었다. 므쓔 레스퀴르는 나의 만류에도 친구들의 소식을 들으러 나갔다. 그는 자기 옆에서 두 남자가 참살당하는 것을 보았다.

우리는 은신처에서 일주일을 지냈다. 어머니와 나는 민중으로 변장하고 서로 만나러 다녔다. 하루는 내가 어머니를 보고 돌아올 때 므쓔 레스퀴르가 나를 맞이했다. 우리가 보초 앞을 지날 때, 문에 앉아 있던 한 자원병이 동료들에게 말했다. "단검 기사가 많이 돌아다니고 있어. 그들은 변장했지만 쉽게 눈에 띄지." 나는 심장이 멎을 것 같았다. 돌아오자마자 나는 의식을 잃고 쓰러졌다.

사람들은 룰 구(區)의 행정관들은 꽤 괜찮은 사람들이라고 우리에게 말했다. 그렇지만 우리는 디스바흐 건물로 돌아갈 엄두를 못 냈다. 우리는 위니베르시테의 허름한 집에 숙박하러 갔다. 거기서 그렇지 않아도 많은 불행에 짓눌린 어머니는 민중이 외치는 소리를 통해 마담 랑발이 포르스 감옥으로 이송되었다는 소식을 들었다. 어머니는 염증성 고열에 시달렸다.

어머니가 조금 회복되자 우리는 파리를 떠날 생각을 했다. 매일같이 수많은 사람이 체포되었고 우리 차례가 다가오는 것 같았다. 우리는 떠나는 데 필요한 통행증 발급을 요구했지만 한편으로는 그것이 차례를 앞당기는 것은 아닌가 하고 두려워했다.

신은 우리에게 해방자를 보내주셨다. 므쓔 레스퀴르의 양육교사였던 므쓔 토마생은 우리에게 헌신했고 우리의 삶과 죽음을 결정했다. 그는 명석하고 수완 좋은 사람이었으며 싸움을 잘했고 대범했다. 그는 므쓔 레스퀴르를 아주 좋아했지만, 혁명파에도 조금 발을 들여놓았다. 그는 경찰 간부였고 생마글루아르 구의 중대장이었다. 그는 그런 사람이었기에 특혜를 얻고 영향력을 행사하는 것이 어렵지 않았다. 그는 마초를 구입하는 일을 맡은 다음, 우리를 구로 데리고 갔다. 그는 제복을 입고 견장도 달고 있었다. 그가 파리의 여러 구의 영웅처럼 허풍을 떨면서 그날의 업무를 설명하는 동안, 한 선량한 사무원이 사람들 몰래 우리에게 통행증을 발급해주었다. 그런 다음, 므쓔 토마생은 모든 것이 완벽하게 진행될 수 있도록 필요한 모든 조처를 다 했다.

다음 날은 더 위험했다. 므쓔 레스퀴르가 므쓔 토마생의 도움으로 통행증을 두 개 더 얻으려 했기 때문이다. 하나는 자기의 사촌이자 친구인 므쓔 앙리 드 라로슈자클랭을 위한 것이었다.[58] 그는 국왕입헌근위대의 장교였다. 기병대가 해체되었을 때, 장교들은 전하에게서 망명하지 말고 당신 옆에 남으라는 명령을 직접 받았다. 또 하나의 통행증은 므쓔 샤를 도티샹을 위한 것이었다. 그 역시 국왕근위대에 속해 있었으며 므쓔 라로슈자클랭의 친구였다. 그는 당시 나이 스물셋이었고, 멋지고 귀족다운 용모를 가지고 있었으며, 장교들 사이에서도 특별히 평판이 좋았다. 이 두 므쓔는 8월 10일에 성에 있다가 기적적으로 성을 빠져나왔다. 므쓔 도티샹은 자기를 죽이려 하는 민중 둘을 죽였다. 8월 10일 이후, 이 두 므쓔는 매 순간 닥치는 위험을 어떻게 하면 피할 수 있을지 잘 몰랐다. 갈 곳도 없었다. 그때 므쓔 플뢰리라는 한 용감한 변호사가 그들의 끔찍한 상황을 알고 앙시엔 코메디 거리에 있는 자기 집으로 피하라고 제안했다. 그들은 그를 알지 못했지만 그의 제안을 받아들였다. 그들은 그 훌륭한 사람 덕분에 목숨을 구했다.

므쓔 레스퀴르는 전에 사용해서 성공했던 방법을 그들을 위해 다시

---

58 Henri du Vergier, La Rochejaquelein 백작(1772~1794). 푸아투 지방의 Châtillon-sur-Sèvre 가까이 있는 Durbelière 성에서 태어났으며, 방데 전쟁 때 사망했다. 이 회고록의 저자는 앙리 라로슈자클랭의 동생과 재혼했다.

사용하려 했다. 그러나 통행증에 서명할 증인 두 사람이 필요했다. 그는 8월 8일에 민중의 공격을 받아 유리창이 산산조각 났던 그 카페 주인에게 부탁했다. 그는 그들의 요구에 선선히 응했고, 두 번째 증인을 데려오겠다는 약속도 했다. 므쓔 레스퀴르, 두 므쓔, 증인들, 그리고 언제나 군복 차림인 므쓔 토마생이 우리 구로 갔다. 므쓔 레스퀴르는 이 므쓔들은 자기 집에서 묵었다고 말했다. 통행증 발급이 약속되었다. 그러나 다른 사람들에게는 발급을 하면서도 그들에게는 기다리라고 했다.

그 사이에, 두 번째 증인은 사무실 벽에 게시된 문서를 보게 되었다. 그것은 새로운 법령으로, 통행증을 발급하려 거짓 증언을 하는 사람을 처벌한다는 내용이었다. 그는 경악하여 사무원에게 다가가서, 자신은 이 일과 무관하며 이 므쓔들을 알지 못한다고 말했다. 작은 목소리로 말했기에 사무원만 그 말을 들었다. 그 선량한 사무원은 므쓔 레스퀴르에게 작은 소리로 말했다. "당신들은 틀렸소! 피하시오!" 그리고 나서, 짜증이 난다는 듯이, 통행증을 발급할 시간이 없으니 다음에 오라고 므쓔 레스퀴르에게 큰 소리로 말했다. 므쓔들은 이렇게 해서 위험에서 벗어났다.

드디어 우리는 8월 25일 푸아투로 향했다. 아버지, 어머니, 나 모두 최대한 허름하게 입었고, 우리와 함께 마차를 탄 므쓔 토마생은 제복을 입었다. 므쓔 레스퀴르는 말을 탔다. 하인은 단 한 명이었다.

검문소에 도착해서 우리는 통행증을 보여주었다. 그들은 법에 따르면 역마차의 말도 그 특징을 기록한 통행증이 필요하다며 생쉴피스 구에 가서 그것을 받아오라고 일러주었다. 므쓔 토마생이 내렸다. 그는 역참 중대장이 자기 동료 가운데 하나인 것처럼 아는 체했다. 그는 즉시 떠나도 좋다는 허가를 받았다. 우리 앞에는 다른 마차가 같은 이유로 서 있었는데 중대장은 그에게는 호의를 베풀지 않아서 그 마차는 구로 되돌아가야 했다. 사악하고 술주정뱅이인 우리의 마부는 다시 마차에 오른 므쓔 토마생의 외침에도 그 첫 번째 역마차를 빠르게 쫓아갔다. 우리는 구에 도착했다. 민중이 모여들어 마차를 에워싸고 외쳤다. "죽여라! 아베이 감옥으로 보내라! 이들은 도망친 반혁명파다!"

므쓔 토마생은 내려서 구로 들어가 우리의 통행증을 보여주었고, 자기의 증명서들과 위임명령서 등을 늘어놓았다. 대원들은 그를 여러 번 보았다고 인정했다. 므쓔 토마생은 그들을 껴안았고 통행 허가를 얻었다. 그러는 동안, 마차 주위에서 소란과 아우성이 더 커졌다. 므쓔 토마생이 나오자 그들은 우리의 출발을 막으려는 것 같았다. 그러자 므쓔 토마생은 구의 현관 계단에 올라 일장 연설을 했다. 그는 자기의 모든 직위를 과시했고, 자기의 증명서를 다시 보여주었으며, 우리는 자기의 친척이고 우리는 군대를 위해 마초를 사러 가는 중이라고 말했다. 그리고 나서, 과시적인 열정에 도취되어, 모든 젊은이는 조국의 방어를 위해 뛰어들어야 한다고 역설했다. 그리고 자기도 임무를 완수하면 그들의 앞에 서서 싸울 거라고 맹세했다. 그는 마지막으로 외쳤다. "그렇습니다. 동지들, 나와 함께 외칩시다, 국민 만세!" 완전히 감동한 민중의 박수를 받으며, 므쓔 토마생은 마차에 올라 마부에게 떠나라고 명령했다. 우리는 오를레앙으로 가는 길에 들어섰다.

그 마부는 또다시 우리를 위험에 빠뜨렸다. 파리에서 4km쯤 내려왔을 때, 우리는 마르세유인들의 부대를 만났다. 그들은 오를레앙에 있는 포로들을 데리고 베르사유에 가서 학살하라는 임무를 맡은 부대의 전위였다. 마부는 병사들에게 시비를 걸기 위해 마차를 도로 한복판으로 몰았다. 병사 두세 사람이 넘어졌다. 그러자 부대원 모두가 우리에게 총을 겨누었다. 므쓔 토마생이 마차에서 얼굴을 내밀고 말했다. "동지들, 이 못된 놈을 죽여버리세요. 국민 만세!" 그들은 므쓔 토마생의 복장과 태도를 보고서 진정했다.

길을 내려가는 도중 내내, 우리는 부대로 복귀하는 병사들을 보았다. 그들은 거칠어서, 마차들을 멈춰 세우고 욕을 해댔다. 그럴 때마다 우리의 파리지앵 중대장은 얼굴을 내밀고 "국민 만세!"를 외치면서 우리를 모든 사고 위험에서 구해주었다.

저녁때 우리는 오를레앙에 도착했다. 검문소에서 통행증 제시를 요구했다. 그곳에는 사람이 많았다. 그들은 친절했고 마음이 따뜻했다. 그들은 그 병사들이 포로를 데리러 온 사람들이 맞는지 진지하고 걱정스러운 표정으로 물었다. 그들은 포로들은 선량한 사람들이며 도시는 그들 편이므로 병사들이 그들에게 못되게 굴면 그들을 보호할 거라고 말했다. 나는 이 선량한 사람들의 마음에 감동받았다. 그리고 그 광경은 내 기억 속에 언제나 남아 있을 것이다.

보장시를 지나 작은 마을에 들어서서 또다시 통행증을 요구받았다. 그들은 마차 안에 파리 국민방위대 중대장이 있는 것을 보고는 그에게 마차에서 내려 군에 입대하는 마을 자원병 50명을 격려해달라고 부탁했다. 므쓔 토마생은 즉시 내려서 심각한 표정으로 칼을 뽑고 젊은이들을 점검한 후 애국적인 연설을 하고서 우리와 함께 마차에 올랐다. 우리는 "국민 만세"라는 외침 속에서 떠났다.

십여 개의 비슷비슷한 사건이 일어났다. 파리의 제복은 대단한 힘을 발휘했다. 므쓔 토마생은 자신 있게 자기의 역할을 했고, 그 자신감은 그에 대한 존경심을 불러일으켰다. 그는 마치 장군 같았다. 그 덕분에 우리는 자원병 4만 명이 깔린 길을 정지당하지도 모욕당하지도 않고 통과할 수 있었다.

투르에 도착했을 때, 우리는 우리가 피신하려는 클리송 옆에 있는 브레쉬르에서 소요가 일어난 것을 알았다. 우리는 투르 교외에서 멈추었다. 그러나 므쓔 레스퀴르는 푸아투로 가기 위해 길을 계속 갔다.

5

보카주에 대한 묘사 – 주민들의 심성 – 혁명의 첫 번째 효과 – 1792년 8월의 봉기 – 방데 전쟁 이전 시기

Mémoires de Madame La Marquise De La Rochejaquelein

우리는 교외에서 꽤 편안하게 이틀을 보냈다. 그러나 도시에서는 작은 소동이 벌어졌다. 민중들은 당나귀를 타고서 선서신부들의 미사에 참석하기를 원하지 않는 불쌍한 여자들을 끌고 다녔다.

므쓔 레스퀴르는 푸아투에서 일어난 일에 대해 상세히 알고 나서 즉시 우리에게 전령을 보냈다. 그는 모든 것이 진정되었으니 길을 계속 갈 수 있다고 전해왔다. 우리는 소뮈르로 가는 길에 들어섰다.

한 마을에서 우리는 보초를 서고 있던 농민을 만났다. 그는 마차를 세웠고 통행증을 요구했을 뿐만 아니라 가방을 열라고 말했다. 열쇠를 가지고 있던 여자들이 그 자리에 없었으므로 우리는 매우 당황했다. 마을 사람들이 모여들기 시작했다. 므쓔 토마생은 초소 장교를 불러 통행증을 보여주고 병사들의 무질서를 질책한 후, 그 초병을 감옥에 넣으라고 명령했다. 장교는 경의를 표하며 사과했다.

우리는 투아르에 도착했다. 이 도시는 민중파를 열렬히 환영한 도시였다. 몇몇 이웃 면(面)에서 봉기가 일어나 그들을 진압하러 국민방위대가 동원되었기에 이곳 사람들의 흥분은 더욱 고조되어 있었다.[59] 그렇지만 그들은 가방 수색을 마치고서 우리를 통과시켰다. 그들의 검색은 잼 병 속에 화약이 들었는지도 살펴볼 정도로 꼼꼼했다. 드디어 우리는 클리송에 도착했다.

클리송 성은 푸아투 지방에서 '보카주 지방'이라고 불리던 곳에 있다. 이 지방은 내전(內戰) 이후에는 방데라는 명예로운 이름으로 불렸다.[60]

보카주는 푸아투 지방의 일부, 앙주 지방의 일부, 낭테 백령의 일부로 구성되었으며, 현재는 루아르 앵페리외르, 맨 에 루아르, 되세브르, 방데라는 네 개의 도에 속한다. 그것의 경계는 북쪽으로는 낭트에서 앙제까지의 루아르강, 서쪽으로는 팽뵈프, 포르니크와 습지대, 그리고 부르그뇌프에서 생질까지의 바다, 해변, 사블 위쪽에서 뤼송과 라로슈 쉬르 용[61] 사이를 지나고, 퐁트네와 샤테느레 사이를 지나, 파르트네, 투아르, 비이에, 투아르세, 브리사크까지 갔다가 세(Cé) 다리 조금 위쪽의 루아르강으로 이어지는 선이다. 전쟁은 이 경계선 위쪽까지 확대되었지만, 그것은 일시적인 습격일 때만 그러했다. 봉기가 일어난 지역, 진정한 방데는 이 공간이었다.

이 지방은 지형에 의해서, 그보다는 주민들의 심성에 의해서, 프랑스의 다른 지역과 구별된다. 이곳은 별로 높지 않으며 어떤 산맥과도 연결되어 있지 않은 구릉들로 형성되어 있다. 계곡은 좁지만 깊지 않다. 매우 작은 개천이 사방으로 흐르는데, 어떤 것들은 루아르강으로 향하고, 어떤 것들은 바다로 향하고, 어떤 것들은 평원에서 모여 작은 강을 이룬다.

---

59 당시 프랑스 지방 행정구역은 데파르트망(道) - 디스트릭트(郡) - 캉통(面)으로 구성되었다.

60 내전이란 방데 전쟁을 말한다.

61 (원주) 오늘날의 부르봉-방데.

도처에 화강암 바위가 많이 있다. 산맥도, 강도, 넓은 계곡도, 심지어는 커다란 경사지도 없는 이 지역은 일종의 미로(迷路)와도 같다. 다른 언덕보다 높아서 관측지로 사용되거나 지역을 굽어볼 만한 높이의 언덕도 드물다. 그렇지만 세브르강을 따라 낭트 가까이 가면 넓은 지대가 펼쳐지는데, 언덕이 더 높고 가파르다. 이 강은 빠르게 흐르고 강안(江岸)은 험준하며 깊은 골짜기의 바위들을 지나간다. 그렇다고 보카주가 전원적인 풍경만 가진 것은 아니다. 그것은 원시적인 모습도 보여준다. 반대로, 동쪽의 루아르강에 인접한 면(面)들은 개방적이고 경사면은 완만하여 계곡은 꽤 넓은 평원을 형성한다.

보카주는 그 이름이 지칭하듯이 나무로 덮여 있으나 큰 숲은 별로 없다.[62] 그러나 밭과 초지는 매우 무질서하고 촘촘하게 심어놓은 나무들로 조성된 생울타리로 에워싸여 있다. 나무줄기도 높지 않고 가지도 넓게 퍼져 있지 않다. 5년마다 가지치기를 해주며, 12~15피트의 줄기에는 아무것도 붙어 있지 않다. 이 울타리는 넓은 공간을 가두지 않는다. 땅은 조각나 있으며 기름지지 않다. 꽤 넓은 경작지가 오랫동안 그냥 방치되는 경우도 있는데, 그러면 그것은 금방 커다란 금작화나 가시양골담초로 뒤덮인다. 모든 계곡, 심지어는 구릉 경사지 끝까지 초원으로 되어 있다. 위에서 내려다보면 온통 녹색이다. 단지, 수확기가 되면 울타리 안에서 누런 흙바닥이 여기저기 드러난다. 때때로 건물들의 평평하고 붉은 기와 지붕이나 뾰쪽한 종탑이 나무 위로 보인다. 대부분 이 녹색의 범위는 대단히 좁지만, 12~16km까지 펼쳐진 곳도 없지 않다.

보카주는 앙주 지방 쪽에서 바라볼 때 가장 넓고 가장 아름답다. 경작물도 가장 다양하고, 도시와 마을도 인접해 있다. 내가 소개하려는 것은

---

62 bocage는 작은 숲이라는 뜻이다.

주로 푸아투 지방의 보카주다.

낭트에서 라로셸로 가는 단 하나의 큰길이 이 지방을 가로지른다. 이 길과 투르에서 푸아티에를 거쳐 보르도로 가는 길 사이의 간격은 120km가 넘는데, 여기에는 가로로 난 길들밖에 없다. 보카주의 길은 모두 울타리 두 개 사이에 파여 있는 것 같다. 길은 좁고 나무들은 가지로 연결되어 일종의 터널을 만드는 경우가 많다. 길은 겨울에는 질퍽하고 여름에는 울퉁불퉁하다. 언덕 경사면에 나 있는 길은 작은 수로 바닥이 되는 경우가 많다. 길은 바위를 깎아 만들기도 했으며 오르내림이 심하다. 이 모든 길은 동일한 모습을 하고 있다. 밭이 끝나는 곳에는 교차로가 있는데 바로 여기에서 이방인들은 길을 잃는다. 아무것도 방향을 일러주지 않기 때문이다. 주민들도 집에서 8~12km만 벗어나면 자주 길을 잃는다.[63]

보카주에는 큰 도시가 없고, 인구 2~3천 명의 작은 도시들이 산재해 있다. 마을은 많지 않으며 드문드문 있다. 큰 농장도 드물다. 땅은 소작지로 나뉘어 있고, 소작지에는 주인 가족과 하인 몇 명이 있다. 한 소작지가 지주에게 600프랑 이상의 지대를 가져다주는 경우는 드물다. 땅은 넓지만 생산량은 매우 적다. 가축 매매가 주요 수입원이어서 소작농들은 가축을 돌보는 데 열심이다.

성(城)은 안팎으로 수수하다. 대부분 넓은 정원도 아름다운 뜰도 없다. 귀족들의 삶은 호사스럽지 않으며 오히려 소박하다. 지위나 재산 때문에 잠시 그곳을 벗어날 경우에도 그들은 파리의 풍습과 어투를 지니고 돌아오지 않는다. 그들의 가장 큰 사치는 좋은 식사이며 그들의 유일한 오락은 사냥이다. 푸아투의 귀족들은 유명한 사냥꾼이다. 이러한 활동과 생활방식 덕분에 그들은 피로를 쉽게 이겨낸다. 그들은 부자들이 일반적으

[63] (원주) 50년 전부터, 방데의 경관은 많이 변했다. 여기 묘사한 것은 옛날 모습이다.

로 좋아하고 중요하게 여기는 것들을 추구하지 않는다. 여자들은 말을 타거나 가마를 타고, 혹은 소가 끄는 마차를 타고 여행한다.

영주와 그들의 농민들 사이의 관계는 프랑스의 다른 지역에서 흔하게 볼 수 있는 것과 다르다. 그들 사이에는 다른 지역에서는 알지 못하는 유대가 형성되어 있다. 보카주의 지주들은 자기들의 땅을 대체로 임대하지 않고 직접 경작한다. 소작을 주는 경우에는 소작농들과 수확물을 나눈다. 이렇게 그들은 일상적으로 공동의 이해와 신뢰와 선의에 바탕을 둔 관계로 맺어졌다. 땅이 매우 작게 조각나 있고, 작은 땅에도 소작농 20~30명이 매달려 있으므로 영주는 성 주위에 사는 농민들과 자주 소통할 기회가 있다. 영주는 그들을 온정적으로 대하고, 소작지를 자주 방문하며, 그들의 상황과 가축 돌보기에 대해 이야기를 나누고, 자기에게도 피해를 입힐 수 있는 사건과 불행에 관해 관심을 공유한다. 그는 농민들의 자녀 결혼식에 참석하여 하객들과 술을 마시며, 일요일이면 성의 뜰에 모여 함께 춤을 춘다. 여자들은 파티를 연다. 멧돼지와 늑대 등을 사냥할 때면, 사제는 주일 미사에서 농민들에게 그것을 알려주는데, 그러면 각자 자기의 총을 들고 신나서 정해진 장소로 모인다. 사냥꾼들이 사수들을 배치하면 사수들은 명령대로 따른다. 얼마 후 전투가 벌어질 때도 그들은 똑같은 방식으로 순종적으로 따른다.

이 행복한 관습은 선량한 천성과 결합하여 보카주의 주민들을 최고의 사람으로 만들었다. 그들은 부드럽고, 경건하고, 친절하고, 자애롭고, 용감하고, 유쾌하다. 심성은 순수하고 성실하다. 범죄는 없고 소송도 드물다. 그들은 영주들에게 존경심과 가족적인 친밀함을 느끼며 헌신한다. 야성적이고, 소심하고, 의심 많은 성격 때문에 그들은 오래전부터 신뢰해온 사람들에게만 매달린다.

귀족에 대한 도시민들과 소지주들의 정서는 농민들과 같지 않다. 그렇지만, 그들은 성에 오면 언제나 진심으로 환영받았으므로, 또 많은 사람은 자기들보다 더 강한 이웃에게 감사하므로, 그들은 지역의 주요 가문들을 좋아하고 존경했다. 어떤 사람들은 혁명적인 견해를 열렬히 환영했지만 귀족에 대해 특별한 적대감을 가지지는 않았다. 그동안 벌어진 무시무시한 사건들은 그들의 소행이 아니었다. 그들은 대체로 그것에 반대했다.

1789년에 혁명이 발발했을 때, 도시는 혁명의 모든 것에 호의적이었다. 특히 평원 사람들은 새로운 움직임에 열심히 참여하여, 그곳에서는 성이 공격받고 불탔다. 그와는 반대로, 보카주의 주민들은 이 모든 변화를 두려움과 슬픔 속에서 바라보았다. 그런 일들은 그들의 행복을 키우기는커녕 혼란스럽게 할 뿐이었다. 국민방위대를 결성할 때, 소교구 국민방위대의 지휘를 맡아달라는 부탁을 받은 사람들은 영주였고, 시장으로 선출된 사람들도 영주였다. 교회의 영주 좌석을 없애라는 명령은 제대로 이행되지 않았다. 농민들의 새로운 질서에 대한 불만은 나날이 커졌고 그럴수록 귀족에 대한 충성심도 커졌다.

신부들의 선서 문제는 불만을 증폭시켰다. 보카주의 주민들은 자기들과 친하고, 자기들의 심성과 사투리를 알고, 거의 모두 그 지역 출신이고, 자비심이 많아 존경받던 신부들이 쫓겨나고 외지인 신부가 들어오는 것을 보고 소교구의 미사에 참석하지 않으려 했다. 선서신부들은 비난받거나 따돌림당했다. 에쇼브루아뉴의 신임 신부들은 촛불을 켤 불도 얻지 못할 정도여서 결국에는 되돌아가지 않을 수 없었다. 이러한 보편적인 묵계가 4천 명이 사는 소교구를 지배했다. 옛 신부들은 숨었고, 숲속에서 미사를 보았다. 어떤 지역에서는 가혹한 방법을 쓰는 바람에 봉기와 폭동이 일어났다. 치안군[64]은 이들의 저항 때문에 고생했고, 농민들은 불굴의 용기를 보여주었다. 저(低)푸아투의 한 불행한 남자는 쇠갈퀴를 들고 치안군과 싸우다 22번이나 칼에 맞았다. 사람들이 "항복하라!"라고 외치자, 그는 "내 신(神)을 돌려줘"라고 대답한 후 숨을 거두었다.

1792년 8월의 봉기는 엄청나, 8월 10일 이후에는 가혹한 조치가 내려졌다. 선서거부신부들에 대한 추적과 박해는 더욱 심해졌고, 몇몇 소성당이 폐쇄되었다. 신임 행정관들은 온순하고 정의로운 것에 익숙해져 있는 사람들을 점점 더 거칠고 무례하게 대했다. 이 모든 이유와 연합군의 최초 승리 소식은 사람들의 정신을 일깨웠다.[65] 농민들은 들판에서 미사를 드리기 위해, 그리고 신부들을 빼앗아 가면 그들을 지키기 위해, 총, 낫, 쇠스랑 등으로 무장하고 모였다. 특별한 상황이 발생하여 이 모든 사람을 움직였다. 브레쉬르 시장인 들루슈는 자기의 도시에 계엄령을 선포하려 했는데 행정관들과 말다툼 끝에 그 도시에서 쫓겨났다. 그러자 그는 몽쿨랑으로 가서 농민들을 부추겼다. 40개가 넘는 소교구가 합세했고, 귀족인 므쓔 보드리 다송과 들루슈가 이들을 지휘했다. 므쓔 칼레, 므쓔 리슈토, 므쓔 푀라는 귀족도 가담했다. 망명하지 않은 그 지역의 영주들은 아직 파리에 있었다. 이들의 봉기는 완전한 무지 속에서 진행되었다. 므쓔 보드리는 용기가 없지는 않지만 능력은 없는 사람이었다. 그는 열 사람도 지휘할 수준이 아니어서 그 불행한 농민들을 죽음으로 몰아넣고 말았다. 그들은 먼저 샤티옹으로 갈지 브레쉬르로 갈지 망설이다가 최종적으로는 므쓔 들루슈의 반대에도 불구하고 군청이 있는 샤티옹으로 가서 도시에 진입했다. 군청은 이미 브레쉬르로 철수했기에 아무

---

64 gendarmerie. 국내 사전에는 헌병이라고 나와 있으나 도시의 치안을 담당하는 군(軍)이다.

65 1792년 4월 20일 프랑스가 오스트리아에 선전포고를 한 이후, 8월 19월에 프로이센이 오스트리아와 합세하여 프랑스 국경을 넘어 공격해 들어왔다. 프랑스는 9월 20일 발미 전투에서 프로이센군을 격퇴했고 벨기에를 공격하여 오스트리아군을 퇴각시켰다.

런 저항도 없었다. 그들은 모든 서류를 불태운 다음 브레쉬르로 향했다. 농민들을 해산시킨 그 무시무시한 폭풍우가 없었더라면 모든 상황으로 미루어 볼 때 브레쉬르는 점령되었을 것이다. 그들이 이렇게 지체했기에 평원의 국민방위대는 며칠 전부터 도움을 요청한 이 도시를 구하려 출동할 시간을 벌었다. 농민들은 다음 날 공격했지만, 초기의 애국주의 열기에 젖은 국민방위대는 대단히 용감했다. 그러나 그 용기가 오랫동안 필요하지는 않았다. 전투는 금방 끝났고 농민들은 곧바로 해산되었기 때문이다. 불쌍한 농민 100여 명이 "국왕 만세!"를 외치며 죽었고 500명이 포로로 잡혔다. 들루슈는 살아남았으나 후일 낭트에서 체포되었다. 부상당한 므쓔 리슈토는 투아르에서 재판 없이 처형되었다. 므쓔 보드리는 여섯 달 동안 추적을 피해 도망 다니다가 방데 전쟁 때 다시 나타나 그때 죽었다.

국민방위대의 승리는 잔혹함으로 얼룩졌다. 브레쉬르 주민 대다수의 분노와 몇몇 선량한 사람의 노력에도 불구하고 포로들은 학살당했다. 포로들은 의연하게 죽음을 맞이했다. 투아르의 므쓔 뒤샤텔은 이 불행한 사람들을 구하려고 온갖 노력을 다했다. 그는 후일 국민공회에서 벌어진 국왕 재판에서도 많은 용기를 보여준다.[66] 포로 가운데 한 사람은 그의 품 안에서 참살당했으며, 그는 그를 지키려다가 부상당했다. 협상할 때는 인질로 남겨두기로 약속했던 므쓔 푀와 므쓔 리슈토 역시 살해당했다. 평원의 국민방위대는 부대로 돌아갈 때 코, 귀, 살덩어리 등을 총검에 꽂고 전리품으로 가져갔다.

포로들을 재판하기 위해 니오르에서 열린 위원회는 온정과 인도주의를 보여주었다. 아무런 처벌도 하지 않았다. 모든 책임은 죽은 사람이나

---

[66] 그는 국민공회는 왕의 양위와 추방만을 요구할 수 있다고 주장했다.

행방불명된 사람들에게 돌려졌다.

우리가 클리송에 도착한 것은 이 슬픈 사건이 끝나고 불과 며칠 지나서였다. 성이 위치한 부아스메 소교구는 반란에 가담하지 않았다. 이 소교구는 평원에 인접해 있어서 사람들의 마음이 덜 뜨거웠던 것이다. 그들의 신부들도 그대로 있었다. 신부와 부제는 가톨릭적이고 사도적이며 로마적인 교회에 어긋나는 모든 것에 항의하면서도 헌법에는 선서했다. 그렇지만 그들은 계속 옛 주교를 인정했지 선서주교를 인정하지 않았다. 군청에서는 이것이 농민들을 자극할 위험이 있다는 것을 알고 있었지만 이러한 위반을 모르는 척했다. 부제는 선서를 철회했다고 군청에 통보했지만 아무런 회신도 받지 못했다.

우리는 도착한 지 얼마 지나지 않아 9월 학살을 알았다.[67] 우리는 마담 랑발의 죽음을 어머니에게 숨기려 했으나 어머니는 불안해했고 계속 물었다. 우리의 침묵으로 어머니는 불행한 일이 일어났음을 확신했다. 어머니는 실신했고 3주간 비통한 상태에서 벗어나지 못했다. 우리는 그 밖의 몇몇 사람의 죽음, 특히 우리 집안의 가장 가까운 친구로 아베이 감옥에서 살해당한 퐁텐블로 사령관 므쓔 몽모랭의 죽음을 어머니에게 감출 수 있었다. 대신인 므쓔 몽모랭도 같은 날 죽었다.

그 무렵 수녀들이 수녀원에서 쫓겨났다. 어머니는 앙굴렘에서 시브라크 공작의 동생이고 생토손 수녀원장인 고모 품에서 자랐으므로 수녀원장 고모에 대해 깊은 감사와 애정을 느끼고 있었다. 우리는 수녀원장 고모할머니와 함께 살려고 므쓔 토마생을 보내 찾게 했다. 우리는 수녀원장 고모할머니에게 다른 수녀들에게도 은신처를 제공하겠다고 제안

---

67 9월 학살. 1792년 9월 2일~6일, 파리의 상퀼로트는 파리 지역의 감옥들을 공격하여 감옥에 수감되어 있던 반혁명혐의자 1,000여 명을 즉결 처형했는데, 이 가운데 270여 명은 선서거부신부였다.

했으나 고모할머니는 혼자 왔다.

므쓔 앙리 드 라로슈자클랭이 마침내 파리 탈출에 성공했다. 그의 모든 가족은 망명을 떠난 상태여서, 그는 반란 지역인 생토뱅 드 보비네 소교구에 있는 라뒤르블리에르 성에서 혼자 있었다. 이러한 상황, 그의 고립, 그리고 국왕근위대 장교였다는 사실 때문에 그가 무슨 위해를 당하지 않을까 하는 불안감이 커졌다. 므쓔 레스퀴르는 그가 클리송으로 오도록 했다. 이곳은 아무 걱정 없을 것 같았기 때문이다. 나는 곧 출산할 예정이었으며, 성에는 나이 든 여자들과 노인들이 살고 있었다. 므쓔 레스퀴르는 경솔한 행동을 할 사람이 아니었을 뿐만 아니라 사람들은 그를 매우 좋아했다. 사람들은 그가 신앙과 공부에만 전념하는 사람이라고 생각했다. 우리는 꽤 편안하게 살았다.

앙리 드 라로슈자클랭은 스무 살의 소심하고 세상 경험 거의 없는 젊은이였다. 그의 자세와 간결한 언어는 소박하고 꾸밈없었으며, 온화하고 귀족다운 용모를 가지고 있었다. 그의 눈은 소심한 성격에도 불구하고 또렷했고 생기 있었다. 후일, 그의 눈빛에는 자신감과 힘이 넘쳤다. 그는 키가 크고 날씬했으며, 머리는 갈색이었고, 얼굴은 약간 길었으며, 어투는 프랑스적이라기보다는 영국적이었다. 그는 모든 육체 운동에 뛰어났는데 특히 말타기에 능했다.

클리송에는 그밖에도 많은 사람이 있었다. 므쓔 도종은 몸이 불편한 노인이었다. 그는 므쓔 레스퀴르의 가까운 친척이었으며 존경할 만한 사람으로 그가 아버지처럼 여기는 사람이었다. 므쓔 드세사르는 우리 이웃이며, 레스퀴르 가문이 좋아하는 귀족이었다. 그는 오래전부터 자식들과 함께 이 성에서 살았는데, 아들 중 해군장교인 아들은 망명을 떠났고 또 다른 아들은 성직 소명을 받았다. 므쓔 레스퀴르는 그를 매우 좋아했다. 이 젊은이는 서품을 받지 않았는데도 선서를 요구받았으나 그것을 거부해서 감시를 받으며 푸아티에에서 살고 있었다. 아버지와 아들, 그리고 마드무아젤 드세사르 역시 고결했고 사랑스러웠다. 또한 클리송에는 우리의 먼 친척인 *** 기사가 있었다. 그는 혁명 때문에 파산해 우리 집에 피신해 있었다. 나이는 쉰이었고, 작고, 뚱뚱하고, 착하고, 어리석고, 소심했다. 젊었을 때는 대단히 자유분방했는데도 사제가 되려 했고, 사제가 되고 나서는 지나칠 정도로 편협한 신앙심을 가지고 있었다. 므쓔 마리니는 우리를 떠나지 않았다.

이러한 것이 클리송 사람들의 면면이었다. 당시, 그들은 좋지 않은 일에 연루될까 두려워 집 안에 틀어박혀 있었다. 누구를 찾아가지도 누구를 초대하지도 않았다. 하인들은 많았으나 모두 신뢰할 수 있었으며 거의 모두 우리와 우리 생각을 따르고 있었다. 돌아가신 마담 레스퀴르의 집사와 이발사 하인은 매우 혁명적이었지만, 므쓔 레스퀴르는 할머니의 뜻에 따라 그들을 존중했다. 그들은 할머니를 정성껏 돌보았으며, 할머니가 임종 시에 그것을 당부했기 때문이다.

10월 31일 저녁, 나는 딸을 낳았다. 다른 때였으면 그 아이를 직접 기르려 했을 것이다. 그러나 나는 조만간 혁명이 우리에게도 닥쳐올 것으로 생각했고, 므쓔 레스퀴르가 가는 곳이면 어디든, 설사 그곳이 그가 잡혀 끌려간 감옥이든, 전쟁이 일어나 참가하기로 결정한 전쟁터든, 따라가기를 원했기에 딸을 길러줄 유모를 고용했다.

국왕께서 서거하셨다.[68] 전에 므쓔 라로슈자클랭, 므쓔 레스퀴르, 그리고 그 밖의 여러 사람들은 왕을 구하려는 무슨 움직임이 있으면 알려달라고 친구들에게 부탁했었다. 그러나 아무런 시도도 없었다. 우리가 이

68 루이 16세는 국민공회에서 재판을 받고 사형을 선고받은 후 1793년 1월 21일 처형되었다.

범죄에 대해 알았을 때 얼마나 큰 고통을 느꼈는지는 상상하기 어렵지 않을 것이다. 며칠 동안 성 안에는 온통 눈물뿐이었다.

겨울 추위가 한풀 꺾이자 어머니는 메도크 지방으로 돌아갈 생각을 했다. 어머니는 나와 함께 가기를 원했으나, 나는 므쓔 레스퀴르를 두고 떠날 수 없었다. 그 역시도 푸아투를 떠나는 데 동의하지 않았을 것이다. 그는 점점 분노하고 있는 농민들이 조만간 반란을 일으키고 말 것임을 예견했고 그러면 농민들과 함께할 생각이었다. 내 아버지도 이 기회를 놓치면 후회할 것임이 틀림없었다. 게다가, 그 여행은 위험했다. 불행한 시기에, 거주지를 옮기는 것은 조용히 있는 것보다 더 위험했기 때문이다. 이렇게 결정을 못 내리고 있는 동안 전쟁이 일어났다.[69]

이제 나는 그 유명한 시대에 들어섰다. 사람들은 이 전쟁이 혹자가 이야기하듯이 귀족과 신부들이 부추겨 일어난 전쟁이 아님을 안다. 자기들에게 소중한 모든 것이 상처를 입고 과거에 누리던 행복 때문에 더욱 무거워진 멍에를 짊어진 그 불행한 농민들은 그것을 참을 수 없어서 들고일어났다. 그리고 나서 그들은 자기들이 신뢰하고 좋아하는 사람들을 우두머리로 삼았다. 추방되었고 박해받았을 뿐만 아니라 농민들이 공격하는 대의의 적이었던 귀족들과 신부들은 그들과 함께 나아갔고 그들의 용기를 지지했지만, 그들이 전쟁을 시작하지는 않았다. 왜냐하면 이성적인 사람이라면 무기도 없고 돈도 없는 한 줌의 불쌍한 농민들이 프랑스 전체를 무찌를 수 있을 것으로 생각할 수 없었기 때문이다. 그들은 계산이 아니라 생각으로, 감정으로, 절망으로 싸웠다. 그들은 목적도 없었고 희망도 없었다. 최초의 성공은 그들이 애초에 생각했던 기대를 넘어섰다. 계획도, 음모도, 비밀 정보도 없었다. 모든 사람이 동시에 들고일어

---

69 방데 전쟁을 말한다.

났다. 왜냐하면 최초의 사례는 모든 사람이 반란에 나설 준비가 되어 있었음을 보여주었기 때문이다. 여러 지역에서 일어난 봉기의 지도자들은 서로 알지 못했다. 나는 므쓔 레스퀴르와 우리 부모님은 농민들을 전쟁으로 이끌 만한 행동을 전혀 하지 않았다고 단언할 수 있다. 그들은 그것을 예견했고 심지어는 기대했지만, 그것은 막연하고 공허한 생각이었다. 그들이 어떤 은밀한 술책을 써서 반란을 사주했다거나 농민들을 자극하기 위해 적극적으로 행동했다면 내가 알았을 것이다. 그들은 그것을 감출 수 없었을 것이다. 뒤이은 이야기는 그들이 어떻게 해서 봉기에 가담하게 되었는지를 보여줄 것이다. 단언컨대, 방데 전체에서 상황은 거의 동일한 식으로 진행되었다.

6

전쟁 발발－므쓔 라로슈자클랭의 출발－우리의 체포

나는 방데 전쟁의 발발과 관련된 세부 사실을 모두 기술할 수는 없다. 나는 그것들을 모두 목격하지는 못했으며, 단지 몇 가지 사항에 대해서만 정확히 알기 때문이다. 나는 방데 전쟁이 어떤 식으로 우리에게 다가왔는지에 대해서만 기술할 것이다.

30만 명 징집령은 보카주 지역에서 일어난 거의 전면적인 봉기의 원인이었다. 봉기는 처음에는 서로 꽤 멀리 떨어진 두 곳에서 큰 규모로 일어났는데, 한 곳은 저(低)푸아투의 샬랑이었고, 다른 한 곳은 루아르 강변에 있는 앙주 지방의 생플로랑이었다. 이 두 지역의 반란 사이에는 아무런 공모도 없었다. 심지어 이 두 면(面)은 상대 면에서 무슨 일이 일어났는지도 오랫동안 알지 못했다.

생플로랑의 추첨일은 3월 10일로 고지되었다.[70] 젊은이들은 복종하지 않겠다는 생각을 가지고 그곳으로 갔다. 행정관들은 그들이 나쁜 생각을 하고 있는 것을 보고 그들을 설득하려 했다. 그러나 그들의 저항은 점점

70 18~40세까지의 독신 남자 중 추첨을 통해 징집대상자를 결정했다.

커져, 위협으로, 마침내는 폭동으로 변했다. 공화파 지휘관은 군청 앞에 대포를 세워놓았고 얼마 후에는 젊은이들에게 대포를 쏘았다. 아무도 죽지 않았다. 젊은이들은 대포 쪽으로 달려가 대포를 탈취했다. 치안군과 행정관들은 혼비백산하여 도망쳤다. 그들은 군청을 약탈하고 문서를 불태웠으며, 금고의 돈을 나누어 가졌다. 그날의 나머지 시간은 기쁨 속에서 흘러갔다. 그리고 나서, 젊은이들은 자기들이 어떻게 될지 어떻게 공화파의 무시무시한 복수를 피할 수 있을지 알지 못한 채 집으로 돌아갔다.

팽앙모주 마을의 자크 카틀리노는 다섯 아이의 아버지이고 양모운송인이었다.[71] 그는 면(面)의 모든 농민에게서 가장 존경받는 사람들 가운데 한 사람이었다. 그는 가족이 먹을 빵을 반죽하고 있다가 사건 소식을 들었다. 그는 즉시 고향 사람들의 선두에 서서 지역을 위협하는 가혹한 조치를 막아 그들이 희생당하지 않도록 하겠다고 결심했다. 아내는 그러지 말라고 간청했으나 듣지 않았다. 그는 손을 씻고 옷을 입고 나서, 주민들을 모으러 나갔다. 그는 이웃사람들을 모아놓고서 반란을 일으키지 않으면 전 지역이 겪게 될 징벌에 대해 강하게 이야기했다. 카틀리노는 모든 사람의 사랑을 받는 현명하고 경건한 사람이어서, 그의 용기 있고 열정적인 권유는 젊은이들을 움직였다. 즉시 20여 명이 무장을 하고 그와 함께하기로 약속했다. 그들은 즉시 떠났다. 참가자가 늘어났다. 카틀리노는 푸아트비니에르 마을에 도착하여 종을 쳐서 주민들을 모은 다음, 처음에 이웃을 설득할 때 했던 이야기를 되풀이했다. 그의 부대는 100명이 넘었다. 그는 잘레의 공화파 초소를 공격하기로 결정했다. 그곳에는

---

71 Jacques Cathelineau(1759~1793). 방데군의 초대 총사령관이었고, 1793년 7월 14일 생플로랑 전투에서 사망했다. "앙주의 성인"이라는 별명을 얻었다.

초소원 80명과 대포 한 문이 있었다. 그들의 수는 계속 늘어났다. 그들은 초소를 탈취했고 포로들을 잡았다. 농민들은 자기들이 빼앗은 대포를 '선교사'라고 명명했다. 무기와 말도 빼앗았다.

이 최초의 성공에 고무되어, 같은 날, 카틀리노는 공화파 병사 200명과 대포 3문이 있는 슈미예를 공격했다. 반군은 벌써 400명이 넘었다. 그들은 최초로 총을 쏘았고 적을 습격했다. 그들은 신속하고 완벽한 승리를 거두었다.

같은 무렵, 인근 지역에서는 무리가 둘 결성되었다. 샹조 마을에 사는 포레라는 이름의 젊은이는 동료들보다 조금 지혜롭고 깨인 농민이었다. 그는 망명자를 따라 외국으로 나갔다가 막 프랑스로 돌아왔는데, 생플로랑의 젊은이들에게 상당한 영향력을 행사했던 것으로 보인다. 치안군은 다음 날 그를 잡으러 왔다. 그는 그것을 기다리고 있다가 그들이 오는 것을 보고 그들 가운데 한 사람을 총으로 쏴 죽였다. 다른 치안군들은 도망쳤다. 포레는 교회로 달려가 종을 치고 주민들을 모은 다음 그들에게 반란에 나설 것을 권했다. 이웃의 모든 마을에서 많은 사람이 모였다. 므쓔 몰브리에의 사냥터지기인 스토플레 역시 그만큼 모았다.[72] 3월 14일 아침, 이 두 부대는 카틀리노의 부대와 합세했다. 같은 날 그들은 그 지역에서 가장 큰 도시인 숄레로 갔다. 그들은 대포로 무장한 공화파 병사 500명과 싸워야 했다. 전투는 슈미예에서보다 더 불확실하지도 더 오래 끌지도 않았다. 성과는 더 컸다. 숄레는 군청 소재지였기 때문이다. 그들은 거기서 탄약, 돈, 무기를 손에 넣었다.

부활절이 다가오자 농민들은 겁이 났다. 그들은 집으로 돌아가기를

---

72 Jean-Nicolas Stofflet(1753~1796). 프랑스의 스위스 연대에서 오랫동안 사병으로 복무했으며, 앙리 드 라로슈자클랭의 뒤를 이어 방데군 총사령관을 역임했다. 1795년 평화 후 다시 봉기를 일으켰다가 체포되어 앙제에서 처형당했다.

원했다. 부대는 완전히 해체되었고 모두 일상으로 돌아갔다. 앙제에서 파견된 공화파 부대가 지역을 누비고 다녔다. 그들은 아무런 저항을 받지 않았음에도 섣불리 복수하려고 하지는 않았다. 부활절이 지나자, 농민들은 새로운 반란을 일으켜 공화파를 쫓아낼 생각을 했다. 이제 농민들은 더 능력 있는 지휘관을 모시기를 원했다. 그들은 성으로 찾아가서, 얼마 남아 있지 않은 귀족들에게 자기들의 우두머리가 되어 달라고 부탁했다. 므쓔 델베는 이제 막 출산한 아내와 함께 조용히 지내고 있었으며 최초의 봉기에는 참여하지 않았었다.[73] 므쓔 봉샹은 므쓔 델베와 함께 면(面)에서 가장 존경받던 사람이었는데 같은 방식으로 반란에 이끌려 들어갔다.[74]

저(低)푸아투의 봉기는 3월 12일에 시작되었다. 앙주의 봉기와 거의 같은 시기였으나 규모는 더 컸다. 퐁트네에서 낭트에 이르기까지의 지역에서 징집령을 따른 소교구는 거의 없었다. 즉시 공화파에 공개적으로 저항하는 많은 부대가 결성되었다. 가장 규모가 컸던 지역은 샬랑과 마슈쿨이었다. 가스통이라는 이름의 가발제조업자가 첫 번째 부대를 지휘했다. 그는 장교 한 사람을 죽이고 그의 제복을 입었으며 중요한 인물이 되었다. 그는 샬랑을 점령한 후 생제르베로 갔다가 거기서 죽었다. 잘못

---

73 Maurice Joseph Louis Gigost d'Elbée(1752~1794). 독일 드레스덴에서 태어났고, 1777년에 프랑스에 돌아와 귀화했다. 기병 연대에서 근무하다가 1783년에 퇴임한 후 앙주 지방의 보프레오에서 조용히 살고 있었다. 혁명 후 코블렌츠로 망명했다가 망명자들의 귀국을 명하는 법에 따라 돌아왔다. 농민들의 요구로 방데군에 가담한 후 카틀리노 밑에 있다가 카틀리노가 죽은 후 총사령관이 되었다. 경건하고 용감한 사람이어서 "섭리 장군"이라는 별명을 얻었다. 공화국의 튀로 장군에 의하면 병사들은 그의 이름만 들어도 눈물을 흘릴 정도였다고 한다.

74 Charles Melchior Artus de Bonchamps(1760~1793). 봉샹 후작 Charles Louis Artus의 아들. 미국독립전쟁에 참전했다. 프랑스혁명이 발발했을 때 아키텐 연대의 대위였으나 사임하고 생플로랑 부근의 성에 내려와 살고 있었다. 방데군 사령관이었으며, 공화파 병사 포로 5,000여 명을 풀어준 것으로 유명하다.

된 보고서와 엉터리 이야기들은 이 가스통을 1792년에 왕족들에게 문을 열어준 롱위의 지휘관으로 둔갑시켰다.[75] 오랫동안 프랑스인들은 이 가스통 장군이 방데의 모든 봉기를 지휘했다고 믿었다. 그렇지만 푸아투에서는 그가 급작스럽게 죽는 바람에 그의 이름조차 몰랐다.

마슈쿨군(郡)의 반군은 더 큰 성공을 거두었으나 잔혹한 행동을 저질렀다.[76] 이곳은 봉기 지역 가운데 잔혹함이 자행된 유일한 지역이었다. 봉기가 일어나고 얼마 지나지 않아 그들은 므쓔 샤레트를 찾으러 성으로 갔다.[77] 그를 장차 저(低)푸아투에서 가장 큰 부대가 되는 부대의 지휘관으로 모시기 위해서였다. 그는 이때까지 조용하고 순종적인 삶을 살아왔다. 반도들은 매우 무질서해서 지휘하기 어려웠다. 그는 마슈쿨에서 농민들의 잔인한 행동을 막으려 했으나 소용이 없었다. 그는 그것에 연루되는 것을 원하지 않았기에 물러났다가 다음 날 돌아왔다. 학살을 자행한 이 사람들은 정부로부터 아무런 자비를 기대할 수도 없었고 어떠한 타협도 불가능해서 그만큼 더 완전히 신뢰할 수 있을 것으로 생각했기

---

75 Longwy는 프랑스 북동부에 있는 작은 도시이다. 1792년 8월 23일, 이 도시는 포격을 두려워한 주민들의 압력으로 항복하여, 프로이센의 브라운슈바이크 공작에게 점령당했다.

76 마슈쿨 학살은 잔혹한 농민의 이미지를 형성하고 공화파가 잔혹하게 진압하는 구실이 되었다. 공화주의 역사가는 542명의 애국파가 학살당했다고 말한다. 이 수치는 당시의 증언과 정부 보고서에 나와 있는 수치이다. 오늘날 역사가들은 이러한 수치를 받아들이지 않는다. 참고로 방데 전쟁 전문가인 장 클레망 마르탱은 160명 정도의 애국파가 학살당했다고 본다.

77 François Athanase Charette de La Contrie(1763~1796). La Contrie의 영주인 기사 Michel Louis Charette의 아들. 해군으로 복무하여 해군 중위가 되었고, 아메리카, 북해, 지중해 등지에서 싸웠다. 혁명 후 코블렌츠에 갔다가 돌아와 1792년 8월 10일 튈르리궁에서 왕실을 수호하는 전투에 참가했다. 학살을 피해 돌아오다가 체포되었으나 뒤무리에 장군의 개입으로 석방되었다. 1793년 12월 사브네 전투에서 방데군이 패배한 후에도 계속 저항하다가, 1796년, 스토플레와 비슷한 시기에 체포되어 처형당했다. "방데의 왕"이라는 별명이 붙을 정도로 방데 전쟁의 주요한 장군이었다.

때문이다. 그 후로는 이 부대의 영광을 더럽히는 어떤 범죄도 일어나지 않았다. 곧바로 그는 부대의 총사령관이 되었지만, 작은 부대 대여섯 개가 여전히 독립적인 지휘체계를 유지하고 있었다.

3월 12일, 또 다른 부대가 샹토네 쪽에서 결성되었다. 처음부터 그 부대는 므쓔 베르퇴유, 므쓔 베자리, 므쓔 사피노 같은 귀족이 지휘했다. 바로 방데도(道)의 이 지역에서 반군은 가장 뚜렷한 우위를 점했고, 여기에서 후일 반군에게 붙여진 '방데인'이라는 이름이 나왔다. 그들은 한 공화파 장군의 부대를 격파했다. 레제르비에, 샹토네, 퐁샤롱이 그들의 세력권 안으로 떨어졌다. 며칠 후, 그들은 매우 존경받던 퇴역 군인인 므쓔 루아랑을 사령관으로 맞이했다.

이러한 일들이 벌어지는 동안, 우리는 클리송에서 조용히 지내고 있었다. 우리는 그 당시 망연자실하여 아무 일도 하지 않고 있었으므로 불과 몇 킬로미터 떨어진 곳에서 일어난 사건에 대해서조차 알지 못했다. 므쓔 토마생은 사블 부근에 있는 므쓔 레스퀴르의 영지에 갔다 돌아오는 길에 레제르비에 마을을 통과했고, 모든 것이 조용하다고 생각했다. 그는 두 시간도 못 되어 마을에서 나왔는데 도중에 자기 뒤에서 수많은 사람이 급하게 도망치는 것을 보았다. 그들은 해안에 상륙한 영국군 만여 명이 레제르비에를 점령했다고 그에게 말했다. 그는 그들이 헛소리를 한다고 생각하고 계속 걸어갔다. 브레쉬르에 도착하자 여러 사람이 그를 멈춰 세우고 걱정스럽게 물었으며, 자기들이 불안하게 느끼는 것을 알려주었다. 도시는 소문에 휩싸였다. 자원병 200명이 무장했다. 그들은 떠돌아다니는 소문만을 믿을 뿐이었다. 항상 파리의 제복을 입고 있던 므쓔 토마생은 브레쉬르에서도 용감한 애국파 중대장 역할을 했고 당국의 신뢰를 얻었다. 그는 그들의 불안을 비웃으며, 자기는 바닷가와 레제르비에에서 오는 길이라고 웃으면서 말했고, 자기는 일체의 공격에 맞서 도시를 지킬 책임이 있다고 말했다. 그들은 그의 말을 그대로 믿었고 저녁에 돌아올 거라는 다짐을 받아냈다.

실제로, 그는 우리에게 상황을 전해준 후, 우리를 두려움과 놀라움 속에 남겨놓고 브레쉬르로 돌아갔다. 다음 날, 그는 레제르비에와 몇몇 마을이 얼마 전에 점령되었는데 반군이 점령한 것인지 상륙 부대가 점령한 것인지는 아직 알 수 없다고 전해왔다. 상륙은 아닌 것 같았으나 농민들이 그러한 성공을 거두었다는 것도 믿기지 않았다.

그렇지만 시간이 갈수록 말도 안 되는 모순적인 이야기들이 들려왔다. 므쓔 라로슈자클랭은 레제르비에에서 15~20km밖에 떨어지지 않은 생토뱅 드 보비네에 사는 고모 마드무아젤 라로슈자클랭에게 하인을 보내기로 마음먹었다. 그는 일상적인 편지를 썼고, 하인은 우리에게 생생한 목소리로 소식을 전하라는 임무를 부여받았다.

마드무아젤 라로슈자클랭의 친구이자 친척인 므쓔 *** 기사도 우리 몰래 그녀에게 보내는 편지를 하인에게 주었다. 그는 그녀에게 십여 개의 성심(聖心)을 종이 위에 그려 보냈다. 그의 편지에는 다음과 같은 구절이 들어있었다. "내가 당신을 위해 그린 성심(聖心)을 당신에게 보냅니다. 당신도 알다시피 이 신앙을 믿는 사람은 무슨 일이든 성공합니다."

그 하인은 브레쉬르에서 검거되었고 편지가 개봉되었다. 반군은 옷에 부착하는 성심을 인식표로 삼고 있다는 말이 돌았기 때문에, 기사 ***의 편지는 무서운 결과를 초래했다. 다음 날 아침 7시에 하인들이 우리를 깨워, 자원병 200명이 성을 에워쌌으며 치안군 20명이 뜰 안에 들어왔다고 말했다. 우리는 므쓔 라로슈자클랭을 잡으러 온 것으로 생각하고 그를 숨겼다. 그리고 나서 므쓔 레스퀴르는 치안군에게 왜 그러냐고 물으러 나갔다. 그들은 기사 ***와 성 안에 있는 말, 마구, 무기, 탄약 등을 군청에 넘기라고 요구했다. 므쓔 레스퀴르는 한바탕 웃고 나서, 자기 집을 그 기사가 지휘하는 요새로 보는 모양인데 군청의 명령에는 분명히 오해가 있다, 그 기사는 조용하고 몸에 장애가 있는 사람으로 만일 그런 사람을 체포한다면 사람들은 무서워서 죽을 것이다, 내가 그의 보증을 서겠다, 그렇지만 말, 마초, 총 등이 필요하다니 그런 것들은 주겠다고 말했다.

그러자 치안군 대장은 므쓔 레스퀴르를 따로 불러 자기도 같은 생각이며, 자기가 보기에 반혁명이 일어날 것 같은데 반도들인지 상륙 부대인지는 모르지만 그들이 몽태귀의 애국파를 완전히 격파했다고 말했다. 그는 당분간은 최선을 다해 군청을 만족시켜야 하며, 자기가 자리를 보존할 수 있도록 므쓔 레스퀴르가 자기를 위해 증언해 달라는 부탁을 덧붙였다. 남편은 이 은밀한 이야기를 듣고 아무 대답도 하지 않았다. 그는 이 치안군이 소심한 애국파라고 생각했다. 그 일은 시원찮은 말 몇 마리를 주는 것으로 끝났다.

이틀 후, 므쓔 토마생이 돌아왔다. 봉기는 매 순간 확대되었다. 브레쉬르가 위협을 받자 군청을 비롯한 행정기관들은 투아르로 옮겨갔고 그 틈을 타서 므쓔 토마생은 그들에게서 벗어날 방법을 찾아냈던 것이다. 그는 치안군이 파견된 이유와 성심(聖心)에 얽힌 이야기를 우리에게 알려주었다. 그들은 애초에는 성에 불을 지를 예정이었으나, 그가 그들의 최초의 분노를 진정시켰다고도 했다.

우리는 왕당파 부대를 기다리며 기쁨 속에서 하루하루를 보냈다. 브레쉬르 인근 소교구들은 지난해 8월의 사건 이후 무장해제된 상태였다. 농민 가운데 가장 열정적인 사람들은 죽었거나 잠적했다. 우리의 면(面)이 전면 봉기하려면 누군가가 나서지 않으면 안 되었다.

다음 날, 우리는 반군이 쫓겨났으며 애국파가 브레쉬르로 재진입했음을 알았다. 이 슬픈 소식은 우리를 망연자실케 했다. 그것은 우리의 패배를 알려주는 신호였기 때문이다. 므쓔 레스퀴르는 결정을 하지 않으면 안 되었다. 브레쉬르를 지키고자 주위의 모든 국민방위대가 소집되었는데 그는 4년 전부터 자기 소교구의 지휘관이었기 때문이다. 성에는 무기를 들 수 있는 이가 스물다섯 사람이 넘어서 조만간 반군을 진압하러 나가라는 명령이 떨어질 것이 분명했다. 우리는 반군과 합세하기를 원했지만 그들이 어디에 있는지조차 알지 못했다. 진퇴양난이었다.

우리는 이 문제를 결정하기 위해 회의를 열었다. 가장 나이가 어린 앙리 드 라로슈자클랭이 제일 먼저 발언했다. 그는 농민들이나 망명자들에게 결코 총을 겨누지 않을 것이며, 그럴 바에는 차라리 죽을 거라고 힘있게 말했다. 므쓔 레스퀴르가 말을 이어받아 친구들과 싸우는 것은 부끄러운 일이라고 말했다. 모두 그 생각에 동의했다. 그 슬픈 순간에 소심한 제안을 할 사람은 아무도 없었다. 어머니가 그들에게 말했다. "여러분, 여러분 모두 같은 생각입니다. 명예를 떨어뜨리느니 차라리 죽겠다는 것입니다. 나는 그 용기에 박수를 보냅니다. 이제 결정되었습니다." 어머니는 단호하게 선언한 후 의자에 앉으면서 말했다. "자, 그러면, 이제 죽어야 하나?" 므쓔 토마생이 대답했다. "아닙니다, 마담. 저는 내일 아침 브레쉬르로 가서 여러분을 구하기 위해 노력할 것입니다. 애국파는 제가 그들을 떠났기에 저를 의심할지도 모르고 저를 체포할 수도 있습니다만 개의치 않습니다. 저는 제 친구들을 위해 위험을 무릅쓸 것입니다." 우리 모두 그에게 감사했다.

므쓔 토마생이 떠났다. 각자 필요한 준비를 했다. 나는 어린 딸을 유모와 함께 마을로 보냈다. 어머니, 수녀원장 고모할머니, 그리고 나는 소작인 집에 몸을 숨겼다. 므쓔들은 우리가 자기들과 함께 있으면 안 된다고 강조한 후 만반의 준비를 갖추었다. 우리는 소작인 집에서 눈물을 흘리며 무릎을 꿇고 기도하면서 네 시간 동안 머물렀다. 드디어, 므쓔 토마생이 자기는 무사하며, 그들은 우리에 대해 아무것도 결정하지 않았고, 지금까지는 그저 말만 오갈 뿐이라는 소식을 전해왔다. 앙리의 하인은 여전히 감옥에 있었다. 그를 총살한다는 이야기도 있었다.

우리는 걱정 속에서 일주일을 보냈다. 우리의 하인들은 통행증이 없어서 도시에 들어갈 수 없었고 또 수색이 철저했으므로, 므슈 토마생은 우리에게 편지를 보낼 수 없었다.

므슈 레스퀴르와 앙리는 얼마 전에 나에게 말 타는 법을 가르쳐주었다. 나는 무서웠다. 하인이 말의 재갈을 잡고 있을 때도, 두 므슈가 내 옆에서 걸어갈 때도, 나는 무서워서 울었다. 그러나 남편은 이러한 시대에는 스스로를 단련시키는 것이 좋다고 말했다. 조금씩 겁이 줄어들었고, 말을 타고 성 주위를 천천히 산보할 수 있었다. 어느 날 아침에 앙리, 므슈 레스퀴르, 나 이렇게 세 사람은 함께 말을 타고 있다가 멀리서 치안군이 오는 것을 보았다. 우리는 앙리에게 빨리 소작인 집으로 돌아가라고 말했다. 치안군은 또다시 말을 요구했는데, 특히 므슈 라로슈자클랭의 말들을 요구했다. 마구간에는 그의 말 한 마리가 더 있었다. 므슈 레스퀴르는 그를 구하려고 했다. 치안군은 므슈 레스퀴르보다 므슈 라로슈자클랭이 훨씬 더 의심스럽다고 말했다. 므슈 레스퀴르는 대답했다. "나는 그 이유는 모르겠습니다만, 그는 내 사촌이고 내 친구입니다. 우리는 완전히 똑같이 생각합니다." 치안군은 그가 어디 있는지 물었다. 우리는 "산책 중"이라고 대답했다. 그들은 더 이상 아무 말도 하지 않고 그의 말을 가져갔다.

그렇지만 우리는 매일매일 새로운 검거 소식을 들었다. 귀족 가운데 남은 사람 대부분은 늙거나 몸이 불편한 사람이었는데 모두 감옥에 갇혔다. 여자들도 예외가 아니었다. 우리는 우리 차례를 기다렸다. 그러는 동안, 민병대에서 추첨에 응하라는 명령이 내려왔다. 앙리는 추첨 대상이었다. 마드무아젤 라로슈자클랭이 자기 조카의 소식을 알기 위해 보낸 긴급 편지가 도착했을 때, 우리의 근심과 걱정은 배가되었다. 그 전령은 젊은 농민이었다. 그는 왕당파 군대에 대해 자세히 알려주었다. 샤티옹이 점령되었고, 주위의 모든 소교구가 반군 편에 가담했다는 것이다. 그 젊은이는 앙리에게 말했다. "므쓔, 당신은 일요일에 부아스메의 민병대에 가서 추첨에 응할 거라고 들었습니다. 당신의 농민들은 추첨에 응하지 않으려 싸우는 마당에 그게 가당키나 합니까? 므쓔, 우리와 함께 가십시오. 전 지역이 당신을 원하고 당신에게 복종할 것입니다."

앙리는 그를 따라 가겠다고 주저 없이 대답했다. 그 농민은 우회로를 통해야 하며, '청군'의 수색을 피하려면 밭 사이를 최소한 30~40km 지나가야 한다고 했다. '청군'은 농민들이 공화파 군대에 붙인 이름이었다.[78]

므쓔 레스퀴르는 사촌의 뒤를 따르기를 원했으나, 우리는 반대했다. 앙리는 므쓔 레스퀴르에게 두 사람의 상황이 똑같지 않다고 말했다. 그는 민병대에서 추첨할 의무가 없고, 그의 농민들은 반도가 아니며, 그가 클리송을 떠나면 많은 가족이 위태로워지고, 봉기가 어떠한지는 아직 정확히 알지 못한다고 말한 후, 다음과 같이 덧붙였다.[79] "내가 상황을 좀 더 가까이에서 살펴볼 거야. 이 전쟁이 합리적인 면이 있는지 살펴보겠어. 나의 출발은 눈에 띄지 않을 거야. 정말 대의를 위해 무엇인가 할 게 있다면 그때 결정해. 지금은 성급해." 이 말을 듣고 우리는 기도를 했다. 므쓔 레스퀴르는 오랫동안 강변했지만 결국 뜻을 굽혔다. 마드무아젤 드세사르는 앙리가 떠나는 것을 막았다. 이유인즉, 그의 사촌과 클리송의 전 주민을 위태롭게 할 것이며 모두를 감옥에 보낼 거라는 거였

---

78 농민군은 국왕의 색깔인 흰색 휘장을 둘렀기 때문에 '백군'이라고 불렸고, 혁명군은 국민방위대의 복색이 청색이기 때문에 '청군'이라고 불렸다.

79 레스퀴르는 결혼했으므로 징집 대상이 아니었다.

다. 앙리는 그러한 반대 이유를 반박할 수 없으며 우리에게 박해를 가져다주지 않을까 정말 걱정이라고 대답했다. 그러자 므쓔 레스퀴르가 대답했다. "너의 명예심과 너의 생각이 너를 농민들의 선두에 세우기로 결정했다. 네 계획대로 해라. 나는 너를 따를 수 없는 것이 참 괴롭다. 내가 감옥에 들어갈지도 모른다는 두려움 때문에 네가 네 계획을 따르는 것을 막지는 않겠다." "좋아! 내가 와서 너를 구해주겠다!" 앙리는 용감하고 호전적인 표정을 짓고 그의 품에 몸을 던지며 외쳤다. 그 후, 독수리처럼 날카로운 눈빛은 그를 떠나지 않았다. 므쓔 레스퀴르는 앙리의 출발에 대해서 더는 아무 말도 하지 말 것을 부탁했다. 출발은 확정되었다.

이 감동적인 장면을 보고 기사 ***은 자기도 앙리와 함께 떠나 왕당파에 가담하겠다고 말했다. 그의 편지 개봉 사건 이후, 공포심은 그를 엉뚱하게 행동하게 만들어버렸다. 우리는 그에게 몇 가지 반대 이유를 제시한 후, 므쓔 레스퀴르가 군청에 서면으로 그의 보증을 선 것과 그를 위태롭게 하는 것은 도리가 아니라는 점을 주지시켰다. 기사 ***는 울면서 사람들은 자기가 죽기를 바란다고, 자기에게 뜻을 심어주고 자기를 구할 수단을 주신 신의 의지를 거역하게 한다고 말했다. 그리고 나서 그는 두 손을 모아 므쓔 레스퀴르에게 자기의 도주를 허락해 달라고 부탁했다. 남편은 측은함과 혐오감을 동시에 느끼고 그것을 허락했다. 그 후 우리는 앙리에 대해 걱정했다. 기사 ***은 나이가 쉰이었으며 뚱뚱하고 못생긴 사람이었다. 우리는 그가 여행 동료의 행보를 늦추기만 할 것이고, 밤중에 도랑과 울타리를 넘으며 30~40km를 가지 못할 것이며, 앙리를 죽게 할지도 모르고, 그를 순찰대에 걸리게 할 것이라고 말했다. 그가 말했다. "그가 무슨 소리를 들으면 나를 놓고 도주하면 됩니다." 앙리가 대답했다. "나를 당신 같은 겁쟁이로 봅니까? 내가 나와 함께 있는 사람을 버릴 사람입니까? 기습을 당하면 나는 당신을 지킬 것입니다. 우리는 함께 죽거나 함께 살 것입니다." 기사 ***은 그의 팔에 입을 맞추고 말했다. "그는 나를 지킬 것이다! 그는 나를 지킬 것이다!"

저녁때, 하인들이 잠자리에 들자, 앙리는 큰 막대기와 피스톨 두 정으로 무장하고서, 하인, 기사 *** 그리고 길잡이와 함께 떠났다.

민병대 소집일인 일요일이 되었다. 우리의 장정들은 도시로 갔다. 점심을 먹으려는데 갑자기 "총을 들라!"라고 외치는 소리가 들렸다. 우리는 치안군 20명이 뜰 안으로 급하게 뛰어들어오는 것을 보았다. 성은 포위되었다. 우리는 즉시 내려가 치안군 앞으로 갔다. 그들은 므쓔 레스퀴르, 마담 레스퀴르, 므쓔 도종, 그리고 클리송에 있는 모든 의심스러운 자를 체포하라는 군청의 명령서를 읽어 내려갔다.[80] 어머니는 나와 함께 감옥에 가겠다고 외쳤다. 아버지도 우리와 떨어지기를 원치 않는다고 말했다. 부모님은 우리의 간청에도 불구하고 뜻을 굽히지 않았다. 므쓔 마리니 역시 므쓔 레스퀴르와 운명을 함께 나누겠다고 말했다.

치안군은 여전히 피스톨을 들고 있었다. 내 옆에 있는 둘은 나를 근접 감시했다. 나는, 만일 내가 원했다면 그들이 도착했을 때 도망치거나 숨을 수 있었다고 말하면서, 옷을 입으러 방에 올라가는 것을 허락해 달라고 그들에게 부탁했다. 나는 그들이 내 방 문 앞에서 지키는 조건으로 힘들게 허락을 받아냈다. 므쓔 도종은 몸이 너무 아프다고 말해 남으라는 허락을 받아냈다.

치안군은 우리가 자기들을 순순히 맞이했고 성에는 여자들과 노인들이 살고 있으며 우리의 장정들은 민병대에 추첨하러 간 것을 보고 부드러워지기 시작했다. 어머니의 말 한마디는 그들을 감동시켰다. 나는 어머니에게 나를 따라오지 말라고 외쳤다. 치안군이 어머니에게 말했다.

---

[80] 마담 레스퀴르는 이 책의 저자인 라로슈자클랭 후작부인을 가리킨다.

"어쨌든 마담은 아닙니다. 명령서에는 의심스러운 자들이라고만 나와 있습니다." 어머니는 대답했다. "그렇다면 당신은 내가 딸을 위해 희생할 기쁨을 나에게서 빼앗아가려는 것입니까?" 조금씩 치안군은 우리를 편하게 대하기 시작했다. 그들은 명령은 열흘 전에 내려왔으며 지역의 치안군이 이 일을 맡지 않으려고 해서 의심을 받았다는 이야기도 했다. 반군과 싸우기 위해 동원된 외부의 부대가 도착하기를 기다렸는데, 그들은 어제 베리 지방의 비에르종에서 왔으며, 지역에서 그토록 사랑받고 있는 사람들을 잡아가는 것이 마음 아프다며, 우리를 위해 최선을 다하겠다고 덧붙였다. 그들이 우리에게 보여준 이처럼 넘치는 선의는 매수된 것이 아니었다. 우리는 그들에게 돈을 주려는 생각도 하지 않았다.

마차에 소를 걸었다. 우리 다섯은 치안군의 감시를 받으며 떠났다. 뜰에서 벗어나면서, 대장이 치안군들에게 말했다. "시민들이여, 여러분은 그들이 순순히 따랐으며 우리가 환대받았음을 증언해주십시오." 우리가 브레쉬르의 입구에 도착했을 때, 많은 자원병과 민중은 "반혁명파를 죽여라"라고 외치기 시작했다. 치안군은 모든 시민이 우리처럼 선량했으면 좋겠다고 말하면서, 그들에게 조용히 하라고 소리쳤다.

체포된 사람 대부분은 감옥으로 개조된 포레 쉬르 세브르 성으로 이송되었다.[81] 치안군은 수인(囚人)들의 안전에 대해 확신하지 못하며 학살이 벌어지지 않을까 우려한다고 우리에게 말했다. 그들은 우리가 브레쉬르에 남을 수 있도록 최선을 다하겠다고 약속했다. 그들은 우리를 호송해 클리송으로 돌려보낼 것을 군청에 부탁했으나 거절당하자 우리를 도시에 수감하라고 요청했다. 과거 우리의 식료품상이었던 행정관은 매

---

81 (원주) 과거에 이 성은 유명한 뒤플레시스 모르네의 것이었다. 거기서 그의 묘지를 볼 수 있다. 그 성은 매우 튼튼한 성이었다.

우 선량한 사람이었다. 그는 우리를 자기 집에 가두겠다고 제안했고 모두의 동의를 얻었다.

므쓔 레스퀴르는 군청으로 갔다. 그는 지역에서 참으로 존경받는 인물이어서 행정관들은 몸 둘 바를 몰라 했다. 그들은 그를 체포한 것에 대해 사과했으며, 명령을 내린 것은 의심 때문이기도 하지만 그보다는 그의 안전을 위해서였다고 둘러댔다. 그들은 다른 귀족을 모두 체포한 다음에 취한 조치이니 불만을 갖지 말라고도 말했다. 남편은 그들을 안심시키며 말했다. 그가 무슨 비난받을 일을 했는지 물었고 만일 그렇다면 재판을 받겠다고 말했다. 그들은 그에게 기사 ***나 므쓔 라로슈자클랭에 대해서는 아무 말도 하지 않았다. 그것이 그를 엮을 수 있는 유일한 단초였는데 말이다.

므쓔 드세사르와 마드무아젤 드세사르는 농민처럼 입고 있었기에 체포되지 않았다. 그러니 아버지와 어머니도 그렇게 할 수 있었을 것이다.

7

앙주 부대의 철수 – 므쓔 라로슈자클랭이 레조비에에서 승리를 거두다 – 앙주 부대가 손실을 만회하다 – 브레쉬르 학살 – 공화파가 도시를 포기하다 – 므쓔 라로슈자클랭이 클리송에 도착하다

Mémoires de Madame La Marquise De La Rochejaquelein

우리 다섯은 도시행정관 집의 작은 방 두 개에서 지냈다. 그는 우리에게 창가에 가지도 말고 내려가지도 말라고 말했다. 한마디로 말해, 가능하면 사람들이 우리를 잊게 하라는 것이었는데 그러한 조심성이 우리를 구했는지도 모른다.

우리는 므쓔 토마생이 며칠 전에 체포되어 포레 성으로 이송되었음을 알았다.

이틀 후, 브레쉬르 주둔 부대는 반군을 공격하기 위해 레조비에로 떠났다. 창문 아래로 2,500명이 북소리에 맞추어 힘껏 '라마르세예즈'를 부르며 행진했다. 나는 이보다 더 무섭고 더 위압적인 소리를 들은 적이 없다. 이들은 용기와 활기가 넘쳤다.

다음 날, 그들이 비적을 무찔렀으며 므쓔 라로슈자클랭은 라뒤르블리에르에 있는 자기 성에서 포위 공격을 받았다는 소문이 돌았다.[82] 우리는 끔찍한 시간을 보냈다. 그러나 저녁때, 갑자기 전날의 그 용감했던 사나

이들이 무질서하게 밀려들면서, "시민들이여! 살려주세요! 비적이 우리를 쫓고 있습니다! 불을 켜세요! 불을 켜세요!" 하고 외쳤다. 공포가 너무 컸기에 지휘관인 케티노 장군은 도시 입구에 보초를 세울 수도 없었다. 우리는 희망을 품고 왕당파를 기다리기 시작했다.

앙리는 일전에 우리를 떠난 후 생토뱅에 있는 고모 집에 도착했다. 그의 이동은 위험하고 힘들었다. 그는 기사 ***을 떠나보낸 후 샤티옹 주변의 젊은이들과 함께 앙주에 있는 반군 부대 쪽으로 향했다. 부대는 숄레와 슈미예 쪽에 있었다. 그는 반군이 패해서 티포주까지 쫓겨 갔다는 것을 알았다. 며칠 전부터 부대의 지휘를 맡고 있던 므쓔 봉샹, 므쓔 델베, 므쓔 카틀리노, 므쓔 스토플레 같은 지휘관들은 모든 것을 잃었다고 그에게 말했다. 화약은 2파운드도 남지 않았고, 부대는 곧 해산될 지경이었다. 슬픔에 잠긴 앙리는 혼자 생토뱅으로 돌아왔다. 그날은 브레쉬르에서 온 청군이 레조비에까지 진출하여, 잠시 저항하던 소규모 반군을 패퇴시킨 날이었다. 이곳에는 지휘관도 없었고 구심점도 없었다. 공화파가 아직 접수하지 못한 소교구의 농민들은 흰색 깃발을 들고 앙주의 부대에 합류하러 갔다.

앙리는 아무것도 할 게 없으리라고는 생각하지 않았다. 농민들은 그가 온 것을 알고 몰려와 자기들의 지휘관이 되어 달라고 부탁했다. 그들은 그러면 전 지역이 활기를 되찾을 것이며, 하루만 지나면 만 명이 그의 밑으로 밀려올 거라고 자신했다. 그는 주저하지 않고 그들의 지휘관이 되었다. 밤중에, 레조비에, 뉘에유, 생토뱅, 에쇼브루아뉴, 세르쾨, 이제르네 같은 소교구에서 사람들이 와서 약속한 인원은 거의 다 되었으나 그 불쌍한 사람들의 무기는 막대기, 낫, 쇠꼬챙이가 전부였다. 총은 다해

---

[82] 당시 방데군을 부르던 공식 명칭은 '비적'이었다.

서 200정밖에 되지 않았을 뿐만 아니라 그나마도 형편없는 사냥총이었다. 앙리는 일전에 한 석공의 집에서 석공이 바위를 폭파하기 위해 제조한 화약 60파운드를 구했는데 그것은 보물이나 다름없었다.

므쓔 라로슈자클랭은 아침에 농민들 앞에 나와 연설했다. "친구들이여, 내 아버지가 여기에 있었더라면 여러분은 그분을 신뢰했을 겁니다. 나는 어린애에 불과합니다. 나는 내 용기로써 내가 여러분을 지휘할 자격이 있음을 보여드리겠습니다. 내가 전진하면 나를 따르십시오. 내가 후퇴하면 나를 죽이십시오. 내가 죽으면 내 복수를 해주십시오." 그들은 우레와 같은 환호로 그에게 대답했다.

출발하기 전에, 그는 점심을 먹자고 했다. 농민들이 자기들의 장군을 위해 흰빵을 구하러 간 동안 그는 그들의 검은빵 조각을 집어 그들과 함께 맛있게 먹기 시작했다. 이런 꾸밈없는 소박함이 농민들을 감동시켰다.

이 모든 열정에도 불구하고, 이 용감한 사람들은 불안해했다. 대부분은 전투 경험이 없었으며, 있어도 패배 경험이 전부였기 때문이다. 대부분 무기도 없었다. 그렇지만 그들은 청군이 전날부터 점령하고 있던 레조비에까지 들어갔다. 농민들은 소리 안 나게 울타리 뒤로 잠입해 들어가 마을을 에워쌌다. 앙리는 뛰어난 사수 10여 명과 함께 공화파 주둔지 근처의 정원으로 침투했다. 그는 울타리 뒤에 숨어서 총을 쏘기 시작했다. 농민들도 총에 장전을 하고 그에게 가까이 왔다. 그는 대단한 사냥꾼이고 매우 능숙했으므로 그의 탄환은 거의 모두 적중했다. 그는 200발 가까이 쐈고, 옆에 있던 사냥터지기도 그렇게 했다.

공화파는 적이 보이지도 않고 전면에서 공격을 당하는 것도 아닌데 죽어나가는 것에 짜증이 나서 배후의 고지대에서 전투를 하려고 이동했다. 앙리는 이 순간을 이용하여 외쳤다. "친구들이여, 보라, 그들이 도망치고 있다!" 농민들은 그의 말을 믿고서 즉시 "국왕 만세!"라고 외치며 사방에서 울타리 위로 뛰어올랐다. 메아리 때문에 소리가 더 커졌다. 예상치도 못했고 이상하기만 한 공격에 놀란 청군은 그들의 유일한 포인 소형 대포 2문을 내버려두고 혼비백산하여 도망쳤다. 방데인들은 브레쉬르에서 2km 떨어진 곳까지 그들을 추격했다. 공화파 70명이 죽었고 많은 사람이 부상당했다.

대체로 이런 식으로 특히 전쟁 초기에 방데인들은 싸웠다. 그들의 한결같은 전술은 울타리 뒤로 소리 없이 퍼져 청군을 에워싼 다음 사방에서 총을 쏘아대고, 공화파가 움직이기 시작하면 즉시 함성을 지르며 그들을 덮치는 것이었다. 농민들은 가장 먼저 대포로 달려갔다. 가장 강하고 민첩한 사람들은 신속히 대포를 탈취하도록 사전에 임무를 부여받았다. 그들이 자기네끼리 말하듯이 "포가 피해를 입히는 것을 막으려고" 그렇게 했다. 그들은 서로서로 외쳤다. "네가 가장 강하니 말을 타고 대포 위로 뛰어라." 지휘관들은 항상 선두에 섰는데 이것은 병사들의 용기를 북돋우는 데 필수적이었다. 병사들은 전투가 시작되면 겁을 먹었기 때문이다.

이런 전투 방식은 이상하게 보일 것이나 그 지방에 적합한 방식이었다. 게다가 병사들은 전투할 줄 몰랐으며 오른손과 왼손조차 구분하기 어려웠다는 점을 고려해야 한다. 보카주 전역에서 군대 경험이 있는 농민은 스무 명도 되지 않았다. 왜냐하면 프랑스에서 병역에 대한 거부감, 고향을 떠나는 것에 대한 거부감이 이 지역보다 큰 지역은 없기 때문이다. 장교들이라고 더 나은 것도 아니었다. 거의 모든 귀족은 망명을 떠났거나 감옥에 갇혀 있었고, 대부분의 지휘관과 장군은 전술을 펴본 경험이 없었으며, 병사는 거의 예외 없이 젊은이, 신학생, 도시민, 농민이었다. 기병은 보병보다 더욱 기가 막혔다. 기병은 제분업자, 행상인, 생선장수들의 말을 탔으며 밧줄로 만든 말굴레와 등자를 사용했다. 말은 적을 추격할 때보다는 도망치는 데 사용되었다.

그렇지만, 이렇게 무지하고 장비도 형편없고 처음에는 대포도 없고 총도 거의 없고 그러니 탄환도 없는 부대가, 처음에는 용기와 열정으로 나중에는 즉석 경험으로 획득한 재능으로 공화국을 떨게 했고 프랑스의 일부를 점령했으며 명예로운 평화를 얻었고 당시의 동맹군보다 더 성공적으로 그리고 영광스럽게 자기들의 대의를 지켜냈다.

공화파는 방데인들이 점령 지역의 주민들을 강제로 편입시켰다고 말했으나 그것은 완전 거짓말이다. 방데인들은 아무에게도 무기를 잡으라고 강제하지 않았으며 권유하지도 않았다. 그러기는커녕, 그들은 기질적으로 외지인들의 합류를 경계했다. 그들은 자기들을 파멸시키려고 침투한 간첩이나 배신자로 여겨졌다. 보카주 사람들 가운데 무슨 약속이나 위협 때문에 가담하기로 결정한 사람들은 언제 도망칠지 모르는 비겁한 사람으로 간주되었다.

몇몇 세부 사실은 방데인들의 성공을 더 잘 알려준다. 그들의 인명피해와 공화파의 인명피해 사이에는 언제나 엄청난 차이가 있었다. 농민들은 울타리 뒤로 산개했기에 적의 화력이 큰 피해를 입힐 수 있는 전선이 형성되지 않았다. 전열(戰列)부대는 사람 높이에서 겨냥하지 않고 마구잡이로 총을 쏴댄 반면, 농민들은 조준사격을 했고 총알을 거의 잃지 않았다. 한쪽에서는 평균 다섯 사람을 잃었으나 다른 쪽에서는 한 사람만 잃었다. 농민들은 청군이 좀 더 노출된 지역에 주둔하고 있을 때 서둘러 그들을 향해 맹렬히 돌진함으로써 더 많은 타격을 가하려고 했다. 그들의 우선적인 목표는 대포였다. 적이 포격을 가하면 그것을 피하기 위해 땅에 엎드렸다가 즉시 일어나 그들이 재장전하는 동안 달려갔고, 다시 쏘면 몸을 낮추고 하는 식으로 포대에 도달하여 포수와 육박전을 벌였다.

패배는 공화파에게는 무시무시한 것이었다. 패주하면 그들은 보카주의 미로 속에서 길을 잃었다. 보카주에는 그들에게 퇴로를 알려주는 것이 하나도 없었다. 그들은 소규모 분견대 단위로 농민들의 수중에 떨어졌다. 그들은 모르는 사이에 마을 입구까지 왔고 농민들에게 저항할 수 없었다. 반대로, 우리 병사들은 적의 부대에 타격을 입히는 데 실패하고 퇴각할 때 별다른 피해 없이 흩어졌다. 그들은 울타리를 뛰어넘고 우회샛길을 이용해 도주하면서 2~3일 후에 다시 모일 것이며 그때는 더 잘될 거라는 희망을 품고 집으로 돌아갔다. 그들은 용기를 잃지 않았다. 그들은 앞으로 나아가면서 "그래도 국왕 만세"를 반복했다.

방데의 최초 승리를 가능하게 한 주요 요인은 왕당파의 용기와 헌신이었다. 공화파 부대는 무기 사용에 서투른 자원병과 군사행동 경험이 없는 국민방위대로 구성되어 있었다. 열정은 기술과 경험을 대체하지 못했다. 그것은 우리의 용감한 농민들에게서도 마찬가지였다. 공화파 병사들을 집결시킨 것은 그들의 의지도, 그들의 종교도, 아이들과 우두머리를 지킨다는 의지도 아니었다. 징집과 공포정치를 통해서 서둘러 부대가 결성된 것이고 그들은 마지못해 싸웠다. 그들의 미숙한 장군들은 행정관들이나 특임관들에 의해 끝없이 제지당했다.[83] 그들은 자격도 없는데 임명되었듯이 이유도 없이 쫓겨났다. 몰상식과 어리석음이 불의와 잔인함만큼이나 그들의 결정을 이끌었다.

레조비에 전투 이후, 우리는 반군이 여세를 몰아 브레쉬르에 도착할 것으로 예상했다. 그러나 앙리는 무엇보다도 앙주 부대를 자신이 버려둔

---

83 국민공회는 각 도(道)와 군(軍)에 특임관들을 파견했으며, 이들은 얼마 후 특임인민대표(représentant du peuple en mission)로 교체되었다. 이들은 마치 총독과 같은 권한을 행사하여 현장의 장군들과 마찰을 일으켰다.

그 절망적인 상황에서 구해야 한다고 생각했다. 그는 므쓔 봉샹, 므쓔 델베, 므쓔 카틀리노 등을 다시 만나기 위해 밤새도록 달려가서, 그들에게 자기가 탈취한 대포와 탄약을 주었으며 병력을 보강해주었다. 앙주의 소교구들은 다시 결집하여 전의를 새롭게 다지기 시작했다. 군대가 다시 조직되었고 청군을 공격하여 도처에서 승리를 거두었다. 그들은 숄레, 슈미예, 비이에 등 전에 포기했던 지역을 별다른 인명 손실 없이 되찾았다. 므쓔 봉샹은 전투에서 가벼운 부상을 당했다.

레조비에 패주 이후, 브레쉬르와 공화파 부대에는 동요와 불안감이 감돌기 시작했다. 마르세유인 400명이 그들을 지원하러 도착했다. 그들은 우선 수인들을 학살해야 한다고 외치며 감옥으로 달려갔다. 그들은 케티노 장군의 명령과 행정관들의 저항에도 불구하고 불행한 농민 열한 명을 끌고 왔다. 그들은 반군의 정보원으로 의심받아 며칠 전에 잠자리에서 잡혀 온 사람들이었다. 이 불쌍한 사람들은 우리 창문 아래를 지나 도시 밖으로 끌려갔다. 군인들이 전투대형으로 정렬했다. 마르세유인들의 지휘관은 병사들과 함께 처형을 담당하고 싶은 선의를 가진 사람이 있는지 물었다. 그 말은 지역 주민들을 공포에 떨게 했다. 생장 당줄리 사람 몇이 마르세유인들과 함께했다. 브레쉬르 시장은 희생자들을 지키고자 애썼다. 그들은 그를 제지하고 끌고 갔다. 농민들은 칼을 맞았다. 그들은 무릎을 꿇고 신께 기도드리며 "국왕 만세"라고 외치면서 죽음을 맞이했다.[84]

우리도 그렇게 죽을 것으로 생각했다. 죽음을 피하는 것은 불가능해

---

84 (원주) 포레의 수인들은 며칠 후 파르트네를 거쳐 니오르로 호송된 다음 앙굴렘으로 갔는데, 아무도 죽지 않았다. 므쓔 토마생은 22개월간 갇혀 있다 풀려나 나를 보러 왔다. 그는 1804년에 죽을 때까지 우리 집에 있었다. 그는 완전히 정신이 이상해져 있었다.

보였다. 그러나 다행히도 마르세유인들은 우리가 갇혀 있다는 것을 알지 못했다. 그리고 브레쉬르와 그 지역의 애국파들은 마르세유인들에게 그것을 알려주지 않았다. 생각의 차이에도 불구하고 그들은 우리에 대해 존경심과 애정을 품고 있었기 때문이다. 우리의 집주인은 우리의 운명에 대해 걱정이 많았다. 2~3일 후, 그는 우리에게 라살이라는 이름의 도(道) 특임관을 데려왔다. 그는 뚱뚱하고 말이 많은 젊은이였다. 그의 말 속에는 우리에 대한 관심이 들어 있었다. 그는 전쟁 때문에 귀족들을 체포하는 것이 불가피하며, 자기가 우리에게 이러한 조처를 하게 한 것은 아니지만 그렇다고 의심받는 사람들을 자유로운 상태에 두는 것은 정상이 아니며, 어쨌든 전쟁은 곧 끝날 것이며, 사람들은 울타리와 숲을 파괴해 버리고 주민들을 학살할 것이며, 나머지 사람들을 프랑스의 내지로 옮기고 그 지역을 애국파 이주민들로 채울 거라고 말했다. 그는 계속 말했다. "이렇게 하지 않을 수 없는 것이 유감이지만, 농민들의 광신(狂信) 때문에 어쩔 수 없다. 그렇지만 농민들은 선량한 사람들이다. 왜냐하면 '이 지역에서는 소작농이 주인을 속이지 않았기 때문이다'.[85] 레조비에에서 그들을 지휘했던 사람은 므쓔 라로슈자클랭의 아들이다. 당신들은 그를 아는가?" 그는 므쓔 레스퀴르에게 물었다. "그렇다." "그는 당신의 친척이다." "맞다." 나는 대화가 진행되는 동안 무서워서 벌벌 떨었다. 그러나 므쓔 레스퀴르의 솔직하고 당당한 말은 라살에게 아무 의심도 품게 하지 않았다. 게다가 그는 니오르에서 왔으므로 앙리가 클리송에서 살았다는 사실을 알지 못했다. 도시와 군대는 공포에 사로잡혀 있었기에 아무도 우리에게 신경 쓰지 않았다. 모든 조치와 모든 정신을 지배하던

---

85 (원주) 정당한 칭찬, 적의 입에서 나온 주목할 만한 시인! 오늘날에도, 지주들은 자기들의 소작농들한테 속지 않았음을 확신한다. 비록 소작농들은 전쟁 때마다 지주들을 상대로 싸웠지만 말이다.

혼돈이 기적처럼 우리를 구했다. 매 순간 부대들이 도착했다. 때로는 공포가 주민 모두를 엄습했다. 그것이 우리에게는 기쁨의 순간이었다. 우리는 도시가 점령당하기를 바랐고, 그 공격 때문에 우리가 위험할 수도 있다는 생각을 떨쳐버렸다. 므쓔 레스퀴르는 여기에서 풀려나는 것 말고는 아무 생각도 하지 않았다. 그는 왕당파 군대에 가담하려고 풀려나기만 기다렸다. 그는 브레쉬르에서 나오면 그렇게 할 생각이었다. 그는 싸울 수 없다는 생각을 견딜 수 없었다. 그들이 그들 말 대로 우리를 니오르로 이송한다면, 그는 그렇게 이송되어 앙리가 약속한 희망을 잃느니 차라리 목숨을 끊을 것 같았다.

이러한 위기의 순간에 드세사르 신부가 도착했다. 전에 그는 망명자와 연락한 것이 발각되어 푸아티에에서 체포된 후 인민대표에게 죽음과 징집 사이에서 선택하라는 강요를 받았는데, 징집을 선택하여 제복을 입고 브레쉬르로 파견된 것이다. 그는 은밀히 우리를 보러 와서 방데인들과 합류하러 갈 방법을 남편과 상의했다. 우리는 우리가 니오르로 이송될 때가 아니면 그들이 자기들의 목숨과 우리의 목숨을 놓고 모험을 하지 않도록 결정하게 했다.

매일 밤, 도시에서는 검거가 진행되었다. 반혁명으로 의심받는 부르주아들과 수상한 애국파들이 투옥되었다. 학살에 반대한 그 관대한 시장도 같은 운명에서 벗어나지 못했다. 이렇게 심해지는 가혹함 속에서도, 신의 섭리는 계속 우리를 보호했다. 매일매일 우리의 불안이 커지는 가운데 새로운 상황이 벌어져 불안이 배가되었다. 어머니는 스페인으로 망명한 신부의 편지를 받았는데, 그는 전쟁이 선포되었고 반혁명이 불가피하며 어머니는 만족하게 될 것이라는 내용을, 서투른 방식으로 위장하여, 썼다. 다음 날, 그들은 우리의 편지들을 개봉했고 개봉된 채로 우리에게 주기 시작했다. 우리는 그 신부의 편지와 비슷한 편지들이 오는 것을 보고 불안에 떨었다. 그들이 그 편지를 읽지 않았다고 확신할 수 없었기 때문이다.

그들은 봉기에 가담하지 않은 소교구에서 병력을 충원하려는 노력을 계속했다. 그러나 그것은 성공하기는커녕 반군의 수만 늘릴 뿐이었다. 이 문제에 있어서 농민들의 결심은 확고했기 때문에 아무것도 그들을 추첨에 참여하도록 강요할 수 없었다. 우리가 브레쉬르에 있던 마지막 시기에 일어난 두 사건을 예로 들겠다.

볼리외의 작은 소교구는 추첨일을 통고받았다. 부대가 현지에 파견되었으나 아무도 없었다. 마을에는 여자들밖에 없었다. 그들은 다음 날까지 남자들이 돌아오지 않는다면 마을에 불을 지르겠다고 경고했다. 다음 날 그들이 다시 가서 보았으나 아무도 없었다. 여자들도 아이들도 없었다. 그들은 마을에 불을 질렀다. 이 무서운 조치 후에 그들은 생소뵈르 소교구에도 같은 방식으로 명령했다. 이곳에서도, 볼리외의 사례에도 불구하고, 주민이 모두 사라졌다. 촌장과 여자 몇만 마을을 구하려 남았을 뿐이었다. 그들은 촌장을 체포하고 나서 왕당파가 브레쉬르 가까이 가자 불을 질렀다.

1793년 5월 1일, 도시에는 소문과 무질서가 늘어났다. 비적이 아르장통 르 샤토를 공격했다는 소문이 퍼졌다. 저녁때, 그들이 공격에 성공했으며 그들의 진격지인 브레쉬르에서 10여 km 지점에 있다는 것이 알려졌다. 공화파 모든 부대에 무장을 시켰지만 그들은 공포에 사로잡혀 있었다. 케티노 장군은 기병대에게 정찰을 시킬 수조차 없었다. 기병 몇이 조금 앞으로 갔다가 급하게 돌아와 적군이 멀리 있는 것을 보았다고 말했다. 케티노는 그쪽으로 가보았다. 그것은 밭을 가는 한 농부와 소 여덟 마리였다.

밤은 이렇게 지나갔다. 공화파의 불안감은 매 순간 늘어났다. 우리는 학살당하든가 아니면 이송될 거라는 공포감에 짓눌렸다. 드디어 새벽에, 부대가 조용히 행진하기 시작했다. 케티노 장군은 병사들의 상황을 보고 투아르로 후퇴하기로 결정한 것이다. 그에게는 병사 5천 명이 있었지만 브레쉬르를 지키는 데 그들을 신뢰할 수 없었다. 도시의 오래된 성곽은 폐허 상태였다. 성의 위치는 괜찮았으나 많이 파손된 상태였다. 뒤게스클랭이 옛날에 잉글랜드군에게서 빼앗은 이후 보수가 이루어지지 않았기 때문이다.[86]

후퇴는 무질서했다. 짐 때문에 후퇴가 늦어지지 않도록, 케티노는 각자 배낭 속에 포탄 네 개씩 넣으라고 명령했다. 그러나 그것은 불가능했다. 그들은 거의 모든 것을 브레쉬르에 놓고 나갔다. 그들은 처음에는 금고를 놓고 나왔다가 분견대를 보내 그것을 찾게 했다. 거의 모든 깃발도 놓고 나왔다. 마르세유인 상당수가 탈영했다. 주민 대다수는 케티노 장군을 따라가거나 이웃 도시로 들어갔다.

이렇게 후퇴하는 동안, 우리는 우리의 운명을 기다렸다. 그들이 우리를 완전히 잊었으리라고는 생각할 수 없었다. 우리는 유리창 덧문을 닫았다. 우리는 부대가 문 앞에 설 때면 우리를 데리러 온 거라고 생각했다. 마침내 도시는 조금씩 버려졌다. 아무도 우리에 대해 생각하지 않았다. 우리는 자유가 되었다.

그때 집주인이 와서 클리송에 피신처를 마련해달라고 부탁했다. 그는 왕당파가 들어와 1792년 9월에 브레쉬르에서 자행된 포로 학살과 최근에 마르세유인들이 자행한 포로 학살에 보복하려고 도시에 불을 지르고 학살을 자행하지 않을까 두려워했다. 그는 므슈 레스퀴르에게 비적은 귀족을 좋아하고 그들의 성을 존중한다고 말했다. 도시의 그 밖의 많은

86 뒤게스클랭(Duguesclin)은 백년전쟁 당시 프랑스의 원수(元帥)였다.

주민도 우리에게 같은 부탁을 했다. 므쓔 레스퀴르는 자기 집에 오는 사람들을 모두 환영할 것이지만, 그러나 그렇게 한다고 해서 유리할 게 있는지 잘 모르겠다고 대답했다. 그는 클리송으로 사람을 보내 자기가 환대를 베풀 사람들의 짐을 실을 수레를 가져오게 했다.

11시, 우리는 도시가 완전히 소개되었으며 버려진 상태나 다름없다는 소식을 들었다. 우리는 내려가 길을 건넜다. 몇몇 여자가 슬퍼하는 모습밖에 보이지 않았다. 도시의 문을 나온 다음, 므쓔 레스퀴르와 나는 천천히 걷는 부모님을 뒤로하고 우회 샛길을 선택해서 먼저 클리송에 도착했다. 사람들은 우리가 풀려나리라고는 생각하지 않았으므로 자기들의 눈을 믿을 수 없다는 표정이었다. 우리는 클리송에서 므쓔 드세사르, 므쓔 도종, 수녀원장 고모할머니 등을 다시 만났다. 드세사르 신부는 언제나 삭발을 유지했고 그때 이후로는 언제나 '기사'라고 불리었는데 무사히 탈출하여 같은 날 우리를 만나러 왔다. 또한 성에는 브레쉬르에서 도망친 사람들이 가득했다.

정오 무렵, 왕당파가 방향을 바꾸어 브레쉬르 쪽으로 가지 않는다는 소문이 퍼졌다. 므쓔 레스퀴르는 즉시 결정을 내렸다. 그는 이웃 소교구에 사람을 보내 농민들에게 약속 장소를 전했고 자기가 농민들을 지휘할 것임을 알리게 했다. 그는 4시에 샤티옹으로 떠나기로 결심했다. 거기서 화약과 원군(援軍)을 찾아 약속 장소로 와서 청군이 브레쉬르로 들어오기 전에 브레쉬르를 점령하기 위함이었다.

우리는 모든 준비를 시작했다. 므쓔 레스퀴르는 이 계획을 므쓔 마리니, 드세사르 기사, 그리고 나에게만 털어놓았다. 부모님은 우리와 생각은 같았으나 젊음의 열정은 없었다. 우리는 합리적인 성찰과 조언을 두려워했기 때문에 부모님들을 피했다. 우리 넷은 피난 온 애국파로 가득한 성의 중앙에 있는 방에 틀어박혔다. 므쓔들은 무기를 준비하기 시작했고, 나는 흰색 휘장을 만들었다.

4시가 되자, 므쓔 레스퀴르는 어머니에게 와서 여자들이 호위받으며 샤티옹으로 갈 준비가 끝났다고 말했다. 어머니는 물었다. "만일 애국파가 브레쉬르에 돌아오면 우리는 어떻게 되는가?" 므쓔 레스퀴르가 대답했다. "내일 새벽이면, 저는 브레쉬르를 장악할 것입니다. 40개의 소교구가 저의 명령에 따라 오늘 밤 봉기를 일으킵니다." 어머니는 좋지 않은 내색을 하고 외쳤다. "그러면 우리는 진다!" 어머니는 므쓔 레스퀴르가 신중하고 냉정하게 계획을 세우지 않았고, 왕당파 군대와 공화파 군대의 위치를 알지 못하며, 아마도 그들은 우리를 저지하기 위해 파르트네 쪽에서 올 것이므로 소교구들이 봉기하더라도 그냥 그 상태로는 성공하지 못할 거라고 그에게 말했다. 므쓔 레스퀴르는 이러한 충고를 듣지 않았다. 그는 전에 우리가 만류하는 바람에 반군에 투신하지 못한 채 감금되어 허송세월 보내느라 너무나 큰 고통을 겪었기 때문이다. 그는 공화파 군대가 두려움에 떠는 것을 보았고 거기서 희망을 얻었다. 그는 자기 가족을 안전하게 지킬 수 있다고 확신했으며, 위험에 빠뜨릴 거라고는 생각하지 않았다. 성공 가능성을 계산하고 봉기를 일으킨다면 결코 시작할 수 없을 것이다. 일단 시작하면 계속 밀어붙여야 한다. 필요한 저항을 계속하도록 하는 것은 이성과 용기지만, 저항을 시작하게 하는 것은 무분별한 대범함, 자기 생각에 대한 확신, 맹목적이기에 더욱더 고귀한 열정이다.

므쓔 레스퀴르와 므쓔 마리니는 훌륭한 말을 타고 떠났다. 그들이 나가자마자, 나는 브레쉬르에서 한 애국파가 오는 것을 보았다. 그는 벌벌 떨면서 성으로 들어와 외쳤다. "그들이 왔습니다! 그들이 왔습니다!" "누가?" 나는 그에게 물었다. 그는 "비적이 브레쉬르에 왔습니다"라고 외치고 떠났다. 나는 그가 도시의 다른 사람들과 함께 슬퍼하도록 내버려두고, 즉시 므쓔 레스퀴르에게 사람을 보냈다. 그는 15분 후에 돌아와서, 내가 두려워 떨고 있는 애국파들과 이야기하는 것을 보았다. 그때, 그들의 가구를 가지러 갔던 소작농이 브레쉬르에서 돌아왔다. 그는 비적이 그의 소들을 빼앗았는데, 그것들이 므쓔 레스퀴르의 것인지 알고서는 그의 자필 증명서가 있으면 그것들을 돌려주겠다고 말했다고 전했다. 므쓔 레스퀴르는 웃으면서 브레쉬르 사람들에게 말했다. "당신이 옳았습니다. 비적은 귀족을 좋아합니다. 나는 내 소를 찾고 내 재산을 구하러 갈 겁니다. 걱정 말고 여기 계세요."

두 번째 출발은 첫 번째 출발보다는 덜 걱정되었다. 그렇지만 반군이 지극히 선량하다는 것을 아직 몰랐으므로, 만일 므쓔 라로슈자클랭이 그들의 우두머리가 아니라면 그들은 성에 애국파가 가득한 것을 못마땅하게 여기지 않을까 걱정했다. 만일의 사고에 대비하기 위해, 나는 우선 모든 피난민에게 휘장을 떼라고, 우리는 아무런 해명도 하고 싶지 않으니 흰색 휘장이건 삼색휘장이건 아무것도 달지 말아야 한다고 말했다. 그리고 나서 나는 그들 모두를 성의 후미진 곳으로 데리고 가서 조용히 있으라고 말했다. 아버지와 어머니는 몸이 편찮으신 고모할머니 곁에 있었다. 나는 모든 하인에게 밖으로 나오지 말라고 명령했다. 그들이 경솔한 짓을 하지나 않을까 걱정했기 때문이다. 나는 용기라기보다는 흥분에 들떠서 뜰 안에 혼자 있었다. 몇 분 후, 나는 말 몇 마리가 달려오는 소리와 "국왕 만세!"라는 외침 소리를 들었다. 므쓔 레스퀴르와 므쓔 마리니가 앙리 드 라로슈자클랭과 함께 돌아온 것이었다. 그들은 그가 다른 기병 셋과 함께 있는 것을 가는 도중에 발견했던 것이다. "국왕 만세!"라는 외침에 모든 사람이 성에서 뛰어나왔다. 앙리는 울면서 내 품에 안기며 외쳤다. "자, 내가 당신들을 구했지요!" 이렇게 기뻐하고 감동하는 동안, 브레쉬르의 애국파들은 조용히 문을 열고, 우리를 위시해서 집안사람 모두 "국왕 만세!"라고 외치는 것을 보고 놀랐다. 그들은 우리의 발 앞에 엎드렸다. 므쓔 레스퀴르는 앙리에게 모든 이야기를 해주었다. 앙리는 그들에게 피난처를 잘 선택했으며, 비적의 성 안에서 비적의 보호를 받으려는 것은 현명했다고 말했다. 우리는 그가 여자들 가운데 몇 명을 껴안아주기를 바랐다. 그녀들이 괴물이라고 여기는 비적과 화해할 수 있게 하기 위해서였다. 우리는 모두 감격했다.

앙리는 우리에게 부대에 대해서 설명해주었다. 그는 특히 농민들의 용기와 열정에 대해 이야기했다. 우리는 상이한 지휘관들이 지휘하는 반군 단체가 여럿 있다는 것, 거의 모두 승리를 거두었지만 서로 정기적인 연락은 없다는 것, 므쓔 샤레트가 중요한 인물 가운데 한 사람이라는 것, 므쓔 샤레트는 얼마 전에 누아르무티에 섬을 기습했다는 것 등을 알았다. 우리는 그에게 어떤 방법으로 탄약을 구하는지 물었다. 그는 아르장통을 공격할 때는 대포 하나당 포탄 세 발밖에 없었으나 거기서 화약을 발견하여 대포 하나당 포탄 열두 개를 가지게 되었는데 그때만큼 포탄이 많았던 적은 없었다는 이야기를 했다. 이러한 세부 사실들은 끔찍하게 여겨질 수도 있었지만 우리를 기쁨으로 가득 채워주었다. 어머니는 이제 망설일 필요가 없으며 귀족의 의무는 무기를 잡는 것이라고 말했다. 앙리가 우리에게 전한 농민들의 용기는 우리를 탄복하게 했다. 나는 어린애처럼 희망으로 가슴이 벅차올랐다.

앙리는 자기와 함께 온 므쓔 포레스티에라는 젊은이를 우리에게 소개했다. 그는 포므레 쉬르 루아르에 사는 한 제화공의 아들이었다. 그는 므쓔 도마녜에 의해 양육되었으며, 봉기가 시작되었을 때부터 그를 따라다녔다. 그의 나이는 열일곱이었고 용모가 매력적이었으며, 막 공부를 끝낸 터였다. 앙리는 그가 방데 기병대 장교 중 한 사람이며 보기 드문 용기를 가진 사람으로 지휘관들과 병사들의 사랑을 받고 있다고 말했다.

므쓔 레스퀴르, 앙리 드 라로슈자클랭, 므쓔 포레스티에는 곧바로 브레쉬르로 떠났다. 므쓔 레스퀴르는 장군들과 만나 인사하려고 바쁘게 떠난 것이다. 아버지, 므쓔 마리니, 므쓔 드세사르는 다음 날 부대로 떠나기로 결정되었다. 어머니, 나, 여자들과 노인들은 같은 날 클리송을 떠나 므쓔 도종이 소유한 불레 성으로 가기로 했다. 그 성은 봉기가 일어난 지역의 중심부인 레제르비에와 샤티옹 사이의 말리에브르 소교구에 있었다.

8

방데인들이 브레쉬르를 점령하다—왕당파 부대의 구성

Mémoires de Madame La Marquise De La Rochejaquelein

새벽에 나는 므쓔 레스퀴르의 전갈을 받았다. 그는 앙리와 함께 기병 80명을 이끌고 클리송에 도착할 예정이라고 말했다. 우리는 그들을 맞이할 준비를 했다. 그들은 보볼리에 기사와 함께 왔다. 그는 나이 열여덟의 키 큰 젊은이였는데, 전에 강제로 루뒹의 치안군에 끌려가 브레쉬르에 파견되었다가, 그 전날 자기 부대를 탈출할 방법을 찾아냈고, 도시가 텅 빈 것을 보자마자 마침 들어오고 있던 반군을 향해 전속력으로 달려가 투항 신호를 보냈다. 그는 치안군 복장을 하고 있었기에 처음에 만난 기병들에게는 좋지 않게 보였지만, 거기에 있던 농민 장교는 그를 조금 더 신뢰했다. 므쓔 보볼리에는 그에게 브레쉬르에 있는 '자유의 나무'를 베러 가자고 제안했다.[87] 그 농민은 그에게 대답했다. "가자. 그러나 만일 도시에 사람들이 있어서 우리가 기습당한다면 네 머리에 총을 쏠 것이

---

[87] 프랑스혁명기에 코뮌마다 자유를 상징하는 '자유의 나무'를 심었다. 파리에만 200여 그루의 자유의 나무가 있었다. 나무 종류는 주로 포플러(peuplier)였는데, 나무의 이름이 '민중'을 뜻하기 때문에 선호된 것으로 여겨진다. 반혁명세력은 자유의 나무를 볼 때마다 베어버렸다.

다.” 므쓔 보볼리에에게는 언제나 용기와 온화함이 가득했다. 그는 므쓔 레스퀴르의 부관이자 가까운 친구가 되었다.

이 므쓔들과 함께 온 기병들은 별다른 군사적 위용을 보여주지 못했다. 그들의 말은 크기도 색깔도 다 달랐다. 정식 안장보다는 짐 싣는 안장, 등자보다는 밧줄, 가죽 장화보다는 나막신이 많았다. 그들은 가지각색의 옷을 입었고, 허리에 피스톨을 찼으며, 총과 칼을 끈으로 묶어서 몸에 맸다. 어떤 사람들은 흰색 휘장을, 어떤 사람들은 흑색 혹은 녹색 휘장을 둘렀는데, 왜냐하면 방데인들은 군사 휘장이 없었기 때문이다. 모자에다 흰색 혹은 녹색 천 조각을 단 사람이 많았고, 어떤 사람은 종잇조각이나 나뭇잎을 달았으며, 아무것도 달지 않은 사람도 있었다. 그러나 모든 농민은 옷에다 성심(聖心)을 부착했고, 단춧구멍에는 묵주를 매달았다. 그것은 신앙심에서 나온 것이지 누구의 명령에 의한 것이 아니었다. 우리 병사들은 탄약 주머니도, 배낭도, 옷가지도 없었는데, 있다면 공화파에게서 빼앗은 것이었다. 그들은 그것이 불편하다고 생각해서, 그것을 주머니나 당시 지역에서 널리 사용되던 헝겊 허리띠에 메는 것을 선호했다. 부대에는 북이 30여 개 있었으나 나팔은 없었다. 기병들은 말의 꼬리에 청군에게서 빼앗은 삼색휘장과 견장을 달았다. 장교들의 무장은 병사들보다 나았으나 대단한 차이는 아니었다.

부대원들은 모두 파르트네의 성문으로 향하는 것처럼 거짓 신호를 보내기 위해 집결했다. 부대가 투아르로 향하는 것을 감추기 위해서였다.

병사들은 점심을 먹기 시작했다. 이웃 소교구들의 농민들이 그들과 합류하기 위해 사방에서 몰려왔다. 여자들은 자유의 나무를 벤 후 도끼를 손에 들고 있었다. 성은 식사하는 사람들로 가득했다. 모두 “국왕 만세”를 외치며 노래 부르고 술을 마셨다.

그러는 동안, 므쓔 레스퀴르는 브레쉬르에서 사람들의 환대를 받았고,

그들은 자기를 자기 면(面)에 있는 모든 소교구의 우두머리로 대우했으며, 자기를 전쟁위원회에 참여시켰고, 아버지, 므쓔 마리니, 므쓔 드세사르를 손꼽아 기다렸다고 말했다. 부대에는 장교가 부족했기에 장교를 맞이하는 것은 큰 기쁨이었던 것이다.

대화 도중에, 우리는 뜰에서 시끄러운 소리가 나는 것을 들었다. 방데인들은 말을 매어놓은 다음에는 늘 하던 대로 보초를 배치하지 않았는데, 브레쉬르에 사는 세 남자가 클리송으로 피신한 아내를 찾아서 파르트네로 데려가기 위해 온 것이다. 그들은 국민방위대 복장을 하고 있었고, 말을 타고 있었으며, 무장도 좋았다. 그들은 뜰에 말이 많은 것을 보고 자세히 살펴보지도 않은 채 파르트네의 분견대가 우리를 데려가려고 온 거구나 하고 생각했다. 그들은 나이 열다섯 먹은 어린 하인을 보고 말했다. "안녕, 시투아이앵."[88] 그러자 그 아이는 외치며 대답했다. "여기에는 시투아이앵이 없다. 국왕 만세! 무기를 드세요! 청군이 왔어요!" 그러자 모든 기병이 칼을 들고 맹렬히 뛰어나왔다. 아버지와 나는 그때 마침 뜰에 있었던 터라 앞장서서 달려갔고, 죽을 위기에 빠진 세 사람 앞에 섰다. 우리는 이 사람들이 나쁜 짓을 하러 온 것이 아니라 자기 아내를 데리러 왔다고 농민들에게 설명했다. 여자들은 무릎을 꿇고 자비를 간청했으나, 농민들은 아무 말도 들으려 하지 않았다. 므쓔 라로슈자클랭이 그들에게 말하기 시작했다. 그러는 동안, 우리는 그 세 사람을 들어오게 했다. 그들은 제복을 벗고 흰색 휘장을 두른 다음 기병들을 진정시키기 위해 삼색휘장에 침을 뱉고 "국왕 만세!"를 외쳐야 했다.

정오 무렵, 므쓔 레스퀴르와 앙리는 파르트네로 떠났고, 우리는 브레

---

[88] 시투아이앵(citoyen)은 시민이라는 뜻이다. 공화파가 사용하던 호칭으로, 구체제에서 사용하던 '므쓔'라는 호칭과 대조되는 말이다. 남자는 시투아이앵, 여자는 시투아이엔이라고 불렀다.

쉬르로 떠났다. 우리는 피신해온 애국파들에게 클리송에 있는 것이 다른 곳에 있는 것보다 더 안전하다고 느낀다면 계속 머물러도 좋다고 허락했다. 모두 착하고 조용한 사람들이었다.

우리는 마차에 올라탔고, 무장한 하인들이 우리를 호위했다. 도시 가까이 왔을 때 방데인들이 눈에 띄기 시작했다. 그들은 우리가 누구인지 알아보고, "국왕 만세!"라고 외치기 시작했다. 우리도 감동의 눈물을 흘리며 그들과 함께 외쳤다. 나는 50여 명이 길거리 십자고상 앞에 무릎을 꿇고 있는 것을 보았다.[89] 그 무엇도 그들의 기도를 방해할 수 없었다.

도시는 2만여 명에 의해 점령되었다. 그 가운데 총으로 무장한 사람은 많아야 6천 명이었다. 나머지는 거꾸로 손잡이가 달린 낫을 들고 있었는데, 그것은 무시무시하게 생긴 무기였다. 그밖에도 그들은 단도, 막대기에 박은 반달낫, 쇠꼬챙이, 마디가 촘촘한 몽둥이 등을 가지고 있었다. 이 모든 농민은 기쁨에 취해 있었으며 스스로를 무적이라고 생각했다. 거리는 사람들로 가득했고 모든 종이 울렸다. 그들은 자유의 나무와 행정문서들을 불태웠다.

아버지, 므쓔 마리니, 드세사르 기사는 장군들을 만나러 갔다. 나는 내 하녀들과 함께 마을을 둘러보러 나갔다. 농민들은 내가 브레쉬르 출신인지 물었다. 나는 그들에게 전날 내가 어떻게 투옥되었으며, 어떻게 그들이 나를 석방했는지 이야기해주었다. 그들은 자기들이 귀족부인을 구한 것을 기뻐했다. 그들은 망명자들이 왕과 종교를 회복시키러 자기들을 구하러 올 거라고 말했다. 그리고 나서, 그들은 나를 마리잔(Marie-Jeanne)에게 데리고 갔다. 그것은 12파운드 포탄 대포였다. 그들은 그것

---

[89] Calvaire. 방데 지방과 브르타뉴 지방의 거리에는 작은 십자고상이 많이 세워져 있다.

을 리슐리외 성에서 가져왔는데, 전에 추기경이 다른 다섯 문의 대포와 함께 배치한 것으로 루이 13세와 추기경의 영예를 높이기 위한 상징과 구절이 새겨진 근사한 대포였다. 그 대포는 리슐리외 성에서 공화파가 탈취했다가 농민들이 제1차 숄레 전투에서 빼앗은 것이다. 농민들은 그 포에 '마리잔'이라는 이름을 붙였는데 그 이유를 확실히는 모르겠다. 그들은 그것에다가 기적적인 관념을 붙였고, 그것이 승리를 보증한다고 생각했다. 나는 광장에서 그 대포를 보았다. 그것은 꽃과 리본으로 장식되어 있었다. 농민들은 그것을 껴안았으며, 나도 껴안아 보라고 해서 기꺼이 그렇게 했다. 거기에는 갖가지 구경의 대포가 13문 더 있었다.

저녁때, 나는 우리와 같은 집에 숙박하는 병사들이 모두 무릎을 꿇고 그들 가운데 한 사람의 선창에 따라 묵주기도를 하는 것을 보고 놀랐고 감동받았다. 내가 알기에 그들은 하루에 세 차례 이 기도를 빠뜨리지 않고 드렸다.

그들의 용맹함과 부드러움은 그들의 선천적인 온화함을 없애지 않았다. 별로 계몽되지는 않았어도, 종교에 대한 사랑과 존중심은 그러한 감정을 키워 주었다. 전쟁 초 몇 달 동안, 그러니까 공화파의 잔인함이 보복과 복수의 감정을 조금 불러일으키기 전, 방데군은 그들의 용기 때문에 감탄을 자아낸 것만큼이나 그들의 덕성 때문에 감동을 주었다. 전쟁에 수반된 어떤 무질서도 왕당파의 승리를 더럽히지 않았다. 그들은 활기 있게 도시에 들어갔으나, 도시를 약탈하지도, 패자들을 학대하지도, 몸값이나 세금을 요구하지도 않았다. 적어도 방데인들은 그러한 잔학행위를 절대 범하지 않았다. 몇몇 공화파 탈주자들, 징집을 피해 루아르강을 건너오느라 아무 생계수단도 챙겨올 수 없었던 젊은 브르타뉴인들의 행동이 언제나 그렇게 흠잡을 수 없는 것은 아니었으나, 그럴 경우 처벌이 뒤따랐다. 저(低)푸아투와 낭트 백령에서는 항상 그렇게 진행되지는 않았다. 그곳에서도 전쟁이 벌어지기는 했으나, 매우 드물지만 잔인한 방식으로 벌어졌다. 그곳에서는 항상 질서가 잡힌 것이 아니었다.

브레쉬르에 있으면서 나는 방데 병사들의 그러한 성격을 감지했다. 그들은 공화파 군대가 자행한 학살 때문에 그 도시를 매우 싫어했지만, 그렇다고 자기들의 분노를 풀기 위해서 주민들의 인신이나 재산에 피해를 입히려고는 하지 않았다. 고작해야 브레쉬르의 외곽 성벽을 허무는 정도였다.

내가 들어간 집이나 심지어는 내가 묵은 방에도 병사가 많았다. 나는 그들이 담배가 없어서 괴로워하는 것을 보았다. 나는 그들에게 도시에는 담배가 없는지 물었다. 그들은 "물론 담배를 팔지만, 우리는 돈이 없습니다"라고 대답했다. 나는 담배를 사서 그들에게 주었다. 두 기병이 내 숙소 창문 아래에서 말다툼을 했다. 한 사람이 칼을 뽑아 들고 상대방을 가볍게 베자 그도 반격했다. 옆에 있던 아버지가 그의 팔을 잡으며 다음과 같이 말했다. "예수 그리스도는 자기의 형리들을 용서했다. 그런데 가톨릭 군대의 병사가 동료를 죽이려 하는가!" 그들은 즉시 껴안았다. 뿐만 아니라, 나는 우리 부대에서 결투했다는 얘기를 들은 적이 없다. 전쟁은 너무나 격렬했고 위험했으므로 아무도 적이 아닌 다른 사람에게 자기의 용기를 과시하려고 하지 않았기 때문이다.

브레쉬르를 점령한 부대는 앙주인들과 앙주 인접 소교구의 푸아투인들로 구성되어 있었다. 므슈 레스퀴르가 이끈 소교구민들이 거기에 합류했고, 그렇게 구성된 그 부대는 '대군'(大軍)이라고 불렸다. 통상적으로 대군은 대략 2만 명이었으며, 중요한 공격이 있을 때는 쉽게 두 배로 늘어났다. 대군은 가장 많은 적을 공격했고 가장 많은 승리를 거두었다. 거의 언제나 대군은 므슈 봉샹의 부대와 공조했기에 이 두 부대는 하나의 부대라고 할 수 있을 정도였다. 므슈 봉샹의 부대는 루아르강에 인접

한 생플로랑 소교구민들로 구성되어 있었고, 강을 건너온 브르타뉴인들이 합류했다. 병력은 만에서 만2천 명이었으며, 특히 앙제를 점령한 공화파 군대와 대적했다.

므쓔 샤레트는 습지대와 해안에서 부대를 지휘했다. 그는 한창때는 2만 명을 거느렸으며, 낭트와 사블에 주둔한 부대와 싸웠다. 같은 면에서, 므쓔 카틀리니에르, 므쓔 쿠에튀스, 므쓔 졸리와 므쓔 사뱅이 지휘하는 서너 개의 소부대는 므쓔 샤레트의 부대와 자주 공조했다.

므쓔 루아랑은 몽태귀와 인접 면들을 점령했다. 그의 부대 병력은 만2천 명이었다. 그는 뤼송에 주둔한 부대하고만 싸웠다.

므쓔 리로와 므쓔 이지니는 낭트와 몽태귀 사이 지역에서 3~4천 명을 거느렸다. 그들은 낭트 쪽을 지켰다.

대군은 후방을 이 부대들에게 맡긴 셈이었지만, 여전히 더 넓은 전선을 지켜야 했다. 전선은 북쪽으로, 동쪽으로, 남쪽으로 트여 있었다. 공화파들은 퐁트네, 파르트네, 에르볼, 투아르, 비이에, 두에 그리고 브리사크 등지에서 대군을 공격해 올 수 있었다. 대군은 이 도시들을 연달아 공격하여 점령했다. 적을 격퇴하기도 했고 선제공격하기도 했다. 이제부터 나는 대군을 지휘한 대장들을 소개할 것이다. 아직 공식적인 장군 임명 같은 것은 없었다. 병사들은 자기들이 신뢰하는 사람들을 따랐고, 이들은 공식적인 계급이나 지휘체계도 없었지만 서로 잘 통했다.

앙주 부대의 대장인 므쓔 봉샹은 나이가 서른둘이었다. 그는 아메리카에서의 전쟁에서 므쓔 쉬프랑 휘하의 보병 중대장으로 싸우며 공을 세웠다.[90] 나는 그의 용기와 능력에 대해서는 단 한 번도 부정적인 이야기를 듣지 못했다. 그는 가장 뛰어난 장군으로 인정받았다. 그의 부대는 다른

---

90 봉샹은 미국독립전쟁에서 싸웠다.

부대보다 규율이 잘 잡혀 있다는 평을 받았다. 그는 야심과 오만함이 없었고, 부드럽고 너그러웠으며, 대군에서 많은 사랑과 신뢰를 받았다. 그러나 전투에서는 불행하여 자주 부상당했고, 그래서 종종 부대에서 빠져 있었다. 바로 이러한 이유로 나는 그를 본 적이 없다. 그의 휘하에는 뛰어난 장교가 많았다. 퇴역 군인인 므슈 플뢰리오는 그의 부재중에 그를 대신했다. 므슈 수아예, 므슈 마르탱, 므슈 세포 등은 매우 용감하고 헌신적이었다. 므슈 세포는 므슈 봉샹의 처남이었다.[91]

당시, 대군의 총사령관격은 므슈 델베였다. 그는 특히 숄레와 보프레오 지역 사람들을 지휘했다. 그는 과거에 보병 중위였다가 몇 년 전에 퇴역했는데 당시에는 나이 마흔이었다. 그는 키가 작았고, 파리에서 산 적도 사교계를 들락거린 적도 없었다. 그는 극히 경건했고 열정적이었으며, 비상하고 침착한 용기를 가지고 있었는데, 이것이 그의 최대 장점이었다. 그러나 그의 자존심은 쉽게 상처를 입었으며, 격식을 차리지 않은 것은 아니지만, 엉뚱하게 화를 내곤 했다. 야심이 없지는 않았지만, 전반적으로 편협했다. 전투가 벌어지면 그는 "내 아이들아, 신의 섭리는 우리에게 승리를 줄 것이다"라고 말하며 전진하라고만 외쳤다. 그의 신앙심은 진짜였다. 동시에 그것은 농민들을 따르게 하고 농민들의 사기를 높이기 위한 수단이었으므로, 그는 거기에 부자연스럽고 우스꽝스러운 음조를 가미했다. 그는 옷에 신성한 상징물들을 부착하고 다녔다. 그는 병사들에게 설교하고 훈계했으며, 특히 항상 섭리에 대해 이야기했다. 농민들은 그를 많이 좋아했고 종교와 관련된 것을 모두 존중하여 그를 '섭

---

[91] Marie-Paul-Alexandre-César, Scépeaux de Bois-Guignot 자작(1768~1821). 세포 자작은 방데 전쟁에 뒤이어 브르타뉴 지방에서 전개된 슈앙에 참가하여 앙주 북부 지방에서 슈앙군을 지휘했다. 평화조약을 체결한 후에는 슈앙 활동을 하지 않았으며, 나폴레옹의 제국 군대에서도 복무했다.

리 장군'이라고 불렀다. 악의는 없었다. 이러한 소소한 괴벽에도 불구하고, 므쓔 델베는 근본적으로는 고결하고 훌륭한 사람이어서 모든 사람이 그를 따르고 존경했다.

스토플레는 몰브리에 지역 소교구들의 우두머리였다. 그는 알자스인이며 퇴역 군인이었다. 반란이 일어났을 때 그는 나이 마흔이었고 몰브리에 성의 사냥터지기였다. 그는 몸이 크고 강건했으며, 가혹하고 잔인했기에 병사들은 그를 좋아하지 않았다. 그러나 병사들은 다른 누구보다도 그에게 더 잘 복종했다. 그래서 그는 꼭 필요한 사람이 되었고, 장군들은 그에게 큰 신뢰를 보냈다. 그는 적극적이고 지적이었으며 용감했다. 막판에는 나쁜 참모들이 그의 정신을 사로잡아 그를 지배했고 그를 오만하게 만들었지만, 그는 본래 그러한 허영심이 없는 사람이었다. 어쨌든 그 때문에 그는 커다란 잘못을 범했고, 다른 모든 사람처럼 자기 자신을 돌보지 않은 채 최선을 다하고 전력을 다했음에도 부대에 막대한 피해를 입혔다.

카틀리노는 팽앙모주와 인근 마을 사람들을 지휘했다. 그는, 앞에서도 말했듯이, 한때 양모판매 행상을 하던 소박한 농민이었다. 그보다 더 온화하고 겸손하고 훌륭한 사람은 없었다. 그가 더욱더 사람들의 존경을 받은 것은 항상 말석에 앉았기 때문이기도 했다. 그는 머리가 비상했고, 연설을 설득력 있게 했으며, 전쟁을 하고 병사들을 지휘하는 선천적인 능력이 있었다. 그는 나이 서른넷이었다. 농민들은 그를 존경했고 그에게 최대의 존경심을 표했다. 그는 오래전부터 신앙심과 성실함으로 좋은 평판을 받아왔다. 병사들은 그를 '앙주의 성인'이라고 불렀고, 가능하면 그의 곁에서 전투를 하려고 했다. 왜냐하면 그토록 신성한 사람 옆에 있으면 부상당하지 않을 거라고 생각했기 때문이다. 므쓔 레스퀴르도 부대에 있을 때 '푸아투의 성인'이라는 별명을 얻었는데, 사람들은 카틀리노에게 그랬듯 그에게도 일종의 종교적 공경심을 표했다.

므쓔 라로슈자클랭은 샤티옹 인근 소교구들의 대장이었다. 그는 무모할 정도로 용맹스러웠기에 '불굴의 존재'라는 별명을 얻었다. 전투가 벌어지면 그는 정확하게 관찰했고 신속하고 빈틈없는 결단을 내렸다. 그는 병사들에게 열정과 확신을 심어주었다. 그러나 그는 불필요하게 자신을 노출하며, 지나치게 멀리까지 적을 쫓아가 칼싸움을 벌인다는 비판을 받았다. 공화파가 패주하면 그는 개인적인 안전을 돌보지 않고 그들을 추격했다. 그는 전쟁위원회의 회의에 더 많이 귀 기울이라는 조언을 받았다. 사실, 그는 그것이 쓸데없고 무익하다 여기고 자기 생각을 말하고는 잠을 자버리는 경우도 없지 않았기 때문이다. 그는 모든 비난에 대해 다음과 같이 대답했다. "왜 사람들은 내가 장군이 되기를 바라는가? 나는 그저 싸우는 즐거움을 얻기 위해 기병이 되고 싶을 뿐이다." 이러한 전투 취향에도 불구하고 그는 부드럽고 인간미가 넘쳤다. 전투가 끝나면, 그보다 더 패자에 대해 배려와 연민을 보여준 사람은 없었다. 포로를 붙잡기 전에 그는 1 대 1로 싸우자는 제안을 하기도 했다.

므쓔 레스퀴르는 자기 사촌의 용기와는 다른 차원의 용기를 가지고 있었다. 그는 용기와 냉정함을 동시에 지니고 있었다. 대범하게 보일 때도 그는 깊이 생각했고 신중을 기했다. 그는 부대에서 가장 지적인 장교였다. 그는 군사학에 취미가 있어서 열심히 몰입했으며 모든 전술 서적을 읽었다. 오직 그만이 축성술을 이해했으므로 적의 진지를 공격할 때는 그의 조언이 필수였다. 그는 사랑받았고 존경받았는데 회의에서는 고집이 강했다. 그의 인간미는 천사 수준이었고 경이로웠다. 장군들도 병사처럼 백병전을 벌이는 이 전쟁에서 므쓔 레스퀴르는 단 한 사람도 죽이지 않았다. 포로를 죽이거나 학대하는 것을 목격하면 그냥 내버려두지 않았다. 심지어는 공화파의 잔혹한 학살을 견디지 못해 우리 장교

가운데 가장 온화한 사람들마저 보복하자고 나설 때도 그러했다. 하루는 어떤 사람이 므쓔 레스퀴르에게 총을 들이대고 격발을 했다. 그는 그 총을 밀쳐내고, "이 포로를 데려가시오"라고 말했다. 분노한 농민들은 뒤에서 그 포로를 죽여버렸다. 므쓔 레스퀴르는 돌아서서 전에 없이 불같이 화를 냈다. 그는 이때 처음으로 저주의 말을 퍼부었다고 나에게 털어놓았다. 그가 목숨을 구해준 사람의 수는 부지기수였다. 그는 방데의 모든 당파로부터 사랑과 존경을 받았다. 이 전쟁에서 이름을 떨친 사람 가운데 그만큼 순수한 명예를 얻은 사람은 없다.

므쓔 라로슈자클랭과 므쓔 레스퀴르는 마치 형제와 같았다. 그들의 이름은 항상 함께 붙어 언급되었다. 그들의 우정은 부대 내에서 유명했다. 성격은 달랐지만 똑같이 솔직했고 온화했으며 야심과 허영이 없었다. 앙리는 말했다. "만일 우리가 왕을 복귀시킨다면 왕은 나에게 기병연대를 맡길 것이다." 므쓔 레스퀴르의 희망도 마찬가지로 겸손했다.

나의 아버지는 과거에 연대장을 역임했고 독일 전선에 다섯 차례나 출정한 경력이 있지만, 처음에는 별다른 지휘를 맡지 않았다. 아버지는 타지 출신이어서 지역 상황에 밝지 않았기 때문에도 총사령관을 맡을 생각이 없었으며 부대에 대한 의무만 다하려 했다. 그는 회의에서 크게 존경받았지만 발언을 많이 하지는 않았다. 그는 몇몇 지휘관의 환상을 경계했으며 전쟁의 비참한 결과를 내다보았다. 아버지는 자신을 좀처럼 드러내지 않으려 했기 때문에, 브레쉬르에 도착했을 때 므쓔 델베가 보호자인 척하면서 왕이 보상받을 자격이 있는 사람들을 잊지 않도록 하겠으며 콩데 공의 시종인 자기 친척을 동원하여 예우받도록 하겠다고 약속했을 때도, 자신이 궁정에서 생활했었다는 사실을 그가 눈치채지 않도록 조심했다. 그는 므쓔 델베의 촌스러운 약속을 조롱거리로 만들 생각이 없었던 것이다. 아버지는 국왕에게 봉사하는 명예만을 원할 뿐이라고 대답했다.

므쓔 마리니는 포병 장군으로 임명되었다. 그는 이 분야의 군사 기술에 해박했다. 그는 영국과의 전쟁에서 여러 차례 상륙작전에 참가했기에 대부분의 장교보다 경험이 많았다. 그러나 그는 완전히 정신을 잃을 정도로 흥분하기도 했다. 그의 재능은 부대에 도움이 될 때가 많았지만, 작전 성공에 해를 끼칠 때도 없지 않았다. 그가 패자에 대해 가혹하고 비인간적이었던 것은 이러한 혼미함과 착란 때문이었다. 그는 누가 무슨 말을 하든 아무도 살려주지 않는 것이 우리 편에 이익이라고 확신했다. 이렇게 잔인했지만, 동료들과 병사들에게는 항상 최고로 자상한 최고의 사람이었다. 그는 많이 사랑받았다. 사람들은 그를 따르지 않을 수 없었다.

므쓔 도마네는 기병 장군이었으며, 용감하고 기품 있는 사람이었다.

므쓔 부아시도 장군 대접을 받았다. 그는 건강이 나빠서 전투에는 거의 참가하지 못했으므로 별다른 도움이 되지 않았다. 므쓔 델베의 처남이자 성 루이 기사단원인 므쓔 뒤우 도트리브는 매우 솔직한 사람이었지만, 존재감은 없었다.

많은 장교들, 심지어는 특별한 재능을 보여준 사람들도 뚜렷한 지위를 맡거나 권위를 가지고 있지 않았다. 그들은 자기들이 가장 필요한 곳에서 싸웠으며, 맡겨진 일을 했다. 중요한 사람들은 므쓔 포레스티에, 므쓔 토늘레, 므쓔 포레, 므쓔 빌뇌브 드 카조, 카틀리노의 형제들, 뒤우 기사, 드세사르 기사, 므쓔 기냐르, 므쓔 오달리, 카디의 형제들, 부라소 등이었다. 이들 가운데 어떤 사람은 귀족이었고 어떤 사람은 부르주아였으며 어떤 사람은 농민이었다. 이들 외에도 장교로 합류한 사람이 많다. 모든 퇴역 군인, 모든 귀족, 조금이라도 지식이 있는 사람 모두, 농민들이 신뢰하는 사람 모두, 용기와 지식을 보여준 사병 모두는 자동적으로 장교가 되었다. 장군들은 그들에게 지휘를 맡겼고, 그들은 최선을 다해 그것을 수행했다.

이렇게 설렁설렁 구성된 참모부는 불화와 오해의 장이었을 것으로 생각하기 쉽다. 그러나 엄격한 기준이 없었던 것은 오히려 그러한 것이 불필요하고 해가 되지 않을까 하는 우려 때문이었다. 모두 자기 자신과 다른 사람들에 대해서 믿음이 있었다. 언제나 최선을 다하는 사람들에게 의무를 부과할 필요는 없었다. 모든 사람은 동일한 목표를 지향했고, 거기에 지극히 성실하게 헌신했다. 야심도 자만심도 없었으며, 있었다 해도 드러나지 않았다. 그들은 매일 아니면 거의 매일 전투를 벌였으므로 말다툼하고, 고집부리고, 이야기 나눌 시간이 없었다. 어떤 사람들이 희망을 품고 있었다 해도 그 희망은 실현하기에는 너무나 어려운 것이어서 그것에 대해 말하는 것 자체가 우스꽝스러운 일이었다. 지위의 차이는 잊혔다. 용감한 농민이나 작은 도시의 부르주아 모두 귀족의 전우였다. 그들은 동일한 위험에 직면했고, 동일한 삶을 살았고, 거의 동일한 옷을 입었고, 공통의 동일한 일에 대해 이야기했다. 이러한 평등성은 외면적인 것이 아니라 진짜였고 사실이었다. 모든 지각 있는 선량한 귀족들에게 그것은 진심으로 그러했다. 정치적인 생각의 차이는 불식되었다. 지휘관들이나 장교들은 처음에는 혁명에 대해 각기 생각이 달랐으나, 더 늦고 더 이르고의 차이는 있지만, 모두 혁명을 싫어하게 되었다. 그렇다고 귀족의 자부심이나 특권의식 같은 것을 가진 것은 아니었다. 그들은 좋았던 옛 시대에 대한 공허한 생각에 빠지지 않도록 현재의 일에 열중했다.

전쟁 초기, 지휘관들의 성격과 참모부의 인적구성은 대체로 이와 같았다. 부대의 편성과 규율도 다른 전쟁이 일반적으로 보여주는 모습과 달랐다.

부대는 사흘이나 나흘 이상 집결한 적이 없었다. 전투에서 이겼거나 졌거나, 원정에서 성공했거나 실패했거나 농민들을 붙잡아두지 못했다. 그들은 집으로 돌아갔다. 지휘관들만, 돌아갈 가정이 없는 외지인이나 공화파 탈주자 수백 명과 함께 남을 뿐이었다. 그러나 새로운 전투를 개시할 때가 되면 곧바로 부대가 결성되었다. 모든 소교구로 사람을 보내고, 종을 치면, 모든 농민이 모여들었다. 그러면 그들은 다음과 같은 내용의 징집포고문을 읽었다. "신의 신성한 이름으로, 국왕의 이름으로, 모 소교구는 모 일 모 시에 모 장소로 최대한 사람을 많이 보내주기 바란다. 식량을 지참하기 바란다." 그 소교구의 지휘를 맡은 지휘관은 징집포고문에 서명했다. 그것은 열광적인 호응을 얻었다. 징집포고문은 농민들 중에서 호응할 사람을 대상으로 한 것이었다. 병사들은 자기가 먹을 빵을 지참했으며, 장군들은 그들이 충분한 양을 가져오게 하려고 애썼다. 고기는 병사들에게 나누어주었다. 장군들은 급식에 필요한 밀과 소를 귀족, 대지주, 망명자들의 영지 등에 부담 지웠다. 자발적으로 공급하려는 열의가 많았기에 항상 징발할 필요가 있는 것은 아니었다. 부대가 지나가는 길가 마을들은 빵 수레를 보내는 일을 분담했다. 농민의 아내는 무릎을 꿇고 묵주기도를 드렸고, 길 위에 나와 병사들에게 먹을 것을 주었다. 부유한 사람들은 식량을 가능한 한 많이 제공했다. 집결 기간이 짧았으므로 식량이 부족한 적은 없었다.

따라서 부대에는 짐을 실을 수레도 가방도 없었다. 텐트도 필요 없었다. 병원 문제는 특별한 관심을 가지고 해결했다. 왕당파건 공화파건 모든 부상자는 생로랑 쉬르 세브르로 이송되었다. 일종의 애덕 수녀회인 '지혜의 자매회'는 그곳에 본부를 두고 있었다. 전국에서 쫓겨난 수백 명이 넘는 불쌍한 수녀들이 이곳에 피신해 있었다. 같은 도시에 있는 성령선교회 역시 같은 일에 헌신했다. 외과 의사들은, 어떤 이는 부대와 함께 움직였고 어떤 이는 여러 장소에 작은 병원을 열었다.

부대가 모이면, 장군들은 사전에 결정한 중요 지점들을 공격하기 위해 부대를 작은 종대로 나누었다. 므쓔 아무개는 이쪽으로 갑니다. 누가 그를 따라가겠습니까? 그러면 그를 아는 병사들이 그를 뒤따라가는 식이었다. 한 부대에 사람이 충분히 차면 더 이상 들어가는 것을 막고 다른 부대로 보냈다. 지휘관들은 공격 지점에 도착하면 같은 방식으로 장교들의 부대를 편성했다. 병사들에게는 "오른쪽으로, 왼쪽으로"라고 말하지 않고, 다음과 같이 외쳤다. "집 쪽으로 가시오. 큰 나무 쪽으로 가시오." 그리고 나서 공격을 시작했다. 농민들은 전투에 임하기 전에 기도하는 것을 빠뜨리지 않았다. 거의 모두 사격을 할 때마다 성호를 그었다.

뿐만 아니라, 돈을 주고서도 그들을 보초로 세우거나 순찰을 하게 하는 것이 불가능했기에 필요하면 장교들이 그 일을 맡아야 했다.

중요한 행사나 사전 준비된 행사에 사용하기 위한 깃발이 있었다. 농민들은 전투에서 승리하면 마차에 깃발과 북을 걸고 놀이 군중처럼 신나서 돌아왔다.

전투가 시작되고 총병과 포병들이 방아쇠를 당기면, 여자와 아이들처럼 집에 남은 사람은 모두 교회에 가서 기도하거나 밭에 무릎 꿇고서 부대의 승리를 기원했다. 그리하여 방데 전체에 하나의 생각, 하나의 소원만 있었다. 모두 신께 기도하면서 모두의 운명이 걸린 전투의 결과를 기다렸다.

이러한 것이 전쟁 초 몇 달 동안 방데군이 보여준 모습이었다. 계산, 질서, 신중함 등이 그들의 성공에 기여한 바가 얼마나 미미했는가를 생각해보면, 성공은 더욱 놀라울 뿐이다. 그렇지만 그 봉기는 성격이 전혀 다른 것으로 외부에 알려졌다. 그것은 대규모 음모에 의해서 준비되었으며, 지휘관들은 능숙한 정치가들이었고, 사전에 수립된 대규모 계획을 집행했을 뿐이며, 농민들은 그들의 맹목적인 도구에 불과했다는 것이다.

이러한 화려한 설명이 사실과 얼마나 동떨어진 것인지를 알기는 어렵지 않다. 전쟁은 공격적이라기보다는 방어적이었으며, 지역의 안전 이상의 결과를 얻기 위한 계획이 세워진 적은 없었다. 대성공을 거둔 후 모든 방데인이 반혁명에 기여하려는 희망을 품은 것은 분명하지만, 그러나 그것이 그들의 행보에 영향을 줄 수는 없었다. 게다가, 그들이 그러한 행복한 희망을 품을 수 있었던 짧은 순간에도, 반군의 야망은 소박하고 절제되어 있었다. 나는 지휘관 가운데 일부가 그 후에 무슨 야심 찬 꿈을 꿀 수 있었는지 알지 못한다. 그러나 부대의 소망, 선량한 농민들과 그들의 장교들의 소망은 정말 대단치 않았다.

그들은 자기들에게 우연히 붙여진 방데라는 이름이 보카주 지역 전체를 아우르고 별도의 독립적인 행정이 이루어지는 지방 하나로 유지되기를 바랐다. 오래전부터, 지각 있는 사람들은 습속, 산업, 토질 등에 의해 하나로 결합되었던 지방이 세 부분으로 분할되어 세 개의 상이한 지방에 속하게 되어, 보카주가 행정적으로 잊혀가는 것에 마음 아파했다.[92]

그들은 왕이 권좌에 복귀하면 이 야만적이고 낙후된 지방을 존중해달라고 간청할 것이었다. 그리고 전쟁을 기억하여 흰색 깃발을 소교구의 종탑에 언제나 게양하는 것과 일단의 방데인들이 국왕 근위대에 들어가는 것을 허락해달라고 간청할 것이었다.

뿐만 아니라 농민들은 세금 감면도 특별한 특권도 요구하지 않을 것이었다. 그들은 도로 개통과 하천 통행을 위한 과거의 계획들을 이행해달라고 요청할 것이었다.

이 모든 바람보다 더 합리적인 것은 없었다. 그렇게 된다면 방데는 영원히 명성과 행복을 누릴 것이었다. 이제까지 이 고립된 지역은 어떤

92 (원주) 현재처럼 4개의 도(道)로 나뉜 것도 그 지역에는 마찬가지의 단점이 된다.

대신의 시선도 끌지 못했다. 그들은 방데를 그냥 내버려두었던 것이다. 그러나 풍부한 생산물과, 산업과, 주민들의 근검함과 결합된 교통의 편리함은 부(富)를 널리 퍼트릴 것이다. 보카주가 이렇게 번영하는 데는 어떤 특별한 대규모 사업이 필요하지 않았다. 도시가 없는 이 지역, 사치도 없고 소비도 없는 이 지역에서, 생활의 안락함은 다른 지역에서보다 쉽게 얻을 수 있다. 예를 하나 들어보자. 1750년경, 숄레의 영주인 루제 백작은 정부의 지원 없이 직조공을 많이 모으고 숄레를 가축거래 중심지로 만들고자 자본을 투자했다. 얼마 지나지 않아, 숄레는 사람이 붐비고 산업이 발전한 부유한 도시로 변했다. 그러나 어떤 도로도 연결되지 않았다.

나는 우리의 희망과 소망을 이야기하면서 방데 전쟁이 얼마나 소박하고 합리적이고 열정적인 성격을 가지고 있었는지 보여주는 데 어려움이 없다. 이러한 점에서 방데 전쟁은 이러한 동기의 순수성을 결여한 거의 모든 봉기와 달랐다.

우리는 5월 4일 아침 브레쉬르를 떠났다. 샤티옹에서 1km쯤 떨어진 곳에서, 우리는 그 도시의 많은 사람들이 무기를 들고 우리 쪽으로 오는 것을 보았다. 그들은 "국왕 만세! 귀족 만세! 신부 만세!"를 외쳤다. 그들은 므쓔 레스퀴르가 어디 있는지 물었다. 그가 부대에 있는 것을 알자 그들의 열광은 배가 되었다. 샤티옹에서, 종전에 설치된 위원회는 우리에게 의장대를 붙여주었다. 우리는 길을 계속 갔다. 얼마 후, 우리는 30루이를 주고 의장대를 돌려보냈다. 그날 저녁 우리는 불레 성에 도착했다. 어머니, 고모할머니, 므쓔 도종, 므쓔 드세사르, 내 딸, 그리고 나는 그곳에 자리 잡았다.

9

투아르, 파르트네, 샤테느레 점령—퐁트네 패배—퐁트네 점령

Mémoires de Madame La Marquise De La Rochejaquelein

나는 전쟁터에 있지 않았고 전투는 도처에서 벌어졌기에 그것들을 모두 상세히 이야기할 수는 없다. 정확한 사실을 알지 못하거나 망각 때문에 빠뜨린 것도 있을 것이다.

투아르 점령은 전쟁의 중요한 사건 가운데 하나였다. 그것은 특히 나에게 그러했다. 므쓔 레스퀴르가 처음으로 전투에 나섰기 때문이다. 그는 참으로 용맹스러워서 부대 내에서 커다란 영향력을 얻게 되었다.

케티노 장군은 1793년 5월 3일 투아르에 진입했다. 그는 그곳이 공격받을 것이라고는 생각하지 않았기에 어떠한 대비책도 취하지 않았다. 4일 저녁, 그는 방데인들이 도시로 몰려온다는 보고를 받고서야 서둘러 몇 가지 조처를 했다.

투아르는 고지대에 위치했고 투에 강이 거의 완전히 에워싸고 있다. 도시로 향하는 모든 길은 소뮈르 길과 푸아티에 길을 제외하고는 모두 이 강에 닿았다.

투아르에 도착하려면 방데인들은 투에 강을 건너야 했다. 이 강은 계곡이 험하고 도처에 제분기가 설치되어 있어서 건너기가 어려웠다.

네 군데에서 도하를 시도할 수 있었다. 하나는 도시에 인접한 생장 다리로, 아버지와 므쓔 마리니가 이쪽 공격을 책임졌다. 두 번째는 성의 나루터로, 므쓔 델베, 므쓔 카틀리노, 므쓔 스토플레가 책임졌다. 세 번째는 도시에서 2km 떨어진 브린 마을 가까이 있는 다리로, 므쓔 라로슈자클랭과 므쓔 레스퀴르가 맡았다. 마지막 지점은 투아르에서 멀리 떨어진 얕은 지점으로 사람들이 게 오 리쉬라 부르는 곳인데, 므쓔 봉샹이 맡았다. 케티노 장군은 이 네 지점을 방어하기 위해 병사들을 보냈다. 그러나 그의 조치는 무질서했고 성급했다.

므쓔 레스퀴르, 므쓔 라로슈자클랭, 므쓔 봉샹이 공격을 시작하면, 두 시간 후에 다른 부대가 행동을 개시하기로 되어 있었다. 그러나 이들의 공격이 늦어져 다섯 시간 뒤에야 이루어졌기 때문에 결과적으로 위장 공격이 주공격이 되고 말았다.

아침 5시, 므쓔 레스퀴르와 므쓔 라로슈자클랭의 부대가 브린 다리 앞 고지에 위치한 리그롱 마을을 공격했다. 니에브르의 부대와 바르의 부대가 다리를 방어하고 있었다. 그들은 거기에 퇴비와 수레로 만든 바리케이드를 쌓았으며 적절한 위치에 대포도 설치해놓았다.

여섯 시간 동안 포격이 계속되었다. 총도 쏘았으나 거리가 너무 멀어서 별로 효과가 없었다. 열한 시간이 지나자 방데인들의 화약이 바닥났다. 므쓔 라로슈자클랭이 화약을 구하러 간 사이에 므쓔 레스퀴르가 혼자 지휘했다. 남편은 잠시 후 공화파 군대가 동요하기 시작했으며 전열이 흔들리고 있음을 알았다. 그러자 그는 총에 검을 꽂고 병사들에게 자기를 따르라고 외치며 빠르게 아래로 내려가 총알이 빗발치는 다리 위까지 달려갔다. 어떤 농민도 그를 따라갈 엄두를 내지 못했다. 그는 돌아가서 그들을 불렀고 한 번 더 모범을 보여주었다. 그는 다시 다리 위에 섰으나 이번에도 혼자였다. 그의 옷에 총구멍이 났다. 그는 세 번째 시도를 했지만 농민 한 사람만 달려왔다. 잠시 후, 므쓔 라로슈자클랭과 므쓔 포레가 와서 므쓔 레스퀴르를 구하기 위해 달려갔다. 이들 넷은 다리를 건넜다. 므쓔 레스퀴르는 참호를 건넜다. 병사는 부상당했지만 앙리와 포레도 건넜다. 농민들이 그들을 구하러 몰려왔고 마침내 통행로가 확보되었다.

얼마 후, 므쓔 봉샹은 게 오 리쉬를 건너는 데 성공했다. 그곳은 에르보의 국민방위대가 지키고 있었다. 이 용감한 사람들은 자기들이 고립되었으며 브린 다리가 점령된 것도 모르고 항복하기를 거부했다. 그들은 용맹스럽게 싸우다가 모두 죽었다. '마르세유인'이라고 불리던 사람들은 용감하다고 알려졌으나 실제로는 그렇지 않았다. 마르세유인들은 모든 전투에서 잔인하고 비열했다.

므쓔 레스퀴르와 맞서 싸우던 공화파는 다리가 넘어간 것을 보자 도시 쪽으로 무질서하게 도망쳤다. 기병 30여 명이 그들을 도시 성벽 아래까지 추격했다가 즉시 되돌아와, 전군의 통행로를 확보하기 위해 다리 앞에 초소를 세웠다. 부대가 들어오자 이 전진 초소는 뒤로 물러났는데, 이것을 퇴각으로 착각하여 사기가 올라간 공화파가 방데인들을 향해 달려왔다. 방데인들은 그들이 오기를 기다렸다가 총과 대포로 응수해 그들을 또다시 패주시켰다. 그들은 도시 안으로 쫓겨 들어갔다. 방데인들은 그들을 가까이 추격했으나 성문이 닫히는 바람에 도시 공략을 시도했다. 도시는 해자가 없는 낡은 성벽으로 둘러싸여 있었다. 농민들은 창으로 벽을 파서 벽을 허물기 시작했다. 그러나 이 방법으로 구멍을 내기에는 시간이 오래 걸렸다. 사다리도 없었다. 므쓔 라로슈자클랭은 쿨레 소교구 출신 용감한 투생 텍시에의 어깨를 타고 파괴된 성벽 위로 올라갔다. 그는 총을 몇 발 쏜 후, 자기 손으로 돌을 빼냈다. 드디어 그들은 통로를 만들어내는 데 성공하여 도시 안으로 밀고 들어갔다. 그러는 동안, 다른 두 부대가 강을 건넜고 공격을 개시했다. 케티노 장군은 방어가 불가능하다고 생각했다. 그러나 그는 항복하면 자신이 위험에 처하지 않을까 두려웠다. 그는 군의 행정관들에게 흰색 깃발을 게양하고 사절을 보내 항복한다고 선언하라고 제안했다. 행정관들은 오랫동안 망설였다. 그들 모두 공화파 신념이 확고했고, '비적'에게 잡히는 것이 무서웠기 때문이다. 케티노는 저항은 불가능하다고 말했다. 그러자 그들 가운데 한 사람이 절망적으로 말했다. "아, 권총이 있다면 내 머리를 쏴 버릴 텐데!" 케티노는 냉정하게 자기 허리에서 권총을 꺼내 그에게 주었다. 그러자 그 불쌍한 행정관은 항복하기로 했다. 그들은 므쓔 델베의 부대 앞으로 가서 항복했다. 바로 그 무렵 므쓔 라로슈자클랭과 므쓔 레스퀴르가 공격해 들어왔다.

이러한 상황에서도 무질서는 없었다. 주민 한 사람도 학대당하지 않았으며 집 한 채도 약탈당하지 않았다. 농민들은 가장 먼저 성당으로 달려가서 종을 울리고 신께 기도한 다음, 자유의 나무와 행정문서들을 불태웠다. 이것은 언제나 그들에게 큰 즐거움이었는데, 나는 그 이유를 알지 못한다. 그리고 나서 그들은 개인 집에 숙박했다. 그들은 거기서 매우 부드럽고 조용했다. 술만 많이 달라고 요구할 뿐이었다.

투아르의 행정관들은 처음에는 무서워했고 학대받지 않을까 두려워했다. 그들은 농민들의 공격을 받지 않으려고 지휘관들의 보호 아래로 피했고 그들에게서 떠나지 않았다. 그 지역 출신인 므쓔 레스퀴르와 므쓔 라로슈자클랭은 그들을 자기 보호 아래에 두었다. 행정관 두세 사람은 도시에 들어갈 때 그들의 옷자락에 매달렸다. 이것은 그들에게 확실한 통행증이었다.

그렇지만 방데인들은 선서신부에게만큼은 관용을 베풀지 않았다. 그들을 감옥에 가두었고 도시를 떠날 때는 데리고 갔다. 항복하기 전에 브린 다리에서 무기를 들고 있던 200명도 함께 데리고 갔다. 그러나 그들에게 아무런 해도 입히지 않았다. 방데의 모든 지휘관은 케티노 장군이 있던 집에 함께 숙박했다.

므쓔 레스퀴르는 케티노가 과거에 척탄병이었으며 괜찮은 사람이라는 것을 알고 있었다. 므쓔 레스퀴르는 그를 자기 방으로 데리고 왔다. 케티노가 그에게 말했다. "므쓔, 브레쉬르를 떠날 때 당신이 있던 방의 덧창이 닫혀 있는 것을 보았습니다. 당신은 우리가 당신을 잊었다고 생각했겠지요. 내가 기억을 못 해서 당신을 자유롭게 둔 것은 아닙니다." 므쓔 레스퀴르는 그에게 감사한 후 덧붙였다. "당신은 자유입니다. 떠날 수 있습니다. 그러나 나는 당신이 우리와 함께 남기를 원합니다. 당신은 우리와 생각이 다르니 전투에 참가하지는 마십시오. 당신이 신뢰할 수 있는 포로가 된다면, 모든 사람이 당신에게 잘해줄 것입니다. 당신이 공화파와 함께 돌아간다면 그들은 당신이 항복한 것을 용서하지 않을 것입니다. 항복은 불가피했는데도 말입니다. 이곳은 내가 그들의 보복에서 당신을 지켜주는 피신처입니다." 케티노가 그에게 대답했다. "내가 당신과 함께 간다면 나는 배신자로 낙인찍힐 것입니다. 내가 도시를 넘긴 것이 확실해질 것입니다. 그렇지만 나는 도시가 함락되는 것을 보고 항복을 권한 것 외에는 아무것도 하지 않았습니다. 나는 내 의무를 다했음을 증명할 것입니다. 사람들이 내가 적과 내통했다고 생각한다면 내 명예가 손상될 것입니다." 이 용감한 사람은 결심이 흔들리지 않았다. 다른 사람들도 므쓔 레스퀴르가 그에게 했던 제안을 반복했으나 소용이 없었다. 이러한 선의와 불굴의 신념 덕분에 그는 모든 지휘관의 존경을 받았다. 그는 어떤 간청에도 굽히지 않았고 언제나 꼿꼿한 자세를 유지했다. 남을 대하는 방식이 이 므쓔들보다 섬세하지 않았던 스토플레는 처음에는 케티노 장군에게 상당히 거칠었다. 스토플레는 그의 휘장을 벗기려

했고, 다른 지휘관들이 스토플레의 말을 중단시키려고 왔을 때는 말다툼이 벌어졌다.

농민들도 공화파 장군이 존중받을 것으로는 생각하지 못했다. 그들은 공화파 장군이 자기들의 장군들과 같은 집에서 숙박하는 것을 보고 놀랐다. 므쓔 봉샹 부대 사람들은 케티노와 므쓔 봉샹이 같은 방에서 자는 것을 알고 경계심부터 품었다. 그들은 므쓔 봉샹에게 몰려와 그렇게 하지 말 것을 요청했고 자기들의 두려움을 보여주었다. 므쓔 봉샹은 그들이 케티노 장군에게 무례하게 구는 것에 화가 나 그들의 간청을 받아들이지 않았다. 그들은 저녁에 여러 차례 거듭 간청했다. 급기야 그들은 므쓔 봉샹이 자기들의 간청을 전혀 고려하지 않은 것을 알고, 그가 잠들면 집 안으로 들어가 자기들의 장군을 지키기 위해서 방문 앞과 계단에서 밤을 새웠다. 므쓔 봉샹의 사냥터지기도 자기 주인이 잠들면 문을 열고 들어가 침대 밑에서 잠을 잤다. 다음 날 잠에서 깬 므쓔 봉샹은 비록 오해에서 비롯된 불신이기는 하지만 이 충직한 사람들이 보여준 애정을 꾸짖었다.

방데군은 투아르에서 병력이 늘어났다. 여러 사람이 우리 편이 되었다. 특히 매우 유능한 장교들을 얻었는데, 이들은 후일 맹활약한다. 그중에서도 므쓔 라빌 드 보제가 두드러졌다. 그는 전에 투아르 국민방위대에서 방데인들과 맞서 싸웠는데, 자기를 강제로 징집한 당파를 떠난 지 몇 달도 지나지 않아 왕당파의 중요한 장교가 되었다. 그는 당시 스물일곱 살이었고, 용기, 재능, 인내심, 솔직함, 불굴의 의지로 가득 찼으며, 모든 전투에 참가하여 언제나 공을 세웠다. 특히 그는 포병을 지휘했다. 그는 므쓔 레스퀴르와 므쓔 라로슈자클랭과 우정으로 결합했고, 이들 역시 그를 전적으로 신뢰했다.

코냑 지방의 변호사의 아들인 므쓔 다니오 뒤페라와 피에 드 보르페르 기사는 나이 스물여섯이었고 부대에서 용맹함으로 유명했다. 그들은 우리 부대에서 가장 훌륭한 장교들이었다. 므쓔 에르볼 드 푸아티에는 신부가 되기 위해 공부했지만 서품을 받지는 않았다. 그는 강제로 공화파 군대에 징집되었던 사람인데, 덕성, 신앙심, 겸손함, 열정과 용기 등을 지녀 모든 방데인의 사랑을 받았다. 보볼리에 기사의 형인 므쓔 보볼리에는 적극적이고 열정적인 사람이었으며, 특히 차분함과 세심함이 필요한 일에 뛰어났다.

므쓔 라마르소니에르와 므쓔 상글리에는 헌신적이었고 나이가 많았다. 그들은 포병대에 배치되었다. 므쓔 라마르소니에르는 자주 큰 공을 세웠다.

몽디옹 기사는 열네 살짜리 소년이었는데도 군에 들어왔다. 그는 파리 출신으로서, 파리의 기숙사를 도망친 후 거짓 통행증을 만들어 가지고 방데에 와서 국왕을 위해 싸웠다. 그는 매력적인 용모, 뜨거운 용기, 고결한 정신을 가지고 있었다.

므쓔 랑주리는 더 어려서, 나이가 열셋도 되지 않았다. 사람들은 처음에는 그에게 적극적인 역할을 맡기지 않았다. 그러나 그를 막을 수는 없었다. 그는 첫 번째 전투에서 타고 있던 말이 죽자, 샤티옹 지역을 지휘하는 기사 ***의 부관으로 임명되었다. 그러나 그는 아무 할 일 없는 그 자리를 버리고 말을 구입해서 다시 부대에 들어왔다.

므쓔 르누는 투아르 전투가 벌어지기 전에 루뎅에서 왔다. 그는 그 전투에서 비범한 능력을 보여주었으며 그 후에도 마찬가지였다. 당시 나이 대략 서른이었다.

투아르에서 이틀을 지낸 후 부대는 파르트네로 진군했다. 공화파는 이미 그 도시에서 철수한 상태였다. 그날, 망명자인 마르상주 기사와 그의 동료인 용기병 다섯은 공화파 군대를 떠나 우리 편으로 들어왔다.

장군들은 언제나 탈주자들을 반갑게 맞이했지만, 농민들은 그들이 스파이일지 모른다고 생각해 불신했다.

부대는 계속 샤테느레로 향했다. 이 도시는 공화파 군인 3~4천 명이 지키고 있었다. 이곳에서 모든 신참 방데인들은 자기들의 역량을 보여주어야 했다. 므쓔 레스퀴르는 므쓔 보제를 시험하기 위해 농민 200명을 주어 수비하기 어려운 지점을 맡겼다. 그는 용기와 냉정함을 가지고 그곳을 지켜냈다. 어린 몽디옹 기사, 보볼리에 기사, 므쓔 뒤페라는 부상당했다. 파르트네에서 합류했고 방데인들이 불신하고 있음을 느낀 용기병 여섯은 그것을 불식시키고자 비상한 용기를 가지고 싸웠다. 그들 가운데 한 사람이 죽었다. 그러자 농민들은 "됐다! 용기병들! 이제 됐다! 당신들은 솔직한 사람들이다!"라고 외쳤다.

샤테느레는 별다른 저항 없이 점령했고, 므쓔 봉샹이 선두에 서서 들어갔다. 아버지의 조언이 이 승리에 크게 기여했다.

농민들이 무장한 지 벌써 며칠이 지났다. 그들은 집에 돌아가려는 생각이 간절해서 더 이상 붙잡아둘 수 없었다. 그들은 샤테느레에 약간의 무질서를 초래했다. 다음 날인 5월 16일에 샤테느레에는 7천 명밖에 남지 않았다. 힘들게 3천 명을 더 모은 다음 퐁트네를 공격하러 떠났다.

므쓔 레스퀴르와 므쓔 라로슈자클랭은 왼쪽 날개를 지휘했다. 그들은 처음에는 우위를 확보하여 공화파를 격퇴한 후 도시 외곽으로 진입했다. 그러나 같은 시간에 오른쪽 날개와 중앙은 크게 패했다. 농민들은 용기를 잃었고, 전투배치는 미숙해서, 전술적 이점도 없는 길에 대포를 배치했다. 므쓔 델베는 엉덩이에 부상을 당했다. 므쓔 라마르르소니에르는 포위당했다가 200명이 넘는 병사들과 함께 포로로 잡혔다. 모두 이제 졌다고 생각했다. 그렇지만 므쓔 레스퀴르와 므쓔 라로슈자클랭은 차단당하지 않았다. 그들은 질서정연하게 후퇴했고 대포도 잃지 않았다.[93] 이 전투 이후 부대의 상황이 나빠졌다. 포병부대는 와해되었고 '마리잔'도 빼앗겼다. 대포는 6문밖에 남지 않았고 화약도 없었다. 병사들에게는 탄약통이 하나씩밖에 남지 않았다. 장군 한 사람이 부상당했다. 농민들은 처음에 지녔던 자신감을 상실했으나, 지휘관들은 용기를 잃지 않았다. 그들은 신속히 결정을 내렸고 의연한 척했다. 그들은 곧 복수할 거라고 병사들에게 계속 이야기했다.

사제들은 설교를 통해 농민들의 사기를 높여달라는 부탁을 받았다. 사제들은 샤테느레에서 가옥을 파괴한 벌로 불행을 겪는 것이라고 강조했다.

뜻밖의 사건이 그 어느 것보다 더 농민들의 사기를 높이는 데 기여했다.

부대가 투아르에 있는 동안에 병사들은 어떤 집에서 자원병 옷을 입

---

93 (원주) 이날 왼쪽 날개에 속했던 농민 80명은 퐁트네 근처의 중요 지점을 맡아 지키고 있었기에 그들의 패배를 알지 못했다. 우연히 그것을 알게 된 그들은 전투 지역으로 돌아갔으나 아무도 없었다. 그들은 방데인들의 포대 전체가 내팽개쳐진 것을 보았다. 어느 쪽으로 가야 할지 잘 몰랐지만, 그들은 자기 부대가 다시 모이리라는 희망을 품고 부대가 잃어버린 귀중한 물자를 지키려고 남았다. 추격을 하다가 돌아온 청군은 이 얼마 되지 않는 용감한 사람들과 싸워야 했다. 이들은 모두 대포 위에서 도륙당했다. 피에르 비바르만 26군데에 상처를 입고 포로로 잡혔다. 그는 좋은 옷을 입었기에 (당시 그는 부자였기 때문에!) 중요한 지휘관으로 여겨졌다. 그는 다락방에 갇혀 감시를 받았으며, 거의 알몸으로 최악의 학대를 받았다. 여드레 후, 방데인들은 다시 퐁트네 앞에 왔다. 공격이 시작되자, 불행한 비바르를 감시하던 공화파 병사는 그에게 온갖 욕설을 퍼붓고 총검으로 위협하며, 도시가 점령당하면 죽이겠다고 떠벌렸다. 그렇지만 걱정이 돼서 창문을 통해 상황을 주시하던 그 공화파 병사는 잠깐 자기의 총을 잊었다. 거의 죽어가던 포로는 간신히 무기를 잡고 잔혹한 간수에게 물러서라고 위협했다. 도시를 점령한 후, 비바르와 대면한 그 악한 인간은 떨면서 죽음을 기다렸다. 비인간적이고 잔인한 행동을 한 증거가 너무나도 확실했기 때문이다. 그러나 그 선량한 비바르는 일체의 분노를 내려놓고 자기의 적을 그의 악행 이야기로 짓누르기는커녕 그를 풀어달라고 요구했다. 결국 그는 자유를 얻었다. 비바르는 그에게 작은 소리로 말했다. "내가 예수 그리스도의 사랑으로 너를 용서했음을 기억해라." 비바르의 상처는 완전히 치유되지 않았다. 하나가 가라앉으면 다른 하나가 다시 도졌다. 그래도 그는 변함없이 방데의 모든 전쟁에 참가하여 공을 세웠다.

은 남자를 발견했는데, 그는 자기가 신부이며 푸아티에에서 강제로 공화파 군대에 편입되었다고 말했다. 그는 자기의 중등학교 동료였던 므쓔 빌뇌브 드 카조에게 이야기해 달라고 부탁했다. 므쓔 빌뇌브는 그를 기요 드 폴빌 신부라고 알고 있었다. 그러나 그는 자신이 아그라의 주교이며, 선서거부 주교들이 생제르맹에서 비밀리에 자기를 축성했다고 말했다. 므쓔 빌뇌브는 즉시 이 사실을 베네딕토 수도회 소속 므쓔 피에르 자고에게 알렸다. 그는 지혜롭고 신중하여 큰 존경을 받는 사람이었다. 이 두 사람은 아그라 주교에게 부대에 들어오라고 제안했다. 그는 자기의 건강이 나쁘다며 망설였으나, 최종적으로 그들은 그의 결심을 얻어내 참모본부로 데려갔다. 아무도 그의 이야기를 의심하지 않았다. 므쓔 빌뇌브가 그를 알아보았기 때문이다. 아그라 주교는 또한 생로랑 쉬르 세브르의 본당신부로 매우 존경받는 사제인 므쓔 브랭과 지혜의 자매회 소속 자매들을 보증인으로 내세웠다. 그는 교황이 프랑스에 교황대리 네 사람을 임명했으며, 자신은 서부지역 교구들을 맡았다고 말했다. 그는 멋진 용모, 온화하고 겸손한 인상, 훌륭한 매너 등을 가지고 있었다. 장군들은 멋진 풍채를 가진 고위 성직자가 대단히 효과적인 방법으로 자기들이 대의를 달성하는 데 기여하려고 온 것을 크게 기뻐했다. 그의 도착은 투아르에 아직은 큰 소문을 일으키지 않았다. 그를 샤티옹에 가서 주교로 받아들이자는 결정이 내려졌다.

이렇게 해서 방데에 그 아그라 주교가 왔다. 그는 매우 큰 역할을 했으며 방데 전쟁사에서 대단히 유명하다. 특기할 만한 것은 이 사람이 방데의 모든 군인을 속였다는 것이며, 왜 그랬는지 그 목적과 계획을 알 수 없다는 것이다. 그의 이야기는 모두 거짓이었다. 기요 드 폴빌 신부는 처음에는 선서신부였던 것으로 보인다. 그는 방데 전쟁이 일어나기 얼마 전에 파리를 떠나 푸아티에에 있는 친척집으로 피신했다. 그의 태도, 온화한 인상, 신앙심은 그를 푸아티에 사교계에서 유명 인사로 만들었다. 모든 경건한 사람들, 수도원에서 쫓겨난 모든 수녀는 폴빌 신부에게 열광했다. 바로 그 무렵, 그는 더 많은 존경과 권위를 얻기 위해서 이 선량한 영혼들에게 자기가 아그라의 주교라고 밝히자고 생각했다. 바로 이렇게 해서 생로랑의 선교사들과 자매들은 푸아티에의 경건한 동료들을 통해서 그의 존재를 알았다. 나는 우스꽝스러운 허영심이 그의 유일한 동기였다고 생각한다. 그는 부대에 소개되고 나서도 계속 거짓말을 했지만 아무도 그것을 밝힐 수 없었고 의심할 이유도 없었다. 이것이 그 이상한 신부의 행동에 대한 유일한 설명이다. 분명, 그는 우리를 배신하지 않았으며 우리의 대의를 위해서 죽었다. 그의 행동에는 모호한 구석이 하나도 없었다. 다른 한편으로, 이러한 사기가 자신을 방데에서 가장 중요한 인물로 만들거나 혹은 더욱 탁월한 지위를 가짐으로써 민중에 대한 지배력을 높이려는 야심 찬 계획에서 나왔다고 볼 수도 없다. 아그라 주교는 세속적인 사람이었고 별로 고상하지도 않았을 뿐만 아니라 재능도, 열정도, 결단력도 보여주지 못했다. 만일 그의 소설이 내전을 위해 계산된 것이라면 왜 방데에서 전쟁이 일어날지 여부를 알기도 전에 푸아티에에서 그것을 떠들어댔을까? 참으로 놀라운 것은 폴빌 신부가 어리석은 허세에서 나온 우스꽝스러운 이야기를 하면서 그렇게 대단한 인물이 되려 했다는 점이다.

장군들도 이러한 사기의 공범이 아닌가, 그리고 그들은 농민들에게 더 많은 영향력을 행사하기 위해 그러한 사기를 꾸며낸 것이 아닌가 하는 의심을 받았다. 그러나 방데의 어떤 지휘관도 종교를 가지고 그러한 장난을 칠 수 없었다. 만일 누군가 그런 계획을 제안했다면 그는 다른 모든 사람의 격렬한 반대에 부딪혔을 것이다. 그리고 부대를 속이려면 참모 모두의 만장일치 합의가 필요했으며 비밀을 유지해야 했다. 왜냐하면 당시에는 총사령관이 없었기 때문이다. 그들은 방데인의 특징인 선의와 충성심에 의해, 그럴듯하게 보일 뿐만 아니라 일단 수용되면 대의를 실현하는 데 대단히 유용하게 쓰일 이야기를 별다른 의심 없이 믿었던 것이다.[94]

특히 퐁트네 패주 이후에 자칭 아그라 주교의 등장이 상황을 크게 유리하게 만들었다. 그는 패배한 바로 그 날 샤티옹에 도착했다. 모든 종이 울렸고, 사람들은 떼를 지어 그의 뒤를 쫓아갔다. 그는 강복을 주었고, 주교답게 엄숙하게 제식을 거행했다. 농민들은 기쁨에 취했다. 주교가 자기들과 함께 있다는 행복감은 그들의 열정을 회복시켜주었다. 그들은 얼마 전에 겪은 시련을 떨쳐버렸다.

다시 군대를 모았다. 샤테느레 점령 이후 앙주 지방으로 돌아갔던 므쓔 봉샹의 부대가 대군(大軍)에 합류했다. 부대는 공화파가 또다시 점령

---

94 (원주) 나는 이미 출판된 『회고록』에서 우리 장군들은 아그라 주교에 대해 잘못 생각했으며, 그 믿기 어려운 신비화에 기여하지 않았음을 충분히 설명했다. 그러나 그 후 출판된 책들에서 여전히 의문이 제기되고 있으므로 내 원래 필사본에 있는 내용을 복사해 제시할 필요가 있다고 생각한다. "여기에서 나는 그것은 장군들이 꾸민 이야기가 아닌가 하는 사람들의 생각에 대해 대답할 것이다. 사람들이 내가 묘사한 장군들의 성격에 대해 생각해본다면, 그렇게 할 수 있는 사람이 하나도 없다는 것을 알게 될 것이다. 게다가 부대는 모든 것이 혼란스러웠다. 물론 파당의 지도자들이 사기를 치는 일이 없지는 않다. 그러나 방데 전쟁은 사전에 계획된 것이 아니라 우발적으로 일어난 것이었다. 대부분의 장군은 서로 알지도 못했다. 그들은 병사들과 마찬가지로 아무 계획도 아무 정치력도 없었다. 가톨릭 군대에서 종교를 가지고 사기를 치는 것은 대담하고 위험하며 대단히 불경스러운 짓이다. 누가 그것을 꾸며낼 수 있었을까? 므쓔 델베? 므쓔 카틀리노? 그들은 너무나 종교적이었다. 스토플레? 그는 권위가 거의 없었다. 므쓔 앙리 라로슈자클랭? 너무 젊었다. 므쓔 뒤우 도트리브와 므쓔 부아시? 너무 존재가 미미했다. 아버지, 므쓔 레스퀴르, 므쓔 마리니는 투아르 점령 전날 부대에 들어왔다. 므쓔 봉샹은 거기에 관심이 없었는데, 왜냐하면 주교는 므쓔 봉샹이 지휘하던 지역에 두 달이 넘도록 가지 않았기 때문이다. 마지막으로, 모든 사람은 충실한 그리스도교인이었고 정직한 사람이었으며 명예를 중히 여기는 사람이었다. 그러므로 그들이 꾸민 것이 아니다. 무질서, 혼란, 선의, 열정 등이 그러한 경신성과 경박함의 원인이었다."

했던 그 도시로 다시 진군하여 아무런 저항도 받지 않고 도시를 점령했고 거기서 숙박했다. 다음 날인 5월 24일 정오 무렵에 그들은 퐁트네 앞에 도착했다. 공화파 만여 명이 많은 대포를 앞세우고 도시 앞에 진을 쳤다.

공격하기 전에 병사들은 죄 사함을 받았다. 장군들은 그들에게 말했다. "자, 병사들이여, 화약은 없다. 또다시 막대기를 가지고 대포를 빼앗아야 한다. 마리잔을 되찾아야 한다. 마리잔은 가장 빨리 달리는 사람 것이다." 왼쪽 날개를 지휘한 므쓔 레스퀴르의 병사들은 그를 뒤따르는 것을 많이 망설였다. 그는 그들의 사기를 북돋우려고 30보 전진한 후 돌아서서 "국왕 만세!"라고 외쳤다. 6문의 대포가 불을 뿜었다. 그의 옷에 구멍이 났고 왼쪽 견장이 날아갔으며 오른쪽 장화가 찢어졌다. 그러나 부상을 입지는 않았다. 그는 즉석에서 그들에게 외쳤다. "자, 보았지요? 내 친구들, 청군은 쏠 줄 모릅니다." 농민들은 결심했다. 그들은 달려갔다. 므쓔 레스퀴르는 그들 앞에 서려고 말의 속도를 높이지 않을 수 없었다. 그때 그들은 커다란 선교십자가를 발견했다. 그러자 그들은 대포의 사정거리 안에 있음에도 모두 무릎을 꿇었다. 므쓔 보제는 그들이 그냥 지나쳐 가게 하고 싶었으나, 므쓔 레스퀴르는 그들이 신께 기도하도록 그대로 두라고 말했다.[95] 그들은 다시 일어나 달리기 시작했다. 그러는 동안, 므쓔 라로슈자클랭은 므쓔 도메녜와 함께 기병대의 선두에 섰다. 그들은 공화파 기병대를 성공적으로 공격했다. 그들은 그들을 추격하는 대신 왼쪽 날개로 달려가 적을 격파했는데, 바로 이것이 전투를 결정지었다. 공화파는 한 시간 정도밖에 버티지 못했다. 지롱드 부대만 강력히 저항했을 뿐 나머지는 도시 쪽으로 무질서하게 도망쳤다.

---

95 (원주) 이 모습은 국왕집무실의 제1화가인 므쓔 로베르 르페브르가 전하께서 주문하신 므쓔 레스퀴르의 초상화를 위해 선택한 주제이다.

므쓔 레스퀴르는 자기의 왼쪽 날개와 함께 가장 먼저 퐁트네 성문 앞에 도착했다. 그는 도시 안으로 들어갔으나, 농민들은 그를 따라갈 엄두를 내지 못했다. 므쓔 봉샹과 므쓔 포레가 멀리서 위험을 감지하고 그를 구하기 위해 달려갔다. 세 사람은 무질서하게 도망친 청군이 많은 길 안으로 깊숙이 들어갈 정도로 대담했다. 청군은 무릎을 꿇고 "자비를!" 하고 외쳤다. 므쓔들은 그들에게 말했다. "무기를 버려라! 해치지 않을 것이다. 국왕 만세!" 세 사람은 광장에 들어온 후 헤어져 각자 다른 길로 들어섰다. 므쓔 봉샹이 므쓔 레스퀴르와 헤어지자마자, 한 청군이 버렸던 총을 다시 들고 므쓔 봉샹에게 쏘았다. 총알이 그의 팔과 가슴 부근을 관통했다. 한참 뒤에서 그를 뒤따르던 농민들이 분노하여 달려왔다. 모든 저항은 끝났다.

므쓔 레스퀴르는 감옥이 있는 거리로 발길을 돌렸다. 그는 왕의 이름으로 감옥을 열게 했다. 감옥에 갇혀 있던 므쓔 라마르소니에르와 모든 방데인은 그에게 달려와 자기들의 해방자를 껴안으려 했다. 그들은 다음 날 재판받을 예정이었으며 그들이 어떤 판결을 받을지는 뻔했던 것이다. 전투가 벌어지는 동안 그들은 학살당할 것으로 생각했고 스스로를 방어하기 위해 바리케이드를 쳤다. 므쓔 레스퀴르는 그러한 두려움을 예감했으므로 서둘러 도시 안으로 달려가 감옥부터 찾았던 것이다. 그는 적을 계속 추격하기 위해 즉시 그들을 떠났다.

포레는 큰길을 따라갔다. 도시를 벗어난 후 그는 니오르로 가는 길 위에 섰다. 그는 어떻게 해서라도 마리잔을 되찾고 싶었다. 청군은 우리 병사들이 그것을 되찾으려 하는 것만큼이나 그것을 지키려 했다. 포레는 도시에서 4km쯤 떨어진 곳에서 그것을 발견했다. 보병들이 그것을 지키고 있었고 치안군 몇 명이 멀리 떨어져 있었다. 포레는 무모하게 돌진하여 그들 가운데로 들어갔다. 다행히도 그는 며칠 전에 치안군에게서 빼앗은 말을 타고 있었으며 안장과 마구도 그대로 사용하고 있었기에 그들은 그를 자기편으로 착각하고 그에게 말했다. "동지, 마리잔을 지키는 사람에게는 25,000프랑을 준다고 약속이 되어 있어. 그것을 지키자." 포레는 허세를 부리며 자기가 앞장서겠다고 말했다. 그는 무리의 선두에서서 대포에 가까이 간 후, 뒤로 돌아서서 곁에 있던 치안군 둘을 죽였다. 앞서갔던 농민들이 그를 알아보고 도와주었다. 전투가 벌어져 몇 사람이 죽은 후 그들은 마리잔을 되찾아 승리를 뽐내며 가지고 돌아왔다.

이 전투는 방데인들이 이제까지 수행한 전투 가운데 가장 빛나는 전투였다. 방데인들은 40문의 대포, 많은 총, 화약, 기타 온갖 종류의 군수품을 획득했으며, 왕의 초상이 찍히지 않은 아시냐가 가득한 금고 두 개를 발견했다. 첫 번째 금고는 병사들이 약탈했다. 그러나 병사들은 이 새로운 지폐를 중요하게 여기지 않아 불태우거나 찢어버렸다. 그들 가운데 몇 명은 그것으로 사탕 포장지 같은 것을 만드는 등 장난을 쳤다. 두 번째 금고에는 900,000프랑 정도가 들어 있었는데 장군들이 보관했다. 그리고 군대에 필요할 때 사용하려고 뒷면에 "왕의 이름으로, 유효"라고 썼으며, 그 무렵 구성된 최고위원회 위원들의 서명을 덧붙였다. 이러한 조치는 아시냐에 대해 신뢰감을 심어주었다.

2~3천 명에 달하는 공화파 포로의 처리를 놓고 문제가 생겼다. 그때까지만 해도 청군들은 방데인들을 붙잡는 즉시 사살하기로 결정하지 않은 때였으므로 보복하겠다고는 할 수 없었다. 게다가 포로들에게는 "항복하라, 해치지 않을 것이다"라고 했었다. 그러나 그 많은 포로를 데리고 있을 수도 없었다. 왜냐하면 아직 요충지를 점령하지 못했고 경찰력도 없었기 때문이다. 우리나 동맹국과 싸우는 데 가담하지 않겠다는 말을 하게 하고 석방해도 그들이 그 약속을 지키지 않을 것은 보나마나였다. 아버지는 그들의 머리를 깎자고 제안했다. 그들을 식별할 수 있도록 하

여 그들이 다시 잡히면 처벌할 수 있게 하기 위해서였다. 석방하지 않고 잡아둘 소수에 대해서도 같은 결정을 내렸다. 이 대비책은 방데군에게는 대단한 오락거리가 되었다.[96]

포로들을 삭발하여 돌려보내는 것은 이점이 많을 것으로 기대되었다. 그들은 프랑스 전역에서 방데인들의 성공과 온순함을 증명해줄 수 있을 것이며, 반군은 흔히 말하듯 비적이 아니라 충성심과 용기와 관용이 가득한 왕당파임을 알려줄 것이었다. 국유재산구매자에 대해서도 그들의 구매는 무효라고 선언하는 정도로 관대하게 처리했다.[97] 여러 사람이 우리의 생각을 지지했다. 드세사르 기사는 선언문을 하나 작성했고 전쟁위원회 위원이 모두 서명했다. 그들은 그 유명한 선언문을 수천 부 인쇄해서 돌려보내는 청군에게 나누어주었다.

이 모든 조치는 기대했던 효과를 얻지 못했다. 혁명 사상이 우리가 생각했던 것보다 더 강했고 널리 퍼져 있었으며, 다른 지역에서는 억압에서 벗어나기 위해 뜻을 모으지 못했기 때문이다. 그곳에서는 농민들과 상층 계급 사이의 감정이 이곳에서처럼 하나로 통합되어 완전한 공동체를 형성하지 못했던 것이다. 반란은 확산되지 않았다. 리옹과 남부 지방의 봉기는 우리와 연락이 닿지 않았으며 전혀 다른 성격의 사상에 의해 결정되었다.[98]

---

96 (원주) 당시 프랑스에서는 티투스 황제식의 짧은 머리를 하지 않았다.

97 프랑스혁명은 국가재정파탄으로 일어났다고 말할 수 있을 정도로 구체제의 국가재정문제는 심각했다. 국민의회는 우선적으로 교회재산을 몰수하여 판매함으로써 재정문제를 해결하려고 했다. 그 후 왕실재산, 망명귀족 재산, 의심스러운 자들의 재산도 몰수되어 매각되었다. 이렇게 매각된 국유재산을 주로 구매한 사람들은 도시의 부르주아들이었으므로 농민들의 불만이 높았다. 방데 전쟁이 일어난 사회적 배경으로 이러한 국유재산 판매에서 농민들이 소외된 것을 지적하기도 한다.

98 같은 무렵, 리옹, 툴롱, 마르세유, 보르도, 캉 등의 도시에서는 로베스피에르가 이끄는 산악파의 독재에 반대하는 소위 연방주의 반란이 일어났다.

10

최고위원회 구성-비이에, 두에, 몽트뢰유의 승리-소뮈르 점령

Mémoires de Madame La Marquise De La Rochejaquelein

퐁트네 점령 이후, 어떤 사람들은 사블로 진격하자고 했고 어떤 사람들은 니오르로 진격하자고 했다. 내 생각에는 니오르로 진격하는 편이 더 나았다. 왜냐하면 사블은 대군을 자기 지역에서 너무 멀리 보내는 것이기 때문이다. 이 두 제안 각각에 대해서 반대가 많았다. 그러는 동안 오전이 지나갔다. 농민들은 피곤했고 또 아무런 명령을 받지 못했으므로 자기 마을로 돌아가기 시작했다. 돌아가서 퐁트네의 승리를 자랑하고 싶어 했던 것이다. 그들을 붙잡아둘 방법이 없었기에 새로운 작전을 미루어야 했다.

그러나 그러한 전투의 승리와 한 도(道)의 중심도시인 퐁트네 같은 도시의 점령은 방데 봉기에 전에 없던 안정성을 부여했다. 지휘관들은 전문적인 군인은 아니었지만 군사 작전에 어느 정도 일관성을 부여하고 승리하는 데 필요한 것들을 체계적으로 관리하기를 원했다.

그들은 최고행정위원회를 설치했고 본부를 샤티옹에 두었다. 아그라 주교가 위원장을 맡았고, 므슈 드세사르(아버지)가 부위원장, 퐁트네의 변호사로 왕당파에 합류한 므슈 카리에르가 검찰관, 베네딕토회 소속인 므쓔 피에르 자고가 사무총장을 맡았다. 위원회 위원 가운데 주목할 만한 사람으로는 최연장자인 므쓔 라로슈푸코, 므쓔 르메냥, 므쓔 부라소 드 라르놀리에르, 므쓔 보디 등이 있었다. 다른 위원들은 성직자 둘을 제외하고는 법률가거나 나이가 많고 건강이 나빠 무기를 들 수 없는 귀족이었다. 처음에 위원회에서 두각을 나타냈고 부대에 가장 큰 영향력을 행사한 사람은 앙제에 있는 생로 소교구의 본당신부인 베르니에 신부였다.

내전 중에 활약한 사람 가운데 베르니에 신부보다 더 똑똑한 사람은 없었다. 그는 글을 쓰고 말을 하는 데 능해서 언제나 유창하게 설교를 했다. 나는 그가 두 시간 연속 이야기하는 것을 자주 들었다. 힘 있고 빛나는 그의 설교는 모든 사람을 매료시켰다. 그의 설교는 언제나 시의적절했으며 텍스트는 잘 선택되었고 잘 정리되었다. 그는 망설임이 없었다. 그의 연설은 격정적이지는 않았지만 영감을 받은 것처럼 보였다. 그의 외모와 태도는 그의 말과 일치했다. 목소리는 부드럽고 날카로웠으며 몸짓은 소박했다. 그는 지칠 줄 몰랐다. 열정은 언제나 되살아났고 결코 용기를 잃지 않았다. 이러한 장점은 그의 겸손하고 헌신적인 성격과 함께 그를 더욱 매력적인 사람으로 만들어주었다. 그는 장군들에게 유익한 조언을 했으며, 성직자로서의 직분을 위반하지 않고도 군사적인 정신에 자신을 맞출 줄 알았다. 그는 기민한 지성과 문안 작성으로 최고위원회를 지배했다. 병사들에게는 설교와 신앙심 때문에 더욱 중요했다.

얼마 지나지 않아, 베르니에 신부는 부대 전체를 장악했다. 그가 없으면 되는 일이 없었다. 서서히 사람들은 그를 달리 평가하기 시작했다. 사람들은 그의 행동에서 야심적인 목적을 감지했다. 사람들은 그가 지배력을 확보하자마자 얼마나 거기에 집착하는지 그리고 그것이 줄어드는 것을 얼마나 두려워하는지 알았다. 사람들은 그가 도처에 불화를 뿌리고 다니며 더 많이 환심을 사고 더 확실히 지배하고자 어떤 사람들을 제물로 삼아 다른 사람들의 비위를 맞춘다는 것을 알았다. 사람들이 그에게 품었던 존경심과 호의는 서서히 줄어들었다. 전쟁이 끝난 후, 방데인들은 옳건 그르건 그가 혼란스러운 도덕성, 타산적인 마음, 과도한 야심을 가지고 있었으며 심지어는 범죄를 저질렀을 개연성이 높다고 비판했다. 그러나 명성이 사라지는 데에는 오랜 시간이 걸리는 법이다. 사람들은 여전히 그의 지성과 능력에 대해 높이 평가했고 일종의 두려움을 가지고 있었다. 그렇게 그는 자기를 좋아하지 않는 사람들도 장악했다.[99]

최고위원회의 성직자 가운데 므쓔 피에르 자고 역시 재능이 뛰어난 사람이었다. 그는 야심도 자만심도 없었다. 그는 베르니에 신부처럼 군대를 지배할 생각 없이 훌륭한 조언을 했다. 그의 쓰고 말하는 능력은 베르니에 신부 못지않았다. 가슴이 아파서 강론을 자주 하지는 않았지만 하기만 하면 큰 성공을 거두었다.

생로랑의 본당신부인 므쓔 브랭도 최고위원회 위원이었다. 그는 높은 신앙심과 열정과 덕성 때문에 오래전부터 그 지역에서 유명했다.

장군들은 지역의 행정과 관련된 모든 것을 최고위원회에서 다루도록 했다.

각 소교구에는 위원회를 설치하여 최고위원회의 지시 사항이 제대로

---

99 Étienne-Alexandre Jean-Baptiste Marie Bernier(1762~1806). 선서거부신부로서 방데 전쟁에 참가하여 뛰어난 능력으로 "방데의 사도"로 추앙받으며 영향력을 행사했으나 과도한 야심이 드러나 입지가 약해졌다. 사브네 패주 이후 브르타뉴에 숨어 지내며 반란을 일으키려 했으나 성공하지 못하자 방데로 넘어와 샤레트와 스토플레의 부대에서 활동하다가 스토플레를 완전히 지배하여 스토플레 부대의 지도자로서 군림했다. 방데군과 공화국이 평화협정을 맺는 데 주도적 역할을 했으나 평화조약이 깨지고 나서 스토플레와 함께 쫓겨다녔으며, 스토플레가 죽은 후에 부대에서 영향력을 상실했다. 나폴레옹이 권력을 장악한 후, 나폴레옹의 명령으로 1801년에 콩코르다를 체결하는 데 일익을 담당했고, 그 공으로 오를레앙의 주교가 되었다.

이행되는지 감독하도록 했다. 아직 군사지휘관이 없는 소교구에서는 농민들이 지휘관을 지명하도록 했다. 이 지휘관은 할당받은 사람들의 출정을 관리하고, 장군들에게 그들의 수를 보고하고, 전투가 벌어지면 그들을 지휘하고, 병사들에게 식품을 배급할 것이었다. 또한 가난한 병사들에게 필요한 옷과 신발을 지급하려는 조치의 일환으로 창고를 만들었다. 마지막으로, 그들은 질서를 갖추고 예측을 함으로써 더 많은 수단을 구비하려고 노력했다.

최고위원회와 함께 식품조달을 감시할 군수책임자를 지명할 필요가 있어서, 보볼리에 형제 중 큰형에게 그 일을 맡아달라고 간청했다. 그는 다른 누구보다도 그 일에 적합한 사람이었다. 그는 부대의 공익을 위해서 그것을 거절할 수 없었다. 비록 거의 언제나 전투 장소에서 떨어져 있어야 하는 것이 싫었지만 말이다. 그들은 그가 전쟁위원회에서 가지고 있던 지위도 보존해주었다. 그는 고정된 처소가 있는 유일한 지휘관이었기에 그에게는 온갖 종류의 요구사항이 쉴 새 없이 들어왔다. 그에게는 부하들이 여럿 있어서 어떤 사람들은 배급을 맡았고 어떤 사람들은 군에 필요한 것을 파악하여 점령 도시에 진주하면 그것을 구하는 일을 맡았다.

이 행정관들의 거처는 당시 군사 작전의 중심지였던 샤티옹에 마련되었다.

장군들은 전투가 끝나고 퐁트네에서 사흘간 머물면서 이러한 일들을 해결했다. 퐁트네는 혁명에 대체로 호의적이었던 평원 지방에 있었으며 아무런 방어시설이 없었다. 그들은 퐁트네에 아무런 피해를 주지 않고 도시를 떠났을 뿐만 아니라 전에 잡았던 도(道)의 세 행정관을 풀어주기까지 했다.

부대가 보카주에 재진입하기가 무섭게 그들은 공화파 경기병이 아르장통 르 샤토에 나타났다는 것을 알았다. 므쓔 레스퀴르와 므쓔 라로슈자클랭은 불레 성에서 이 소식을 듣자 즉시 전령을 파견하여 레조비에에 집결하라고 지시했다. 그들이 레조비에에 도착하고 보니 경기병들은 비이에로 돌아가고 없었다. 비이에에는 얼마 전에 소뮈르에 진주한 공화파 대군의 전위부대가 있었다.

국민공회는 방데의 봉기를 매우 위험하다고 보기 시작했다.[100] 그리하여 그들은 이번에는 반군을 진압할 병력을 대규모로 파견하려 했다. 파리에서 많은 부대를 창설했고, 북부군에서 차출한 일부 병력을 여기에 합류시켰으며, 전쟁 경험이 많은 기병들을 대거 파견했다. 이 모든 조치는 놀랄 만큼 신속하게 취해졌다. 부대와 대포는 역마차와 배를 이용하여 수송해서, 파리에서 소뮈르까지 가는 데 닷새밖에 걸리지 않았다. 절반이 전열(戰列)부대로 구성된 병력 4만 명이 소뮈르, 몽트뢰유, 투아르, 두에, 비이에 등지에 배치되었다.

므쓔 스토플레가 가장 먼저 공격에 나섰다. 그는 기병 70명을 이끌고 숄레를 떠나 아무 저항도 받지 않고 비이에에 입성했다. 공화파 기병들은 후퇴했다. 그는 즉석에서 므쓔 레스퀴르와 므쓔 라로슈자클랭에게 그들을 기다리고 있다는 편지를 보냈다. 이 므쓔들은 아무 걱정 없이 그곳으로 향했다.

그러는 동안 청군 2천 명이 므쓔 스토플레를 공격하러 돌아왔다. 그는 황급히 후퇴하느라 미처 므쓔 레스퀴르에게 연락을 취하지 못했다. 방데인 부대가 진군하고 있다는 것을 안 공화파는 모두 애국파인 도시 주민들에게 모습을 드러내지 말 것을, 그리하여 반군이 여전히 도시를 장악하고 있는 것처럼 반군이 믿도록 행동하라고 권했다. 그리고 나서 그들

---

100 국민공회(Convention Nationale)는 1792년 9월 21일 개원한 의회로 왕정 폐지를 선언했다. 이때부터 프랑스 제1공화정이 시작된다.

은 주변의 고지에 매복했다. 므쓔 레스퀴르, 므쓔 라로슈자클랭, 므쓔 드세사르는 3~4천 명을 거느리고 도착했고 아무 의심 없이 도시에 진입했다. 도심을 통과하면서 그들은 고지대 덤불 뒤에 병력이 배치되어 있는 것을 알았는데, 그것이 스토플레의 부대라고 생각하여 그들과 합류하기 위해 전진했다. 농민들도 무심코 뒤를 따랐다. 그때 갑자기 숨겨져 있던 포대가 그들을 향해 불을 뿜었다. 므쓔 레스퀴르의 말이 부상당했고 그와 두 명의 다른 지휘관 옆에 있는 나무가 부러졌으나 그들은 다치지 않았다. 농민들은 무서워하지 않고 청군을 향해 돌진했다. 이 예상 밖의 공격에 놀란 청군은 대포를 버리고 두에 쪽으로 도망쳤다.

부상에서 회복하지 못한 므쓔 봉샹과 므쓔 델베를 제외하고 대군과 지휘관들은 즉시 비이에에 집결한 다음, 두에로 향했다. 그 도시 근처에서 큰 규모의 전투가 벌어졌고 공화파는 도시를 포기했다. 농민들은 소뮈르로 가는 길에서 그들을 신나게 추격했다. 계속 추격했다면 그 도시에 도착했을 것이나, 부르낭 고지에 설치된 두 보루에서 불을 뿜었기 때문에 할 수 없이 두에로 돌아와야 했다. 그날 두 경기병이 전투 중에 대열을 이탈하여 우리 부대로 귀순했다. 그들 가운데 한 사람인 므쓔 부아프레오는 그 후 크게 활약한다.

소뮈르를 공격하기로 결정되었다. 아버지와 므쓔 보볼리에는 직로(直路)를 이용하는 데 불리한 점이 있으니, 몽트뢰유-벨레 길로 이동하여 먼저 투아르와 소뮈르의 교통을 차단한 후 방어가 허술할 것이 틀림없는 쪽을 공격하는 편이 낫다고 말했다. 이 의견이 채택되었다. 먼저 몽트뢰유를 점령하러 떠났다. 우리는 투아르 주둔 부대가 소뮈르를 돕기 위해 이동할 것으로 예상했는데, 실제로 살로몽 장군이 지휘하는 병사 5~6천 명이 8시간 걸려서 몽트뢰유 입구에 도착했다. 그들은 우리 부대가 그곳을 장악하고 있으리라고는 생각하지 못했다. 아버지는 포대를 문 뒤에 설치하고 그것을 완전히 가리게 했기 때문이다. 청군은 치명적인 공격을 받았다. 도시 근교 정원에 주둔한 봉샹의 부대는 그들을 측면에서 공격했다. 그들의 패주는 완전했고 유혈이 낭자했다. 청군은 대포와 짐을 버리고 무질서하게 투아르 길로 들어갔으며 투아르에 가서도 멈추지 않았다. 그만큼 무서웠던 것이다. 우리의 피해도 컸다. 밤이라 온통 깜깜한 가운데, 우리 병사들은 봉샹 부대가 측면에서 들어올 때 그들에게 총격을 가했기 때문이다.

이 전투가 끝난 후, 므쓔 라로슈자클랭은 소뮈르 길에 기병대를 파견하자고 제안했다. 공화파를 밤새도록 괴롭힌 후 다음 날 낮에 공격하기 위해서였다. 그렇게 하기로 결정되었고, 자신이 그 임무를 맡았다. 그는 소수의 병력을 데리고 가려 했지만, 승리에 고무된 농민들이 떼 지어 따라나섰다. 즉시, 부대 전체가 "국왕 만세, 우리는 소뮈르로 간다!"라고 외쳤다. 이러한 움직임을 막을 수 없었던 지휘관들은 즉시 공격하기로 결정했고, 부대의 선두와 합류하기 위해 전속력으로 달렸다. 므쓔 레스퀴르는 왼쪽을 지휘하여, 몽트뢰유 길과 두에 길이 갈라지는 지점에 설치된 보루를 돌아 푸샤르 다리를 통해 도시로 들어가기로 했다. 므쓔 라로슈자클랭은 강 옆에 있는 바랭 초원을 따라 갔다. 므쓔 플뢰리오, 므쓔 스토플레, 므쓔 드세사르는 봉샹 부대의 선두에 서서 투에 강의 언덕을 따라 소뮈르 성으로 향했다.

6월 10일 아침, 세 갈래 공격이 거의 동시에 시작되었다. 가장 힘든 공격을 책임진 사람은 므쓔 레스퀴르였다. 장군들이 계획했던 것과 달리 한꺼번에 달려드는 방식은 작전의 통상적인 무질서를 증대시켰다. 그들은 보루를 우회해서 다리를 건넜다. 그때 총알 하나가 갑자기 므쓔 레스퀴르의 팔에 꽂혔다. 팔이 피로 물드는 것을 본 농민들은 도망치기 시작했다. 다행히 뼈는 무사했다. 므쓔 레스퀴르는 손수건으로 팔을 묶고,

병사들에게 아무것도 아니니 돌아오라고 외쳤다. 공화파 흉갑기병들의 공격으로 그들의 공포는 극에 달했다. 농민들은 자기들의 총탄이 아무런 피해를 주지 못하는 것을 보았기에 그 어떤 것도 그들을 진정시킬 수 없었다. 므쓔 도메녜는 방데인 기병대의 선두에 서서 저항했으나 일제사격을 받고 말에서 떨어졌다. 그의 부대는 무너졌다. 완벽한 패배였다. 므쓔 레스퀴르의 병사들은 모두 투에 강가의 생플로랑 수도원 길을 따라 도망쳤다. 그때 행복한 우연이 행운을 가져다주었다. 두 대의 짐마차가 푸샤르 다리에서 뒤집혔는데 그것이 흉갑기병들을 저지한 것이다. 그 틈을 이용하여 므쓔 레스퀴르는 병사들을 데려올 수 있었다. 트레망틴 소교구 출신의 선량한 루아조는 므쓔 도메녜를 지키면서 기병 셋을 죽였고 자신도 부상당해 쓰러졌다가 다시 일어나 보병의 선두에 섰다. 그들은 짐마차의 바퀴에 총을 걸고, 말과 흉갑기병들의 눈을 겨냥했다. 므쓔 마리니는 그들에게 전광석화 같은 공격을 가할 수 있도록 대포를 설치했다. 이렇게 해서 전투는 다시 방데인들에게 유리해졌다.

그러는 동안, 므쓔 라로슈자클랭은 바랭 초원에 주둔한 공화파 부대를 공격했다. 그는 므쓔 보제가 지휘하는 700명으로 하여금 생쥐스트 다리를 지키게 했고, 자신은 뒤쪽에서 공격하기 위해 부대를 우회했다. 아버지는 므쓔 보제에게 증원군 600명을 보내주었다. 공격할 상황이 되자 그들은 부대를 전면에서 공격했다. 도랑을 넘고, 벽을 무너뜨렸으며, 초소를 빼앗았다. 동시에 므쓔 라로슈자클랭은 다른 쪽을 통해 진입했다. 그는 성채 위로 모자를 던지며 "누가 저것을 찾아다 줄 것인가?"라고 외치고 제일 먼저 공격에 나섰다. 많은 선량한 농민들이 그를 뒤따랐다. 두 공격이 거의 동시에 이루어졌는데, 방데인들은 거기서도 서로에게 총을 쏘는 불행을 겪었다.

앙리는 즉시 우세한 상황을 이용하려 했다. 그는 므쓔 보제와 함께 누가 뒤따르는지 보지도 않고 공화파를 추격했다. 그들은 전속력으로 도시 안으로 들어갔다. 성에서 내려오던 한 부대가 그들이 오는 것을 보고 무기를 버리고 성으로 되돌아갔다. 두 므쓔는 길에 깔려 있는 총을 밟으며 계속 전진했다. 총은 말발굽 아래에서 흩어졌다. 도시를 통과한 후, 그들은 청군이 혼비백산하여 루아르강 대교 쪽으로 도망치는 것을 보았다. 그들은 극장 뒤로 가서, 앙리는 도망자들에게 총을 쏘기 시작했고 므쓔 보제는 총을 장전하여 그에게 주었다. 그들 둘밖에 없었지만 아무도 그들에게 돌아올 생각을 하지 않았다. 용기병 한 사람이 와서 그들에게 총구를 들이대고 총을 쏘았으나 빗나갔다. 앙리는 칼로 그를 베었고, 그의 엉덩이에 있는 탄약통을 빼앗았다. 성에 있는 대포가 그들을 포격했다. 므쓔 보제는 심한 타박상을 입고 땅에 떨어졌다. 므쓔 라로슈자클랭이 그를 일으켜 말에 태웠다. 그들은 대포 여러 문이 버려진 것을 보고, 장전되어 있던 두 문을 성 쪽으로 향해 놓고 발사했다. 그들은 다리를 건너 보병 60여 명과 함께 계속 청군을 추격했다. 드디어, 투르 길을 몇 분 달린 후 그들은 방데인들이 도시에 들어왔는지 여부를 알고자 돌아갈 생각을 했다. 왜냐하면 성과 보루에서 계속 대포를 발사하는 소리가 들렸기 때문이다. 그들은 루아르강의 두 번째 지류에 세워진 '녹색 십자가'라는 이름의 나무다리를 끊고, 청군이 뒤따라오는 것을 막기 위해 자기들이 방금 탈취한 대포 2문을 설치했다. 그들은 돌아오면서 레스퀴르의 부대가 소뮈르에 있는 것을 보았다. 므쓔 라로슈자클랭은 부르낭의 보루가 여전히 버티고 있는 것을 알고 즉시 그곳으로 달려가 그곳을 공격하고 있던 므쓔 마리니와 합세했다. 그는 두 보루 사이로 들어갔다. 그가 타고 있던 말이 죽었다. 밤이 되자 그들은 다음 날 공격을 재개하기로 했다. 공화파는 어둠을 틈타 퇴각했다.

저녁에, 그들은 병사 1,400여 명과 포병부대가 남아 있는 성을 향해 대포 몇 발을 쏘았다. 다음 날, 므쓔 마리니는 교섭사절로 성에 들어가 항복하라고 요구했고 그의 제안은 수용되었다. 성에 남아 있던 사람들은 무기를 내려놓는 것 외에는 아무 조건 없이 성에서 나왔다.

소뮈르 점령은 방데인들에게 중요한 기지, 루아르강 통행로, 80문의 대포, 수천 정의 총, 많은 화약과 초석(礎石)을 넘겨주었다.[101] 닷새 동안 잡은 포로가 11,000명에 달했다. 그들은 그들의 머리를 깎은 뒤 대부분 돌려보냈다. 이 마지막 전투에서 방데인들이 입은 손실은 사망 60명, 부상 400명이었다.

므쓔 레스퀴르는 케티노 장군이 소뮈르 성에 있다는 것을 알았다. 투아르 전투에서 패한 후 재판을 받기 위해 갇혀 있었던 것이다. 므쓔 레스퀴르는 사람을 보내 그를 데려오고 나서 그에게 말했다. "자, 케티노, 공화파가 당신을 어떻게 다루는지 보았지요? 당신은 피소되어 감옥에 갇혀 있었고 처형대에 오를 것이었습니다. 우리 편으로 와서 목숨을 구하십시오. 우리는 사상이 다르지만 당신을 존경합니다. 그리고 우리는 당신의 애국파보다 당신을 더 인정합니다." 케티노가 대답했다. "므쓔, 당신이 나에게 자유를 준다면, 나는 다시 감옥으로 돌아갈 겁니다. 나는 충실한 사람으로 행동했습니다. 나는 재판받기를 원합니다. 만일 내가 도망친다면, 사람들은 나를 배신자로 여길 것입니다. 나는 그러한 생각을 견딜 수 없습니다. 게다가, 내가 당신을 따라가면, 나는 내 아내를 버리는 것이 되고, 사람들은 그녀를 죽일 것입니다. 므쓔, 나의 변론서를 받으십시오. 당신은 진실을 압니다. 내가 진실을 말했는지 아닌지 생각

---

101 (원주) 청군이 포병부대창고로 사용하던 성당 안에 우리가 탈취한 무기의 대부분을 보관했다. 성당은 무기로 가득했다. 우리의 승리 다음 날, 앙리는 성당을 내다볼 수 있는 창에 기대어, 두 시간 동안 깊은 생각에 잠겼다. 한 장교가 그를 데리러 왔다가 놀라서 무엇을 하고 있는지 물었다. 그는 대답했다. "우리의 성공에 대해 생각하고 있습니다. 그것은 나를 꼼짝 못 하게 합니다. 모든 것은 신에게서 옵니다."

해보십시오." 므쓔 레스퀴르는 변론서를 받았다. 그것은 매우 진실되었다. 케티노는 슬픈 어조로 덧붙였다. "므쓔, 오스트리아군이 플랑드르 지방을 차지했습니다. 당신도 승리하고 있습니다. 반혁명이 일어날 것입니다. 프랑스는 외국군에 의해 조각날 것입니다." 므쓔 레스퀴르는 왕당파는 결코 그러한 상황을 용납하지 않을 것이며, 왕당파는 프랑스의 영토를 지키기 위해 싸울 거라고 말했다. 케티노가 외쳤다. "아! 므쓔, 그러면 나는 당신과 함께 싸울 것입니다. 나는 내 조국의 영광을 사랑합니다. 그런 점에서 나는 애국파입니다." 그때 케티노는 소뮈르의 주민들이 거리에서 목이 터져라 "국왕 만세!"를 외치는 소리를 들었다. 그는 창 쪽으로 다가서서 창문을 열고 그들에게 말했다. "바보 같은 놈들, 전에는 내가 공화국을 배신했다고 비난하더니, 오늘은 무서워서 '국왕 만세!'를 외치는구나! 나는 결코 그렇게 외친 적이 없음을 방데인들이 증언해줄 것이다." 이 솔직한 사람은 투르를 거쳐 파리로 이송되어 재판에서 사형 선고를 받고 처형되었다. 그가 므쓔 레스퀴르의 조언을 거부하는 데 부분적인 원인이 되었던 그의 부인은 살아남기를 원하지 않았다. 그녀는 혁명재판소의 심문을 받을 때 "국왕 만세!"라고 외쳤고 처형대에 올라 죽음을 맞이했다.

므쓔 레스퀴르는 부상당한 후에도 일곱 시간이나 말을 타고 있었기에 피를 많이 흘렸다. 고통과 피로 때문에 열이 났다. 사람들은 불레에 가서 쉬며 치료받으라고 권했다. 떠나기 전에 그는 장교들을 모이게 한 후 말했다. "여러분, 봉기는 너무 중요하고 우리의 성공은 너무 커서 이제 조직을 갖추어야 합니다. 총사령관이 있어야 합니다. 모든 사람이 모이지 않았으니 임시로 지명할 수밖에 없습니다. 나는 므쓔 카틀리노를 지지합니다." 모든 사람이 손뼉을 쳤다. 그러나 선량한 카틀리노만은 예외여서 그 큰 명예에 놀랄 뿐이었다. 아버지, 므쓔 부아시, 므쓔 뒤우가 연이어 들어왔고, 같은 의견을 말했다. 부상 때문에 참석하지 못했던 므쓔 델베도 이틀 후에 와서 그 결정에 동의했다.

카틀리노를 지명한 것은 모든 점에서 적절했다. 그는 모든 지휘관 가운데 농민들에게 가장 큰 영향력을 행사한 사람이었다. 그는 농민들을 움직이는 선천적인 연설 능력이 있었고, 신앙심과 덕성은 농민들의 존경을 받았다. 게다가 전쟁을 시작했고 봉기를 일으켜 초기의 전투를 승리로 이끈 것도 바로 그였다. 그는 군사적인 안목, 비상한 용기, 훌륭한 지각과 이성을 겸비하고 있었다. 새로운 계급에도 그는 여전히 겸손하고 위원회의 조언을 진지하게 경청하고 검토할 거라고 사람들은 확신했다. 게다가, 평등 정신과 귀족에 대한 질시가 혁명을 크게 확산시키고 있는 상황에서 농민을 총사령관으로 지명한 것은 정치적인 결정이기도 했다. 그것은 보편적인 바람에 부응하고, 더 많은 농민들을 자신들이 받아들인 당파에 밀착시키는 것이었다. 누구나 그 필요성을 공감하고 있었기에, 장군들은 언제나 농민 출신 장교들을 평등하게 대하려고 세심한 배려를 했다. 그렇다고 농민 장교들이 그것을 강요하지는 않았다. 나는, 그들이 샤티옹의 참모본부 식탁에서 식사할 때 내가 나타나자 자기들은 나와 함께 식사를 할 만한 사람들이 아니라고 말하며 자리를 뜨는 것을 보았다. 나는 간청을 하여 그들을 가까스로 말렸다. 평등은 공화파 군대보다 방데 부대에서 더욱 지배적이었다. 어느 정도냐 하면, 나는 우리 장교들의 대부분이 귀족인지 부르주아인지 알지 못했으며, 알아도 한참 뒤에 가서야 알았다. 서로 알려고도 하지 않았다. 서로 장점만 바라보았다. 이렇게 마음에서 우러나온 감정이 옳고 자연스러운 것이었다. 그것은 정치의 영향을 받지 않은 것으로서, 마음과 일치했기 때문에 보편적이었다. 그렇지 않은 행동은 열정을 식힐 것이었다. 주목할 만한 사례를 하나 들겠다. 므쓔 포레스티에는 시골 제화공의 아들이었지만, 부대에서, 왕족들 곁에서, 외국의 궁정에서, 1808년에 죽을 때까지 도처에서 혁혁한 공을 세웠다.

소뮈르를 점령하고 이틀 후, 므쓔 보볼리에 형제는 병사 500~600명과 함께 시농으로 가서 아무 저항도 받지 않고 도시 안으로 들어갔다. 그들은 애국파가 감옥에 가둔 마담 보볼리에를 구해서 소뮈르로 데려왔다. 보볼리에의 큰형은 므쓔 라로슈자클랭이 기사 80명을 거느리고 공격한 루뎅에서 자기의 딸도 찾았다.

소뮈르에서 장교 여럿이 부대에 합류했다. 앙리는 앙제 부근에 사는 므쓔 샤를 도티샹에게 알렸고, 그는 즉시 와서 자기 사촌인 므쓔 봉샹의 부대에 들어가 므쓔 플뢰리오 휘하 부장(副長)으로서 부대를 지휘했다. 므쓔 피롱은 브르타뉴 지방에서 이 부대에 합류하러 왔으며 매우 좋은 평판을 얻었다. 망명자인 므쓔 라게리비에르와 므쓔 라비고티에르도 대군(大軍)에 들어왔다.

므쓔 도메녜를 대체할 기병대 장군을 임명할 필요가 있었다. 사람들은 므쓔 포레와 므쓔 포레스티에를 놓고 망설였다. 므쓔 포레스티에가 더 많은 표를 얻었다. 그는 나이가 열여덟에 불과했지만 날이 갈수록 더 많은 장점을 보여주었기 때문이다. 그는 그 직무는 받아들였지만 나이 때문에 지위는 사양할 정도로 겸손했다.

방데군의 행정은 이 원정 이후 더 중요해졌고 더 많은 자원을 다루었다. 므쓔 마리니와 므쓔 뒤우 도트리브는 소뮈르에서 빼앗은 다량의 초석을 이용하기 위해 모르타뉴와 보프레오에 압착기를 세웠고, 모르타뉴에는 대포 창고도 세웠다. 공화파가 시농에 보관한 곡물들은 방데 지방으로 옮겼다. 소금, 기름, 비누도 많이 구입했다. 이제까지는 엉성했던 군 제약소도 제법 잘 갖추었다. 부대에 필요한 자원이 없을 때는 여러 사람들이 세세한 분야에서 창의력을 발휘하여 보완했다.

의복은 풍부했다. 옷은 지역에서 생산되는 방모직(紡毛織), 아마포, 양달령, 샴 나사 등으로 만들었다. 특히 붉은색 수건을 많이 만들었다. 그것은 그 지역에서 많이 생산되기도 했지만 특별한 상황 때문에 일반적으로 사용되었다. 므쓔 라로슈자클랭은 통상적으로 그 수건을 머리와 목에 둘렀으며, 허리에 여러 장 둘러 피스톨을 고정했다. 그러자 퐁트네 전투에서 청군은 "붉은색 수건을 향해 쏴라"라고 외쳤다. 저녁때, 장교들은 앙리에게 복장을 바꾸라고 부탁했으나, 앙리는 그것이 편하다고 생각해서 그것을 버리려 하지 않았다. 장교들은 그것 때문에 앙리가 위험해지는 것을 막으려고 자기들도 그것을 두르기로 결정했다. 붉은색 수건은 이렇게 해서 부대에서 유행했다. 모든 사람이 그 수건을 갖고 싶어 했다. 장교들의 평상복이었던 조끼와 바지 그리고 이러한 옷차림새는 공화파가 부르듯이 그들을 영락없는 비적으로 만들었다.

11

앙제 점령—낭트 공격—파르트네 철수—물랭 오 셰브르 숲의 전투

나는 계속 어머니와 함께 불레 성에서 살고 있었다. 그곳은 군의 참모본부와 같은 곳이었다. 장교들은 원정이 없으면 이곳에 왔으며 최고위원회의 위원 몇은 상주하다시피 했다.

나는 처음에는 군대 문화에 적응하는 데 어려움을 겪었다. 나는 어느 날 샤티옹에 갔을 때 도시 지휘관이었던 므쓔 보드리가 나를 맞으러 온 것을 기억한다. 북소리가 나자 그는 상황을 살펴보러 가자고 나에게 제안했다. 나는 거리로 내려갔고, 거기서 무장 병사 200명을 보았다. 그때, 므쓔 보드리는 칼을 뽑아 들고 갑자기 목소리를 높였다. 나는 무서워서 어린아이처럼 소리를 질렀다. 내가 부대 앞에서 연설하는 영광을 주려고 그렇게 했다는 것을 나는 간신히 알아차렸다. 조금씩 나는 우리의 생활에서 나오는 소음과 움직임에 익숙해졌다.

전에 나는 딸을 클리송에 있는 유모에게 맡겼는데, 유모는 자기 가족을 떠나 불레 성으로 오는 것을 몹시 싫어했다. 퐁트네 패주 이후 그녀는 쿠를레 소교구에서 가장 정직한 농민인 샤리의 집이나 텍시에의 집에 숨어 있었다. 나는 유모가 불레에 왔으면 했다. 나는 우리의 의사인 선량한 므쓔 뒤랑이 사는 포므레 쉬르 세브르까지 그녀를 맞으러 갔다. 그곳으로 가는 길은 마차로는 불편했으므로 말을 타기로 결심했다. 그러나 너무나 무서워서 한 남자가 내내 재갈을 잡고 걸었다. 다음 날, 저녁을 먹고 있는데 전령이 와서 므쓔 레스퀴르의 편지를 전해주었다. 나는 소뮈르 전투에 대해서는 알고 있었으나 사람들은 그의 부상을 숨겼다. 그는 조금 전에 불레에 왔는데 나를 안심시키려 직접 편지를 쓴 것이었다. 나는 불안해서 견딜 수 없었다. 한 순간도 더 머물 수 없어 마침 뜰에 있던 형편없는 작은 말을 탔다. 등자는 양쪽 균형이 맞지 않았지만 조정할 시간이 없었다. 나는 전속력으로 달렸다. 그 나쁜 길을 45분 동안 12km나 달렸다. 나는 므쓔 레스퀴르가 서 있는 것을 보았는데 그는 며칠째 고열에 시달리고 있었다. 그날 이후로는 말 타는 것이 하나도 무섭지 않았다.

그때까지, 대군(大軍)은 므쓔 샤레트와 아무 연락도 취하지 않고 있었다. 므쓔 레스퀴르는 불레에서 휴식을 취하는 동안 므쓔 샤레트가 마슈쿨에서 거둔 빛나는 성과를 축하하는 정중한 편지를 보냈다. 므쓔 샤레트는 우리 부대의 성공 특히 소뮈르 함락을 축하하는 답장을 보내왔다. 므쓔 샤레트의 편지와 므쓔 레스퀴르의 편지는 두 부대 사이의 관계를 확립하고 작전을 공조하자는 바람을 표현했다. 므쓔 레스퀴르는 즉시 소뮈르로 전령을 보내 자기가 최근에 시도한 것을 장군들에게 알렸다. 그들은 므쓔 샤레트의 뜻에 크게 만족했고, 자기들이 구상하고 있는 낭트 공격에 힘을 모을 수 있지 않을까 생각했다. 아버지는 이 문제를 협의하는 책임을 맡았다. 아버지는 먼저 대포와 탄약을 므쓔 샤레트에게 제공했고, 그는 감사히 받았다. 그 후에도 대군은 그에게 여러 차례 물자를 공급했으며 므쓔 리로의 소규모 부대에게도 그렇게 했다. 왜냐하면, 우리 부대는 전진하면서 공화파 창고를 점령한 반면, 그들이 벌인 저(低)푸아투 지방에서의 전쟁은 거의 언제나 방어전쟁이었기 때문이다. 므쓔 샤레트도 낭트 공략에 동의했다. 그는 강 좌안으로 공격하기로 약속했다.

루아르강을 장악하려면 강의 좌안과 우안 사이를 안전하게 연결해주는 소뮈르를 지킬 필요가 있었기에 거기에 수비대를 세우기로 결정했다. 처음에는 므쓔 로그르니에르에게 지휘를 맡길 생각이었다. 그러나 그는 농민들의 신뢰를 받을 만큼 군대 내에서 충분히 알려지지 않은 사람이었다. 사람들은 므쓔 라로슈자클랭이 그 일을 맡도록 권했다. 그러나 그는 싸우고 싶어 했기에 그 일에 탐탁해 하지 않았다. 병사들이 남도록 유도하기 위해서 그들에게 식량을 제공하고 하루에 15수씩 지급하겠다는 약속을 했다.[102] 일주일마다 교대될 거라는 말도 했다. 소교구마다 항상 네 사람을 유지해야 했다. 이렇게 해서 처음으로 급료를 지급하게 되었다.

부대의 주력이 출발했다. 병사들은 집을 떠난 지 벌써 오래되어 사기가 많이 떨어져 있었다. 스토플레는 병사들이 루아르강을 건너도록 유도하기 위해, 아무와도 상의하지 않은 채, 남으려는 사람들은 모두 겁쟁이라고 선언했다. 이러한 조치로 도하 병력은 증가했으나 대략 천 명 정도로 구성된 소뮈르 수비대의 병력은 많이 줄어들었다. 므쓔 라로슈자클랭은 부대와 함께 앙제에서 이틀을 보낸 뒤 그들을 지휘하러 돌아왔다.

공화파는 앙제 인접 지역에서 철수했다. 그들은 방데인들을 너무 무서워했기 때문에 므쓔 뒤페라, 므쓔 뒤슈니에, 므쓔 부아프레오, 므쓔 마냥 같은 젊은이들은 부대보다 40km를 앞서서 라플레슈에 도착하여 "국왕 만세"라고 외치면서 도시 안으로 들어갔다. 그들은 시청에 들어가 국왕 군대가 파리로 진군하는 중이며 자기들은 기병 2,000명과 함께 숙소를 마련하러 왔다고 말했다. 그들은 주민들이 무서워하지 않게 하려고 자기

---

102 1프랑(franc)은 12드니에(denier), 1드니에는 20수(sou)이다.

들의 호송 부대는 2km 떨어진 곳에 있다고 말했다. 그들은 시정관들의 어깨 휘장을 풀어 땅에 던진 후 시정관들로 하여금 그 위를 걷게 했으며 자유의 나무를 불태웠다. 모든 도시민은 이제 곧 들어올 부대의 식사를 마련하려고 부산하게 움직였다. 그러는 동안 이 므쓔들은 식당에서 편안하게 저녁식사를 했다. 한창 식사 중인데 한 하녀가 그들에게 말했다. "므쓔, 앙제에서 온 행상인이 말하는데, 길에서 당신들의 부대를 보지 못했다고 하네요. 사람들이 당신들을 체포하는 얘기를 하고 있습니다." 그들은 급하게 말에 올라 전속력으로 앙제로 달려갔다. 삼색휘장을 몸에 걸치고 자기들의 대담함을 자랑하면서 말이다.

앙제는 주교좌성당이 있는 곳이어서 아그라 주교는 엄숙하게 성무를 보러 그곳으로 갔다. 그는 말을 타고 사도처럼 소박하게 움직였고 그의 나무 지팡이를 든 하인이 뒤를 따랐다. 그는 대미사를 집전했다. 도시민들의 마음을 얻고 신부들은 공화파가 말하듯이 죽음을 설교하지 않는다는 것을 증명하고자, 주교가 요구하면 여러 가지 범죄를 저질러 사형을 선고받은 두 청군 포병의 사면을 허용하기로 합의가 이루어졌다.

트레무알 공작의 차남인 탈몽 공작이 앙제에 와서 부대에 합류했다. 나이 스물다섯의 젊은이로 키가 몹시 크고 용모가 수려했으며, 젊은데도 통풍을 앓고 있었는데 이 때문에 행동을 제약받았다. 그는 용감했고 충실했으며 신앙심이 투철했고 성격도 좋았지만 이 같은 훌륭한 자질은 그의 가벼운 취향 때문에 조금 흐려졌다.

탈몽 공작은 열렬한 환영을 받았다. 그들은 푸아투에서 오래전부터 군주와 같은 지위를 누려온 명문거족 출신이 부대에 들어온 것을 환호했다. 트레무알 공작과 그의 며느리 타란토 왕녀 마드무아젤 샤티옹은 그 지역에 있는 300여 소교구의 영주였다. 므쓔 탈몽은 즉석에서 기병 대장으로 임명되었는데, 이것은 겸손한 므쓔 포레스티에를 크게 만족시켰다.

앙제에서 낭트로 진군했다. 그러나 부대는 병력도 많지 않았고 사기도 높지 않았다. 많은 농민들이 집으로 돌아갔기 때문이다. 므슈 레스퀴르와 므슈 라로슈자클랭과 그들의 장교 가운데 일부는 참가하지 못했고, 통상적으로 그들의 지휘를 받던 병사들도 거기서 빠졌거나 미온적이었다. 게다가, 그들은 전에는 언제나 가까이에서 자기들을 공격하려는 적과 싸웠지만 이번에는 달랐다. 이 불쌍한 사람들은 낭트를 공격하러 가는 것이 자기들에게 무슨 이익이 되는지 잘 알지 못했다. 카틀리노 장군이 도시에 도착했을 당시 병력은 8천 명도 되지 않았다.

반대로, 샤레트의 부대와 므슈 리로의 부대는 낭트를 점령할 절박한 이유가 있었다. 저(低)푸아투에 대한 공화파의 공격은 모두 낭트에서 시작되었기 때문이다. 또한 2만 5천에 달하는 주민들은 모두 저(低)푸아투 쪽에 모여 있있다. 그러나 그들에 대한 공격은 대군(大軍)이 주도할 계획이었다. 왜냐하면 낭트는 전적으로 강 우안에 위치했고 건너야 할 루아르강 지류도 여럿 있었는데 그중 셋은 도개교에 의해 수비가 이루어지고 있었기 때문이다.

공격은 6월 29일 새벽 2시로 결정되었다.

첫 번째 불행이 이 계획의 완벽한 이행을 방해했다. 공화파 군대는 강력한 분견대를 노르 시에 남겨두었는데 예상과는 달리 이 부대는 10시간이나 버텼기에 우리는 아침 8시나 돼서야 낭트에 도착할 수 있었다. 그러나 므슈 샤레트는 약속된 시간에 작전을 개시했기에 공화파는 두 공격을 동시에 물리치는 대신에 방어 수단을 찾아내고 안심할 수 있는 시간을 벌었던 것이다. 지휘관인 캉클로 장군과 베세르 장군은 용감하고 냉정하게 방데인들의 공격을 막아냈다. 주민들의 일부가 그들을 열정적으로 도왔다. 그렇지만 우리 부대는 낭트 외곽까지 진입하는 데 성공하여 낭트를 위기에 빠뜨렸다. 청군은 반(Vannes)으로 가는 문(門)을 통해 도망치기 시작했다. 용감한 카틀리노는 수백 명을 거느리고 도시 안에 있는 비아름 광장까지 들어갔다. 승리가 거의 손안에 들어온 결정적인 순간에 일어난 두 사건이 모든 것을 바꾸어버렸다. 총사령관이 팔과 가슴에 총을 맞고 쓰러진 것이다. 절망한 방데인들은 그를 데리고 나오느라 자기들이 점령한 외곽 지역을 포기했다.

탈몽 공작의 망각도 작전 성공을 방해한 것으로 생각된다. 방데군은 언제나 공화파가 후퇴할 길을 열어놓아 그들을 승리 아니면 죽음이라는 극한 상황으로 내몰지 않았다. 이번에도 전쟁위원회는 반(Vannes) 길에서의 공격은 없으며 그곳을 자유통행로로 남겨두기로 결정했다. 오후 2시, 그들은 퇴각하는 공화파 부대가 그 길을 통해 낭트를 빠져나가는 것을 보았다. 그런데 지나친 열정에 사로잡힌 므쓔 탈몽은 전쟁위원회의 결정도 잊고 무모한 공격에 나섰다. 그가 대포 2문을 끌고 공화파를 도시 안으로 밀어붙이자 그들의 방어는 더욱 완강해졌다.

방데인들은 전에 없이 집요하게 공격했다. 공격은 18시간이나 계속되었다. 그러나 카틀리노의 부상이 앗아간 우위를 되찾을 수는 없었다. 봉샹 부대를 지휘한 노(老)므쓔 플뢰리오와 다른 장교 몇 명도 부상을 입었다. 절망과 피로가 겹쳐 밤이 되자 병사들은 후퇴하기 시작했다. 저녁때까지 지휘관들은 농민들의 사기를 북돋우려고 온갖 노력을 다했다. 므쓔 탈몽의 말은 총을 맞고 죽었다. 나의 아버지는 대포의 화염을 뒤집어써서 모두 그가 죽은 줄 알았다.

부대는 일순간에 와해되었다. 장교들과 사병들은 작은 배를 타고 루아르강을 건너 돌아갔다. 우안은 완전히 포기했다. 그러나 여전히 두려움에 싸여 있던 청군은 낭트에서 나와 방데인들을 추격할 엄두를 내지 못했다. 이 불행한 공격에서 병사들은 별로 죽지 않았지만 카틀리노의 부상은 치명적이었고 커다란 재앙이었다. 므쓔 플뢰리오 역시 커다란 아쉬움을 남길 만한 인물이었다. 이 두 사람은 부상당하고 불과 며칠을 넘기지 못했다.

그러는 동안 보카주 지방에서도 예상치 못한 전투가 벌어졌다. 브레쉬르와 파르트네 사이에 있는 아마유에는 그 지역의 안전을 지키기 위해 소수의 농민들이 집결해 있었다. 므쓔 레스퀴르는 비롱 장군(로죙 공작)이 니오르에 있고 그의 부대는 나날이 증강되고 있으며 전위부대는 생멕상에서 파르트네를 위협하고 있다는 것을 알았다. 그는 즉시 소뮈르에 사람을 보내 므쓔 보제, 보볼리에 기사, 보르페르 기사 등에게 아마유로 와달라고 부탁했다. 그는 부상당하기는 했지만 직접 그곳에 가서 그 기지의 방어를 근접 지휘하려 했다. 그는 팔에 붕대를 감고 출발했다. 나는 그를 그냥 보낼 수 없어서 함께 갔다.

우리는 클리송에서 하룻밤을 지냈고 다음 날 아마유에 도착했다. 우리는 거기서 므쓔 ***를 보았다. 그는 30대의 귀족이었는데, 더욱 귀족 같은 인상을 풍기기 위해 금속 조각을 엮어 수를 놓고 작은 주머니를 단 청색 비로드 옷을 입었으며 겨드랑이에 모자를 끼고 옆구리에 칼을 찼다. 그는 전쟁터에 처음 나선 사람이었다. 그는 지휘관들이 다른 지역에 가 있으니 자기가 아마유에 와서 부대의 지휘를 맡는 것이 의무라고 생각했다고 말했다. 므쓔 레스퀴르는 그에게 크게 감사했다. 므쓔 레스퀴르는 자기는 피로에 지친 장교들과 함께 왔으니 므쓔 ***가 지휘를 맡아주고 그날 밤에는 야영을 해 달라고 부탁했다.

므쓔 ***은 자기와 같은 귀족은 야외에서 잠을 자는 것이 아니라고 대답했다. 므쓔 레스퀴르는 웃으면서 "지휘관으로서, 당신이 옳습니다"라고 말했다. 므쓔 레스퀴르는 병사들에게 비가 오는 밤새 내내 교대로 그를 지키라고 지시했다. 명령대로 이행되었고, 므쓔 ***는 그날 이후로는 모습을 드러내지 않았다.

다음 날, 보볼리에 기사와 함께 산책을 하고 있는데 농민들이 웅성거렸다. 공화파 엽보병 둘을 잡은 것이다. 우리는 그들이 탈주병일 것으로 짐작했는데 실제로 그들은 생멕상에서 왔다. 그들은 도망치다 발각되어 10여 km를 쫓겼기에 숨을 헐떡이고 있었다. 우리 병사들이 그들을 에워싸기 시작했다. 어떤 이는 그들이 스파이라고 말했고, 어떤 이는 "국왕 만세"라고 외쳐야 한다고 말했고, 어떤 이는 그들을 죽여야 한다고 말했다. 그들은 무척 당황했다. 우리는 그들을 위로한 후 그들을 침대에 누워 있는 므쓔 레스퀴르에게 데리고 갔다. 므쓔 레스퀴르는 그들을 심문했다. 첫 번째 사람은 웃으며 자기 이름은 카데이고 강제로 북부군에 편입되었으며 왕을 위해 싸우고 싶어서 탈주했다고 말했다. 두 번째 사람은 다소 당황하여, 자기는 전에 망명했었으며 샤트르 여단의 부사관이었다고 말했다. 므쓔 레스퀴르는 그의 어투를 수상히 여겨 그를 감시하라고 지시했다. 그 후로 그는 남다른 용기와 장점을 보여주었다. 군에서 크게 존경받게 되어서야 그는 자신이 오베르뉴의 귀족이며 이름은 므쓔 솔리야크라고 말했다. 나는 그가 왜 처음에는 자기를 숨겼는지 알지 못한다. 그는 방데의 가장 충실한 장교 가운데 한 사람이었다.

므쓔 레스퀴르가 온 덕분에 많은 농민들이 아마유로 왔다. 그러자 그는 전진하여 파르트네를 점령해야 한다고 생각했다. 므쓔 루아랑 부대의 작은 분견대를 지휘하던 므쓔 지라르 드 보르페르는 기병 150명을 데리고 그와 합류하겠다고 했다. 므쓔 레스퀴르는 당시 말 15필밖에 없었으므로 그것은 큰 도움이 되었다. 합류는 파르트네에서 이루어졌다.

그들은 공격받을 것으로 예상했다. 므쓔 보제와 보르페르 기사는 투아르와 생멕상으로 가는 문을 제외한 도시의 모든 문에 벽을 쌓으라고 지시했다. 생멕상 성문에는 대포 2문을 설치했으며 전진 초소를 세우고 보초들을 배치했다. 보초는 매시간 4km의 순찰을 돌도록 했는데 이렇게 하면 언제나 순찰이 한 사람 있는 셈이었다. 므슈 지라르 드 보르페르는 이러한 대비책의 이행 여부를 감독하는 책임을 맡았다. 그러나 순찰은 잘 이루어지지 않았다. 그가 자러 가면 병사들은 야간 순찰을 떠나지 않았던 것이다. 그 사이에 웨스테르만 장군이 지휘하는 공화파 전위부대가 성문 앞까지 들어와 보초들을 죽였고 대포를 빼앗았다. 전에 탈출했던 용기병 여섯 가운데 한 사람인 구종은 용감하게 대포를 지키다 죽임을 당했다.

므슈 레스퀴르와 므슈 보제는 같은 침대에서 자고 있었다. 므슈 보제는 즉시 일어나 생멕상 문으로 달려갔다. 그곳에는 아무도 없었다. 농민들이 모두 달아난 것이다. 총알이 그의 허벅지를 파고들었다. 주위에는 청군이 깔려 있었으나 밤이 어두웠기에 그는 눈에 띄지 않았다. 그는 오른쪽으로 돌아 황급히 강 쪽으로 달려갔다. 그러자 청군은 그가 방데인임을 알아채고 사격을 가했다. 그는 말을 탄 채로 강에 뛰어들었고 헤엄쳐나갔다. 두 번째 사격으로 말이 죽었다. 그렇지만 강 맞은편 언덕에 있던 방데인들은 자기들의 장교를 구하는 데 성공했다.

부상 때문에 고통이 심했던 므슈 레스퀴르는 간신히 옷을 입었고 목숨을 구했다. 간발의 차이로 붙잡히지 않았다.

다음 날 아침에야 공화파가 도시를 점령했다. 그들은 밤에는 전진할 엄두를 내지 못했기 때문이다.

므슈 레스퀴르는 내가 파르트네로 따라가는 것을 원하지 않았기에 나는 아마유에서 클리송으로 돌아와 있었다. 그는 나에게 상황을 알리기 위해 기병을 한 사람 보냈다. 그는 전속력으로 달려왔다. 추격당하고 있다는 공포 때문에 그는 제정신이 아니었다. 그는 문을 두드리고 외치며 나를 깨웠다. "마담! 므슈 레스퀴르의 전갈입니다. 도망치십시오. 우리는 파르트네에서 패했습니다. 도망치십시오!" 공포가 엄습했다. 남편에게 무슨 일이 일어났는지 물어보지도 못할 정도였다. 나는 허둥지둥 옷을 입었다. 드레스를 입지도 않았다. 나는 모든 사람을 깨우고 마당으로 뛰어나갔다. 드레스는 여전히 손에 들고 있었다. 나는 낫을 든 사람들을 보고서 나가 싸우라고 지금은 일할 시간이 아니라고 말했다. 나는 여든 살 먹은 늙은 석공의 팔을 잡고 한 소작농 집으로 데려가 달라고 부탁했다. 나는 그리로 가는 길을 잊어버려 정신이 없었다. 나는 그 불쌍한 노인을 끌고 갔다. 그는 내가 뛰는 동안 잘 걷지도 못했기 때문이다. 누군가 나에게 자세한 상황을 이야기해주어 공포가 약간 진정되었다. 나는 므쓔 레스퀴르는 무사히 탈출했으며 추격당하지도 괴롭힘을 당하지도 않았다는 것을 알았다. 그렇지만 나는 말을 타고 샤티옹으로 떠나 저녁 5시에 거기에 도착했다. 내가 들어서는 순간 사람들이 "그녀가 왔다! 그녀가 왔다!"라고 외치며 내 주위로 달려들어서 나는 매우 놀랐다. 므쓔 레스퀴르와 내가 파르트네에서 포로로 잡혔다는 소문이 돌았던 것이다. 모든 사람은 비탄에 빠져 있었다. 나는 최고위원회에 가서 내가 아는 내용을 설명한 후 불레로 돌아왔다. 나는 어머니가 마차를 타고 도착하는 것을 보았다. 어머니는 떠도는 소문을 통해 거짓 소식을 듣고서는 나와 함께 처형대에서 죽기 위해 니오르로 가려 했던 것이다. 우리는 다시 만나 기뻤다. 어머니는 자기의 눈을 믿을 수 없었다.

므쓔 라로슈자클랭의 소뮈르 수비대는 나날이 줄어들었다. 어떤 것도 농민들을 붙잡아둘 수 없었다. 왜냐하면 그들은 모든 것이 끝났으며 더는 두려워할 것이 없다고 생각했기 때문이다. 하나둘 자기의 소작지와 소를 돌보러 떠났다. 므쓔 라로슈자클랭은 머지않아 한 사람의 병사도 남지 않으리라 생각하여, 매일매일 화약, 대포, 온갖 탄약 등을 보카주로 보냈다. 그는 주민들이 수비대가 약하다고 생각하지 않게 하려고 매일 밤 장교 몇 명을 데리고 도시를 전속력으로 돌면서 "국왕 만세!"를 외쳐

댔다. 소뮈르에는 아홉 사람밖에 남지 않았다. 공화파 3천 명이 조금 전에 시농을 점령했으므로 도시를 떠나지 않을 수 없었다. 그에게는 대포 2문이 남아 있어서 대포를 가지고 떠났으나 투아르에서 강에 버렸다. 그는 므쓔 레스퀴르가 파르트네에서 후퇴한 날 아마유에 도착했다.

두 므쓔는 이 면(面)을 지키기에는 병력이 충분하지 않다고 생각했다. 그들은 많은 병력을 모으려고 샤티옹으로 철수했다. 공화파의 웨스테르만 장군은 만여 명을 거느리고 전진하고 있었다. 그는 파르트네로 들어갔고, 거기서 아무런 저항도 받지 않고 아마유로 향했다. 그는 마을에 불을 질렀다. 바로 이곳에서부터 공화파의 방화(放火)가 시작되었다. 웨스테르만은 곧이어 클리송으로 행군했다. 그는 그것이 므쓔 레스퀴르의 성임을 알았다. 그는 비적 두목의 성을 공격하니만큼 강력한 수비대를 만나 완강한 저항을 받을 것으로 생각하여 조심스럽게 병력을 전진시켰다. 그는 저녁 9시에 도착했다. 정원의 숲에 숨어 있던 농민 몇은 총을 쏘아 공화파 병사들을 겁주었다. 그러나 공화파 병사들은 여자들을 붙잡았고 클리송에는 아무도 없을 뿐만 아니라 아무 방어책도 없음을 알았다. 그러자 웨스테르만은 성으로 들어가, 승리의 편지와 함께 므쓔 레스퀴르의 유언장과 초상화를 국민공회에 보냈다. 이 편지는 신문에 실렸다. 그는 자기가 이곳에 오기 전에 예상했던 것을 부정하지 않으려 했다. 그는 골짜기, 해자, 엄폐도 등을 지나 지옥이 토해낸 것 같은 그 괴물의 소굴에 도달했으며 그곳에 불을 지를 예정이라고 말했다. 실제로 그는 방, 창고, 마구간, 농가 등에 지푸라기, 장작 등을 쌓아놓고 어느 것도 불길을 피하지 못하도록 만반의 준비를 했다.

전에 이미 이러한 상황이 올 것을 예상했던 므쓔 레스퀴르는 성의 가구를 들어내라는 명령을 내린 적이 있는데 이 말이 주위에 공포심을 일으켜 주민들이 소작지를 포기했다는 것을 알고 이러한 대비책이 그 지방에 야기할 결과를 두려워했다. 결국 클리송에서는 아무것도 들어내지 않았고, 이렇게 해서 성은 가구들과 함께 불탔다. 그 안에 있던 모든 것이 다 탔다. 엄청난 양의 곡물과 건초도 화마를 피하지 못했다. 어디에서나 마찬가지였다. 공화파 군대는 우리의 비축 식량을 불태웠고 봉기를 일으킨 지역의 인근 마을에서는 곡물을 징발함으로써 마을을 짓밟았다.

클리송 화재 소식이 전해진 날, 나는 샤티옹에서 므쓔들과 식사를 하고 있었다. 우리는 오래전에 그것을 예상하고 있었으므로 그 소식에 별다른 충격을 받지 않았다. 중요한 것은 웨스테르만이 곧바로 브레쉬르로, 샤티옹으로 전진하고 있다는 것이었다. 당시 우리 부대는 와해되어 있었다. 병사들은 전날에야 낭트에서 루아르강을 건너 돌아왔기 때문이다. 청군의 방화는 농민들을 경악케 했다. 그들은 전투에 나가기 전에 여자들과 아이들과 가축을 안전한 곳에 옮겨 놓기를 원했다. 지휘관들도 곤경에 처했다. 그들은 징집요구서를 써서 전령을 시켜 보내기 시작했다. 말이 부족했다. 므쓔 레스퀴르는 내가 불레 가까이 있는 트레즈방과 말리에브르 소교구에 가서 출발 명령서를 건네주라고 시켰다. 나는 전속력으로 말을 몰았다. 나는 트레즈방에 도착해서 종을 치게 한 다음, 소교구 위원회에 징집요구서를 전달했다. 그리고 나서 최선을 다해 농민들에게 연설했으며 말리에브르에 가서도 똑같이 했다. 나는 이웃 소교구에도 긴급편지를 보낸 다음 미리 기별한 대로 불레에 있는 어머니 곁으로 돌아왔다.

웨스테르만은 우리의 조치가 성과를 낼 시간을 주지 않았다. 그는 계속 전진했다. 므쓔 레스퀴르와 므쓔 라로슈자클랭은 3천 명도 모을 수 없었다. 그들은 병력이 많아 보이게 하려고 세브르의 제분기가 있는 언덕을 지키려 했다. 그러나 병사들은 사기가 떨어져 있었고, 공격하지 않고 방어할 때는 거의 언제나 용기를 잃었다. 공화파 군대가 초소를 빼앗았다. 우리는 아무런 방어 수단도 없는 샤티옹에서 후퇴해야 했다. 이 전투에서, 망명에서 돌아온 므슈 라비고티에르는 총알을 맞고 한쪽 팔이 부서졌다. 그는 농민들이 돌아와 자기를 구하기 위해 싸우는 것을 원하지 않았다. 그는 초가집 안으로 숨어 들어가 몇 분 동안 실신해 있었다. 저녁에야 그는 걸어서 마을로 돌아왔다. 그는 숄레로 이송되어 팔을 잘랐다. 한 달 후 부상에서 회복되자마자 그는 부대로 돌아가 싸우다가 다시 부상당했다.

전투가 진행되는 동안, 여자들은 언제나처럼 신께 기도하면서 결과를 기다렸다. 우리는 대포 소리에 귀를 기울였으며 대포 소리가 멀어지는 것으로 부대의 위치를 판단했다. 나는 포성이 점점 더 크고 가까이 들리는 것을 느꼈다. 공포가 엄습하여 아무것도 기다리지 않고 뛰기 시작했다. 나는 말리에브르에 가서 세브르강을 건너 한 초가집에 들어가 머리에서 발끝까지 농민 복장으로, 그것도 가장 낡은 누더기 옷으로, 갈아입었다. 그리고 나서, 나는 어머니와 불레의 주민들을 만나러 갔다. 이들은 조용히 내 뒤를 따랐고, 나는 그들을 말리에브르 밖에서 다시 만났다. 우리는 레제르비에로 가는 길에 올랐다. 도중에 므슈 콩시즈는 콩시즈성의 자기 처제 집에서 잠깐 쉬자고 말했다. 거기서 우리는 낭트에서 온 므슈 탈몽과 나의 아버지를 만났다. 마담 콩시즈는 아직 방데인들의 습속을 잘 모르고 있었다. 그녀는 빨간색 연지를 바르고 있었는데 그것은 신경발작을 일으킬 수 있었다. 그렇지만 그녀는 우리를 매우 친절하게 맞이했다. 다음 날 우리는 레제르비에로 갔다. 사람들은 내 기이한 옷차림을 바꾸라고 말했다. 어머니는 이 모든 위기 때문에 많이 아팠지만 자제력이 강한 분이어서 위험한 순간에도 냉정을 잃지 않았다. 그러나 위험이 지나가면 어머니는 그 강인함의 대가로 많이 고통스러워했다. 나는 어머니와 아주 달라서 최초의 충동을 자제할 줄 몰랐으며 위험이 지나가고 나면 다 잊고 무사태평이었다.

12

샤티옹 재점령—마르티녜와 비이에 전투—므쓔 델베의 선출—뤼송 공격

Mémoires de Madame La Marquise De La Rochejaquelein

웨스테르만은 샤티옹을 점령했다. 그는 주민들에게 아무런 피해를 주지 않았으며 감옥에 갇혀 있던 공화파 600명을 풀어주었다. 다음 날, 그는 분견대를 파견하여 므쓔 라로슈자클랭 소유인 라뒤르블리에르 성을 불태웠다. 그 성은 숲속에 있고 물이 가득한 커다란 해자로 둘러싸인 크고 고풍스러운 건물이었다. 청군은 클리송에서 그랬던 것보다 더 조심스럽게 전진했으며 불을 지른 다음에는 황급히 철수했다. 그러면 농민들이 돌아와 불을 껐다.[103]

장군들은 서둘러 대군을 숄레에 집결시켰다. 웨스테르만은 방데인들이 이쪽으로 공격해 올 것으로 예상하여 만반의 대비를 갖추었다. 그러나 우리 부대는 말리에브르에서 세브르강을 건넜고 샤티옹 부근에 도착했다. 그것을 전혀 예상하지 못한 웨스테르만은 생멕상의 선서주교로 하여금 테데움(감사미사)을 드리게 하고 있었다. 방데인들은 수가 많았

[103] (원주) 다섯 번 불을 질렀다.

고 분노하고 있었다. 샤티옹 점령과 방화가 그들을 격노케 한 것이다. 청군은 풍차 옆 언덕에 진을 치고 있었다. 농민들은 조용히 그들을 포위한 후 사격을 가했다. 사방에서의 공격에 놀란 공화파는 오래 견디지 못해, 초소는 빼앗겼고 포병들은 대포 위에서 죽었다. 순식간에 그들은 무질서하게 패주했다. 포탄 상자와 대포들이 샤티옹으로 가는 급경사 언덕에서 곤두박질쳤다. 웨스테르만이 파견한 병사들은 도망자들 속에 휩쓸려갔다. 웨스테르만도 기병 300명을 데리고 황급히 도망쳤다.

농민들의 분노는 전투와 승리로 인해 더욱 커졌다. 그들은 공화파의 목숨을 살려주고 싶어 하지 않았다. 지휘관들은 공화파들에게 "항복하라! 해치지 않을 것이다!"라고 외쳤지만 소용이 없었다. 병사들은 학살을 자행했다. 도시에 들어갔을 때 학살은 더욱 끔찍해졌다. 전위를 지휘한 므쓔 레스퀴르는 샤티옹을 가로질러 가며 도망자들을 추격했고, 포로 수백 명을 가두라고 명령했다. 그러나 농민들은 복종하지 않고 그들을 학살했다. 므쓔 마리니가 그들을 지휘했다. 병사들은 므쓔 델베와 그밖에 학살에 반대하는 사람들에게 총부리를 들이댔다. 므쓔 레스퀴르는 이 공포상황을 전해 듣고 즉시 돌아왔다. 그가 방금 잡은 포로 60여 명이 그를 에워싸고 그의 옷과 말을 잡고 늘어졌다. 그는 감옥으로 갔다. 혼란이 멈추었다. 병사들은 그를 너무 존경했기에 복종하지 않을 수 없었다. 그러나 흥분한 므쓔 마리니가 그에게 다가와 외쳤다. "비켜! 나는 이 괴물들을 죽일 거야! 이자들은 너의 성에 불을 질렀어!" 므쓔 레스퀴르는 그에게 멈추라고 명령했다. 그렇지 않으면 포로들을 보호하기 위해 그에게 맞설 태세였다. 므쓔 레스퀴르는 덧붙였다. "마리니! 너는 너무 잔인해. 너는 칼을 맞고 죽을 거야." 샤티옹 학살은 이렇게 해서 끝났다. 그러나 불행한 도망자들의 다수는 소작지 사이에서 길을 잃고 헤매다 죽임을 당했다. 공화파가 시작한 이러한 잔학한 행동의 최초 사례인, 아마유 마을과 두 성 방화는 농민들에게 복수심을 심어주었던 것이다. 그러나 농민들은 공화파의 계속된 방화에 으레 그러려니 하고 익숙해졌고 본래의 유순함을 되찾았다.

전투 중에, 브르타뉴 출신 의사인 므쓔 리샤르는 한 경기병이 므쓔 레스퀴르에게 달려드는 것을 보고 그 앞에 몸을 던졌다. 총알이 눈에 맞고 목 뒤로 빠져나갔으나 치료를 받고 목숨을 건졌다.

4천 명 넘는 포로를 잡았다. 나머지는 모두 죽었다. 방데인들은 공화파의 군수품을 모두 수중에 넣었으며, 웨스테르만의 마차도 빼앗았다. 젊은 장교 넷이 경솔하게도 마차의 상자를 부쉈다. 그들이 거기서 많은 돈을 발견해 자기들끼리 나누어 가졌다는 소문이 돌았다. 그러나 므쓔 레스퀴르는 그 넷 중 하나인 정직한 므쓔 뒤페라가 상자 안에는 아무것도 없었다고 자기의 명예를 걸고 말했다고 위원회에 보고했고, 모두 인정하는 그 훌륭한 장교의 평판 덕분에 그 사건은 종결되었다. 이것은 그에게는 정말 명예로운 일이었다.

그들은 샤티옹에서 므쓔 라트레조리에르를 다시 만났다. 방데인들은 전에 그를 공화파 병사로 보고 감옥에 넣었는데 웨스테르만이 풀어준 것이다. 그는 도시를 위해 장군들에게 건의하고 주민들을 위해 증언하는 등 도시를 위해서 좋은 일을 많이 한 사람이었다. 그는 청군과 함께 달아나지 않고 다시 돌아와 감옥에 들어갔으며 자기를 신뢰해주고 사병으로 받아달라고 요청했다. 항상 용감했던 그 사람은 곧바로 장교가 되었다.

우리는 레제르비에에서 전투가 끝나기를 초조하게 기다리다가 승리 소식을 듣자마자 불레로 돌아왔다. 므쓔 레스퀴르도 고통스러운 상처를 치료하기 위해 돌아왔다.

며칠 휴식을 취한 후, 우리는 공화파가 작전을 바꾸어 다른 쪽에서 방데를 공격하기로 했는데 앙주 지방에 있는 쎄 다리를 통해 들어올 것임을 알았다. 우리는 대비책을 마련했고 병사들을 모으기 시작했다.

7월 15일, 공화파 군대는 쎄 다리를 건너 브리사크를 지나 마르티녜 부근까지 들어왔다. 방데군은 모두 집결했다. 므쓔 봉샹은 자기 부대를 직접 지휘했다. 그것은 그가 퐁트네에서 부상당한 후 첫 번째 참전이었다. 그는 지금 계절적으로 너무 더우니 더위 속에서 싸움을 하지 않으려면 최단 거리를 택해 밤새 행군하여 적과 조우해야 한다고 생각했다. 므쓔 레스퀴르도 같은 생각이었다. 늙은 므쓔 L*** 은 이번에 부대에 합류한 사람이었고 다시는 못 보게 되는 사람인데, 다른 먼 길을 택할 것을 강력히 주장했다. 그렇게 해야만 공격이 유리할 거라는 이유였다. 그는 나이가 일흔이었고 훌륭한 군인이라는 평판이 있었기에 우리는 그의 의견을 따랐다.

따라서 농민들은 12km를 더 걸어야 했고, 녹초가 되어 마르티녜에 도착했다. 더위 때문에 숨이 막힐 지경이었다. 처음에는 방데인들에게 유리하여 대포 5문을 빼앗았다. 그러나 기병분견대를 이끌고 적을 우회하려던 므쓔 마리니가 길을 잘못 들었다가 전속력으로 돌아오고 있었는데, 먼지 때문에 우리 병사들은 달려오는 사람들이 누군지 제대로 알아보지 못했다. 그들은 적이 돌진해오고 있다고 생각하여 적의 대포 3문을 끌고 후퇴했다. 그러나 그것을 끌고 가는 것은 헛수고였다. 더위가 그들의 활동력을 앗아가 버렸기 때문이다. 므쓔 봉샹은 총을 맞아 팔꿈치가 부서졌고, 그의 훌륭한 장교 가운데 한 사람이자 므쓔 도티샹의 침실 부관인 바니에도 심각한 부상을 당했다.

공화파도 더위로 고통받기는 마찬가지여서 추격하지 않았다. 그래서 전투에서의 피해는 크지 않았지만 갈증과 열기 때문에 경솔하게도 오염된 물을 마신 탓에 농민 50여 명이 죽었다. 피로에 절고 병사들을 독려하느라 갈증이 심했던 므쓔 레스퀴르는 포도주도 증류주도 없어서 할 수 없이 그 물을 마셨고 탈이 났다. 그는 두 시간 동안 실신 상태에 있었다.

므쓔 레스퀴르와 므쓔 라로슈자클랭은 농민들을 다시 모아 공격을 재개하려고 숄레로 돌아갔다. 공화파는 이동을 계속하여 비이에로 들어갔고 다시 거기서 코롱으로 갔다. 두 므쓔는 서둘러 그쪽으로 사람들을 보냈다. 다행히, 그 면(面)의 모든 소교구에는 사람들이 매우 많았고 최고의 병사들을 보내왔다. 17일, 적군은 행군을 멈추었다. 18일, 이미 많은 병사가 집결했기에, 비이에 쪽에서 오고 있는 청군을 공격하기 시작했다. 므쓔 레스퀴르와 므쓔 라로슈자클랭은 아직 도착하지 않았다. 장교들만 있었지 사령관은 없었다. 베르니에 신부는 장군들이 있다고 거짓으로 농민들을 설득했다. 그는 훌륭한 조언을 했고, 어떤 점에서는 바로 그가 부대를 지휘했다. 므쓔 피롱, 므쓔 포레스티에, 므쓔 빌뇌브, 므쓔 켈러, 므쓔 마르상주, 므쓔 포레, 므쓔 에르보, 므쓔 기냐르 등이 기민하고 용감하게 병사들을 이끌었다. 45분쯤 지나자, 공화파 군대는 대포와 탄약을 놓고 도망쳤는데, 지휘관인 상테르 장군이 가장 먼저 도망쳤다. 방데인들은 그가 거기 있다는 것을 알았고, 국왕 처형을 주도했던 그 사람을 생포하고 싶은 마음이 강했다. 그들은 그를 철망 안에 묶어놓고 싶어 했다. 포레는 상테르를 추격하여 사로잡으려 했으나 상테르는 말을 타고 6피트 높이의 벽을 넘어 달아났다. 므쓔 빌뇌브는 특임대표 부르보트를 잡는 데 실패했다. 그는 말을 타고 뒤쪽 울타리를 넘어 달아났다. 청군은 도망치면서도 비이에를 불 지르는 광적인 야만성을 감추지 못했다. 방데인들은 불을 지르지 않았겠지만, 이 골수 공화파 도시의 운명에 대해서 아무런 안타까움도 느끼지 않았다. 집 세 채만이 운 좋게 화를 면했는데, 하나는 비이에의 유일한 왕당파 소유였다.

므쓔 레스퀴르와 므쓔 라로슈자클랭은 대포 소리를 듣고 공격이 예상보다 24시간 앞당겨졌다고 생각했다. 그들은 전속력으로 달려 도착했고, 농민들이 탈취한 대포, 깃발 등을 가지고 오는 것을 보았다. 므쓔 레스퀴르는 그것이 무엇인지 물었다. “뭐라고요! 장군님, 장군님은 전투하는 곳에 없었나요? 그러면 므쓔 앙리가 우리를 지휘했나요?” 다른 사람들도 므쓔 라로슈자클랭에게 같은 이야기를 했다. 장교들은 병사들의 사기를 높이기 위해서 그들의 이름을 사용했다고 장군들에게 설명했다.

공화파의 완전한 패배로 지역은 완전히 해방되었다. 공화파는 소뮈르로 돌아갔는데, 쎄 다리 부근에서 봉샹 부대가 다시 승리를 거둠으로써 공화파의 오른쪽 날개는 다시 루아르강을 건너 앙제로 퇴각했다.

참모본부가 샤티옹으로 돌아왔다. 나는 거기서 저녁을 먹었다. 그날, 나는 방데군 병사들의 품성이 어떠한지를 보여주는 한 장면을 목격했다. 한 장교가 몇 가지 잘못을 범한 트레즈방 소교구 출신 제분업자 둘을 감옥에 넣었다. 그들은 동료들의 사랑을 받는 선량한 병사였다. 샤티옹에 모였던 농민들은 그들을 너무 가혹하게 다루었다며 웅성거리기 시작했다. 그 소교구 출신 40명이 자발적으로 감옥에 들어갔다. 그들은 자기들도 제분업자들과 같은 죄를 지었다고 말했다. 보볼리에 기사가 내게 와서 사건을 이야기해주고는 므슈 레스퀴르에게 두 사람의 사면을 청원해달라고 부탁했다. 므슈 레스퀴르는 항의에 굴복한다는 인상을 주고 싶지 않았으므로 내가 그것을 자기에게 요청하도록 시킨 것이다. 나는 현장으로 가서, 불레 성은 트레즈방 소교구 안에 있으니 나는 그들의 동료들에게 관심이 많다고 농민들에게 말했다. 므슈 레스퀴르는 우연인 것처럼 해서 그곳에 왔다. 나는 그들을 풀어달라고 그에게 공개적으로 간청했다. 그는 고민하는 척하다가 내 요청을 들어주었다. 나는 모든 사람과 함께 감옥으로 가서 수인들을 나오게 했다. 트레즈방 사람들이 나에게 말했다. "마담, 감사합니다. 그래도 제분업자들을 감옥에 넣은 것은 잘못입니다. 그들은 그런 권리가 없습니다." 우리의 병사들은 이러했다. 전투할 때는 무조건 복종하지만, 그렇지 않을 때는 완전히 자유라고 생각한 것이다.

그렇지만, 7월 14일, 그 용감한 카틀리노는 부상을 이겨내지 못했다. 상처에 괴저(壞疽)가 생겼던 것이다. 그의 친척인 블롱이 집 앞에 모인 사람들에게 말했다. "선량한 카틀리노는 당신의 영광을 위해 복수하라고 영혼을 주신 그분에게 영혼을 돌려드렸습니다." 종교가 농민에게 가르쳐준 참으로 단순하면서도 심오한 이야기이다![104] 그의 후임자에 대한 논의가 시작되었다. 그들은 대군(大軍)뿐만 아니라 모든 방데인의 봉기를 지휘하는 총사령관을 지명하는 것이 유리할 거라고 생각했고 이러한 의도에서 선거에 들어갔다. 그러나 그것은 잘못되었다. 모든 부대의 대표들을 소집하는 대신 모든 것이 므쓔 델베의 작은 음모에 따라 진행되었다. 므쓔 샤레트와 므쓔 봉샹과 므쓔 루아랑 부대의 몇몇 하급 장교는 대군(大軍)의 다수 장교들과 합세했다. 그들은 각자 종이 위에 다섯 사람의 이름을 쓰고 이름이 가장 많이 나온 사람이 총사령관이 될 것이라고 정했다. 그다음 네 사람은 순서대로 총사령관 부재 시에 지휘 책임을 맡으며 각자 부사령관을 선임하고, 전쟁위원회는 이 아홉으로 구성되며 모든 작전 사항을 결정한다는 것이었다. 이러한 안을 마련한 사람은 므쓔 델베였다. 모든 지각 있는 사람들의 의견에 의하면 므쓔 봉샹이 당연히 지명되어야 했지만 부상 때문에 잘레에 있었고 그의 부대는 앙주 지방에 있었다. 므쓔 샤레트는 그러한 지명방식 논의에 대해 아는 바가 없었고, 므쓔 라로슈자클랭은 거기에 관심이 없었다. 므쓔 레스퀴르는 아파서 이 모든 술책에 대해 알지 못했다. 나의 아버지도 마찬가지였다. 사람들은 므쓔 델베가 자기의 하급 장교들을 대거 선거인단에 올려놓는 것을 막지 않았다. 분명히 정해진 계급과 지위 같은 것이 없었기에 누가 특권을 얻을지 혹은 배제될지는 불확실했다.

요컨대, 므쓔 델베가 총사령관이 되었다. 장군 네 사람은 므쓔 봉샹, 므쓔 레스퀴르, 므쓔 도니상, 므쓔 루아랑이었다.

므쓔 레스퀴르는 부사령관으로 므쓔 라로슈자클랭을 지명했다. 므쓔

---

104 (원주) 이것은 1821년에 출판된 흥미롭고 감동적인 책 『카틀리노의 생애』에서 발췌한 것이다.

루아랑은 므쓔 퀴몽을 지명했는데, 나는 그 이유를 모르겠다. 므쓔 봉샹은 내가 알기에 아무도 지명하지 않았다. 아버지는 군대의 전반적인 조직에서 므쓔 샤레트가 빠진 것으로 보고 그를 지명했다. 므쓔 샤레트는 아버지의 이러한 배려에 감사했지만, 전반적인 인선이 매우 이상하다고 생각했다. 므쓔 봉샹은 병상에서 므쓔 델베에게 짤막한 편지를 보냈다 "므쓔, 당신의 선출을 축하합니다. 아마도 당신의 뛰어난 재능이 투표를 결정하지 않았나 싶습니다." 그럼에도 불구하고 그는 그와 잘 지냈다.

사람들은 므쓔 델베의 지명을 기이하게 여겼지만, 그걸 가지고 농담하는 정도로 끝냈다. 므쓔 델베는 선하고 고결한 사람이었다. 사람들은 그가 총사령관이라는 지위를 누리는 것으로 만족하고 자기의 야심을 그것으로 한정함으로써 아무도 불편하게 하지 않고 각자가 자기식으로 하도록 내버려 둘 거라고 확신했으므로, 결정을 뒤집으려 하지 않았다. 여러 가지를 결정하긴 했지만 과거와 달라지는 것이 없을 것임을 그들은 잘 알고 있었다. 므쓔 델베는 자기가 선출된 데 양해를 구하고 부드러움을 보여주기 위해 존중과 칭찬의 언행을 배가했다. 그는 하급 부관에게도 그렇게 했다.

므쓔 탈몽은 계속 기병을 지휘했고 므쓔 마리니는 포병을 지휘했다. 그는 얼마 전에 부대에 들어온 므쓔 페로의 보좌를 받았다. 므쓔 페로는 나이가 쉰 정도 되었는데, 전에 '바다의 청군'이라고 불리던 부대의 장교였으며 성 루이 기사단원이었다. 그는 언제나 용기, 덕성, 겸손을 보여주었다. 므쓔 마리니와 므쓔 페로는 오로지 의무만 생각했기에 질투심과 경쟁심도 없이 언제나 잘 화합했다.

많은 장교가 방데인에 합류하러 계속 들어왔다. 여기에 그들의 이름을 기재하고 내 능력이 닿은 한 그들의 영광된 기억을 드높이는 것은 나의 의무요 위안이다. 나는 누구도 빠뜨리고 싶지 않지만, 그것은 불가능하다. 므쓔 라크루아는 망명귀족이고 성 루이 기사단원인데 매우 용감했고 선량했으며 아무런 자만심도 없었다. 므쓔 로제 물리니에는 적극적이었으며 거칠고 엄격했다. 병사들은 그를 무서워했으나 그의 용맹성 때문에 그를 신뢰했다. 뒤리보 기사는 푸아티에 출신으로 매우 젊었다. 므쓔 레스퀴르는 그를 부관으로 삼았으며 그에 대해 만족했다. 두 므쓔 보볼리에의 동생은 나이 열다섯이었는데 형들을 찾아 왔다. 그는 총 쏘는 것을 처음 보았을 때 겁을 먹었다. 큰형은 그를 여러 사람 앞으로 데려와 그의 행동을 공개적으로 질책했다. 그 후 그는 언제나 집안의 명예를 지켰다.

내가 특별히 알 기회가 있었던 이 장교들 외에도 다음과 같은 사람들이 있었다. 므쓔 캉트로, 므쓔 디외지, 므쓔 카크레, 므쓔 베르네스(모두 왕의 시종이었다), 므쓔 보 드 벨뷔, 므쓔 베르나르, 므쓔 세리제, 므쓔 블루앵, 므쓔 보냉 데 조비에, 므쓔 파리에른, 므쓔 프레, 므쓔 브뤼네, 므쓔 브로쿠르, 므쓔 쥬네, 므쓔 조슬랭, 므쓔 모리네, 므쓔 네스드, 므쓔 라플루즈, 므쓔 소종 형제, 므쓔 방당강, 므쓔 트랑킬 디제르네, 므쓔 발루아, 므쓔 텍시에(므쓔 쿠를레의 형제), 또 다른 므쓔 텍시에(용맹성 때문에 부대에서 유명한 포병), 등등.

처음에, 공화파 군대의 탈주자들은 모두 방데군에서 장교나 기병이 되었다. 그러나 보병의 수가 많지는 않았지만 그래도 상당해지자, 그들을 므쓔 페가 지휘하는 프랑스 부대, 독일 부대, 스위스 부대 이렇게 셋으로 나누었다. 각 부대는 120명 정도로 구성되었다. 그들은 부대창고가 있는 모르타뉴에서 일종의 정규 근무를 했다. 스위스 부대는 대부분 불행한 왕실수비연대의 분견대에서 도주한 병사들로 구성되었다. 그들은 8월 10일에 동료들이 학살당하는 동안 노르망디의 수비대에 있었다. 그들은 복수를 노렸으며 모두 영웅적으로 싸웠다.[105] 부대에서 가장 용감하

105 1792년 8월 10일 튈르리 왕궁 공격을 가리킨다. 왕궁을 수비하고 있던 스위스 수비대는 몰살당했다.

고 가장 잘생긴 사람 가운데 한 사람인 스위스인 므쓔 켈러가 그들의 지휘관이었다. 이 부대들은 대오를 갖추어 전투하지 않았다. 그들도 농민들처럼 산개하여 싸우지 않았더라면 괴멸당했을 것이다.

므쓔 델베가 선출된 후 방데인들은 곧바로 공화파 공격에 나섰다. 므쓔 봉샹의 부대는 공화파를 두 차례 격파하여 그들이 다시 루아르강을 건너게 했다. 므쓔 델베와 므쓔 라로슈자클랭은 투아르로 갔는데 별다른 저항을 받지 않았다. 앙리는 심지어 루뎅까지 정찰을 나갔다. 그러는 동안, 몸이 좋지 않았던 므쓔 레스퀴르는 불레에 남아 있었다. 거기서 그는 므쓔 루아랑 부대의 한 장교에게서 즉시 대군에게 원군을 보내달라는 내용의 편지를 받았다. 전에 므쓔 루아랑의 부대는 때때로 우리 장군들과 협력했었다. 전쟁 초기에 그 부대는 샹토네에서 빛나는 승리를 거두었고 그 후 몇 차례 공격을 받았지만 몽태귀 지방과 퐁트네에서 낭트로 가는 길을 잘 지켜냈다. 그 부대는 뤼송으로 들어가려는 시도를 한 적이 있으나 성공하지는 못했다. 므쓔 루아랑은 훌륭한 사람이었고, 므쓔 사피노 드 라 베리, 므쓔 베자리 형제, 므쓔 베르퇴유, 므쓔 그를리에 같은 뛰어난 장교들을 거느렸다. 그러나 용기와 능력이 없는 장교들도 있었고, 병사들도 봉기가 일어난 전 지역에서 가장 용기가 없기로 유명했다.

공화파들은 뤼송에서 나와 퐁샤롱과 샹토네를 계속 공격해 승리를 거두었다. 그들은 므쓔 사피노 드 라 베리를 붙잡아 죽였다. 그것은 사람들이 므쓔 레스퀴르에게 전해준 나쁜 상황이었다. 그는 즉시 므쓔 루아랑을 보러 떠났다. 그가 받은 편지는 므쓔 루아랑의 부대가 처한 상황을 너무나 비참하게 이야기하고 있어서 그는 가급적 빨리 장교들과 병사들을 데리고 므쓔 루아랑에게 가야겠다고 생각했다. 그는 당시 아르장통에 있던 다른 장군들에게 자기의 출발을 알렸다. 그들은 므쓔 레스퀴르와 합세하기 위해 레제르비에로 왔다. 군대가 집결했다.

공화파는 뤼송까지 후퇴했다. 방데인들은 거기서 그들을 공격했다. 전투는 처음에는 방데인들에게 유리했다. 그러나 병사들과 심지어는 장교들까지 부근에 있는 집을 약탈하기 시작하면서 부대가 혼란스러워졌다. 적은 이 기회를 이용했다. 우리 장군들의 용감한 노력에도 불구하고 병사들을 결집시킬 수도 승리를 가져올 수도 없었다. 므슈 탈몽은 기병대의 선두에서 두드러진 활약을 했으며 그의 엄격함은 부대를 구하는 데 기여했다. 므슈 레스퀴르의 말이 부상당했고, 므슈 델베는 몇 번이나 사로잡힐 위기를 넘겼다.

부대의 진군은 샤토네의 중요한 초소를 되찾는 데 도움을 주는 정도였다. 병사들의 집결은 졸속으로 이루어졌고 수도 많지 않았다. 시기적으로 수확기였으므로 소교구들은 사람을 충분히 보낼 수 없었던 것이다. 그렇지만, 뤼송 공격은 장교 두세 사람까지 끼어든 그 무질서만 없었더라면 다른 결과를 낳았을 것이 확실하다. 사람들은 죄인들을 전쟁위원회에 회부하기를 원했지만 병사들의 불만을 야기하지 않을까 두려워했다. 그리고 하급 장교들에게 본때를 보여주어야 한다고도 생각하지 않았다. 부대의 사기를 유지하려면 세심한 배려가 필요했다. 규율만 가지고는 그것을 유지하기가 쉽지 않았기 때문이다. 다행히도, 처벌할 만한 사례는 매우 드물었다. 그렇지만 그들은 한 장교를 강등시켰고, 패배는 신의 징벌이었다고 선언했다.

13

므쓔 탱테니아크의 도착—제2차 뤼송 전투—샹토네 승리

뤼송 전투 이후, 부대는 각자 자기 지역을 방어하러 돌아갔다. 왜냐하면 공화파 군대가 사방에서 쉬지 않고 방데를 공격하기 시작했기 때문이다. 봉샹 부대는 앙주 지방과 루아르강 좌안을 지켰고, 므쓔 라로슈자클랭은 투아르와 두에 쪽에, 므쓔 레스퀴르는 브레쉬르 부근 생소뵈르에, 므쓔 루아랑은 샹토네를 점령한 후 전처럼 루아 지방의 기지에 주둔했다. 당시 므쓔 샤레트는 더욱 맹렬한 전투를 벌이고 있었다. 이 모든 전투에서 승패는 반반이었으나 공화파는 보카주로 진입하는 데 성공하지 못했다.

우리는 농민들이 방데인들의 통제력이 미치지 않는 도시의 시장에 가축을 내다 파는 것을 금지했다. 므쓔 레스퀴르는 이러한 명령에도 불구하고 파르트네의 시장은 여전히 활발하다는 것을 알고, 그곳을 습격하여 시장에 나온 가축 전부를 압수하여 샤티옹으로 끌고 왔다. 그는 그날 상당히 위험한 상황을 겪었다. 므쓔 마르상주와 이야기를 나누며 기병 몇 명과 함께 가고 있을 때, 말을 타고 문 뒤에 숨어 있던 치안군이 갑자기 문을 열고 나와서 그에게 총을 쏜 것이다. 총알은 그와 므쓔 마르상주 사이를 지나갔다. 기병들은 전속력으로 달아나는 그 치안군을 사살했다. 얼마 전에 방데인들은 앞으로는 항상 엄중하게 보복하겠다고 선언한 바 있었다. 이 명령에 따라 파르트네는 방화 보복을 당해야 했다. 왜냐하면 전에 웨스테르만이 최초의 방화를 할 때 파르트네의 주민 여러 명이 동조했기 때문이다. 므쓔 레스퀴르는 주민들을 모아놓고 연설했다. "당신들에게는 내가 당신들의 도시를 점령한 것이 다행이다. 왜냐하면 우리의 선언에 따라 나는 이 도시에 불을 놓아야 하기 때문이다. 그러나 그렇게 하면 당신들은 그것을 클리송을 불 지른 데 대한 개인적인 복수라고 생각할 것이기에 당신들을 사면하겠다." 그렇지만, 그는 행정관들의 부인 두 사람을 인질로 데리고 갔으며, 그 자신은 몹시 싫어하는 것이었지만 약탈 행위에 대해 모르는 척했다. 몇몇 병사는 이 기회를 이용하여 여러 집에 피해를 입혔지만, 사람에게는 어떠한 폭력도 가하지 않았다. 그래서 한 여자가 자기 집 창문에서 우연히 죽임을 당했을 때 방데인들은 매우 유감스러워했고 그의 가족에게 천 프랑을 주었다. 나는 여기에서, 우리 부대의 명예를 위해, 보복할 것이라는 경고가 이행되지 않았음을 덧붙여야 할지 잘 모르겠다. 우리는 청군의 방화, 학살, 잔혹함을 모방하는 것을 너무 싫어했다. 그리고 아무도 우리가 그러한 행위를 저질렀다고 비난하려 하지 않을 정도로 그것은 분명한 사실이었다.

그렇지만, 병력을 증강하고 더 나은 방법을 사용함으로써 뤼송의 패배를 확실히 만회할 필요가 있었다. 므쓔 봉샹의 부대는 앙주 지방을 방어하기 위해 남았으며, 므쓔 샤레트, 므쓔 루아랑, 그리고 대군의 장군들이 연합 작전을 펴기로 결정되었다. 각자 자기의 면(面)에서 가급적 많은 병력을 확보하려고 노력했다. 므쓔 델베는 보프레오 지역 사람들을 모으기 위해 샤티옹을 떠났다.

바로 이 무렵에 므쓔 탱테니아크 기사가 영국에서 왔다. 영국 정부가 반란군 사령부에 파견한 것이다. 그는 어선을 타고 와서 밤중에 홀로 생말로 해변에 내렸는데, 그곳의 지리를 잘 알지 못했고 거짓 통행증조차 없었다. 새벽 3시경 그가 샤토뇌프 마을을 지나고 있을 때 누군가 외쳤다. "누구냐?" 그는 "시투아이앵"이라고 대답하고 지나갔다. 날이 밝자 어디로 갈지 몰랐던 그는 한 농민에게 접근했다. 몇 마디를 나눠보고 나서 그가 믿을 만한 사람이라는 생각이 들자, 그는 자신이 망명귀족이며 방데로 들어가는 방법을 찾고 있다고 말했다. 그의 손에 자신의 운명을 맡긴 것이다. 그 농민은 그를 자기의 오두막집으로 데려가 이틀간 보호한 후, 자기에게 일어난 일을 알리려고 마을 사람들을 모이게 했다. 브르타뉴의 이 지역은 온통 혁명에 적대적이어서 대부분의 소교구에는 다른 생각을 하는 사람이 하나도 없었다. 그들은 보통 열성 자경단이었고, 공화파에 대항하여 무엇인가 할 일이 있을 때는 지역 마을 전체가 함께 모였다. 그들은 므쓔 탱테니아크를 변장시킨 후 그에게 길삽이를 붙여주었다. 그는 소교구에서 소교구를 지나며 루아르강 연안에 도착할 때까지 언제나 필요한 도움과 안내를 받았다. 다섯 밤 동안 200km를 걸어간 후 그는 믿을 만한 뱃사공에게 인계되어 강을 건너는 행운을 얻었다. 공화파의 포함(砲艦)이 없지 않았지만 말이다. 므쓔 탱테니아크는 므쓔 리로가 관할하는 지역에 상륙했고, 이 부대의 장교인 므쓔 플라비니는 그를 참모본부 사람이 많은 불레로 데리고 갔다.

그때까지, 봉기를 일으킨 사람들은 영국과 아무런 연락을 취하고 있지 않았다. 므쓔 샤레트는 누아르무티에 섬을 점령하고 있는 동안에 라로브리의 므쓔 중 한 사람을 왕족들에게 보낸 적이 있는데, 그는 가는 도중에 죽었다. 므쓔 라고델리에르라는 사람은 자기가 영국에서 왔다고 했으나 증명서를 잃어버렸기에 신뢰를 얻지 못한 채 중요하지 않은 편지를 지참하고 돌아갔을 뿐이다. 그 후, 사람들은 그에 대해 아무것도 알지 못했다.

물에 빠져 죽은 것으로 생각되었는데, 사실 그러했다.

므쓔 탱테니아크는 브르타뉴의 명문거족 출신이었다. 나이는 서른이었고 키는 작았으며 얼굴은 생기가 돌았다. 피스톨을 두 개 지참했는데 문서를 총구막이로 사용해서 위장했다. 그는 불레에서 아버지, 므쓔 레스퀴르, 므쓔 라로슈자클랭, 아그라 주교, 드세사르 기사 등을 만났다. 이 므쓔들은 처음에는 그를 다소 경계하여, 망명자들에게는 그러한 임무를 부여하지 않을 거라며 놀라움을 보였다. 므쓔 탱테니아크는 어떤 사람들은 그것을 거부했다고 대답한 후 말했다. "게다가, 므쓔, 나는 당신들의 대의에 동의한다는 것 외에도 특별한 동기가 있어서 이 위험한 임무를 맡았음을 감추지 않겠습니다. 나는 비난받아 마땅할 정도로 방탕한 젊음을 보냈습니다만 영광스러운 일을 함으로써 그 잘못을 보상하고 싶습니다."

그는 가져온 문서를 보여주었다. 그것은 미스터 던다스와 저지의 총독이 보낸 것이었다.[106] 거기에는 봉기를 일으킨 사람들의 용기와 인내심을 찬양하고 모든 수단과 방법을 동원하여 그들을 돕고 싶다는 강력한 의지가 담겨 있었다. 그러나 영국인들은 방데에 대해서는 별로 아는 것이 없었기에 구체적인 답변을 요구하는 아홉 가지 질문을 해왔다. 그들은 편지의 수신인을 전쟁발발 초기에 사망한 가발제조업자 므쓔 가스통으로 할 정도로 우리에 대해 아는 것이 전혀 없었다. 므쓔 탱테니아크는 런던에서는 이 므쓔 가스통이 롱위 전투를 지휘한 장교로 알고 있다고 말했다. 우리는 영국인들이 그렇게 무지한 데 대해 매우 놀랐다. 아마도 우리 장군들의 선언문이 신문에 난 지 오래되었기 때문일 것이다. 영국

[106] Henry Dundas는 영국 피트(Pitt) 내각의 국방상(War Secretary)였다. 저지(Jersey)는 영불해협에서 프랑스에 가까이 있는 영국 섬으로 프랑스혁명기에 많은 사람이 이곳으로 피신했다.

인들은 프랑스 왕의 대의를 지지했음에도 대륙의 사건들에 대해 무관심했거나 혹은 어떤 동기 때문에 무지를 가장할 필요가 있었을 것이다.

그들은 다음과 같은 사항을 물었다. 우리가 반란을 일으킨 진정한 목적은 무엇이며 어떤 사상을 가지고 있는가? 어떤 계기로 봉기했나? 왜 영국과 연락을 하려고 하지 않았나? 다른 지역 혹은 대륙의 열강들과의 관계는 어떠한가? 봉기를 일으킨 지역은 얼마나 넓은가? 우리의 병력은? 군수품은 어떠한가? 어떻게 그러한 것들을 조달했나? 마지막으로, 어떤 도움을 원하는가? 그리고 상륙하기에 적당한 지점은 어디인가?

문서는 공손한 어조로 작성되었다. 거기에는 우리가 영국의 제안을 거절하지 않을까 하는 약간의 두려움과 우리의 계획에 대한 불안이 깃들어 있었다. 그들은 우리가 구체제를 수호하는지, 제헌의회의 생각을 지지하는지 아니면 지롱드파를 지지하는시 알지 못했다.[107]

우리의 장군들과 므쓔 탱테니아크 사이에는 곧바로 신뢰가 형성되었다. 므쓔 탱테니아크는 우리가 순수한 왕당파임을 알았고, 그의 설명에 대해 우리가 품고 있던 모든 의혹을 불식시켰다. 그러자 그는 영국의 사절이라는 자격이 부과하는 조심성을 버리고 터놓고 이야기하기 시작했다. 그는 영국에서는 방데에 대해 자세히 알지 못한다는 것, 전열부대 4만여 명이 반군의 핵심이라고 생각한다는 것, 이 봉기는 전반적으로 노르망디의 봉기와 유사하며 지롱드파 같은 공화파가 배후에 있다고 생각한다는 것 등을 이야기했다.[108] 우리는 그의 임무는 왕족들과 무관하다

---

107 구체제를 지지하는 것은 절대왕정을 지지하는 것이고, 제헌의회를 지지하는 것은 입헌군주정을 지지하는 것이고, 지롱드파를 지지하는 것은 공화정을 지지하는 것이다.

108 1793년 5월 31일과 6월 2일 산악파가 지롱드파를 몰아내고 권력을 잡자 지롱드파를 지지하는 소위 연방주의 반란이 일어났는데 노르망디 지방의 봉기도 그 가운데 하나이다.

는 것을 알았다. 당시 왕족들은 영국에 없었기 때문이다. 그는 영국 정부가 우리를 기꺼이 도우리라는 것, 상륙 준비가 되어 있다는 것 등을 보장했지만, 그러한 움직임을 전적으로 확신하지는 않았다. 그는 망명자들에 대한 영국 내각의 행동에 대해 불만이었다. 왜냐하면 많은 망명자가 우리와 합류하기 위해 저지 섬에서 프랑스 해안으로 가기를 원했으나, 영국 정부는 그들을 프랑스로 안내하는 길잡이를 처형하겠다는 명령을 내렸기 때문이다. 므쓔 탱테니아크는 자기의 임무 때문에 상륙할 수 있었다.

즉시 답변을 해야 했다. 므쓔 탱테니아크는 방데에 나흘밖에 머물 수 없었다. 길잡이가 루아르강 저편에서 기다리고 있어서 정해진 날에 그를 만나러 가야 했기 때문이다. 내 문체는 매우 섬세하고 매우 읽기 좋았다. 므쓔들은 나를 비서로 삼았고, 나는 므쓔 탱테니아크가 피스톨에 담아 갈 문서를 작성했다. 나는 지금 그 문서에 대해 언급할 수 있는 사람이 한 사람뿐이라고는 생각하지 않지만 아마도 나만이 그 편지에 대해 상세히 이야기할 수 있다고 생각한다.

우리는 영국의 대신에게 솔직하게 답변했다. 우리는 방데인들의 정치 사상에 대해 설명했다. 방데인들은 국왕을 왕좌에 복귀시키기만을 원하며, 지금은 국왕이 프랑스의 행복을 위해 내릴 것으로 생각되는 명령에 복종하고 있다는 것, 우리가 구원을 요청하지 않은 것은 통신수단이 불가능했기 때문이라는 것, 그 구원은 우리에게 매우 필요하다는 것 등을 설명했다. 그렇지만 우리는 영국인들이 자기들의 희생이 무의미하다고 생각하지 않도록 우리의 힘을 약간 과장했다. 우리는 사블이나 팽뵈프에 상륙할 것을 제안했으며, 날짜와 장소가 정해지면 5만 명을 데리고 가겠다고 약속했다. 우리는 므쓔 샤레트가 누아르무티에 섬을 빼앗겼으나 생질의 작은 항구를 차지하는 것은 어렵지 않을 것인 반면, 영국인들이 편지에서 언급한 로슈포르, 라로셸, 로리앙은 우리가 공격하기에 매우 어렵다는 점을 알려주었다. 우리는 영국인들의 상륙을 위해 충분한 편의를 제공했지만, 그들은 이미 준비가 되어있었는데도 상당히 굼떴다고 말하지 않을 수 없다. 그러나 우리가 특별히 간곡하게 요구한 것은, 부르봉 왕족이 상륙을 지휘하고 부대가 대부분 망명자로 구성되어야 한다는 것이었다. 우리는 그 경우에만 완전한 성공을 보장할 수 있고, 젊은이 2만 명이 상륙 부대에 합류하고자 자기 지역을 떠날 것이며, 루아르강을 건널 것이고, 모든 브르타뉴인이 봉기를 일으킬 것이라는 점을 분명히 했다. 우리는 브르타뉴 지역과 연락을 하고 있지는 않지만 그 지역의 생각을 알고 있었다. 불레에 있던 모든 장군이 이 답신에 서명했으며, 아그라 주교는 대범하게 자기의 이름을 적었다.

장군들은 왕족들에게도 자기들의 충성심과 무조건적인 복종심을 증명하기 위해 편지를 썼다. 그들은 왕족 가운데 한 사람이 방데에 오기를 간절히 원했다.

그 편지는 영국인들이 읽을 것이어서 매우 짧았지만 므슈 탱테니아크는 상황을 충분히 관찰했으므로 구두로 그것을 설명할 수 있었다. 우리는 그에게 방데가 무엇에 관심 있는지를 파악하도록 당부했고, 방데가 왜 도움이 필요한지를 가감 없이 볼 수 있도록 했으며, 왕족 한 사람과 망명자 만 명만 있으면 비록 그들이 무기도 없고 돈도 없더라도 완전한 성공을 얻는 데 충분하다는 점을 주지시켰다. 마지막으로, 우리는 그가 왕족들에게 제대로 보고할 수 있도록 정확한 사실만을 빠짐없이 이야기해주었다.

므슈들은 므슈 탱테니아크가 므슈 델베와 므슈 봉샹을 만나기를 바랐다. 그러나 한 사람은 병사들을 모으는 일에 정신이 없었고, 다른 한 사람은 부상 때문에 아파서 여전히 잘레에 있었다. 그들은 이야기되었거나 행해진 모든 것에 두 므슈가 동의할 것임을 므슈 탱테니아크에게 보장했다. 므쓔 탱테니아크는 다시 돌아와 그들을 만날 것을 기약하며 떠났다. 나는 그가 다시 돌아와 그들을 만났을 것으로는 생각하지 않는다. 그는 대규모 전투가 있기 전날 떠나는 데 대해서 심심한 유감을 표했다. 그는 당시 우리가 준비했고 스위스인들의 요청에 따라 8월 10일로 날짜를 정한 뤼송 공격에서 방데인들과 함께 싸우기를 원했던 것이다. 우리 장군들은 므쓔 탱테니아크에게 그의 임무가 더 중요하며 그것이 전투보다 더 위험하다고 말했다. 그는 므쓔 리로의 부대 쪽에서 루아르강을 다시 건넜으며, 초병이 그를 강 우안까지 경호했다. 그는 자기의 길잡이를 다시 만났고, 밤새 걸어서 샤토뇌프 부근에 있는 그 선량한 농민의 집으로 갔다. 거기서 그는 저지로 간 후, 저지에서 영국으로 갔으나, 소문에 의하면 문서들을 바다에 잃어버렸다고 한다. 그 후, 1794년에 그는 한 번 이상 그 위험한 여행을 했으며, 영국과 방데 사이에서 능숙함과 놀라운 용기를 가지고 사절로서의 임무를 수행했다. 언젠가 그는 편지를 입에 물고 루아르강을 건넌 적이 있다. 그는 낭트 중심부에 도착하여 그 잔인한 카리에 앞에 갔으나, 그의 머리에 총구멍을 내겠다고 위협하여 그에게서 빠져나오는 데 성공했다고 한다.[109] 1795년, 그는 브르타뉴 반군의 우두머리가 되어 키브롱 공격작전에 참가했다. 이 원정의 상처뿐인 성공 이후에도 그는 좌절하지 않고 소규모 부대를 이끌고 끈질기게 전투를 계속하며 용감하게 싸우다가 손에 무기를 든 채 죽었다. 므쓔 탱테니아크는 내전기에 불굴의 의지와 고결한 정신을 보여준 최고의 인물 가운데 한 사람이다.[110]

---

109 카리에(Jean-Baptiste Carrier)는 1793년 9월 낭트 주재 특임인민대표로 부임하여 공포정치를 실시했다. 특히 그는 수천 명을 루아르강에 수장한 것으로 악명이 높았다. 1794년 7월 로베스피에르가 실각한 후 재판을 받고 처형당했다.

110 1795년 6월~8월, 프랑스인 망명자로 구성된 원정군 3,000여 명이 영국의 도움으

뤼송 공격을 위한 병력결집과 전투준비는 기대했던 것만큼 신속하지 않아서 12일에야 부대 전체가 루아에 모였고 전투는 14일에 시작되었다. 장군들은 전쟁위원회에 모였다. 위원회는 전에는 유명한 장교들이 모두 참여했으나 이제는 므쓔 델베를 선출할 당시에 정해진 원칙에 따라 구성되었다.

전투는 넓은 평원에서 벌어졌는데 이런 식의 전투는 방데인들에게는 매우 드물었고 또 힘들었다. 므쓔 레스퀴르는 부대를 계단식으로, 다시 말하면 서로가 연달아 의지하는 식으로 배치하여 공격하자고 제안했다. 그는 이 작전의 장점을 열띠게 주장했고 이 계획이 채택되었다. 므쓔 샤레트와 므쓔 레스퀴르가 맡은 왼쪽 날개가 공격을 개시했다. 므쓔 델베, 므쓔 루아랑, 그리고 내 아버지는 중앙부를 지휘했고, 므쓔 라로슈자클랭과 므쓔 마리니는 오른쪽 날개를 맡았다.

므쓔 샤레트와 므쓔 레스퀴르는 힘차게 작전을 개시했다. 그들은 서로의 이야기를 경청했으며 서로를 주시했다. 서로에 대한 경쟁심 때문에 각자의 용기와 병사들을 잘 이끌기 위한 보살핌이 늘어났다. 청군은 처음에는 후퇴했기에 왼쪽 날개는 벌써 대포 5문을 빼앗았다. 그렇지만 중앙 부대는 선두 공격부대를 뒤쫓지 않았다. 므쓔 델베가 자기의 장교들에게 아무런 지시도 내리지 않았기 때문이다. 병사들은 습관적으로 적을 향해 돌격하며 싸우려 했다. 므쓔 델베가 그들에게 소리쳤다. "병사들이여, 이쪽으로 서라, 저쪽으로 서라, 내 말(馬)과 보조를 맞추어라!" 므쓔 에르보는 중앙의 한 부대를 지휘했는데 작전 계획을 전혀 알지 못

로 브르타뉴 남부 해안에 상륙하여 그곳에 대기하고 있던 슈앙 15,000여 명과 합류했으나 지휘체계의 분열 때문에 키브롱 반도에서 6,000여 명이 정부군의 포로로 잡혔다. 탱테니아크는 키브롱 반도에서 나와 정부군의 배후를 공격하는 작전을 펼쳤으나 성공하지 못하고 사망했다. 두 왕제(프로방스 백작과 아르투아 백작) 사이의 갈등이 작전실패의 한 원인이었다.

했기에 전과 마찬가지로 병사들을 앞으로 전진시켰다. 그는 병사들이 자신을 따르리라는 것을 전혀 의심하지 않았다. 공화파 장군들은 즉시 이러한 무질서를 이용했다. 그들은 경포병대를 기동시켜 므쓔 델베의 부대를 와해시키는 데 성공했다. 그런 다음에는 기병대의 공격이 이어졌다. 한편, 앙리는 이 지역의 지리를 알지 못했으므로 므쓔 마리니에게 선두를 맡겼다. 므쓔 마리니는 길을 잘 안다고 생각했으나 착각하고 헤매는 바람에 오른쪽 날개가 전투 장소에 도착했을 때는 이미 전투가 다 끝난 뒤였다. 그들은 전투에 참가하지도 못하고 패배만 바라보았을 뿐이었다. 므쓔 라로슈자클랭은 후퇴하는 부대를 보호했다. 그는 짐마차가 전복되어 있던 베세 다리의 통행을 재개시킴으로써 많은 사람을 구했다. 중앙 부대가 패주하는 중에도 쿠를레의 농민 40명은 흩어지지 않고 총검을 교차하여 세우며 기병대의 온갖 공격을 막아냈다. 그들은 도망치지 않았다. 그들은 므쓔 레스퀴르의 부대에서도 용감하기로 유명한 사람들이었다. 므쓔 레스퀴르는 특히 이 소교구에 애착을 느꼈다.

이 불행한 사건은 이때까지 일어난 사건 가운데 가장 큰 피해를 남겼다. 우리는 병사 1,500여 명을 잃었다. 경포병대는 평원 전투에서 위력적이었다. 농민들이 그렇게 무질서하고 공포에 사로잡혀 패주한 적은 없었다. 죽은 장교는 두 사람뿐인데, 므쓔 보드리 다송은 1792년에 전쟁을 시작했었고 므쓔 모르네는 샤티옹 출신이었다.

므쓔 레스퀴르는 전열부대에나 어울리지 우리의 농민들과 대부분의 장교에게는 어울리지 않는 작전계획을 수립했다는 비난을 받았다. 그는 전쟁위원회에서 그 계획을 강력하게 주장했었다. 그러나, 그는 므쓔 델베가 확정된 계획을 성공시키기 위해 아무것도 하지 않았다고 비난했다. 므쓔 델베는 그에게 대답했다. “므쓔, 그것은 당신의 계획입니다. 당신이 모든 것을 지휘했어야 합니다.” 므쓔 레스퀴르가 반박했다. “므쓔, 작전

계획이 일단 채택되면 그것을 지휘하는 것은 총사령관입니다. 당신은 므쓔 샤레트와 내가 왼쪽 날개를 맡으라고 했고, 우리는 적과 싸웠으며 우리의 의무를 다했습니다." 뿐만 아니라, 공화파 장군들은 스파이를 통해서 부대의 행군과 공격 시점 등을 사전에 알고 있었다. 심지어 전투 중에 일부 외지인 병사들은 부대를 버리고 적군으로 넘어갔다.

므쓔 샤레트는 자기의 면(面)으로 돌아갔다. 그는 므쓔 레스퀴르와 함께 질서정연하게 후퇴했다. 그들은 서로 존경심을 보여주었고 우정을 약속하며 헤어졌다. 내가 전투 소식을 듣기 위해 보냈던 전령은 현장에서 므쓔 레스퀴르를 만나지 못했다. 그래서 므쓔 샤레트가 나에게 편지를 썼다. 편지 내용은 다정했고, 남편에 대한 존경심을 표현했다.

청군이 다시 샹토네를 점령했다. 사람들은 그들이 보카주로 진입할까봐 걱정했다. 이곳에서 그들을 몰아내는 것이 무엇보다 중요하게 여겨졌기에 므쓔 루아랑과 새로운 협약이 맺어졌다. 그는 카트르 슈멩 쪽에서 위장 공격을 했고 그러는 사이에 대군(大軍)은 우회하여 퐁 샤롱 쪽으로 가서 공화파 후위부대를 공격했다. 그 부대의 지휘관은 행운이 따른 무모함과 총사령관에 대한 불복종으로 제1차 클리송 전투를 승리로 이끌어 커다란 명성을 얻은 르콩트 장군이었다. 그는 이번에도 그렇게 하려고 했다. 그는 퐁트네로 후퇴하라는 명령을 무시하고 후퇴하지 않았다가 결국 고립되었다. 므쓔 도티샹이 지휘하는 봉샹 부대는 끈질기게 싸워 그들의 진지를 빼앗았다. 가장 큰 공을 세운 부대는 뤼송 전투를 경험하지 않아서 기가 죽지 않았던 이 부대였다. 청군은 사방에서 포위 공격을 받았고 참담한 패배를 당했다. 그들은 어느 쪽으로 도망쳐야 할지 몰랐다. 대로(大路)는 차단되어 있었고, 병사들은 보카주에서 길을 잃었다. 그들은 대포도 군수물자도 챙기지 못했으며 전에 없이 많은 병사를 잃었다. 그 가운데 '복수자(復讐者)'라는 별명을 가진 대대가 있었는데, 그들은 그 잔인함 때문에 모조리 죽임을 당했다.

몽디옹의 어린 기사는 그날 맹활약했다. 그 옆에 있던 고위 장교는 그보다 덜 용감했다. 그가 부상당했다며 후퇴하려고 하자 그 아이가 그에게 말했다. "내게는 그렇게 보이지 않는데요. 당신이 후퇴하면 병사들의 사기를 꺾을 것이니 당신이 도망칠 낌새를 보이면 나는 당신을 쏠 겁니다." 그 아이는 능히 그렇게 할 사람이었다. 그 장교는 자기 자리를 지켰다.

샤토네 승리 이후, 거의 모든 지휘관이 레제르비에에 모여 방어 수단에 대해 고심했다. 그들은 나날이 위험이 커지는 것을 보았다. 공화파 군대의 수는 늘어나고 있었으며, 뛰어난 장군들에 의해 잘 조직되고 지휘되고 있었다. 외국 열강들이 항복조약에서 프랑스 국내에서는 작전을 벌일 수 있도록 허용한 마양스,[111] 발랑시엔, 콩데 수비대가 방데를 공격하기 위해 대거 이동해왔기 때문이다. 상황이 매우 어려워지자 그들은 지휘체계를 다른 식으로 개편했다. 므쓔 델베는 총사령관의 지위를 유지했고, 봉기 지역을 4부분으로 나누어 각각 방어를 책임진 사령관을 두었다. 므쓔 샤레트는 낭트와 해안 지방을, 므쓔 봉샹은 앙주 지방의 루아르강 연안 지방을, 므쓔 라로슈자클랭은 봉기를 일으킨 앙주 지방의 나머지 지역을, 므쓔 레스퀴르는 봉기를 일으킨 푸아투 지방의 서부지역을 지휘했다. 그들은 므쓔 루아랑에게는 다른 지위를 부여하여 그의 부대를 므쓔 레스퀴르의 부대에 합류시키려 했다. 그러나 므쓔 레스퀴르는 자기 병사들이 평판이 좋지 않은 루아 주둔지의 병사들과 합류하는 것을 원하지 않았으므로 므쓔 루아랑은 사실상 다섯 번째 지역을 지휘하게 되었다. 므쓔 탈몽은 언제나처럼 기병대 사령관이었고, 므쓔 마리니는 포병

[111] 마양스(Mayence)는 오늘날 독일 도시인 마인츠를 말한다.

대 사령관이었다. 스토플레는 소장이 되었다. 아버지는 봉기 지역의 총독 겸 전쟁위원회 위원장이 되었고 므쓔 루아랑은 부총독, 므쓔 뒤우도트리브와 므쓔 부아시는 보좌관이 되었다. 참모본부는 모르타뉴에 두었고, 기능이 만족스럽지 못했던 최고위원회는 샤티옹에 남았다. 이 위원회는 과욕을 부렸고 정책을 독단적으로 결정했는데, 이것은 불편하다기보다는 터무니없는 것이었다. 장교들은 부대에 따라 흰색이나 검은색 안감을 댄 녹색 조끼를 군복으로 입도록 결정되었으나 시행되지는 못했다. 또, 각 부대는 엘리트 병사 1,200명으로 전투단을 구성하도록 결정되었다. 이들은 급료를 받으며, 전열부대처럼 운영되고, 동일한 규율 아래에 놓일 것이었다. 그러나 그러한 부대를 조직할 시간이 없었다. 마지막으로, 고급 장교들이 모두 참석하는 과거의 전쟁위원회를 회복시켰다. 그 소(小)위원회는 그 불행한 뤼송 패배 전날 단 한 차례 열렸을 뿐이었다. 그러나 공화파 군대의 배가된 공격은 레제르비에의 대회의에서 결성된 사항들을 집행할 시간적 여유를 주지 않았다. 회의가 끝나자 지휘관들은 자기가 맡은 면(面)을 방어하러 떠났다. 므쓔 레스퀴르는 생소뵈르 기지로 돌아와 그곳에서 며칠 동안 편안한 시간을 보냈다. 그곳에는 그의 영지가 있었기에 몇몇 농민은 이미 폐지된 부과조를 내려 했다. 그는 그것을 되찾으려 싸우고 있는 것이 아니라고, 농민들은 전쟁 중에 큰 피해를 입었으니 그 정도 작은 배상은 받을 만하다고, 그리고 부과조는 전 프랑스에서 폐지되었으므로 다른 농민들보다 더 양심적이고 정직한 농민들이 그것을 내서는 안 된다고 그들에게 말했다.

므쓔 레스퀴르는 공화파 부대와 두 차례의 소규모 전투를 벌였다. 이들은 생멕상과 에르보에서 공격해왔는데, 어느 쪽도 완전한 승리를 거두지 못한 채 각자 자기 지역을 지켰다. 그 무렵, 최고위원회에 배속되었던 70대의 늙은 므쓔 르메냥이 무기를 잡고 전투에 더욱 적극적으로 참가하기를 원했다. 그는 생소뵈르로 가서 므쓔 레스퀴르를 만났다. 그 선량한 노인은 그의 병사가 되기를 원한다고 말했다. 누구도 이 사람보다 더 열정적이고 더 용감하지 못했다. 므쓔 레스퀴르와 장교들은 그를 아버지라고 불렀다. 또한 바로 그 무렵, 라로셸 출신의 스무 살 먹은 므쓔 알라르가 부대에 들어오기를 원한다고 말했다. 그는 우연히 내 어머니에게 말했고, 어머니는 그의 행동의 온화함과 전쟁에 대한 열정이 보여주는 대조적인 면에 감동받아, 므쓔 라로슈자클랭에게 그를 부관으로 쓰도록 추천했다. 그는 곧 므쓔 라로슈자클랭의 친구이자 훌륭한 전우가 된다.

14

라로슈 데리네, 마르티녜, 두에, 투아르, 코롱, 볼리외, 토르푸, 몽태귀, 생필장 전투—클리송 수송대 공격

내 이야기는 이제 잔인한 시점에 도달했다. 이제 나는 더는 방데인들의 성공과 희망을 전하지 못할 것이다. 언제나 용기와 영광은 있을 것이지만, 성공조차도 슬픈 모습이 될 것이다.

봉기 지역은 240,000명이 포위했다. 대부분은 이웃 지역에서 징집되어 온 사람들이었지만 그들 가운데에는 뛰어난 부대도 많았다. 끔찍한 조치들이 취해졌다. 청군은 언제나 손에 불을 들고 행군했다. 그들의 모든 승리는 학살을 동반했는데, 여자들과 아이들도 예외가 아니었으며 포로들도 죽임을 당했다. 마지막으로, 국민공회는 모든 지역이 사람이 없고, 집도 없고, 심지어는 나무도 없는 사막이 되어야 한다는 명령을 내렸다. 이 명령은, 부분적으로는, 집행되었다.[112]

---

[112] 1793년 8월 1일 국민공회에서 공안위원인 베르트랑 바레르는 다음의 내용이 포함된 유명한 연설을 했다. "우리는 국내가 평화롭게 되고, 반도들이 진압되고, 비적이 전멸된 다음에야 평화를 얻을 수 있다. 외국 열강의 정복과 배신은 방데도(道)가 그 파렴치한 이름과 반역적인 죄인들을 잃어버리는 날 끝날 것이다. 방데가

9월 초, 내전이 일어난 전 지역을 포위한 그 엄청난 군대에 맞서 행동을 개시한 부대는 봉샹 부대였다. 그들은 공화파가 쎄 다리를 지키기 위해 기지를 세운 라로슈 데리녜로 이동해서 그곳을 빼앗았다.

동시에, 대군 가운데 앙주 지방을 관할하던 므쓔 라로슈자클랭의 부대가 마르티녜로 이동했다. 병력의 우세를 확신한 적군이 공격해왔다. 전투는 처절했고 끈질겼다. 앙리는 오솔길에서 명령을 내리고 있었는데 사격병들이 앙리에게 다가와 총을 쏘았다. 총알이 한쪽 팔에 맞아 엄지손가락이 세 조각으로 부서졌고 총알이 팔꿈치를 스쳤으나 앙리는 손에 쥐고 있던 피스톨을 놓치지 않았다. 그는 하인에게 말했다. "팔꿈치에서 피가 나는지 보라!" "나지 않습니다, 므쓔." 그가 말했다. "그렇다면 깨진 곳은 엄지손가락뿐이구나!" 그는 계속해서 병사들을 지휘했다. 상황이 유리해졌지만 밤이 되었으므로 그 유리한 상황을 이용할 수 없었다. 적군은 그 틈을 타서 두에 쪽으로 이동했다.

다음 날, 봉샹 부대는 므쓔 라로슈자클랭 부대와 합류하러 왔다. 그는 부상 때문에 부대를 지휘할 수 없었다. 스토플레가 지휘권을 잡고, 공화파가 진을 치고 있는 두에 쪽으로 이동하여 공격을 감행했고 처음에는 승리를 거두었다. 그러나 기병대가 방데인들의 오른쪽을 공격해 들어와 혼란에 빠졌다. 그때 스토플레는 허벅지에 총알을 맞았다. 대포 몇 문을 버리고서라도 후퇴하지 않을 수 없었지만 므쓔 스토플레가 부상을 무릅

없으면 국왕주의도 없다. 방데가 없으면 특권계급도 없다. 방데가 없으면 공화국의 적은 사라질 것이다." 8월 1일의 법에는 바레르의 제안에 따라, 다음과 같은 조항(제8조)이 포함되었다. "여자들, 아이들, 노인들은 건물 안으로 인도될 것이며, 음식과 안전을 제공받고 인간에게 합당한 모든 대우를 받을 것이다." 이 조항은 준수되어 과연 여자들, 아이들, 노인들과 같은 양민들은 학살에서 제외되었나에 대해 논쟁이 벌어지는데, 라로슈자클랭 부인은 이에 대해 부정적인 증언을 하고 있는 것이다.

쓰고 계속 지휘한 덕분에 후퇴는 그다지 무질서하지 않았다. 공화파 부대와 징집병이 나날이 늘어났다. 방데인들은 이들의 전위부대와만 전투를 벌일 뿐이었다. 강력한 부대가 낭트, 앙제, 소뮈르, 푸아티에에서 몰려왔다.

므쓔 레스퀴르는 생소뵈르 주둔지를 떠나 9월 14일에 2,000명을 거느리고 투아르에 집결해 있는 청군을 공격했다. 그곳에는 국민방위대와 징집병 2만여 명이 있었다. 우리의 병사들은 처음에는 승리를 거두어 그들을 완전히 패주시켰다. 그때 에르보에서 엄청난 수의 공화파 증원군이 도착하자 므쓔 레스퀴르는 후퇴를 결정했다. 퇴각은 질서정연했다. 치안군은 퇴각부대를 교란하려고 했으나 므쓔 레스퀴르와 장교들은 굳건한 자세로 그들을 기다렸고 저항했다. 치안군은 전진할 엄두를 내지 못했으므로 그들은 부상자들을 안전하게 후송했다. 므쓔 레스퀴르는 들것을 드는 것을 도왔는데, 이것은 그뿐 아니라 모든 장교가 흔히 하던 일이었다.

투아르 공격은 큰 성과를 거두어 그쪽에 있던 징집병들을 와해시켰고, 전열부대가 없는 그 부대의 청군을 위협했다. 결국 그들은 패주했고 다시 나타나지 않았다.

바로 이 전투가 끝난 후에 공화파는 시체 가운데에서 한 여자의 시신을 수습했다. 신문들은 이 사건을 요란하게 보도했다. 어떤 신문들은 그것이 나라고 말했고, 어떤 신문들은 비적 대장의 여동생인 잔 드 레스퀴르라고 말했다. 또한 그들은 그녀가 방데인들 사이에서는 잔 다르크처럼 기적의 소녀로 통한다고 떠들어댔다. 이 마지막 추측 역시 다른 추측들과 마찬가지로 거짓이었다.[113] 우리 부대의 모든 장군은 여자들이 부대를

---

[113] (원주) 므쓔 레스퀴르는 여자 형제가 없었다. 그는 독자였다.

따라다니는 것을 엄금해왔으며, 발각되는 여자는 수치스럽게 쫓겨날 거라고 경고해왔다. 부대가 집결해 있는 기간이 짧았기에 상인들이 부대를 따라다니는 것도 허용되지 않았다. 투아르 전투가 벌어지기 얼마 전에 한 병사가 비밀을 털어놓겠다며 나를 찾아 불레로 왔었다. 그는 소녀였다. 그녀는 자기의 양모 조끼를 극빈 병사들에게 지급되는 샴 나사 조끼와 바꾸기를 원했는데 그러면 신분이 발각될까 두려워 나에게 왔던 것이고 므쓔 레스퀴르에게는 아무 말도 하지 말아 달라고 간청했다. 나는 그녀가 쿠르레 출신으로 이름이 잔 로뱅인 것을 알았다. 나는 그 소교구의 보좌신부에게 편지를 보냈다. 그는 그녀가 매우 정직한 소녀이며 그녀가 싸우러 가는 것을 막을 수 없었다고 대답했다. 그녀는 떠나기 전에 영성체를 했다. 투아르 전투 전날, 그녀는 므쓔 레스퀴르를 찾아가 말했다. "장군님, 저는 여자입니다. 마담 레스퀴르는 그것을 압니다. 마담은 제가 솔직하다는 것도 압니다. 내일 전투가 있습니다. 저에게 구두 한 켤레를 주십시오. 장군님께서 제가 싸우는 것을 보시면 장군님께서는 저를 돌려보내지 않으실 것입니다." 실제로 그녀는 므쓔 레스퀴르가 보는 앞에서 끈질기게 싸웠다. 그녀는 그에게 외쳤다. "장군님, 저를 앞지르지 못할 것입니다. 저는 언제나 장군님보다 청군에 더 가까이 있을 것입니다." 그녀는 손에 부상을 입었지만 그것은 그녀를 더욱 용맹스럽게 만들 뿐이었다. 그녀는 "이것은 아무것도 아닙니다"라고 말하며 그에게 손을 보여주었다. 최종적으로 그녀는 백병전에 맹렬하게 뛰어들어 싸우다가 죽음을 맞았다.

다른 부대에도 이렇게 변장하고 싸운 여자가 몇 있었다. 나는 델베 부대에서 고수(鼓手)로 복무한 매우 용감하다고 소문난 열세 살 먹은 어린 소녀를 보았다. 뤼송 전투에서 그녀의 친척 가운데 한 사람도 그녀와 함께 있다가 그때 둘 다 죽었다. 므쓔 봉샹 부대에서 한 소녀는 아버지의 죽음에 복수하려고 기병으로 복무했다. 그녀는 '앙주인(人)'이라는 이름으로 방데의 모든 전투에서 용맹을 떨쳤다. 그녀의 이름은 르네 보르드로였는데 내가 알기로는 전투에 참가한 농민 여자 가운데 유일한 생존자이다.[114] 그녀는 온몸에 상처를 입었으며, 6년 동안 보나파르트의 포로로 있었고, 심지어는 몽생미셸 성(城)에서 1년 동안 사슬에 매여 있었다. 그녀는 왕정복고로 비로소 자유를 되찾았다가 1815년에 또다시 전투에 참가했다. 또한 나는 어느 날 키 크고 예쁜 젊은 소녀가 숄레에 온 것을 보았다. 그녀는 허리에 피스톨 두 정과 칼을 차고 있었으며, 창으로 무장한 여자 둘을 대동했다. 그녀는 나의 아버지 앞으로 스파이 한 사람을 끌고 왔다. 사람들은 그녀에게 물었고, 그녀는 투르몽드 소교구 출신이며 그곳에서는 남자들이 군대에 가서 여자들이 경비를 섰다고 대답했다. 사람들은 그녀를 크게 칭찬했다. 그녀의 씩씩한 기상은 그녀를 더욱 아름답게 했다.

나는 무장한 남장여자는 다해서 열 사람도 안 되었다고 생각한다. 청군은 자기들의 잔인함을 정당화하려고 전투에 참가한 여자가 많다고 말한 것이다. 청군이 전투에 패하고 도망칠 때 패잔병들이 마을의 아이들과 여자들에 잡혀서 괴롭힘을 당한 것은 사실이다. 그것은 무서운 복수였지만 민중의 그 분노를 격발시킨 것은 청군의 학살과 방화였다.

신부들도 전투에 참가했다는 거짓말도 돌았다. 신부들은 전쟁터에서 죽어가는 사람들에게 고해성사를 주었다. 전쟁터에서 신부들의 시신을 발견할 수 있는 것은 이 때문이다. 신부들은 병사들을 격려하고 모으며 용기와 위로를 주는 것 이외의 다른 일을 하려는 생각을 한 적이 없다.

---

[114] (원주) 그녀는 1824년 무렵에 죽었다. (저자는 권말의 '정오표'에서 다음 사항을 추가했다.) 이 용감한 소녀는 기병대에서 싸웠다. 그녀는 첫 전투에서 청군 열일곱을 죽였다고 한다. 그녀의 이 믿을 수 없는 용기는 모든 부대에서 칭송되었다.

만일 농민들이 신부들이 본래의 직분에서 벗어나는 것을 보았다면 신부들에 대한 존경심을 상실했을 것이다. 신부가 전투에 참가한다는 것은 방데인들의 생각과는 너무나 거리가 먼 것이어서 장군들은 차부제(次副祭)라는 신분을 숨기고 전투에 참가한 므쓔 술리에를 감옥에 넣었다.

신부들은 방데인들을 잔인하게 만들었다는 비난도 받았는데 이것보다 더 심한 거짓은 없다. 정반대였다. 성직자의 명예를 높인 인도주의적인 면모를 찾는 것은 어렵지 않다. 성직자들이 학살을 자행하려는 분노한 병사들에게 탄원한 덕분에 수많은 사람이 목숨을 건질 수 있었다. 또한, 농민들의 전투 참여를 가장 열정적으로 독려한 신부들이 농민들이 패자들의 피를 뿌리는 것을 가장 열정적으로 막은 경우도 많았다. 생트 마리 드 레의 본당신부인 므쓔 두생은 부대에서 가장 열정적인 성직자 가운데 한 사람이었는데, 수많은 포로의 생명을 구했으며 방데인들에게 열정적이고 유창한 연설을 하여 학살을 막았다. 몇 년 뒤, 그는 공화파 재판소에 끌려가 재판을 받았지만 이러한 행동 덕분에 무죄로 풀려났다. 성령공동체의 존경받는 선교사인 므쓔 쉬피오는 어느 날엔가 생로랑 쉬르 세브르의 포로수용소 앞에 서서 포로들에게 가려면 자기 몸을 밟고 가라고 말했다. 방데 신부들의 잔혹한 광신주의에 대한 이야기들은 선입견을 가진 무신론자들의 비방에 속하는 것으로 보아야 한다.[115]

아이들의 경우 군대를 쫓아다닌 아이들이 있기는 했다. 일곱 살 먹은 어린이가 용감하게 전쟁터로 간 사례가 있다.

공화파 부대는 소뮈르 길을 통해 밀고 들어와 두에 앞에서 스토플레를 격퇴한 후 계속 전진하여 코롱에 도착했다. 지휘관은 상테르 장군이

115 당시 과격한 혁명가들은 성당을 파괴하고 신부들을 학살하거나 유형 보내고 성직을 박탈하고 '이성의 신전'을 세우는 등 무신론적인 행동을 했다.

었고 많은 병력을 거느렸다. 방데 대군의 주요 장군들은 다른 지점에서 방어하려고 했다. 므쓔 봉샹, 므쓔 라로슈자클랭, 므쓔 스토플레는 부상을 입었다. 상테르의 진군을 저지할 지휘관과 병사들이 부족했다. 므쓔 탈몽과 므쓔 페로는 참으로 무모하게도 9월 14일에 얼마 안 되는 병력을 데리고 그들을 공격하려 했다. 므쓔 세포와 몇몇 젊은 장교들은 누가 청군에 더 가까이 가는지 경쟁했다. 그들은 너무나 많이 전진했기에 전속력으로 되돌아와야 했다. 이러한 행동들이 농민들을 불안하게 만들었다. 그 전투는 아무런 성공을 거두지도 못했고 중요하지도 않았지만 상테르의 전진을 늦추기는 했다.

다행히 므쓔 피롱은 숄레 쪽에서 사람들을 모으는 데 성공했다. 생토뱅에 있던 므쓔 라로슈자클랭은 부상 때문에 고통을 겪으면서도 자고 신부와 함께 인근 소교구들의 농민들을 모으는 데 전념했으며, 그들을 므쓔 피롱 휘하의 므쓔 로그르니에르에게 보냈다. 그는 이 면(面)에 남아 있는 그래도 알려진 유일한 장교였다. 다른 장교들은 장군들과 함께 모두 모르타뉴 부근에 있었다. 앞으로 이야기하겠지만, 그곳이 더 위험했기에 므쓔 탈몽과 므쓔 페로도 그곳으로 달려갔던 것이다.

므쓔 피롱은 만 명에서 만 2천 명을 이끌고 상테르와 싸우러 돌아왔다. 잠시 멈추었던 청군은 다시 코롱에서 브쟁으로 이동했다. 그들의 군대는 4만 명이 넘었고 대부분 징집병이었다. 그들의 행렬은 대로상에서 16km에 걸쳐 늘어섰다. 므쓔 피롱은 이러한 배치의 약점을 파고들어 공화파의 중앙을 집중 공격했다. 한 시간 반의 전투가 끝나자 그들의 대열이 끊어졌고 혼란이 발생했다. 그때, 그들의 대포는 코롱 마을의 길고 좁은 길을 지나가고 있었다. 므쓔 피롱은 지체하지 않고 마을의 앞쪽과 뒤쪽으로 힘 있게 이동했다. 적의 대포는 그에게 아무 소용이 없었다. 적의 완전한 패배였다. 그들은 16km나 추격당했고 대포 18문과 군수품을 잃었다. 므쓔 피롱은 전에도 우수한 장교들의 도움 없이 재능과 용기를 보여주었는데 이번 승리로 무한한 존경을 받았다. 병사들은 전투 중에 "피롱 만세! 피롱 만세!"를 외쳤다.

므쓔 피롱은 곧바로 보병의 일부와 전 기병대를 므쓔 뒤우 기사에게 보냈다.[116] 므쓔 뒤우 기사는 므쓔 카디, 므쓔 라소리니에르와 함께 앙제와 쎄 다리를 통해 들어온 공화파 부대에 맞서 싸웠다. 공화파 부대의 지휘관은 기사의 삼촌인 뒤우 장군이었다. 므쓔 피롱의 승리와 므쓔 피롱이 보낸 증원군에 고무된 방데인들은 다시 공세를 취해 공화파 전위부대를 격퇴했다. 이들은 바레 다리를 통해 레옹강(江) 너머로 후퇴했다. 이 다리는 포병대가 잘 방어했기에 방데인들은 더는 전진할 수 없었다. 1km 떨어진 곳에 다리가 또 하나 있었는데 그 다리는 끊어져 있었다. 일부 농민들이 장교도 없이 그곳으로 달려갔다. 생랑베르 소교구의 소년 제분업자인 장 베르니에는 대열에서 이탈하여 헤엄쳐서 강을 건넜고 몇 사람이 그를 따라 했다. 다리는 연결되었고 부대가 통과했다. 베르니에는 깃발을 흔들며 "친구들이여 나를 따르라!"라고 외쳤다. 그는 얼마 안 있어 좁은 공간에 밀집되어 있던 공화파 부대의 뒤쪽에 도착했다. 청군은 뜻밖의 공격에 당황했다. 때마침 므쓔 라소리니에르, 므쓔 뒤우 기사, 므쓔 카디가 바레 다리를 돌파했다. 적의 완전한 패배였다. 적은 모든 대포를 잃었고 쎄 다리까지 추격당했다. 공화파는 뒤우 장군이 볼리외 전투에서 방데인들을 지휘한 자기 조카와 내통했다며 맹비난했다. 그것은 사실무근이었다. 뒤우 기사는 매우 용감하면서도 덤벙거리는 스무 살의 젊은이였다. 그는 그러한 수단을 사용할 사람이 아니었다. 게다가,

---

[116] (원주) 뒤우 기사는 므쓔 델베의 처남인 므쓔 뒤우 도트리브와 같은 사람이 아니다.

이러한 종류의 배신은 우리의 내전에서는 일어나지 않았다.

이렇게, 투아르, 소뮈르, 앙제 길 위에서 벌어진 공화파의 공격은 모두 격퇴되었다. 징집병들은 와해되었고, 이 세 방면으로 흩어졌다. 그러나 같은 무렵, 저(低)방데는 사방에서 공격을 받고 있었다.

불행하게도, 므쓔 샤레트는 낭트에서 몰려온 마양스 수비대를 저지할 수 없었다.[117] 동맹국들은 조약을 맺을 때 이 수비대를 우리와 싸우지 못하게 한다는 조항을 생각하지 못했다. 이러한 망각은 방데인들에게 잔인한 상황이 되었고, 동맹국이 동일한 대의를 위해 싸우고 있지 않다는 것을 방데인들에게 보여주었다.

14,000명에 달하는 마양새,[118] 베세르 장군의 낭트 부대, 사블 주둔군이 세 방면에서 동시에 저(低)푸아투의 반군을 공격했다. 졸리, 사뱅, 코에튀스, 슈프의 소규모 부대는 므쓔 샤레트가 있는 레제로 후퇴하지 않을 수 없었다. 학살을 피해 노인, 여자, 어린이들이 후퇴하는 병사들의 뒤를 따르는 바람에 길에는 병사들, 마차, 가축들이 뒤섞였다. 무질서는 극에 달했고 매 순간 공포가 커졌다. 므쓔 샤레트는 레제를 포기하고 몽태귀로 후퇴했으나 거기서도 공격을 받고 패한 후 클리송으로 피신했지만 오래 머물지 못하고 최종적으로 티포주로 갔다. 그는 그때까지 싸워 얻은 땅을 모두 잃었다. 그와 함께 엄청나게 많은 사람이 공화파의 칼과 불을 피해 도망쳤다.

---

117 마양스(Mayence)는 오늘날 독일 도시인 마인츠를 말한다. 프랑스혁명 이념과 군대가 동쪽으로 전진하자, 1793년 3월 18일 마양스 공화국이 선포되었고, 3월 30일 프랑스에 병합되었다. 그러나 마양스는 프로이센과 오스트리아 동맹국의 공격을 받고 7월 23일 항복했다. 항복 조건은 마양스를 지키던 프랑스 병사 18,000명을 프랑스로 귀환시키는 것이며, 그 부대를 외국 군대를 공격하는 데 동원하지 않는 것이었다. 클레베르 장군이 이끄는 마양스 부대는 9월 6일 낭트에 도착했다.

118 (원주) 당시 유명한 마양스 부대를 이렇게 불렀다.

므쓔 샤레트는 대군(大軍)에 도움을 요청했다. 사람들은 방데의 운명이 이 순간에 달려 있다고 생각했다.

바로 이 무렵, 마양스 부대의 장교 한 사람과 부사관 둘이 농민으로 변장하고 불레 성으로 와서 우리 부대로 넘어오겠다고 제안했다. 그러나 그들은 병사들에게는 하루에 30수의 급료를 요구했고, 장교들에게는 백만에서 2백만에 달하는 거액을 요구했다. 방데의 지휘관들은 현금이 없으니 훗날 많은 돈을 주겠다고 제안했으나 그들을 만족시킬 수 없었다. 아무런 약속도 이루어지지 않았다. 그러나 방데인들은 후회하지 않았다. 그러한 거래를 하는 사람들이 무슨 신뢰감을 줄 수 있겠는가? 그들은 더 많은 돈을 준다면 방데인들을 배신할 것이었다. 게다가 그들이 장군들과 동료들의 사절로서 계약을 맺으려 하는지 입증해주는 것은 하나도 없었다. 그러나 그들이 자기들의 병력과 위치에 대해 자랑스럽게 제공한 정보는, 내가 들은 바에 의하면, 토르푸 전투의 승리에 도움을 주었다.

부대는 숄레에 집결했다. 장군들은 이제 곧 벌어질 전투에서 이기지 못하면 죽기로 결심했다. 므쓔 봉샹은 팔에 붕대를 감고 그곳에 갔다. 므쓔 라로슈자클랭은 부상 때문에 숄레로 가지 못한 유일한 지휘관이었다. 청군이 자행한 공포는 모든 사람을 분노케 했다. 우리의 장군들은 포로들을 살려주지 않을 것이며, 마양새는 1년 동안 동맹국을 상대로 싸우지 않기로 한 항복조약을 위반한 것으로 간주될 거라고 선언했다. 방데인들은 프랑스 왕의 충성스럽고 합법적인 군대이며 동맹국에 가담한 프랑스 왕의 부대이므로 방데도 이 조약과 간접적으로 관련이 있다고 본 것이다. 장군들은 "항복하면 살려주겠다!"라고 외치는 것을 금했다. 생로의 신부는 자정미사를 집전했다. 출발 전에 그는 대단히 멋있는 강론을 했으며 내가 므쓔 레스퀴르의 부대를 위해 수놓은 커다란 흰색 깃발을 엄숙하게 축성했다.[119]

연합 부대의 병력은 4만여 명이었다. 9월 19일, 뒤우 기사가 볼리외에서 승리를 거둔 그날, 연합 부대는 적군을 향해 이동했다. 그들은 클리송에서 토르푸로 전진했다. 한편, 마양새는 부세 마을을 점령했고, 아무 저항도 하지 못한 방데인들의 약한 부대를 몰아냈다. 그런 다음 마양새는 토르푸를 향해 전진하여 그곳을 빼앗고 나서, 마을 앞에 2개 대대를 배치했다. 첫 번째 전투에서 방데인들이 패주했다. 거듭된 패배로 사기가 떨어졌던 므쓔 샤레트의 병사들의 패주가 특히 두드러졌다. 그러자 므쓔 레스퀴르는 장교들과 함께 굳건히 서서 외쳤다. "나와 함께 죽을 만큼 용감한 병사 400명이 있는가?" 에쇼브루아뉴 소교구 출신 무장 병사 1,700명이 큰 소리로 외쳤다. "예, 후작님, 우리는 후작님을 따라 어디든지 가겠습니다." 이 선량한 농민들과 이웃 소교구들의 농민들은 그의 부대에서 최고의 병사들이었다. 그들은 "방데의 정예병사"라는 별명을 얻었고, 동료 가운데 한 사람인 브라소의 지휘를 받았다. 또 다른 농민 1,300명이 그들과 합세했다. 므쓔 레스퀴르는 이 용감한 병사 3천 명을 거느리고 두 시간을 버텨냈다. 이곳은 보카주의 다른 지역보다 특히 숲이 많고 지면 굴곡이 심했기에 마양새는 그들의 적이 얼마나 약한지를 알 수 없었다. 므쓔 봉샹의 부대가 도착했고 므쓔 샤레트를 비롯한 다른 지휘관들도 병사들을 데리고 도착하여 그들의 용기를 북돋아 주는 데 성공했다. 그들은 공화파의 왼쪽으로 전개하기 시작했다. 공화파들은 보카주의 울타리와 지형 때문에 방데군의 움직임을 볼 수 없어서 어디에 방어 병력을 배치해야 좋을지 알지 못했다. 그들의 배후에서, 대포 가까이에서, 사격이 벌어지자 그들은 대포를 잃을까 두려워했고 그것을 방어

---

[119] (원주) 나는 이 깃발에 커다란 금색 십자가와 백합꽃 셋, 그리고 그 위에 '국왕 만세'라고 수놓았다.

하기 위해 진용을 짜는 바람에 완전한 혼란에 빠졌다. 그들의 부대는 꼬불꼬불한 외진 길로 밀려나 방데인들의 사격에 노출되었다. 그들은 대포를 지킬 수 없었고 대포를 지키던 포병은 죽임을 당했다.

마양새를 지휘한 클레베르 장군은 냉정함과 능력을 발휘하여 어느 정도 질서를 회복했고 완전한 패주를 막는 데 성공했다. 공화파 장교들의 용기와 병사들의 끈질김에도 불구하고, 그들이 파멸의 위기에서 완전히 벗어난 것은 아니었다. 클레베르 장군은 4km를 후퇴했어도 방데인들이 여전히 자기 부대를 괴롭히는 것을 보고 부세 다리 위에 대포 2문을 설치하게 한 다음 한 중령에게 말했다. “귀관의 대대와 함께 이곳에서 죽으라!” “예, 장군님.” 그 용감한 중령은 대답했다. 실제로 그는 그곳에서 죽었다. 그러는 동안, 클레베르는 마양새를 결집시켜 방데인들을 저지할 수 있었다. 방데인들은 더는 나아가지 못했다.

다음 날, 므쓔 샤레트와 므쓔 레스퀴르는 몽태귀에 있는 베세르 장군의 부대를 공격하러 갔다. 그의 부대가 마양스의 부대와 합세하는 것을 막기 위함이었다. 공화파들은 그들의 기습에 저항하여 므쓔 샤레트의 병사들을 물리치는 데 성공했다. 그러나 므쓔 샤레트는 용기와 끈기를 발휘하여 병사들을 다시 결집시키고서 전쟁터로 끌고 갔다. 대군의 병사들은 한순간도 기가 꺾이지 않았다. 그들은 그 어느 때보다 더 용감하고 열정적이었다. 그들은 전투에 익숙해졌고 장교들도 능숙해졌다. 베세르 장군은 완전히 패배했다. 그의 부대는 마양새만 못했다. 그는 대포와 군수장비들을 잃었고 본인도 부상을 당했다. 완전한 패주였다. 그의 부대는 낭트에 가서야 재집결했다.

다음 날 방데군은 후퇴하는 마양새를 총공격하기로 결정했다. 전에 마양새는 클리송에 곡물창고를 세웠는데, 부상자들이 거기 있었을 뿐만 아니라 전리품을 수송하는 1,200여 대의 마차 때문에 이동이 원활하지 않았다. 이러한 상황 때문에 공격은 훨씬 용이했다. 공격은 두 방향에서 이루어질 것이었다. 오른쪽은 므쓔 델베와 므쓔 봉샹이, 왼쪽은 므쓔 샤레트와 므쓔 레스퀴르가.

몽태귀 점령 이후, 므쓔 샤레트는 즉시 생필장으로 이동하여 사블 주둔 부대와 싸우는 편이 낫다고 생각했다. 사블의 부대가 이 길을 통해 들어와 막대한 피해를 입히자 주민들이 급하게 그에게 구원을 요청했기 때문이다. 므쓔 샤레트는 이 생각을 고집했고 최종적으로 므쓔 레스퀴르의 동의를 얻었다. 두 므쓔는 오른쪽 공격만으로도 마양새의 행렬을 해체하는 데 충분할 것으로 생각했다. 그들은 므쓔 샤레트 부대의 한 장교를 므쓔 봉샹에게 보내 자기들이 생필장으로 향하고 있음을 알리도록 했다. 그러나 그 게으른 장교는 제시간에 도착하지 못했는데, 이것이 치명적인 오해를 불러일으켰다.

생필장에서의 승리는 완벽했다. 샤레트 부대는 작전 초기에는 다소 열세였으나, 장군과 장교들은 냉정함과 단호함을 발휘하여 불리함을 이겨냈다. 청군은 황급히 도주했고, 기병들은 맹렬히 그들을 추격했다. 르메 소교구의 유명한 농민인 아브릴은 팔이 깨졌다. 우리의 스위스인 가운데 링크스라 불리는 사람은 주머니에서 플라좋레를 꺼내서 "잘 될 거야"를 연주했다.[120] 공화파를 조롱하기 위함이었다. 그들을 공격하던 중에 총탄이 그의 말 머리를 앗아갔으나 링크스는 다시 일어나 연주를 계속했다. 기병대에 있던 농민들은 그날 맹활약했다.

므쓔 레스퀴르, 보볼리에 기사, 작은 몽디옹은 적을 추격하느라 정신

---

[120] Ça ira! 프랑스혁명을 상징하는 노래 후렴구로, 1790년에 처음 불렸다. 원래는 파리 시민들이 벤저민 프랭클린에게 아메리카 혁명이 잘 되고 있는지 묻자, 그가 "잘 될 거야"라고 대답한 데서 나왔다고 한다. 이 노래는 상퀼로트들이 귀족과 성직자를 학살할 때 즐겨 불렀다. 테르미도르 정변 이후에도 불리다가 나폴레옹 시대에 가서 금지되었다.

이 팔려 저녁 10시경에는 완전 외톨이가 되었다. 울타리 뒤에 숨어 있던 공화파 네 사람이 그들에게 총을 쏘았다. 므쓔 레스퀴르는 그들이 자기 병사들이라고 생각하여 그들 앞으로 가서 "쏘지 마라. 우리는 너희의 장군들이다"라고 말했다. 그들은 또다시 총부리를 들이대고 사격을 했다. 다행히도 그들의 총에는 수렵용 산탄이 장전되어 있어서 므쓔 레스퀴르의 옷에는 체처럼 구멍이 뚫렸고, 몽디옹 기사는 손에 큰 부상을 입었다.

대포와 군수품은 방데인들 수중에 들어왔고, 사블의 부대는 샹토네에서 멈추었다. 므쓔 루아랑 기사의 기병들은 레제르비에 길을 통해 도착한 후 므쓔 레스퀴르의 부대보다 더 멀리 공화파를 추격했다.

그러는 동안, 므쓔 델베, 므쓔 봉샹, 므쓔 탈몽은 므쓔 리로의 부대와 므쓔 이지니의 부대의 도움을 받아 클리송에서 나오는 수송 행렬을 공격했다. 만약 모든 부대가 집결했고, 왼쪽에서 들어올 부대들을 헛되이 기다림으로써 작전계획이 완전히 어긋나지 않았더라면 그 무시무시한 마양새를 완전히 파멸시켰을지도 모른다. 승리는 대단히 불완전했다. 므쓔 봉샹은 세 차례나 영웅적인 용기와 열정을 가지고 공격에 나섰으나 격퇴당했다. 그러나 그는 별다른 인명 손실을 입지 않고 100대의 마차를 빼앗았다. 그러나 공격 실패는 중대한 결과를 야기할 것이었다. 므쓔 봉샹은 그 작전에서 아무 도움을 받지 못한 것이 대단히 분했다. 이 상황은 방데의 여러 부대 사이에 불화를 일으키기 시작했다. 앙주의 농민들은 이 사건에 대해 쓰라린 기억을 가지고 있었으며, 지금도 그 불행했던 시간을 상기할 때면 여전히 그러하다.

이렇게 방데인들은 용기와 끈질긴 노력을 통해 그들을 공격해온 6개 부대를 거의 동시에 격퇴했다. 불행하게도 가장 무시무시했던 부대가 가장 적게 타격을 입었다. 새로운 작전을 수행하려면 며칠간의 휴식이 필요했다. 므쓔 델베와 므쓔 봉샹은 마양새를 견제하기 위해 언제나 티포주 쪽에 진을 쳤다. 므쓔 탈몽과 므쓔 스토플레는 앙주 지방을 지켰고, 므쓔 샤레트는 레제르비에에 있었으며, 므쓔 라빌 드 보제는 투아르 사건 이후 샤테느레의 부대를 꼼짝 못 하게 하려고 푸조주에 있었다. 므쓔 레스퀴르는 샤티옹을 지키러 돌아왔는데, 웨스테르만 장군이 니오르에서 도착했고 뤼송의 공화파 부대가 샹토네를 점령했기 때문이다.

병사들은 그 많은 승리를 기념하며 집으로 돌아갔다. 그들은 모든 소교구에서 신을 찬미하는 테데움을 노래했다. 나는 샹티옹 소교구의 감사 미사에 참석했다. 므쓔 ***기사는 성대하게 그것을 기념했다. 그는 그 행렬에 완벽하게 어울리는 장군이었다. 그는 모든 농민을 매료시킨 장중함과 경건함으로 기념식을 꾸몄다. 게다가 그는 부상자들을 치료해주었기 때문에 농민들의 사랑을 받고 있었다. 그는 주민들 앞에 서서 아그라 주교, 장군들, 최고위원회를 맞이했다. 므쓔 레스퀴르는 사람들의 존경 어린 눈길을 피해 기둥 뒤에서 무릎을 꿇고 경건하고 열정적으로 신께 감사했다. 그는 많은 용기를 보여주었고 전군의 존경을 받을 자격이 있었다. 모든 주민은 므쓔 레스퀴르를 "우리의 구원자"라고 불렀다.

저녁때, 산책하던 중에 "무기를 들라! 포로들이 폭동을 일으켰다"라는 외침이 들렸다. 보안이 허술한 수도원에 포로 1,800명이 갇혀 있었고 장전한 대포 2문이 문 앞에 있었으나 관리가 제대로 되지 않았다. 나는 그들이 근처에 있는 참모본부로 몰려가 므쓔들을 기습하지 않을까 두려워 정신없이 그곳으로 달려갔다. 므쓔들은 칼을 들고 감옥으로 달려갔다. 그것은 잘못된 경보였다. 그들은 그러한 종류의 걱정을 많이 했다. 도시에는 병사들보다 포로가 훨씬 더 많은 경우도 있었기 때문이다. 실제로 포로들이 반란을 일으키는 바람에 포로들에게 총을 쏜 적도 있다. 언젠가, 포로 둘이 부대에서 복무하게 해 달라고 부탁하면서 국왕에게 선서를 한 후 감옥 문을 열려고 하다가 총살당했다. 방데인들은 청군이 포로들을 학살했음을 알고 우리도 복수해야 하는 게 아닌가 하고 생각한 적이 한두 번이 아니었다. 그러나 그러한 잔인한 제안은 언제나 단호히 거부되었다. 공화파는 처음 몇 달 동안에는 두드러진 인물만 처형대에서 처형했고 나머지는 그냥 구금했지, 지금처럼 마구잡이로 학살하지도 모조리 추방하지도 않았다.

부대들이 헤어진 후 이틀이 지나서, 므쓔 샤레트는 레제르비에에서 한 장교를 샤티옹에 보내 생펄장에서 빼앗은 7,000프랑 아시냐의 분배를 요구했다. 그 요구는 하나도 어려운 것이 아니었다. 므쓔 레스퀴르는 므쓔 샤레트와 헤어지기 전에 약간의 휴식을 가진 후 함께 공격하기로 약속했었다. 대군이 그를 구했으니 이제 그가 대군을 돕는 것은 당연했다. 샹토네와 샤테느레는 적이 점령하고 있었다. 우리는 보카주 안쪽 깊숙이 위치한 샤테느레에 대해 걱정을 많이 했다. 므쓔 레스퀴르는 이곳으로 우리의 힘을 집중하기를 원했다. 므쓔 샤레트의 지시를 받고 온 므쓔 라로브리는 먼저 샹토네로 이동하자는 의견을 개진했다. 므쓔 레스퀴르와 그의 장교들은 므쓔 샤레트에게 편지를 썼다. 그들은 그의 의견을 존중하는 것이 의무라고 생각하여, 비록 샤테느레를 먼저 공격할 필요가 있지만 므쓔 샤레트의 재능과 그의 경험을 따르겠다고 했다. 그들은 이틀 뒤 군대를 이끌고 레제르비에에 가겠다고 약속했다. 나는 그 편지를 보았다. 거기에는 므쓔 레스퀴르, 므쓔 보볼리에, 므쓔 드세사르, 므쓔 보제의 서명이 있었다. 샤티옹에 있던 지휘관은 이들이 전부였다.

다음 날, 우리는 므쓔 샤레트가 레제르비에를 떠나 모르타뉴로 갔다는 소식을 듣고 매우 놀랐다. 거기서 그는 생펄장에서 빼앗은 노획물을 분배하라고 요구한 것이다. 아버지는 모르타뉴가 아니라, 티포주 부근에 진을 친 므쓔 봉샹과 므쓔 델베의 부대에 있었다. 므쓔 샤레트는 므쓔 마리니만 만났다. 관대하지만 생각이 깊지는 않았던 므쓔 마리니가 병사들에게 구두, 조끼 등 노획품을 이미 다 나누어주었기에 므쓔 샤레트는 자기의 몫을 받을 수 없었던 것이다. 노획물이 많지 않아서 그렇지 않았더라도 그의 몫은 크지 않았겠지만 말이다.

므쓔 샤레트는 불만에 가득 차서 아무에게도 자기의 계획을 말하지 않고 퉁명스럽게 돌아서서 레제에 있는 자기의 옛 부대로 돌아갔다. 그는 자기의 운명이 우리 부대의 운명에 달려 있다는 점을 알았어야 했다.

그 철수가 모든 계획을 바꾸어버렸다. 어떤 지휘관도 공격을 개시하기에 충분한 힘이 없었기 때문이다. 므쓔 레스퀴르는 샤테느레 앞에 와서 공격하지는 못한 채 적을 견제하기 위한 접전을 벌일 뿐이었다. 얼마 후, 그는 웨스테르만 장군이 샤티옹 쪽으로 진군한다는 것을 알고 생소뵈르 진지를 빼앗기 위해 돌아왔다. 이것으로 청군이 점령하고 있는 브레쉬르를 빼앗지는 못했지만 청군의 전진을 막을 수는 있었다. 한두 차례 가벼운 전투가 벌어졌다. 어느 날 밤, 므쓔 레스퀴르는 브레쉬르를 공격하여 대단한 성공을 거두지는 못했지만 공화파를 저지했다.

나는 그 무렵 걱정이 많았다. 어머니는 가벼운 열병을 앓고 있었다. 불레에서 어머니를 간호하는 동안, 므쓔 레스퀴르가 샤티옹에 막 도착했다는 것을 알았다. 그는 아버지에게 편지를 보내기 위해 전령을 파견했다. 아버지는 모르타뉴에 있었는데, 전령은 아버지가 어디 있든 지체 없이 아버지를 찾아가라는 명령을 받았다. 나는 불안해서 견딜 수가 없어 편지를 열어보지 않을 수 없었다. 므쓔 레스퀴르가 원조와 화약을 부탁하는 내용이었다. 웨스테르만 장군의 공격을 예상하고 있었기 때문이다. 나는 편지를 다시 봉인해서 전령에게 준 다음 므쓔 레스퀴르를 만나러 급하게 떠났다. 나는 그에게 나의 모든 걱정을 이야기하고 나서 그날 밤 어머니에게 돌아왔다. 므쓔 레스퀴르는 생소뵈르로 갔다.

15

물랭 오 셰브르 전투－샤티옹 탈환과 재탈환－라트랑블레 전투와 숄레 전투

Mémoires de Madame La Marquise De La Rochejaquelein

공화파 군대는 봉기군에 대한 압박 강도를 높여가며 보카주 안으로 진입해 들어왔다. 샹토네, 샤테느레, 브레쉬르의 부대는 연합부대를 결성했다. 공화파는 세리제를 점령했고, 므슈 레스퀴르의 퀴귀용 성 부근을 완전히 불태워버렸다. 샤티옹과 라블레는 이제는 안전한 도피처가 아니었으므로 우리는 숄레로 떠났다. 어머니는 완전히 회복되지 않았다. 어머니는 20년 전부터 말을 타지 않았지만 양쪽 다리가 부었기에 말을 타고 이동하지 않을 수 없었다. 수녀원장 고모할머니와 내 딸은 우리와 함께 갔다. 슬픔과 걱정 때문에 유모의 젖이 말라서 딸아이는 아홉 달 만에 젖을 떼어야 했다. 우리는 밤에 길을 떠났다. 안개가 끼고 비가 내렸다.

아버지는 숄레에 있었다. 아버지는 위협받는 지역으로 보낼 병사들을 모으는 일에 전념했다. 므슈 레스퀴르에게 원군을 보내는 일이 급선무였다. 므슈 델베와 므슈 봉샹은 언제나처럼 클리송에서 마양새와 대치하고 있었는데, 이들은 아직 공세를 재개하지 않았다. 므슈 레스퀴르는 샤티옹으로 가기 위해 생소뵈르를 떠났다. 그에게 있는 병력이란 불과 3~4천에 지나지 않았다. 브레쉬르의 청군은 2만이 넘었고 공격이 임박한 것으로 보였다. 므쓔 라로슈자클랭은 부상이 심했지만 므쓔 레스퀴르를 도우러 왔다. 그들은 아버지에게 계속 증원군을 요청했다. 당분간은 샤테느레, 세리제, 브레쉬르 부근의 농민들에게 의지할 수 없었다. 농민들은 공화파의 방화에서 가족, 가축, 재산을 보호하는 일에 골몰했고, 그 모든 것을 그 지역 깊숙한 곳으로 옮겨 놓으려 했기 때문이다.

통풍 때문에 숄레에 남아 있던 므쓔 탈몽은 다른 몇몇 사람과 마찬가지로 므쓔 레스퀴르보다는 므쓔 델베에게 원군을 보내는 것이 시급하다고 생각했다. 아버지가 권위를 내세우고서야 중단시킨 이 논쟁 때문에 브레쉬르로 파견될 부대의 이동이 지체되었다. 훌륭한 병력 2,000명을 동원한 므쓔 라소리니에르는 전투가 끝날 무렵에야 도착했다.

공화파는 물랭 오 셰브르에서 므쓔 레스퀴르를 공격했다. 그들은 압도적인 수적 우위를 바탕으로 그 지역을 점령했고 방데인들을 격퇴했다. 만일 므쓔 레스퀴르, 므쓔 라로슈자클랭, 기타 몇몇 장교가 자기들의 이름을 경기병들에게 알려주며 두 시간 동안 자기들을 추격하도록 유도하지 않았더라면 인명 손실이 더 컸을 것이다. 그러는 동안 병사들은 다른 길로 도주했기 때문이다. 앙주에서 샤티옹의 부대를 도우러 달려온 므쓔 스토플레는 보볼리에 기사와 마찬가지로 간신히 공격을 면했다. 그들은 숲 사이 오솔길에 갇혀 있었으나 말안장 위에 서서 생울타리 위로 뛰어넘었다. 병사 몇이 그들을 추격했다. 보볼리에 기사는 피스톨로 두 사람을 죽였고 칼을 휘둘렀다. 나머지 병사들은 도망쳤다. 므쓔 뒤리보는 가슴 부근에 총을 맞아 크게 다쳤으며, 므쓔 레스퀴르는 엄지손가락에 가벼운 총상을 입었다.

성 루이 기사단원인 므쓔 S***는 기마헌병대 같은 것을 만들자는 등

이런저런 제안을 하기만 했고 거드름을 피우던 사람으로, 싸우지 않을 궁리만 해왔다. 그는 조아네트 온천에서 여름을 보냈는데 그의 말을 따르면 예전에 의사들이 20년간 그 물을 마시라고 처방했기 때문이라는 것이다. 나는 므쓔 라소리니에르가 그를 데려오는 데 어떻게 성공했는지 알지 못한다. 그는 우리 병사들이 도주하는 것을 보고 "용기를 내시오, 친구들! 뭉치시오, 그리고 나를 가게 내버려두시오"하고 외치면서 구차하게 목숨을 구했다.

그날 샤티옹을 빼앗겼다. 레조비에, 생토뱅, 뉘에유, 로르테 등의 용감한 소교구들은 약탈당했고 불에 탔다.

장군들이 우리를 보러 숄레로 왔다. 나의 깃발을 들었던 농민은 깃대에 난 칼자국을 나에게 보여주었다. 그는 깃대를 휘두르며 청군과 육박전을 벌였던 것이다.

므쓔 봉샹과 므쓔 델베는 자기들의 주둔지를 떠나지 않은 채, 므쓔 샤레트에게 배후에 있는 마양새를 공격해달라고 끊임없이 부탁했다. 그러나 그는 그들의 편지에 대답조차 하지 않았다. 우리는 그가 편지를 받지 못했다고 생각했다. 므쓔 봉샹과 므쓔 델베는 자기들의 주둔지가 아무리 중요하다고 해도 샤티옹을 되찾기 위해 총력을 모으는 것이 더욱 급했기 때문에 모르타뉴에서 보프레오로 탄약, 부상병, 포로들을 옮기기로 결정했다. 나도 어머니, 고모할머니, 딸, 그리고 므쓔 레스퀴르가 형제처럼 치료하라고 부탁한 므쓔 뒤리보와 함께 그곳으로 갔다. 모두 그곳으로 피신했다. 우리는 그곳에서 마담 델베를 만났다. 마담 델베의 동생인 므쓔 뒤우 도트리브가 도시를 지휘했다.

대군(大軍) 전체가 신속히 모였으며, 물랭 오 셰브르 전투를 시작한 지 이틀이 지나서 샤티옹으로 돌아왔다. 병사들의 사기는 하늘을 찔렀다. 므쓔 봉샹, 므쓔 라로슈자클랭, 므쓔 뒤샤포는 팔에 붕대를 감고 참전했다. 부상당했지만 말을 탈 수 있는 장교는 모두 그곳으로 왔다. 도시는 곧 함락되었고, 공화파 군대는 완전히 패해서 도망쳤다. 그들은 대포와 군수물자를 모두 잃었다. 우리는 그들을 줄기차게 추격했다. 우리가 적에게 그렇게 피해를 많이 입힌 전투는 없었다. 므쓔 뒤샤포는 그 전투에서 큰 공을 세웠다. 그는 처음에는 므쓔 샤레트의 부대에 있었으나 그의 명령으로 우리 부대에 와서 전투에 참가하여 맹활약했다. 그는 부상을 당하고 우리와 함께 남았으며, 그의 열네 살 된 동생 역시 열심히 싸웠다. 그들의 아버지는 두 형과 함께 망명을 떠났다.

완전한 승리였다. 우리는 사방에서 적을 추격했다. 므쓔 레스퀴르와 대부분의 지휘관은 생토뱅 길을 따라 추격했고, 므쓔 지라르 드 보르페르, 샤조 소교구의 농민인 선량한 르제, 기병대 대위 그리고 그 밖의 몇 명은 브레쉬르 길로 추격했다. 바로 이 길을 통해 웨스테르만 장군이 도주했던 것이다. 웨스테르만은 얼마 안 되는 병사들이 추격해오는 것을 보고 도주를 멈추고 우리의 기병들을 격퇴한 다음, 즉시 샤티옹으로 돌아갈 대담한 계획을 세웠다. 그는 경기병 100명을 차출하고 척탄병 100명을 말 엉덩이에 타게 해서, 자정 무렵 도시의 성문 앞에 도착했다. 거기에는 초병도 경비도 없었다. 농민들은 조금 전에 빼앗은 군수품에서 증류주를 꺼내 마셨고 대부분 술에 취해 곯아떨어졌다. 웨스테르만을 추격했다 돌아온 기병들은 그들을 저지하려고 용감하게 싸웠다. 므쓔 지라르 드 보르페르는 칼을 12번 맞았다. 르제는 자기의 말을 잃었다. 그는 부상당한 동생이 있는 병원으로 달려가서 동생을 팔에 안고 나와 도시 바깥으로 도망치는 기병의 말 뒤에 태워 보낸 다음, 자기는 육박전이 벌어지는 곳으로 되돌아가 경기병 한 사람을 죽였다. 그는 다시 말에 올라 싸움을 계속했다. 그러나 웨스테르만은 이미 도시 안으로 들어가 시가전을 벌이고 있었다. 이렇게 무질서한 가운데 끔찍한 살육이 자행되었다. 경기병들은 우리의 농민들만큼이나 취해 있었다. 어둠 속에서 그들은 칼과 피스톨을 가지고 혼전을 벌였다. 청군은 집 안에 있는 여자들과 아이들을 죽였고 도처에 불을 질렀다. 그러는 동안, 방데군 장교들은 수많은 공화파 병사들을 죽였다. 공화파 병사들은 길을 잃고 헤매면서 자기들을 방어할 생각을 하지도 못한 채 눈에 보이는 것은 모두 죽였다. 용감한 루아조는 여러 차례 칼을 맞았으나 공화파 병사 셋을 죽였다. 므슈 알라르는 혼전 속으로 뛰어들어 이 미치광이들에게 피스톨을 쏘았다. 탈몽 공작은 계단에서 내려오다가 올라오는 경기병들에게 밀려 넘어졌으나 아무런 피해를 입지 않았다. 그들은 집의 안주인인 마담 토케와 그녀의 여섯 살 먹은 딸을 죽이러 갔던 것이다. 므슈 토케는 공화파 군대의 재정담당관이었는데도 말이다. 탈몽 공작은 경기병들을 데리고 그 둘을 구하려 돌아왔으나 그들은 이미 죽어 있었다. 웨스테르만의 병사들은 이렇게 공화파 병사의 아내들도 학살했다. 웨스테르만은 샤티옹에서 너덧 시간을 보낸 후 돌아갔다. 어둠과 무질서 속에서 사람들은 움직일 엄두를 내지 못했다. 도시 바깥에 있던 지휘관들은 도시에 들어가기 위해 날이 밝기를 기다렸다. 그때서야 그들은 밤중의 참상이 어떠했는지 알 수 있었다. 집은 불탔고, 거리에는 시신, 부상자, 잔해들이 즐비했다. 그들은 이 불행한 도시를 버리고 떠났다. 그 도시를 공격했던 군대는 패해서 도주했는데 괴멸된 거나 다름없었다. 방데인들은 또 다른 곳에서 자행될 더 무시무시한 공격을 막아내기 위해 달려가야 했다.

마양새는 서부의 모든 부대와 연합한 후 10월 14일 모르타뉴를 점령했다. 므슈 루아랑의 부대는 후퇴하여 숄레로 이동했다. 므슈 레스퀴르는 나에게 보프레오를 떠나 브쟁으로 가라고 전했다. 나는 부상이 심한 므슈 뒤리보를 데리고 갈 수 없었다. 우리는 샛길을 헤매다가 15일 저녁 트레망틴에 도착했다.

그날, 우리는 숄레에서 공화파를 공격할 예정이었다. 우리는 그들이 거기까지 들어올 것임을 의심하지 않았다. 14일, 므쓔 봉샹은 티포주 길을 통해, 대군은 모르타뉴 길을 통해, 적의 배후를 기습하기로 되어 있었다. 그러나 청군은 예상보다 느리게 이동했다. 전위부대를 지휘한 므쓔 레스퀴르는 모르타뉴와 숄레 중간에 있는 라트랑블레 성의 길에서 청군과 조우했다. 므쓔 봉샹은 숄레에서 아무도 보지 못했고 다른 부대들과 충분히 일찍 합세할 수 없었다.

므쓔 레스퀴르는 젊은 보볼리에와 함께 앞으로 나갔다. 그는 언덕에 올라 불과 5~6미터 앞에 공화파 초소가 있는 것을 발견했다. 그는 "친구들이여, 앞으로!" 하고 외쳤다. 바로 그 순간, 총알이 그의 왼쪽 눈썹 부근을 치고 귀 뒤로 날아갔다. 그는 의식을 잃고 쓰러졌다. 돌격하던 농민들은 그를 보지 못한 채 자기들 장군의 몸을 밟고 나아가 공화파를 퇴각시켰다. 젊은 보볼리에는 칼을 던지고 울면서 외쳤다. "그가 죽었다! 그가 죽었다!" 방데인들 사이에 공포가 휘몰아쳤다. 마양새의 예비 병력이 돌아와 방데인들을 패주시켰다. 그러는 동안, 므쓔 레스퀴르의 하인인 봉탕이 도착했다. 그는 자기 주인이 아직 숨을 쉬고는 있지만 피범벅이 돼 있는 것을 보았다. 므쓔 르누는 총알이 빗발치는 가운데 지혈을 하려 애썼다. 그는 므쓔 레스퀴르를 봉탕이 탄 말 엉덩이에 태워 보내고 자신은 다시 싸우러 갔다. 보병 두 사람이 부상자를 부축하여, 패주하는 가운데에도 기적적으로 보프레오까지 데리고 갔다. 방데인들은 숄레로 피신했다. 사람들은 므쓔 레스퀴르를 더는 보지 못했기에 그가 죽었다고 생각했다.

우리는 트레망틴에서 자고 있었다. 16일 아침에 나는 교회에 갔다. 많은 여자들이 숄레 쪽에서 들려오는 포성을 들으며 신께 기도했다. 갑자기 탈주병 몇 명이 왔다. 므쓔 페로가 울면서 팔을 잡았다. 그는 내 얼굴을 보고 내가 아무것도 모른다고 생각하고는, 전투에서 패해서 울었다고 말했다. 나는 므쓔 레스퀴르가 어디 있는지 물었다. 그는 그가 보프레오에 있다고 대답했다. 그는 그가 살아 있다고 생각하지 않았으나 그의 죽음이라는 끔찍한 소식을 전할 힘이 없었다.

그는 경기병들이 언제라도 트레망틴에 들어올 수 있으니 나도 보프레오로 돌아가라고 권했다. 사람들은 불쌍한 늙은 고모할머니의 마차를 끌 소를 구할 수 없었다. 나는 고모할머니를 기다리지 않았다. 나는 무서워서 죽을 것만 같았다. 나는 말에 올라 딸을 팔에 안고 어머니와 함께 떠났다. 우리는 슈미예에서 멈춰 섰고 거기서 고모할머니를 만났다. 도착하기가 무섭게 우리는 더 멀리 가기 위해 다시 출발하지 않을 수 없었다. 우리는 다시 길에 올랐다. 나는 딸을 마차에 태웠다. 잠시 후, 사람들이 외치기 시작했다. "청군이다! 도망치자!" 나는 공포에 사로잡혀 전속력으로 달렸다. 길에는 마차들이 뒤엉켜있어서 나는 길보다 60cm 높은 오솔길로 올라갔다. 그러나 이 오솔길은 골짜기 위로 계속 올라가는 길이었다. 나는 말을 몰고 마차 사이를 지나갔다. 나는 행렬의 맨 앞으로 가려고 밭으로 난 길의 다른 쪽 비탈길로 올라갔다. 잠시 후 나는 이성을 되찾고 가족과 합류했다. 실제적인 위험은 하나도 없었다. 그들은 방데의 포병들이었는데, 슈미예 길에 가득한 여자들과 마차들을 치우고 대포를 끌고 가려고 그러한 공포 분위기를 조성한 것이었다. 우리는 계속 갔으나 오솔길에서 계속 길을 헤매다가 밤이 깊어서야 보프레오가 아니라 보스 마을에 도착했다. 이곳은 몽장 앞에 있고 루아르강에서는 6km 떨어진 곳이었다. 우리는 므쓔 봉샹의 부대를 찾아가는 병사들로 가득한 방에 있는 침대에 몸을 던졌다.

10월 17일 새벽 3시, 우리는 대포 소리에 잠에서 깼다. 그것은 루아르강변에 있는 생플로랑과 몽장 쪽에서 나는 소리였다. 사람들은 농민들이 부대에 합류하러 갈 수 있게 하려고 밤에 열리는 대미사에 참석했다. 교회는 사람들로 가득했다. 고귀한 용모의 선량한 노(老)신부는 감동적으로 병사들을 격려했다. 그는 그들의 신과 그들의 왕, 그리고 학살당할지 모르는 그들의 아내들과 아이들을 용감하게 지켜달라고 말했다. 그의 강론 중에도 대포 소리가 간간이 들려왔다. 대포 소리, 우리의 상황, 우리의 부대와 우리에게 소중한 사람들의 불확실한 운명, 밤의 어둠, 이 모든 것이 사람들을 무섭고 비통한 기분에 젖게 했다. 신부는 싸우러 가는 불쌍한 병사들의 죄를 사해주었다.

미사가 끝난 후 나는 고해하기를 원했다. 전에 사람들은 신부에게 므쓔 레스퀴르가 죽었는데 나에게 그 무서운 불행을 전하기 어려우니 내가 거기에 대한 각오를 할 수 있도록 해달라고 부탁했었다. 그 늙은 성직자는 나에게 너무 큰 충격을 주지 않도록 선하고 재치 있게 이야기했다. 그는 므쓔 레스퀴르와 그의 신앙심을 크게 칭송한 후, 그러한 남편을 주신 신께 감사해야 한다고, 그것은 나에게 커다란 의무를 부과한다고, 나는 단순한 그리스도교인의 의무를 이행하는 것으로 만족해서는 안 된다고, 마담 레스퀴르는 더 큰 신성한 소명을 받았다고, 신은 아마도 내가 더 큰 불행을 겪는 은총을 주시겠지만 모든 것을 받아들이고 오로지 하늘만 생각하고 내가 받을 보상에 대해서만 생각하라고 말했다. 그의 목소리는 고조되었고 예언적으로 변했다. 나는 공포감으로 얼어붙어서 멍하니 그를 바라보았다. 그러는 동안, 대포 소리가 더욱 커졌다. 포격은 늘어났고 우리에게 가까이 오고 있는 것 같았다. 교회에서 나가야 했다. 나는 정신이 없어 넘어질 뻔했다. 사람들이 나를 말에 태웠다. 우리는 어디로 피해야 좋을지 알지 못한 채 무작정 계속 도망갔다. 보스에서 4km 떨어진 곳에서 자고 신부는 므쓔 레스퀴르가 부상을 당해 쇼드롱에 있다는 얘기를 전해 들었다. 나는 그제서야 비로소 사람들이 믿고 있던 것, 사람들이 나에게 감춘 것을 알았다. 우리는 쇼드롱에서 멀지 않았다. 나는 그곳으로 달려가 므쓔 레스퀴르의 끔찍한 모습을 보았다. 그의 머리는 다 깨졌고 얼굴은 엄청나게 부어 있었으며 말도 제대로 하지 못했다. 나의 도착은 그를 극심한 걱정에서 벗어나게 해주었다. 그는 나에게 전령 셋을 보냈으나 그들은 나를 만나지도 못했고 내 소식을 알지도 못했기에 그는 내가 공화파에 잡혔다고 생각했던 것이다. 쇼드롱 마을은 도망자들과 부상자들로 가득했다. 나는 거기서 므쓔 뒤리보를 다시 만났다.

므쓔 레스퀴르의 부상과 봉샹 부대의 지각 도착으로 병사들은 물론이고 심지어는 장교들의 열정도 식어 있었다. 라트랑블레 전투는 패배라기보다는 후퇴였다. 방데인들은 숄레로 돌아갔다. 밤에 그들은 재집결하기 위해 보프레오로 이동했다. 므쓔 라로슈자클랭 같은 지휘관들은 위치가 좋은 숄레를 지키기를 원했으나 그곳에 병사들을 배치할 수는 없었으므로 그곳에는 기병대와 작은 대포 몇 문만 남겨놓았다. 16일 아침, 분견대들은 부대가 보프레오에서 재집결할 시간을 벌기 위해 잠시 방어하는 척했다. 우리가 트레망틴 쪽에서 대포 소리를 들은 것은 이 때문이었다. 내가 므쓔 페로를 보았을 때 그는 부대에 합류하기 위해 숄레를 떠나는 중이었다. 공화파는 조심스럽게 숄레로 들어왔고 그날은 더 이상 전진하지 않았다.

보프레오에 모인 방데의 장군들은 공화파를 몰아내기 위해 최후의 결전을 벌이기로 했다. 병사의 수는 많았고 복수와 승리의 필요성으로 사기가 높았기에 아직은 승리를 기대할 수 있었다. 그렇지만 므쓔 봉샹은, 패배할지도 모르며 그 경우에는 후퇴를 해야 하는데 그때를 대비해 소수의 병력을 떼어놓자고 제안했다. 이들은 패했을 때 병사들이 루아르강을 건너갈 수 있도록 루아르강 우안에 있는 바라드를 기습할 병사들이었다. 므쓔 봉샹은 브르타뉴 지방을 잘 알고 있었으므로 강 우안에서 전쟁을 벌이는 것이 유리할 거라고 언제나 생각해왔다. 그는 브르타뉴가 방데인들에게 합류할 거라고 확신했다. 그는 이 작전이 다른 지휘관들이 생각하는 것만큼 그렇게 힘들 거라고 생각하지 않았다. 만일 그가 살아남아 부대의 지휘를 맡았다면 봉기군은 자기들에게 패배를 안겨준 그 사건을 이용할 수도 있었을 것이다. 그러나 그는 죽었고, 아무도 그의 계획, 그의 이야기, 그가 취할 방향 등을 알지 못했다. 바라드 계획은 많은 부작용을 남겼다. 그것은 그 결정적인 날에 유용하게 쓰였을 장교들과 병사들을 부대에서 멀어지게 만들었으며, 병사들에게 전투 승리를 확신할 수 없다고 생각하게 해주었고, 후퇴를 고려하게 만들었다. 많은 지휘관은 패배한 후라도 좌안을 떠나지 않는 것이 낫다고 생각했다. 왜냐하면 푸아투 사람 대부분은 아직 부대에 들어오지 않은 채 공화파의 배후에 흩어져 있었기에 다시 대규모 부대를 편성할 수 있다고 보았기 때문이다. 또한 므쓔 샤레트로 하여금 교란작전을 벌이도록 할 수도 있을 거라고 생각했다.

므쓔 탈몽, 므쓔 도티샹, 므쓔 뒤우는 대부분이 우안 출신인 4,000명의 브르타뉴인과 앙주인 들을 이끌고 생플로랑에서 루아르강을 건너 바라드를 점령하도록 파견되었다. 우리가 보스에서 들은 포성은 이 공격에서 나온 것이었고, 우리가 같은 시각 몽장 쪽에서 들은 포성은 청군의 공격에서 나온 것이었다. 그들은 우리가 바라드를 공격하는 것을 보고 다시 배를 탔다.

17일 아침, 므쓔 델베, 므쓔 봉샹, 므쓔 라로슈자클랭, 므쓔 루아랑, 아버지 그리고 그 밖의 나머지 모든 장교는 4만 명을 이끌고 숄레로 향했다. 공화파들은 이미 브레쉬르의 부대들과 합류해서 병력은 45,000명이었다. 숄레 앞 보프레오 쪽에서 두 대군이 조우했다. 므쓔 라로슈자클랭과 므쓔 스토플레가 강력한 공격을 시작했다. 처음으로 방데인들도 전열

부대처럼 대오를 이루어 전진했다. 그들은 적의 중심부를 돌파하여 숄레의 외곽으로 밀어붙였고, 그들의 거대한 포창(砲廠)을 한때 손에 넣었다. 공화파를 지휘한 보퓌 장군은 병사들을 독려하다가 또다시 말에서 떨어져 포로로 잡힐 뻔했다. 청군이 패주하기 시작했다. 그때 마양새의 예비 병력이 도착했다. 방데인들은 첫 번째 쇼크를 견뎌냈고 그들을 격퇴했다. 그러나 그들은 또다시 공격을 해왔으며 이번에는 큰 승리를 거두었다. 우리 병사들은 굴복했고 혼란에 빠졌다. 전 지휘관들은 병사들을 다시 결집시키려 총력을 다했다. 그들은 다시 맹렬하게 싸워 이겼지만 비싼 대가를 치렀다. 므쓔 델베와 므쓔 봉샹은 치명적인 부상을 당했다. 최종적으로 우리는 패배했다. 완전한 패배였다. 그렇지만 므쓔 피롱이 므쓔 리로의 부대원들을 많이 이끌고 도착하여 그런대로 방데인들의 패주를 도왔으며 부상자들을 다시 일으켜세웠다. 게다가 공화파도 큰 피해를 입어서 추격할 생각을 하지 못했다. 공화파는 숄레로 돌아가 도시에 불을 지르고, 언제나 그러했듯이, 밤새도록 잔혹한 행동을 자행했다.

므쓔 봉샹과 므쓔 델베는 보프레오로 이송되었다. 므쓔 델베는 거기에 남았고 므쓔 봉샹은 다시 방데군 생존자들이 모여 있는 생플로랑으로 갔다. 그들은 후위부대를 보프레오에 남겨두었으나 그곳을 방어하지 못했다. 18일, 웨스테르만은 도시를 점령했고 도시와 주변 마을들에 불을 질렀다. 그러나 그는 전진하지 않았다.

16

루아르강 도하—앵그랑드, 캉데, 샤토 공티에, 라발 통과

Mémoires de Madame La Marquise De La Rochejaquelein

나는 지금 서술하려는 이야기를 내 기억 속에서 찾아낼 수 없었다. 왜냐하면 너무 고통스러워서 내 주위에서 일어난 일들을 똑바로 바라볼 수 없었기 때문이다. 훗날 사람들은 내 기억 속에 무질서하게 뒤얽혀 있던 세부 사실들을 나에게 이야기해주었다.

므쓔 탈몽과 므쓔 도티샹은 바라드 작전을 성공적으로 수행했다. 그들이 그곳에서 청군을 몰아냈기에 우리는 루아르강을 안전하게 넘어갈 수 있게 되었다. 17일부터 병사들은 떼 지어 쉬지 않고 생플로랑까지 도망쳤다. 방데인들은 밤새도록 이곳까지 이동했다. 우리의 브르타뉴 병사들과 우안 주민들은 배를 끌고 와서 도망자들을 불렀다. "이리 오시오, 친구들, 우리 땅으로 오시오. 당신들은 부족한 것이 없습니다. 우리가 당신들을 도울 겁니다. 우리는 모두 반혁명파입니다." 방데인들은 그 작은 배들에 떼 지어 올라탔다.

이렇게 해서 18일 아침 장교들이 도착했을 때는 이미 도강이 시작되었다. 우리는 밤중에 쇼드롱을 떠났다. 우리는 므쓔 레스퀴르를 침대에 뉘었고 최대한 따뜻하게 옷을 입혔다. 그는 극심한 고통에 시달렸기에 나는 그 옆에서 이동했다. 당시 임신 석 달째였던 나는 고통과 걱정으로 매우 힘들었다. 우리는 일찍 생플로랑에 도착했다. 그때 내 눈 앞에 펼쳐진 것은 인간이 상상할 수 있는 가장 처절하고 슬픈 광경이었다. 그 광경은 방데인들의 불행한 기억에서 절대 사라지지 않을 것이다.

생플로랑의 고지대는 일종의 반원형 울타리를 형성했고, 그 아래에는 루아르강까지 광대한 평원이 펼쳐졌다. 이 지점의 루아르강은 대단히 넓었다. 8만 명의 사람들이 이 계곡 안으로 밀려들었다. 죽음과 화염을 피해 달아난 병사, 여자, 어린이, 노인, 부상자들이 이곳에 뒤섞여 있었다. 그들 뒤로는 공화파가 불태운 마을에서 연기가 솟아오르고 있었다. 울음소리, 신음 소리, 외침 소리만 들렸다. 이 혼잡한 군중 사이에서 사람들은 저마다 가족, 친구, 보호자들을 찾아 나섰다. 사람들은 강 저쪽에서 어떤 운명을 만날지 알지 못하면서도 강 저편으로 가면 모든 불행이 끝나는 것인 양 거기로 가려고 서둘렀다. 허름한 작은 배 20여 척이 피난민을 가득 채워 계속 실어 날랐다. 어떤 사람들은 말을 타고 강을 건너려 했다. 모두 강 저쪽으로 팔을 내밀고 자기들을 구하러 와주기를 애원했다. 멀리 반대쪽에서는 또 다른 사람들의 소리가 희미하게 들렸고, 가운데는 사람들로 가득 찬 작은 섬이 있었다. 우리 가운데 많은 사람은 이 무질서, 이 절망, 이 미래의 무서운 불확실성, 이 엄청난 광경, 이 우왕좌왕하는 군중, 이 계곡, 이 넘어야 할 강을 그 무서운 최후의 심판의 날 이미지에 비유했다.

푸아투의 장교들은 사람들이 이렇게 서둘러 좌안을 떠나는 것을 보고, 그리고 전군이 이렇게 무질서하게 루아르강을 건너는 것이 어쩔 수 없는 상황이 된 것을 보고 절망했다. 므슈 라로슈자클랭은 마치 미친 사람 같았다. 그는 강가에 남아 그냥 청군에 의해 죽음을 맞기를 원했다. 사람들은 격류를 따라야 하며, 그렇지 않으면 병사들에게 다시 용기를 심어주어 전투에 나서게 할 수 없을 것이라고, 그것이 모든 사람을 구하는 유일한 방법이라고 말했지만 소용이 없었다. 그는 듣지 않았다. 그는 많은 장교를 거느리고 생플로랑의 외딴집에서 요양하고 있는 므쓔 레스퀴르를 보러왔다. 그는 분노의 눈물을 흘리면서 일어나고 있는 일을 그에게 말했다. 므쓔 레스퀴르는 자기도 죽기를 원한다며 방데에서 모든 것을 끝내기 바란다고 힘내어 항변했다. 그러나 그들은 므쓔 레스퀴르가 지금 몸을 지탱할 수도 없는 상태임을 알려주었다. 그들은 이미 일부는 강을 건넜기에 그들을 되돌아오게 할 수 없다고 부대의 상황을 설명해주었다. 그들은 부상자들, 여자들, 아이들, 노인들, 승승장구하여 전진하는 공화파 군인들, 그리고 점점 더 가까워지는 화염에 대해 이야기했다. 그리고 이제는 탄약도 아무런 방어수단도 없다고 말했다. 결국에는 그도 굴복했다. 여기에서 계속하는 것은 인간의 재능과 능력을 넘어선 노력이라는 것을 알았던 것이다. 그도 강 저쪽으로 가는 데 동의했다.

소수의 장교는 우안에서 영향력을 행사할 수 있다고 생각했기에 루아르강 도하를 고통 없이 바라보았다. 그것을 권했고 준비했던 므쓔 봉샹은 의식이 없었다. 그는 숨을 거두었다.

우리는 생플로랑으로 공화파 포로 5천 명을 데리고 왔었다. 성 루이 기사단의 늙은 기사이며 숄레의 지휘관인 므쓔 세브롱 다르고뉴가 그들을 인솔했다. 그는 매우 거친 사람이어서 도주를 시도하던 아홉 사람을 길에서 죽였다. 그렇지만 그들을 더 멀리 끌고 갈 수도 강을 건너게 할 수도 없었다. 장교들은 이 포로들을 어떻게 할지 고심했다. 나도 그 자리에 있었다. 매트 위에 누워있던 므쓔 레스퀴르를 간호하고 있었기 때문이다. 처음에는 포로들을 그 자리에서 처형하자는 데 모두 동의했다. 므쓔 레스퀴르는 힘없는 목소리로 나에게 뭐라고 말했으나 알아들을 수 없었다. 그것은 공포였다! 그 불행한 자들을 죽이라는 명령을 내려야 할 때 아무도 그 일을 맡으려 하지 않았다. 므쓔 마리니마저 그러했다. 어떤 사람은 이 가혹한 도살은 자기의 능력을 넘어서는 일이라고 말했고, 또 어떤 사람은 도살자의 일을 맡고 싶지 않다고 말했다. 어떤 사람들은, 넉 달 전부터 포로가 되었으므로 공화파의 범죄와는 무관한 그 불쌍한 사람들을 상대로 복수극을 벌이는 것은 가혹하다고 말했다. 또 어떤 사람들은, 그렇게 한다면 그것은 공화파의 학살을 용인하는 일이 될 것이고 그들의 잔인성은 배가될 것이어서 좌안에는 한 사람도 살려두지 않을 거라고 말했다. 최종적으로, 그들에게 자유를 주는 쪽으로 결정되었다. 므쓔 레스퀴르는 이 결정에 참여할 수 없었다. 오직 나만이 그가 중얼거리는 것을 들었다. 아! 나는 안도의 숨을 내쉬었다. 한참 지나서, 이 포로 가운데 어떤 사람들은 낭트에서 마담 봉샹을 구해줌으로써 감사의 마음을 표현했다. 그들은 방데군에게서 자기들이 사면될 때 므쓔 봉샹이 자기 부인의 간청에 따라 사면을 얻어냈음을 증명하는 확인서에 서명했던 것이다. 마담 봉샹은 남편을 다시 볼 수 없었다. 사람들은 그녀에게 남편의 상태를 숨겼으며 그가 바라드에 있다고 믿게 했기 때문이다. 진실로 포로들은 그녀에게 각별한 감사의 마음을 가져야 할 것이다. 그녀는 포로들을 학살하기 위해 병사들을 흥분시키고 있던 늙은 므쓔 다르고뉴를 만나 비난을 퍼부으며 그를 부대에서 쫓아냈기 때문이다.[121]

우리는 강 저쪽으로 건너갈 준비를 했다. 우리는 므쓔 레스퀴르를 담

---

121 (원주) 나의 『회고록』이 나온 다음에 출판된 『므쓔 봉샹의 생애』에는 이 장군이 자신의 임종 무렵에 열린 전쟁위원회에서 우리 병사들의 폭동에 의해 포로들이 학살당할지도 모르는 위험에 처했다는 것을 알고 자기의 이름으로 자비를 외치게 했으며, 그리하여 그들의 목숨을 구하게 했음을 증명하는 확인서가 많이 있다. 나는 그 사실에 대해 전혀 의심하지 않는다. 그것은 봉샹 장군의 영웅적이고 관대하고 온화한 성품과 방데인들의 그에 대한 사랑과 부합하기 때문이다. 그러나 나는 그때 그것을 알지 못했다. 다름 아니라, 그때 우리 부대는 끔찍한 혼란 상태에 있었고, 나는 므쓔 레스퀴르의 간호에 몰두하고 있었기 때문이다.

요로 폭 싸서 매트가 붙은 밀짚 의자에 앉힌 후, 생플로랑에서 사람들이 복작거리는 강변으로 내려갔다. 많은 장교가 우리와 함께했다. 그들은 칼을 뽑아 들고 우리를 에워쌌다. 우리는 강가에 도착했고 거기서 늙은 마담 메나르르를 만났다. 그녀는 생플로랑에 도착할 때 다리를 다쳤는데 딸과 함께 있었고 우리의 배에 태워달라고 간청했다. 우리는 므쓔 레스퀴르를 태운 다음, 므쓔 뒤리보, 내 어린 딸, 아버지, 나, 그리고 우리 하인들, 이렇게 모두 작은 배에 탔다. 마담 메나르르의 들것은 작은 배에 오를 수 없었고 그녀의 딸은 어머니를 떠나려 하지 않았다. 그 둘은 남았다. 우리는 내 어머니를 보지 못했는데, 알고 보니 어머니는 말을 타고 얕은 곳으로 건너 우안에서 그리 멀지 않은 작은 섬까지 간 다음 바라드에 들어간 것이었다. 우리는 어머니를 바라드에서 다시 만났다. 엄청난 위험을 겪은 어머니는 두고두고 그때 걱정한 이야기를 했다.

배에 오른 후 아버지는 우리를 태워가는 노잡이에게 작은 섬에 내리지 말고 한 번 돌고서 곧장 쉬지 않고 바라드로 가자고 말했다. 므쓔 레스퀴르가 배에서 내렸다가 다시 다른 배에 타는 고통을 겪지 않도록 하기 위함이었다. 그러나 노잡이는 단호히 거절했다. 애원과 위협에도 꿈쩍도 하지 않자 아버지는 격노하여 칼을 뽑아 들었다. 노잡이가 아버지에게 말했다. "아! 므쓔! 나는 불쌍한 신부입니다. 나는 은총의 힘으로 방데인들을 실어 나르고 있습니다. 나는 이 작은 배를 벌써 여덟 시간이나 몰고 있으며 녹초가 되었습니다. 나는 이 일에 능숙하지 않습니다. 내가 강의 넓은 지류를 건너간다면 당신들을 물에 빠뜨릴 위험이 있습니다." 따라서 혼잡한 섬에 내려야 했다. 거기서 우리는 다른 배를 타고 강을 건넜다.

강변 백사장에는 수많은 방데인이 풀밭에 앉아 있었다. 그들은 더 멀리 도망치려고 친구들이 도착하기를 기다리고 있었다. 아버지는 어머니를 찾기 시작했다. 나는 내 딸에게 먹일 것을 구하려고 루아르 강변의 완전히 불탄 작은 마을에 사람을 보냈다.[122]

바라드는 1km 떨어진 작은 언덕의 비탈면에 있었다. 므쓔 레스퀴르는 빨리 그곳에 가기를 원했다. 날씨는 청명했지만 바람은 찼다. 우리는 의자 아래에 창 두 개를 받쳤고, 병사들이 그것을 들었다. 내 하인과 나는 수건으로 싼 그의 발을 지탱했고 므쓔 뒤리보는 고통스럽게 우리를 뒤따랐다.

우리가 평지를 지나고 있을 때 한 젊은이가 말을 타고 우리 옆에 멈춰 섰다. 그는 므쓔 도티샹이었다. 나는 파리에서 그와 헤어진 후 그를 본 적이 없었다. 그는 우리 대포가 건널 수 있는 얕은 곳을 확보하기 위해 앙스니를 공격할 것이며 이를 위해 3천 명을 모으고 있다고 말했다. 그는 나의 절망감을 조금이라도 줄여주려 노력했다.

잠시 후, 나는 바라드에서 사람들이 "무기를 들라!"라고 외치는 소리를 들었다. 곧바로 북소리와 총소리가 들렸다. 나는 이때처럼 전투에 가까이 있었던 적이 없었다. 적이 공격할 때 우리의 상황은 어떠했던가! 나는 겁에 질려 그 자리에서 얼어붙었다. 총소리가 나자, 의식이 거의 없었던 므쓔 레스퀴르가 깨어나 무슨 일인지 물었다. 나는 옆의 숲으로

---

122 (원주) 우리가 기적이라고 생각했던 놀라운 일은 이 엄청난 루아르강 도하에서 물에 빠져 죽은 이가 단 한 사람뿐이라는 점이다. 나는 우리가 대포 30문을 강 건너로 옮겼다는 이야기를 듣고 또 들었다. 므쓔 크레티노졸리와 그 밖의 역사가들은 우리가 10만 명이었다고 하는데, 내가 보기에는 조금 과장된 것 같다. 우리는 실제로 얼마인지 센 적이 없다. 도하 이후 내가 항상 들은 것은 우리가 8만 명이었다는 것이다. 이 가운데 여자는 만 명이었고, 어린이와 노인도 만 명이었다. 그러니 무장병력은 6만이었다. 그 가운데 부상자가 많았고 또 전투 경험이 없거나 있어도 매우 적은 사람이 많았다. 또 많은 사람은 가족을 돌보느라 여력이 없었다. 따라서, 모든 위험과 대면할 용기를 가진 병사는 4만 정도였으며 5만이 되지 않았다. 이것이 내가 기억하는 바다.

가 있자고 그에게 간청했다. 그는 청군은 자기를 아주 죽임으로써 자기를 도와줄 것이며, 총알은 추위와 바람보다 덜 아프다고 말했다. 나는 그의 말을 듣지 않았다. 우리는 그를 숲속으로 옮겼다. 내 딸이 나에게 왔다. 많은 사람이 그곳으로 도피했다.

한 시간이 지나서 모든 것이 조용해졌다. 한 경기병 분견대가 바라드가 점령된 것도 모르고 바라드에 나타났다가 전속력으로 도망쳤던 것이다. 우리는 계속 이동하여 조그만 마을에 도착했다. 마을에 들어서자 모르는 농민이 다가와서 내 손을 잡고 말했다. "우리는 우리의 땅을 떠났습니다. 자, 이제 우리는 모두 형제요 자매입니다. 우리는 헤어지지 않을 겁니다. 나는 당신들을 죽을 때까지 지킬 겁니다. 그리고 우리는 함께 죽을 것입니다." 사람들은 나에게 므쓔 레스퀴르를 누일 작은 방을 내주었다. 아버지, 어머니, 고모할머니가 우리에게 왔다. 그 집에는 바라드의 모든 집과 마찬가지로 내일을 알지 못하는 도망자로 가득했다. 많은 사람은 굶주림 때문에 고통을 겪고 있었다. 그러나 이 정직한 사람 대부분은 질서를 깨뜨리지 않았다. 내가 그들에게 권고했듯이, 아무도 집주인이 허락하기 전에는 뜰에 있는 감자를 먹으려 하지 않았다.

므쓔 도티샹은 방데인들이 앙스니를 지배하고 있음을 알았다. 므쓔 리로의 부대가 이 도시 앞을 흐르는 강의 얕은 곳을 통해 강을 건너서 이 도시를 공격하여 점령했던 것이다. 방데인들은 이곳으로 대포, 탄약, 가축들을 옮겼다.

이동은 밤에 끝났다. 우리는 매트 위에서 혹은 짚 위에서 잠을 잤다. 대부분은 집 밖에서 잤다.

사람들은 므쓔 봉샹의 시신을 배에 싣고 와 다음날 강변에 묻었다. 며칠 후, 공화파는 그의 시신을 꺼내 머리를 자르고 그것을 국민공회로 보냈다. 므쓔 델베가 어떻게 되었는지는 아무도 몰랐다. 부대에는 총사령관이 없었다. 므쓔 레스퀴르는 각 부대의 주요 장교들에게 사람을 보내 총사령관을 뽑아야 한다고 말했다. 그들은 두말할 필요도 없이 므쓔 레스퀴르가 총사령관이니 회복되는 대로 지휘를 맡아달라고 말했다. 므쓔 레스퀴르는 그들에게 말했다. "므쓔들, 나는 치명적인 부상을 당했습니다. 나는 살아날 것 같지 않지만, 설사 살아난다 해도 오랫동안 전투에 나설 수 없을 것입니다. 부대는 즉시 모두의 사랑을 받고 농민들이 알고 있고 모든 사람의 신뢰받는 행동을 할 수 있는 지휘관이 필요합니다. 그것이 우리를 구할 유일한 길입니다. 므쓔 라로슈자클랭은 모든 부대의 병사들에게 인정받는 유일한 사람입니다. 내 장인인 므쓔 도니상은 이 지역 사람이 아니어서 사람들은 잘 따르려 하지 않을 것입니다. 뿐만 아니라 그는 그 일을 맡을 생각이 없습니다. 내가 제안하는 선택이 방데인들에게 용기를 되찾게 해줄 것입니다. 여러분들이 므쓔 라로슈자클랭을 뽑도록 여러분에게 권하고 간청합니다. 만일 내가 살아난다면, 여러분이 알고 있듯이 나는 앙리와 다투지 않을 겁니다. 나는 그의 부관이 될 것입니다."

므쓔들은 돌아가 전쟁위원회를 구성했고 므쓔 라로슈자클랭을 뽑았다. 그들은 부총사령관을 뽑으려 했다. 므쓔 라로슈자클랭은 자신이 바로 부총사령관이며 자신은 므쓔 도니상의 생각을 따를 것이고 그를 상관으로 모실 거라고 대답했다.

므쓔 라로슈자클랭은 총사령관이 되는 영예를 원하기는커녕 두려워했으며 그것 때문에 정말 괴로워했다. 스물한 살의 나이로 그것을 맡기에는 경험이 충분하지 않다고 생각한 것이다. 실제로 그것이 그의 유일한 흠이었다. 전투에서 그의 용기는 모든 부대원을 사로잡았으며 사기를 높여주었고 모든 사람은 그에게 무조건 복종했다. 그러나 그는 회의를 무시했다. 그는 자기 생각을 그다지 중요하게 생각하지 않음으로써 자기 생각을 말하되 강력하게 주장하지 않았으며, 지나친 겸손 때문에 다른 사람들이 부대를 끌고 가도록 내버려두었다. 그는 이 사람들과 생각이 다를 때면 가까운 장교들에게 말했다. “그들은 상식적이지 못하다. 그러나 전투가 벌어지면 그때는 우리가 지휘할 것이다. 병사들은 우리에게 복종할 것이다.” 이러한 단점에도 불구하고 사람들은 그를 장군으로 뽑을 수밖에 없었다. 농민들은 그를 좋아해서 그를 잘 따랐고, 그는 농민들에게 용기와 활력을 불어넣어주었다. 그는 부대를 이끌고 가는 데 필요한 것을 가지고 있었기에 그가 아닌 다른 사람을 뽑는 것은 합리적이지 못했다. 아버지는 농민들을 이끈다는 어려운 책임을 맡기를 원하지 않았다. 왜냐하면 농민들은 그를 잘 알지 못했으며 나이든 지휘관보다는 젊은 지휘관을 더 좋아했기 때문이다.

므쓔 라로슈자클랭은 전 방데인들의 환호 속에 총사령관으로 추대되었다. 므쓔 레스퀴르는 환호 소리를 듣자 앙리를 보고 싶다고 나에게 말했다. 앙리는 구석에 숨어 뜨거운 눈물을 흘리고 있었다. 나는 앙리를 데리고 왔다. 그는 므쓔 레스퀴르의 목을 껴안았다. 그는 자기는 싸울 줄만 알고, 너무 젊고, 자기의 계획을 따르지 않는 사람들을 다룰 줄도 모른다고 몇 번이나 말하며, 총사령관이 될 자격이 없다고 했다. 그는 므쓔 레스퀴르에게 회복되는 대로 지휘권을 잡아달라고 간청했다. 므쓔 레스퀴르가 대답했다. “그럴 가능성은 없어. 그러나 그런 일이 생기면 나는 네 부관이 될 거야. 네가 능력을 충분히 발휘하는 것을, 멍청이들과 야심가들을 다스리지 못하게 방해하는 너의 그 소심함을 이겨내도록 너를 도울 거야.”

사람들은 부대의 행로를 논의하기 위한 회의를 열었다. 므쓔 레스퀴르는 낭트로 가자는 의견을 냈다. 그는 그 도시의 수비대가 방데에 들어가 있으니 그 도시를 기습한다면 행운의 승리를 거둘 수 있다고 생각했다.

그 도시의 중요성 외에도, 낭트로의 입성은 우리의 땅으로 돌아가고 므쓔 샤레트의 부대와 공조하여 작전을 펼 수 있는 방법이었다. 우리는 므쓔 샤레트의 소식을 듣지 못했지만, 우리의 패배가 적군을 우리 쪽으로 끌어당김으로써 그를 구했을 가능성이 컸다. 렌으로 가자는 의견도 있었다. 브르타뉴 지방도 반란을 일으킬 것으로 확신했기 때문이다. 그리고 이 행로에는 장애물이 적을 것이었다. 농민들은 전에 낭트의 성벽 아래에서 패한 기억이 있는데 그것이 그들의 사기를 저하시킬지도 몰랐다. 결국, 렌으로 가기로 결정되었다. 즉시 보볼리에 기사가 소수의 전위부대를 이끌고 앵그랑드를 점령하도록 급파되었다. 회의가 끝난 후, 많은 중요한 문제들 때문에 반짝 힘이 되살아났던 므쓔 레스퀴르는 다시 쇠진해졌는데, 정신적으로 긴장했었기 때문인지 상태는 더욱 심각해졌다. 저녁 무렵, 우리가 생플로랑에서 풀어준 그 포로들이 대포를 수습하여 바라드 쪽으로 기세 좋게 사격을 했고 우리도 그들에게 반격했다. 어느 쪽도 피해는 없었다.

다음 날, 부대는 앵그랑드로 갈 예정이었다. 므쓔 레스퀴르는 저녁때 떠나기로 결정되었다. 마을의 한 젊은이가 그와 어머니, 고모할머니, 그리고 나를 숨겨 주겠다고 제안했으며, 자기가 제공할 은신처의 안전을 보장했다. 므쓔 레스퀴르는 부대와 떨어진다는 이야기를 들으려 하지 않았지만, 나는 딸을 위해 그 제안을 받아들이고 싶었다. 그러나 사람들이 그 아이를 고아원에 보낼지도 모른다는 두려움과 아이는 계속 잘 자랄 거라는 희망 때문에 아이를 데리고 있기로 결정했다. 사랑하는 사람과 헤어질 수는 없었다. 같은 위험을 겪고 같은 운명을 받아들여야 했다.

우리는 저녁때 떠났는데, 므쓔 레스퀴르를 태울 마차를 구할 수 없어서 수레에 태웠다. 그는 수레의 거친 움직임 때문에 너무 고통스러워서 신음했으며, 앵그랑드에 도착했을 때는 거의 의식이 없었다. 우리는 첫 번째 집에 들어갔다. 므쓔 레스퀴르를 허름한 침대 위에 뉘었고, 나는 방에 있는 건초 위에 누웠다. 우리는 이런 상태에 아주 익숙해졌다. 너무나 무질서해서, 그를 치료해줄 의사를 구하기 위해 북을 치지 않으면 안 되었다. 보볼리에 기사가 우리를 보러 왔는데, 그는 초소에서 빼앗은 편지를 보고 므쓔 샤레트가 누아르무티에를 기습했다는 것을 알고 있었다. 다음 날 아침, 부대의 주력이 도착했고 캉데, 스그레 쪽으로 계속 이동했다. 우리는 므쓔 레스퀴르를 어떻게 데리고 가야 할지 알지 못했다. 그는 수레의 요동을 견뎌내지 못했기 때문이다. 고모할머니가 탄 사륜마차는 너무 작았다. 나는 므쓔 보제, 므쓔 몽디옹과 함께 마을에 갔다. 우리는 낡은 의자를 이용해 들것을 만든 다음, 그 위에 살대를 두르고 그 불쌍한 부상자가 숨을 쉴 수 있도록 천으로 덮었다. 나는 하녀인 아가트와 함께 들것 옆에서 걸어가기로 했다. 어머니, 고모할머니, 딸은 앞에서 출발했다. 사람들은 가족 단위로, 친구 단위로 함께 떠났다. 장교와 병사 가운데 그들의 보호자들이 있었다. 그들은 헤어지지 않으려고 애썼다. 병사들은 임무를 마친 다음에는 자기들에게 붙어 있는 여자들, 아이들, 노인들, 신부들, 부상자들을 위해서 숙소와 먹을 것을 마련해주었다.

우리는 계속 앞으로 나아갔다. 므쓔 레스퀴르는 고통 때문에 소리를 질렀고 그때마다 내 가슴은 무너져 내렸다. 나는 피로와 불안으로 기진맥진했다. 신발 때문에 발이 아파서 걸을 수가 없었다. 30분쯤 가서, 나는 므쓔 레스퀴르를 경호하는 부대의 지휘 책임을 맡고 있던 포레에게 그가 타고 있던 말을 빌려달라고 부탁했다. 우리는 두 기병대 사이에서 이동했고, 우리 뒤에는 보병이 꽤 많았다.

얼마 후, 므쓔 보볼리에가 대형 사륜마차를 구해가지고 왔다. 거기서 대포를 떼어내고 말을 붙인 다음에 매트를 깔았다. 우리는 이렇게 만든 침대 위에 그 부상자를 눕혔고, 므쓔 뒤리보도 마차에 태웠다. 아가트는 므쓔 레스퀴르가 아주 작은 움직임에도 신음했기에 그의 머리를 받치려고 그 옆에 앉았다. 그의 고통은 간헐적으로 극심해졌다. 심한 감기가 고통을 배가시켰다. 상처에서는 간간이 끈적끈적한 액체가 흘러내렸다. 그러면 그는 다소 진정되었고 그때를 이용하여 우리는 전진했다가 고통이 다시 시작되면 멈춰 섰다. 그러면 후위부대가 우리에게 왔다가 마차가 다시 출발할 때까지 기다렸다. 므쓔 레스퀴르는 죽은 것과 다름없었다. 그는 고통의 감각밖에 없었고 성격도 변했다. 예의 그 냉정함과 천사 같은 온화함은 온데간데없었고, 자주 초조해했으며 폭력성을 드러냈다. 아가트는 능숙하고 끈기 있게 그를 간호했다. 나는 근시였고 감정이 부드럽지 못해서 그녀만큼은 간호를 잘 하지 못했다.

우리는 캉데 쪽으로 향했다. 그 도시에서 4km쯤 떨어진 곳에 왔을 때, 전투가 벌어진 듯한 소리를 들었다. 길 위에는 우리뿐이었다. 나는 말을 타고 있었다. 우리는 전위부대보다 앞서가고 있었던 것이다. 잠시 후 "경기병이다!" 하고 외치는 소리를 들었다. 나는 이성을 잃어버렸다. 나의 첫 번째 반응은 도망치는 것이었다. 바로 그 순간, 므쓔 레스퀴르가 곁에 있다는 생각이 들었다. 나의 용기를 믿지 않으면서도, 경기병들의 접근이 나의 의지와는 무관한 거역할 수 없는 공포가 되어 나를 사로잡지 않을까 두려워서, 나는 아무 이유도 말하지 않고 마차 안으로 급하게 들어갔다. 내 남편과 함께 죽지 못하는 일이 일어나지 않도록 하기 위해서였다. 외침과 소란 때문에 그는 정신을 되찾았다. 그는 자리에 앉아 휘장을 열고 기병들을 부른 다음, 총을 달라고 요구했다. 그는 사람들이 자기를 땅에 내려놓고 자기를 부축해주기를 바랐다. 그는 내 말을 들으려 하지 않았지만, 그의 허약함만이 그가 마차 밖으로 나오는 것을 막을 수 있었다. 기병 몇이 전속력으로 달려왔다. 그는 그들의 이름을 부르며 싸움을 독려했다. 그러나 장교는 한 사람도 없었다. 그들은 모두 전진해 있었기 때문이다. 그는 포레를 알아보고 그에게 말했다. "아! 당신이 있군요! 지금 나는 훨씬 편해졌어요. 지휘할 사람이 있군요." 그는 진정했고, 포레의 용기를 칭찬하기 시작했다. 동시에 그는 므슈 S***가 마차 뒤에 숨어 있는 것을 보고 그의 비겁함에 분노했다.

이 경보는 잘못된 것이었다. 경기병은 셋에 불과했고, 게다가 캉데에서 전속력으로 달아나는 중이었다. 우리는 저녁 무렵 이 작은 도시에 도착했다. 우리는 가벼운 전투를 치르고 도시를 점령했는데, 전투에서 므슈 데프레 드 라샤테느레가 중상을 당했다. 우리는 그 도시에서 그런대로 잘 지냈다. 그곳에는 먹을 것이 있었다. 농민들은 나에게 와서 집주인에게 뜰에서 감자를 캐도 좋다는 허락을 받아달라고 간청했다. 그들은 가을이 되면 브르타뉴 지방의 거의 모든 집 대문에 걸린 사과주용 사과에 대해서는 덜 조심스러웠다. 배고픔 때문에 그들은 자기들의 손이 닿는 곳에 있는 이 먹거리에 대해서만은 탐욕스러웠다. 그것이 부대를 휩쓴 여러 질병과 이질의 원인이었다.

다음 날 일찍 우리는 스그레와 샤토 공티에를 향해 떠났다. 캉데의 한 부인이 므슈 레스퀴르와 그의 가족을 숨겨주겠다고 제안했으나, 우리는 바라드에서처럼 그 제안을 거절했다.

방데군의 이동은 특이한 광경이었다. 전위부대는 수도 많았고 대포도 갖추었지만, 그 뒤로는 뒤따르는 사람들의 무리가 무질서하게 길을 가득 채웠다. 포병, 짐수레, 아이들을 안고 있는 여자들, 자식들의 부축을 받고 있는 노인들, 힘겹게 걸어가는 부상자들, 그리고 병사들이 뒤죽박죽 섞여 있었다. 이러한 혼란을 막는 것은 불가능했다. 지휘관들은 관리능력을 상실했다. 밤에 말을 타고 지나갈 때 길을 비켜달라고 해도 말이 들리지 않았으므로, 나는 마치 헤엄치듯이 양손으로 군인들을 헤치며 지나갈 수밖에 없었다. 특별히 므슈 레스퀴르를 보호하는 임무를 부여받은 후위부대가 그 뒤를 따랐다.

이 슬픈 행렬의 길이는 거의 언제나 16km에 달했다. 이것은 적에게는 커다란 구경거리였다. 그들은 언제든지 그러한 배치의 단점을 이용할 수 있었다. 경기병들은 우리를 쉽게 공격할 수 있었고 행렬의 중심부를 학살할 수 있었다. 방데군의 측면을 보호하는 것은 아무것도 없었다. 우리에게 기병은 1,200명도 안 되었다. 그 밖의 척후병으로는 마을에 들어가 빵을 구하려 좌우로 몰려다니는 가난한 사람들뿐이었다. 우리 부대가 그나마 오랫동안 파멸을 피할 수 있었던 것은 행렬의 머리 아니면 꼬리만 공격한 공화파의 잘못 덕이었다.

캉데에서 샤토 공티에까지는 36km였다. 스그레를 지나갈 때 농민들은 그들의 변함없는 욕구에 따라 행정문서들과 자유의 나무를 불태웠다. 우리는 폭우 때문에 불편했던 고단한 하루를 보낸 뒤 매우 늦게 샤토 공티에에 도착했다. 이 도시를 지키는 공화파의 저항은 미미했다.

나는 피로와 배고픔 때문에 기진맥진했다. 점심도 거르고 떠났을 뿐만 아니라 길을 가는 도중에 부상자들에게 내 빵을 주었기 때문이다. 온종일, 자정까지 겨우 사과 두 개를 먹었을 뿐이었다. 이렇게 떠도는 동안 배고픔 때문에 고통을 당한 적이 한두 번이 아니었다. 육체적인 고통은 끊임없이 영혼의 아픔에 더해졌다.

샤토 공티에에서 우리는 캉데에 진입한 청군이 우리가 데려갈 수 없어서 부득이 포기한 불행한 부상자들을 학살했다는 소식을 들었다. 그 후, 그들은 우리의 부상자들을 볼 때마다 그러한 잔인한 행동을 되풀이했다. 우리는 결코 복수를 하지는 않았지만, 이처럼 잔혹한 전쟁 방식은 우리를 분노케 했다. 므쓔 마리니는 잔인한 열성 공화파로 고발된 샤토 공티에의 치안판사가 지하실에 숨어 있는 것을 찾아내어 광장에서 자기 손으로 직접 그를 죽였으며, 그 밖의 몇 사람도 같은 방식으로 죽였다.

그 후의 노정에서도 므쓔 마리니는 계속 그렇게 잔인한 행동을 했지만 어떤 장교도 그를 모방하지는 않았다. 그렇지만 사람들은 그의 복수에 더는 반대하지 않았다. 이렇게 내전은 사람의 성격을 바꾸어버렸다. 므쓔 마리니는 내가 아는 가장 온화하고 가장 훌륭한 사람이었는데 냉혹한 사람으로 돌변한 것이다.

샤토 공티에에서는 처음으로 군율을 바로 잡는 사건이 일어났다. 한 독일 병사가 어떤 여자의 돈을 훔친 뒤 그 여자를 칼로 살해한 것인데, 그는 총살당했다. 독일인들은 이 원정에서 매우 무질서했으며 범행이 알려지는 대로 언제나 가혹한 처벌을 받았다. 약탈은 절대 허용되지 않았다. 그러나 부대의 통제가 항상 엄격할 수는 없는 일이었다. 우리는 창고도 없었고, 수송차량도 없었고, 식량도 없었기 때문이다. 어디에도 우리를 맞이해주는 것이 없었다. 우리에게 가장 호의적인 사람들마저도 우리가 멈추지 않고 지나가는 것을 보아도 도와줄 엄두를 내지 못했다. 다음 날이면 부닥칠 공화파의 보복이 두려웠기 때문이다. 우리는 식량을 요구하지 않을 수 없었지만 결코 공물을 부과하거나 약탈을 허용하지 않았다. 필요한 경우, 병사들이 입고 있는 옷을 흰 천이나 옷과 교환하는 것은 허용했다. 나도 그렇게 하지 않으면 안 될 때가 있었다. 나는 집주인들에게 거칠어도 깨끗한 헌옷이 있으면 달라고 간청하곤 했다.

우리는 샤토 공티에에서 열두 시간을 보낸 다음 라발로 향했다. 므쓔 뒤우 기사는 후위부대를 지휘할 책임을 맡고 있었다. 그는 므쓔 레스퀴르에게 출발 시각을 받으러 왔다.

국민방위대 15,000명이 라발을 지키고자 소집되어 있었다. 그러나 그들은 미미한 저항을 한 후 도망쳤다. 우리는 매우 유감스럽게도 이 전투에서 장교를 둘 잃었다. 한 사람은 므쓔 라게리비에르였고 다른 한 사람은 므쓔 봉샹의 사냥터지기였다. 므쓔 라로슈자클랭도 위험을 겪었다.

그는 마르티녜 전투에서 부상당한 이후 줄곧 오른팔에 붕대를 감고 있었는데, 그럼에도 적극적이었고 대범했다. 그는 라발 앞에서 청군을 추격한 후 숲속 오솔길에 홀로 남아 있다가 한 공화파 보병과 마주쳤다. 그는 왼손으로 그의 목덜미를 잡고 두 발로 자기 말을 제어했기에, 보병은 그에게 아무런 해를 끼칠 수 없었다. 우리 병사들이 도착하여 그 보병을 죽이려 하자 앙리는 그들을 말리며 그에게 말했다. "공화파에게 돌아가라. 너는 혼자서 팔이 하나밖에 없고 무기도 없는 비적의 장군과 싸웠지만 그를 죽일 수 없었다고 그들에게 알려라."

방데인들은 라발에서 환영받았다. 주민들은 호의적이었다. 도시는 컸고 앞선 마을들에 있던 숙소들보다 더 많은 물자를 제공해주었다. 르망 지방의 농민들과 브르타뉴 지방의 농민들이 대거 우리와 합류하러 왔다. 나는 한 부대가 "국왕 만세"라고 외치며 오는 것을 보았다. 그들은 막대기 끝에 흰색 수건을 달고 있었다. 얼마 안 있어 그 수는 6천이 넘었다. 그들은 '작은 방데'라는 이름을 부여받았다. 브르타뉴의 반군들은 모두 긴 수염과 옷 때문에 쉽게 구분되었다. 그들은 대부분 털이 수북한 염소 가죽옷을 입고 있었다. 그들은 대단히 잘 싸웠지만 지방 전체가 봉기하지는 않았다. 이 부대는 많은 소교구에서 모인 젊은이들로만 구성되었다.[123]

---

123 이들이 바로 브르타뉴 지방에서 반혁명운동을 전개한 '슈앙'이다.

17

라발과 샤토 공티에 사이에서의 전투—마옌, 에르네, 푸제르 길 —므쓔 레스퀴르의 죽음

Mémoires de Madame La Marquise De La Rochejaquelein

우리 부대는 라발에서 며칠을 지내기로 결정했다. 부대에 약간의 휴식을 주고, 가능한 한 질서를 바로잡으며, 전 지역이 방데인들에게 합류하기 위해 봉기할 시간과 수단을 제공할 필요가 있었기 때문이다.

이 휴식은 므쓔 레스퀴르에게 큰 도움이 되었다. 그는 기력을 많이 회복했으며, 둘째 날부터는 훨씬 좋아졌다. 저녁때 장교 몇이 우리 숙소에 있었는데, 갑자기 마양새가 우리를 공격하러 왔다는 소문이 퍼졌다. 그들은 처음에는 별 것 아니라고 말했다. 그렇지만 얼마 지나지 않아 나는 전투 준비 소리를 들었다. 장교들은 병사들을 소집했고 독려했다. 우리를 우리 땅에서 몰아낸 그 무시무시한 마양새가 평원 지방에서 심야에 공격해 오는 것은 매우 두려운 일이었다. 우리 숙소는 도시 입구의 샤토 공티에 쪽에 있었는데, 나는 므쓔 레스퀴르를 반대쪽 도시 외곽에 있는 집으로 옮겼다.

므쓔 포레스티에는 우선 적군의 진행 방향을 확인하기 위해 장교 몇 명을 데리고 나갔다. 그는 그들이 라발로 향한다는 것을 알았고, 돌아와 장군들에게 그렇게 보고했다. 므쓔 라로슈자클랭은 봉샹 부대의 므쓔 마르탱에게 기병 몇 명을 붙여 2차 정찰을 내보냈다. 그는 신속 정확하게 임무를 완수했다. 병사들은 라발과 앙트람 사이에 있는 공화파와 싸우러 나갔다. 공화파 부대는 한동안 우리 부대가 가한 충격을 버텨냈다. 그들은 우리 부대가 얼마 되지 않는다고 생각했을 뿐만 아니라 어둠 때문에 우리 부대의 움직임을 볼 수 없었기 때문이다. 얼마 후 그들은 후퇴하기 시작했고, 우리는 그들을 쫓아갔다. 뒤죽박죽 혼란스러웠다. 우리 병사들은 그들의 탄약통을 사용했고 그들은 우리의 탄약통을 사용할 정도였다. 이러한 혼전은 방데인들에게 유리했다. 우리는 인명 손실이 적었고 적군을 많이 죽였다. 어둠이 짙게 깔려 있었는데 어느 정도였냐 하면, 므쓔 켈러는 구덩이에 빠진 공화파가 아군인 줄 알고 꺼내주려고 손을 내밀었을 정도였다. 그는 갑자기 대포의 불빛이 비치는 바람에 공화파의 제복을 알아보고 그를 죽였다.

다음 날은 조용히 지나갔다. 므쓔 레스퀴르는 말을 타고 첫 번째 숙소로 돌아올 정도로 상태가 호전되었다. 다음 날 아침부터 공화파가 라발에 총공격을 가해왔다. 전에 싸웠던 부대가 패배하는 바람에 그들은 방데인들이 여전히 많고 강력하다고 생각해서 이번에는 총력을 모은 것이다. 3만여 명의 정예부대였다.

우리는 다가올 전투가 얼마나 중요한지 알고 있었다. 모든 조치는 신중하게 취해졌고, 사람들은 노력과 용기를 배가시키기로 결심했다. 므쓔 레스퀴르는 건강이 경미하나마 호전된 것을 이용하여 말을 타고 싸우러 나가기를 원했으나 모두의 애원이 간신히 그를 막았다. 우리 모두 그 무모한 계획에 반대하자, 그는 창가에 가서 몸짓과 말로 싸우러 가는 병사들을 격려했다. 그 마음 아픈 아침의 피로와 걱정이 사흘간의 휴식과 간호의 결실을 되돌려놓았다. 그때 이후 그의 상태는 계속 나빠졌다.

전투는 아침 11시에 시작되었다. 방데인들은 맹렬히 공격했다. 공화파는 전방 언덕 위에 대포 2문을 설치했다. 얼마 전에 부대에 합류한 망명자와 함께 있던 므쓔 스토플레는 "우리가 어떻게 대포를 탈취하는지 보세요"라고 그에게 말하고서 즉시 의사인 므쓔 마르탱에게 기병 10여 명을 데리고 대포를 향해 돌진하라고 명령했다. 므쓔 마르탱은 전속력으로 달려가 포병들을 죽였고 대포 2문을 빼앗았다. 그들은 그 자리에서 대포를 공화파 쪽으로 돌리고 우리의 대포를 추가로 설치했다. 므쓔 라마르소니에르가 포대 책임을 맡았는데 유탄이 날아와 그의 옷을 뚫고 살에 박혔다. 그는 계속하려 했지만 고통이 너무 심해서 물러나지 않을 수 없었다. 므쓔 보제가 그를 대체했다. 그 포대는 중요했으므로 적의 집중포화에 노출되었다. 므쓔 라로슈자클랭, 므쓔 루아랑, 므쓔 도티샹은 므쓔 보제와 함께 계속 그 자리를 지키면서 대포를 공화파 앞으로 조금이라도 더 전진시키려고 애썼다. 공화파는 뒤로 물러났다. 포수들이 너무 무서워해서 그들을 전진시키려면 채찍질을 하지 않으면 안 되었다. 탄약이 부족했다. 므쓔 루아랑은 탄약을 가져오려고 전속력으로 달려갔다 돌아오다가 머리에 총알을 맞고 얼마 지나지 않아 죽었다. 이 용감하고 집요한 공격이 전투의 승리를 결정지었다. 므쓔 드아르그가 부대를 이끌고 적을 격퇴한 다음 그들을 뒤에서 공격했을 때 승리는 완벽했다. 청군은 와해되어 샤토 공티에까지 패주했다. 청군은 도시 안에서 부대를 재편하려 했고, 도시를 지키기 위해 대포 2문을 다리 위에 설치했다. 그들을 맹렬히 추격한 므쓔 라로슈자클랭이 병사들에게 말했다. "자, 친구들! 승자가 도시 밖에서 자고 패자가 도시 안에서 자는가?" 방데인들이 그때만큼 용기와 열정을 가진 적은 없었다. 그들은 다리 위로 돌진하여 대포를 빼앗았다. 마양새들은 저항했으나 곧바로 무너졌다. 병사들은 샤토 공티에 안으로 진입했다. 므쓔 라로슈자클랭은 추격을 계속했다. 그는 청군이 여전히 맞서려 한다는 것을 알고서는 즉시 샤토 공티에로 기병들을 보내 대포를 가져오게 했다. 샤토 공티에에 있던 사람들은 기병 몇 명이 전속력으로 돌아오는 것을 보았다. 기병들은 명령을 전달하려는 것이었으나, 도시 안에 있던 병사들은 적군이 우위를 점한 것으로 착각했다. 그들 사이에 공포가 퍼졌다. 그들은 떼를 지어 거리로 몰려나왔다. 너무나 무질서해서 20여 명이나 밟혀 죽을 정도였다. 므쓔 스토플레는 두 발로 말을 압박했다. 얼마 후 사실이 밝혀졌다. 공화파는 결국 무너졌고 스그레 길과 리옹당제 길이 갈라지는 곳까지 쫓겨났다. 이 전투는 12시간에서 14시간 동안 계속되었다.

므쓔 라로슈자클랭은 이 전투에서 능력과 냉정함으로 장교들의 존경을 받았다. 그는 이제까지는 동료들이 따라오는지 안 따라오는지 신경도 쓰지 않고 적을 향해 돌진하는 무모하고 다혈질적인 사람으로 여겨졌으나, 그날은 언제나 부대의 선두에서 부대와 함께 있었다. 그는 그들을 지휘했고, 전열을 유지했으며, 가장 용감한 병사라도 혼자서는 돌진하지 못하도록 단속했다. 이렇게 해서 그는 우리 부대의 고질병인 그 치명적인 무질서에 빠지는 것을 막았다. 그는 언제나 다수의 병력을 공화파와 맞서게 했기 때문에, 공화파는 여느 때와 달리 후퇴 중에 역습을 하거나 자기들을 추격해오는 소수의 장교를 격퇴하는 식으로 전세를 반전시킬 수 없었다. 앙리는 가능한 한 완전한 승리를 거두는 것이 중요하다고 생각했던 것이다.

그때 우리는 우리를 몰아냈던 마양새에게 복수한 후 행로를 바꾸어 승리자로서 우리 땅에 돌아갔어야 했을 것이다. 그때는 앙제를 되찾고 루아르강을 다시 건너는 것이 어렵지 않았을 것이다. 그것이 바로 므쓔 라로슈자클랭의 생각이었다. 그러나 라발에 있는 사람이 많았다. 전투에서 승리를 거둘 무렵에 뛰어난 장군들과 장교들도 라발로 돌아갔고 병사들의 대부분도 그들을 뒤따랐다. 므쓔 라로슈자클랭은 전위부대와 젊은 장교들과 함께 샤토 공티에에 있었는데, 그는 그렇게 중요한 결정을 내릴 엄두를 내지 못했다. 라발에 있는 모든 사람에게 자기에게 돌아오라고 말하는 것은 그가 보기에도 지나치게 독단적인 행동으로 여겨져 그는 자기가 라발로 가기로 결정했다. 그런데 라발에 있던 사람들은 샤토 공티에로 오라는 명령을 예상하고 있었다. 한 공화파 부대가 크라옹에 모여 있었는데, 므쓔 라로슈자클랭은 그리로 가서 또다시 완전한 승리를 거두었다.

라발로 돌아간 후 작전계획을 수립하기 위해 열린 모든 위원회에서는 음모, 질시, 비밀책동 등으로 부대의 지휘관들과 장교들이 분열되기 시작했다.

일상적인 사건들 때문에 열린 회의에서도 거친 언사가 오갔다. 당시 중요한 회의 주제는 부대의 행로를 결정하는 것이었다. 우리는 공화파가 루아르강에 장애물을 설치할 시간을 주었기 때문에 이제 더는 루아르강을 건너 돌아가려고 할 수 없었다. 그것이 방데인들이 크게 후회한 것이었다. 브르타뉴 전체의 상황에 대해 확신한 므쓔 탈몽은 파리로 전진하기를 원했고, 다른 많은 지휘관은 우리에게 대단히 호의적이었던 렌으로 가서 브르타뉴 전 지역을 봉기시킬 조처를 하자고 했다.

전투가 벌어지던 중에, 왕당파 부대의 장군들 앞으로 편지 한 통이 도착했다. 므쓔 레스퀴르는 그때 라발에 있던 유일한 지휘관이었다. 사람들은 그에게 편지를 가져왔고 나는 편지를 읽어주었다. 편지는 짧았는데, 내용인즉 왕당파 부대의 성공과 용기에 대해 과장되게 칭송한 후, 반군 5만 명이 렌 부근에서 봉기할 준비가 되어 있으니 지휘관들이 은신처에서 나와 우리의 장군들과 회담할 수 있도록 안전통행증을 발급해 달라는 내용이었다. 내 생각에 그 편지의 발신인은 므쓔 퓌제였다.[124] 그 편지는 매우 이상했다. 나는 서명이 있었는지 기억하지 못한다. 여러 명의 이름과 계급이 적혀 있을 뿐이었다. 그들은 장군들, 소장들, 소령들이었다. 우리는 5만 명의 숨은 부대를 지휘하는 장군들이 그렇게 가까운 거리인데도 안전통행증을 요구하는 것을 보고 웃음이 나왔다. 그 편지를 가져온 사람을 불러 물었으나 그는 아무런 세부 사실도 아무런 설명도 덧붙이기를 원치 않았다. 그는 특히 그에게 편지를 건넨 특사가 누구인지 말하기를 거부했다. 우리는 그가 스파이이며 그의 편지는 허위라고 생각했다. 이곳은 렌에서 48km밖에 떨어져 있지 않으며 그곳에 있는 5만 명이 행동을 개시하면 여기서는 그들을 지원할 준비가 되어 있다고, 그리고 안전통행증을 지참하지 않고도 우리의 장군들을 만나 이야기할 수 있다고 구두로 답변했다. 그 편지는 우리의 행로에 영향을 미칠 만큼 신뢰감을 주지 못했다. 그러나 우리는 이 지역에서 반란의 조짐이 보인다는 것을 다른 여러 경로를 통해 확신하고 있었으므로 브르타뉴 지방의 수도인 렌으로 가는 것이 아마도 최선의 결정이었을 것으로 보인다.

우리는 또한 바다의 항구를 공격하는 것에 대해서도 이야기했다. 므쓔 도벤하임이라는 이름의 공병대 장교는 전에 빔펜 장군과 지롱드파의 반란에 참가했다가 얼마 전에 우리 편에 가담한 사람인데[125] 그랑빌을 제안하면서 자기는 그 도시의 약점을 잘 아니 기꺼이 공격을 지휘하겠다고

124 Joseph-Geneviève, Puisaye 백작(1755~1827). 노르망디의 귀족 가문 출신으로 군인이며 정치가. 삼신분회 의원으로 혁명에 참여했으며, 입헌군주정을 지지했다. 루이 16세의 죽음 이후 노르망디 지방과 브르타뉴 지방에서 빔펜(Wimpfen) 남작의 보좌관으로 연방주의 반란에 참여했다가 실패한 후 브르타뉴 지방에 숨어들어 슈앙을 조직했다. 1795년 6월 키브롱 상륙작전에서 주도적인 역할을 했으나 작전 실패 후에 권위와 신망을 상실했다. 그 후 캐나다에서 살다가 영국으로 돌아가 죽을 때까지 살았다.

125 퓌제 백작이 참여한 연방주의 반란을 말한다. 라로슈자클랭 후작부인은 Winpfen이라고 표기했으나 Wimpfen이 옳은 표기다.

말했다. 므쓔 탈몽은 언제나처럼 파리 원정을 주장했다. 그는 우리가 파리에 진입할 수는 없다 해도 플랑드르 지방에서 오스트리아군과 합류하는 것은 어렵지 않을 거라고 단언했다. 앙리는 여자들과 아이들과 부상자들을 동반한 부대에게 그러한 행보는 불가능하다며 그 계획에 반대했다. 적의 군사적인 방해 외에 계절도 커다란 장애물이어서, 그는 방데의 농민들은 결코 그러한 계획을 받아들이지 않을 거라고 덧붙였다. 결국 푸제르로 향하기로 결정되었다. 그런 다음 거기서 렌으로 가거나 바다로 갈 수 있을 것이었다.

우리의 라발 체류가 끝나갈 무렵, 므쓔 레스퀴르는 점점 더 고통스러워했다. 그는 처음에는 휴식 덕분에 많이 좋아졌었다. 우리는 그의 상처에서 부서진 뼛조각을 많이 빼냈고 그는 더욱 규칙적으로 치료를 받았다. 그러나 그는 치료 지시를 고분고분 따르지 않았다. 아무 약도 먹으려 하지 않았으며 식사로는 우유와 쌀 그리고 포도만 먹었다. 이마의 뼈는 두개골의 뒷부분까지 함몰되었다. 그것은 처음에는 눈에 띄지 않았었다. 피와 땀과 상처 분비물이 엉겨붙은 머리카락이 너무 괴로워서 그는 그것들을 없애주기를 바랐다. 그를 매우 능숙하게 간호했으며 당시 부재중이었던 의사의 역할을 완벽하게 수행한 아가트는 머리카락을 깎는 일을 맡았다. 나는 아주 조금만 깎기를 원했으나 그는 전부 깎기를 고집했고 그렇게 하는 것이 자기의 고통을 덜어줄 것이라고 말했다. 아무것도 그의 뜻을 꺾을 수 없었다. 나는 이 처치와 그가 2차 전투 때 겪은 피로가 그에게 치명적이었으며 우리가 처음에 가졌던 희망을 앗아갔다고 생각했다. 전쟁의 제반 사건들, 지휘관들의 불화와 알력, 부대의 상황 등도 그에게 고통을 준 원인이었다. 그가 몰두한 모든 것은 그의 영혼을 강하게 사로잡았고, 극단적인 동요를 일으켰으며, 심지어는 착란상태에 빠지게도 했다. 그것은 끔찍한 두려움으로 나를 파고들었다. 온종일, 그는 전쟁에 대해, 전에 일어난 일에 대해, 일어날 수 있는 일에 대해 이야기했다. 어느 날 아침, 에쇼브루아뉴의 정직한 부라소가 그에게 와서 루아르강을 건너기 전에 그 소교구에서 500명이 죽거나 부상당했다고 말했다. 그날 온종일, 므쓔 레스퀴르는 에쇼브루아뉴 사람들의 용기에 대해서만 이야기했으며 그들의 영웅적인 헌신을 끊임없이 찬양했다. 나는 그를 진정시키려 했으나 소용이 없었다. 저녁때, 그는 고열에 시달렸고 상태가 현저하게 나빠졌다. 나는 매우 훌륭한 의사인 므쓔 드소르모를 불렀고 떠나지 않게 했다. 왜냐하면 루아르강 도하 초기에 너무나 혼란스러워서 남편을 치료할 의사를 구하려고 북을 치곤 한 기억이 있었기 때문이다. 나는 엄습해오는 무서운 공포를 견딜 수 없었다.

우리는 라발에서 아흐레를 머물렀다. 출발 전전날 아침에 나는 므쓔 레스퀴르의 침대 옆 매트에 누워있었다. 나는 그가 졸고 있다고 생각했다. 모두, 심지어는 므쓔 뒤리보마저도 밖에 나가 있었다. 그는 나를 부른 다음 예의 그 온화함으로 말했다. "내 사랑하는 친구여, 커튼을 걷어요." 나는 일어나 커튼을 걷었다. "날씨가 맑은가요?" 나는 그렇다고 대답했다. "내 눈앞에는 베일이 있는 것 같아요. 분명히 보이지 않아요. 나는 언제나 내 부상이 치명적이라고 생각했어요. 나는 그것을 의심하지 않아요. 사랑하는 친구여, 나는 당신을 떠납니다. 이것이 나의 유일한 한(恨)입니다. 또한 우리의 왕을 왕좌에 앉히지 못한 것도 한스러워요. 나는 임신 중이고 또 아이가 있는 당신을 내전(內戰)의 한복판에 두고 갑니다. 이것이 나를 고통스럽게 합니다. 살아남으려 애쓰고 몸을 숨겨 영국으로 건너가도록 해요." 그는 내가 눈물을 억누르고 있는 것을 보고 계속했다. "그래요, 당신의 고통만이 삶을 그리워하게 합니다. 나는 편안하게 죽습니다. 내가 죄를 지은 것은 분명하지만 후회하거나 양심에 어긋나는 일은 하지 않았습니다. 나는 언제나 경건하게 신을 섬겼어요. 나는 그분을 위해 싸웠고 그분을 위해 죽습니다. 나는 신의 자비를 기원합니다. 나는 죽음을 자주 가까이에서 봐 와서 죽음을 두려워하지 않아요. 나는 확신을 가지고 하늘로 갑니다. 나는 오로지 당신만을 그리워할 거예요. 내가 당신을 행복하게 해주었기를 바랍니다. 당신을 불행하게 한 것이 있다면 용서해주세요." 그의 얼굴은 편안했다. 그는 이미 하늘에 있는 것 같았다. 그가 "나는 오로지 당신만을 그리워할 거예요"라는 말을 되풀이할 때 그의 눈에는 눈물이 가득했다. 그는 계속 말했다. "내가 하늘에 있을 거라고 생각하고 기운을 내세요. 신은 나에게 그러한 확신을 주셨습니다. 당신 때문에 눈물이 납니다." 나는 그 엄청난 고통을 견딜 수 없어서 옆방으로 뛰어갔다. 므쓔 뒤리보가 돌아오자 므쓔 레스퀴르는 나를 데려오라고 말했다. 므쓔 뒤리보는 내가 눈물 때문에 숨이 막혀 무릎을 꿇고 있는 것을 보았다. 그는 나에게 용기를 주려고 애쓰면서 나를 방으로 데려갔다.

므쓔 레스퀴르는 부드럽고 경건하게 계속 이야기했다. 그는 내가 고통스러워하는 것을 보고, 어쩌면 자기가 자기의 상태에 대해 잘못 알고 있을지도 모르니 의사들을 불러야 할 거라고 나를 위로해주었다. 나는 즉시 의사들을 불렀다. 그는 의사들에게 말했다. "여러분, 나는 죽음을 두려워하지 않습니다. 사실을 말해주세요. 나는 준비할 것도 몇 가지 있습니다."

나는 그가 성사를 받기를, 또 전에 나를 위해 작성했던 유언장을 갱신하기를 원한다고 생각했다. 그러나 나는 죽음이 임박했음을 예고하는 일체의 행동을 거부했다. 너무 무서웠기 때문이다. 의사들은 약간의 희망을 주었다. 그는 그들에게 조용히 대답했다. "나는 당신들이 잘못 알고 있다고 생각합니다. 그러나 그 순간이 다가오면 부디 나에게 알려주세요."

우리는 11월 2일 라발을 떠났다. 렌으로 향할지는 아직 공식적으로 결정되지 않았다. 비트레 길은 렌으로 가는 지름길이었다. 스토플레는 독단적으로 자기가 지휘하는 부대와 고수(鼓手)들을 데리고 푸제르로 갔다.

길에서, 므쓔 레스퀴르는 내가 그에게 감춘 소식을 알게 되었다. 마차가 멈추었을 때 누군가가 그에게 신문 기사를 읽어준 것이다. 그것은 그를 몹시 아프게 했다. 왕비의 죽음에 대한 기사였다. 그는 외쳤다. "아! 그 악마들이 결국 왕비를 죽였구나! 나는 왕비를 구하기 위해 싸웠다. 내가 산다면 그것은 왕비에 대한 복수를 하기 위해서다. 더 이상 자비는 없다!" 이 생각은 그를 떠나지 않았다. 그는 끊임없이 그 범죄에 대해 이야기했다.

저녁때, 우리는 마옌에서 멈추었다가 다음 날 계속 길을 갔다. 부대는 가벼운 전투를 벌였고 완전한 승리를 거두었다. 부대는 에르네에 들어가 숙박했다.

나는 피로 때문에 녹초가 되었다. 나는 므쓔 레스퀴르 옆 매트에 몸을 던졌고 깊이 잠들었다. 내가 자고 있는 동안, 사람들은 환자가 힘을 잃고 빈사 상태에 빠져 있는 것을 보고 그에게 발포약(發泡藥)을 먹였다. 그는 바라드에서 본 그 고해신부를 원했다. 그러나 그는 이제는 언어능력을 상실하여 신부에게 말을 할 수 없었다. 그는 사죄(赦罪)와 종부성사를 받았다. 사람들은 나를 깨우지 않기 위해 조용히 일을 했다. 새벽 1시, 나는 잠에서 깨어 므쓔 레스퀴르가 끔찍한 상태에 있는 것을 보았다. 그는 말은 할 수 없었지만 의식은 있었다. 그는 나를 바라보았고, 눈물을 흘리면서 하늘을 바라보았다. 그는 여러 번 내 손을 잡기도 했다. 나는 어떠한 말로도 표현할 수 없는 절망과 착란 상태에서 열두 시간을 보냈다. 그것은 참으로 견디기 힘든 고통이었다.

정오 무렵, 에르네를 떠나 길을 계속 가야 했는데 그것은 나에게는 불가능해 보였다. 나는 우리가 청군의 수중에 떨어질 위험이 있어도 우리를 놓고 가기를 원했다. 보볼리에 기사는 우리와 함께 남기를 원했다. 사람들은 나를 끔찍한 죽음에 노출시키는 것은 므쓔 레스퀴르의 뜻을 거역하는 것이며, 그렇게 하면 그의 시신은 공화파의 수중에 떨어질 것이라고 말했다. 나도 그런 생각 때문에 괴로웠다. 므쓔 봉샹의 시신이 모욕을 당한 것은 나에게 엄청난 공포를 심어주었기 때문이다. 나는 그 같은 모독을 받을지도 모른다는 생각을 견뎌낼 수 없었다. 그들은 내가 에르네를 떠날 결심을 하도록 만들었다. 이 얼마나 끔찍한 전쟁인가! 우리의 적은 얼마나 잔인한가! 우리는 그들과 그렇게 관대하게 싸웠고 그들을 그렇게 자주 살려준 그 빈사 상태의 사람을 그들의 광기에서 숨기지 않으면 안 되었다. 이렇게 해서 나는 그의 마지막 순간이 그 치명적인 노정(路程)의 격동 때문에 혼란스러워지고 앞당겨지는 것을 보는 고통을 겪게 되었다. 나는 먼저 마차에 올라 므쓔 레스퀴르 옆 매트에 앉았고 아가트는 반대쪽에 앉았다. 그는 고통스러워 연신 신음했다. 우리의 친구들은 의사가 나보다 더 도움이 될 것이며 나는 필요한 처치를 하는 데 방해가 될 거라고 말했다. 나는 마차에서 내려 말을 탔고, 의사가 내 자리에 앉았다. 어머니, 보볼리에 기사, 므쓔 자고, 므쓔 뒤리보, 몽디옹 기사 등은 나를 둘러싸고 나를 보살폈다. 나는 아무것도 보지 못했다. 나는 완전히 무너졌다. 나는 사물을 분간하지 못했으며 마음속으로 느껴왔던 것들조차 인식하지 못했다. 모든 것이 어두운 구름과 끔찍한 파도에 싸여 있었다.

그날, 나는 길에서 공화파 부대를 보자 나도 모르게 분노가 솟구쳐 올라 므쓔 레스퀴르를 죽인 그자들을 짓밟기 위해 아무 말도 하지 않고 말을 몰았다.

약 한 시간쯤 지나, 나는 마차 안에서 흐느끼는 소리가 나오는 것을 듣고서 그 안으로 들어가려고 했다. 사람들은 므쓔 레스퀴르의 상태는 변함이 없으며 문을 열면 추위 때문에 상태가 악화될 거라고 말하며 나를 떼어놓았다. 나는 내가 불행하다고 생각했지만 고집부릴 엄두를 내지 못했고 사람들이 나에 대해 어떻게 반응할지 두려웠다. 나는 내 영혼을 관통한 슬픈 의심을 떨쳐버렸고 똑바로 바라볼 엄두를 내지 못했다. 나는 아무런 힘도 없었으므로 사람들이 하라는 대로 따랐다.

나는 마차 옆에서 일곱 시간 동안 말을 타고 있었다. 비가 오는 날씨였다. 푸제르에 가까이 가면서 우리는 우리가 공화파에 치명적인 피해를 입힌 후 도시를 점령했음을 알았다. 공화파는 도시 입구에 흙벽을 쌓아 놓았었고 우리 병사들은 거기에 마차 한 대 겨우 들어갈 문을 냈기 때문에 우리가 도착하는 데는 장애가 많았다. 사람들은 마차가 도시 안으로 들어가는 데 두 시간은 족히 걸릴 거라고 말했다. 말을 타고 들어가는 것은 거의 불가능했다. 사람들은 나에게 걸어서 들어가라고 말했다. 나는 허리가 끊어질 듯 아팠다. 이미 여러 차례 위험에 처했던 뱃속 아이를 위해 몸조심하는 것은 나의 의무라고 사람들은 말했다. 나는 마차가 도착하는 대로 보볼리에 기사가 명예를 걸고 나를 므쓔 레스퀴르에게 데려가달라고 요구하면서, 사람들에게 나를 맡겼다. 어머니는 거기에 반대했다. 어머니는 내가 그 고통스러운 광경을 보지 못하게 한 것이 한두 번이 아니었다.

나는 걸으려고 했으나 그것은 불가능했다. 고통과 피로로 몸이 구부러졌고 다시 일어설 수도 없었다. 밤이 깊었다. 사람들이 한군데 모여 있었고 또 어두웠으므로, 보볼리에 기사는 내 가족과 내 하인들과 헤어져 우연히 내 옆에 혼자 있게 되었다. 그는 나를 부축하려고 애썼다. 그는 매우 건장한 사람이었지만 그 역시도 너무 지쳐서 그럴 수 없었다. 우리는 간신히 푸제르의 첫 번째 집에 도착했다. 거기에 숙박하고 있던 선량한 병사들은 나를 따뜻하게 해주었고 약간의 포도주를 주었으며, 어머니가 보내준 마차를 타고 어머니가 도시 안에 마련해준 숙소로 갈 때까지 나를 돌봐주었다. 사람들은 나에게 침대를 마련해주었고 내가 잠들기를 원했다. 나는 아무 말도 하지 않고 불 가에 앉았고, 이따금 므쓔 레스퀴르의 마차가 도착했는지 물었다. 나는 마차 소리를 듣고서 모든 사람을 내보낸 후, 보볼리에 기사에게 약속을 지키라고 말했다. 그러나 그와 나만이 모든 것이 끝났다는 것을 모르고 있었다. 그는 나갔고 잠시 후에 눈물범벅이 되어 돌아와 내 손을 잡은 다음, 내 아이를 구할 생각을 해야 한다고 말했다. 모든 사람이 돌아왔다. 그들은 나를 침대에 뉘었다.

사실, 내가 마차 안에서 나오는 소리를 들은 것이 므쓔 레스퀴르의 마지막이었다. 의사는 나갔고 아가트도 그렇게 하려고 했다. 그러나 아가트는 내가 자기를 보면 나의 운명을 확신할 거라는 생각이 들자, 용기를 내어 그 불행한 장소를 떠나지 않고 일곱 시간을 보냈던 것이다. 마차에서 내려온 후 그녀는 두 시간이 넘도록 실신했다. 그녀는 어렸을 때부터 므쓔 레스퀴르와 함께 자랐다.

푸제르에서 내가 잤던 방은 통로나 다름없었다. 사람들이 끊임없이 오가는 것은, 비록 그들이 나에게 말을 걸지는 않았어도, 엄청난 고통이었다. 그렇지만 절망 속에 마냥 머물러 있기만 하면 그 절망을 이겨내지 못할 것 같았다. 나는 유산을 예고하는 듯한 통증을 느끼기 시작했다. 두 배로 늘어난 고통은 너무 격렬해서 나는 소리를 지를 수조차 없었다. 사람들은 우리가 숙박하는 집 주인이자 의사인 므쓔 퓌토를 불렀다. 그는 즉시 사혈을 하지 않으면 유산할지 모른다고 말했다. 므쓔 알라르는 그 자리에 있었는데, 사혈을 할 외과의사가 어디에 있는지 몰랐기 때문에 "의사! 응급! 한 여자가 죽어갑니다!"라고 외치며 거리를 뛰어다녔다.

한 남자가 나서자, 그는 즉시 그 남자를 나에게 데려왔다. 나는 그 의사의 이름을 알지 못했다. 그러나 그의 얼굴과 그가 나에게 불러일으킨 공포는 지금도 생생하다. 그는 키가 180cm가 넘었고 사나운 인상이었으며 허리에 피스톨 4정과 칼을 차고 있었다. 내가 그에게 사혈이 무섭다고 말하자 그가 말했다. "아! 나는 무섭지 않아요. 나는 전쟁터에서 300명 이상을 죽였어요. 오늘 아침에도 한 치안군의 목을 벴습니다. 나는 여자의 사혈을 잘합니다. 자, 손을 내미세요." 나는 손을 내밀었고 그는 손을 찔렀다. 피는 잘 나오지 않았고 아팠다. 그렇지만 도움과 치료 덕분에 나는 살아났다. 밤새도록 므쓔 뛰토는 열심히 나를 돌보았다.

다음 날, 므쓔 라로슈자클랭, 므쓔 보제, 므쓔 드세사르, 그리고 보볼리에 기사가 내 방으로 들어왔다. 그들은 나와 떨어져 앉은 다음 아무 말도 하지 않고 비통하게 울었다. 15분쯤 지나 앙리가 일어나 나를 껴안았다. 나는 그에게 말했다. "당신은 당신의 가장 친한 친구를 잃었습니다. 나 다음으로 당신은 그가 이 세상에서 가장 사랑한 사람이었습니다." 앙리는 내가 결코 잊을 수 없는 고통스러운 억양으로 나에게 대답했다. "내 생명이 당신에게 그를 돌려줄 수 있을까요? 내 생명을 받으십시오." 늙은 므쓔 도종도 와서 나를 껴안았다. 모든 사람이 울었다. 므쓔 레스퀴르를 아는 모든 사람에게 그의 상실은 엄청난 불행이었다.

그 후 나에게 위안이 된 것은, 끊임없이 므쓔 레스퀴르에 대해 이야기하는 것, 그와 관련된 모든 기억을 되살리는 것, 그가 소중히 여긴 것들을 가까이하는 것, 그가 얼마나 많은 그리움을 남겼는지, 얼마나 많은 존경을 받았으며 시련을 겪었는지 이야기하는 것을 듣는 것이었다. 그 감정은 결코 나를 떠나지 않을 것이다. 그것은 내 모든 삶의 감정일 것이다. 내가 이 기록을 쓸 필요를 느끼게 해 준 사람도 바로 그였다.

나는 므쓔 레스퀴르의 시신이 공화파의 모독을 당하지 않을까 하는 끔찍한 공포를 항상 지니고 있었다. 나는 그의 시신을 방부처리하여 마차에 넣고 다니기를 원했다. 사람들은 뱃속의 아이가 위험해질 수 있다며 반대했다. 나는 므쓔 자고 신부가 그 슬픈 의무를 맡을 것을 약속하게 했다. 그는 푸제르에서 엄숙한 의식을 거행했다. 내장은 매장했고, 시신은 관에 넣어 마차에 실었다. 사람들은 므쓔 레스퀴르의 시신에서 그가 젊었을 때 사람들 몰래 입었던 거친 고행피륙의 흔적을 보았다.

므쓔 자고는 며칠 후 아브랑슈에서 병에 걸렸는데, 사람들은 그 틈을 이용하여 관을 몰래 치워버렸다. 나는 그 관을 열심히 찾았지만 어디에 있는지 어떤 상태인지 알 수 없었다. 나는 아버지가 그렇게 하라고 명령했을 것으로 생각한다. 아버지는 내가 관과 함께 있겠다는 생각에 강력히 반대했었다. 우리의 상황이 그것을 불가능하게 한다고 보았기 때문이다. 어쨌든, 그의 유해가 어디에 있는지도 모른다는 것은 아쉬움과 그리움을 더해주었다. 나는 최소한 그가 공화파의 수중에 떨어지지는 않았다고 확신한다. 아버지의 현명한 조치가 없었다면 그렇게 되었을지도 모르는 일이다.

사람들이 나의 건강에 대해 가졌던 걱정은 다소 진정되었다. 나에게는 여섯 달 이상 지속된 만성적인 미열밖에 없었다. 그렇지만 그 때문에 나는 무척 쇠약해졌다.

18

영국에서 파견된 두 망명자의 도착—퐁토르송과 아브랑슈 경유—그랑빌 공략—아브랑슈, 퐁토르송, 돌을 지나서 돌아감

Mémoires de Madame La Marquise De La Rochejaquelein

내 슬픈 이야기를 계속하겠다. 나의 불행은 더 커질 수 없을 것처럼 생각되었지만, 방데인들의 고통은 더욱더 극심해질 것이었다.

푸제르에서 사람들은 전에 라발에서 시도했던 것, 즉 부대 활동에 약간의 질서를 부여하는 문제에 대해 논의했다. 전쟁위원회는 스물다섯 명으로 구성하기로 결정되었다. 점령지 총독이며 위원회 의장인 내 아버지 므쓔 도니상, 총사령관인 므쓔 라로슈자클랭, 소장인 므쓔 스토플레, 기병대 장군인 므쓔 탈몽, 행정부장인 므쓔 드아르그, 행정차장인 므쓔 뒤우 기사, 재정부장인 므쓔 보볼리에, 공병대장인 므쓔 도벤하임, 포병대장인 므쓔 마리니, 부(副)대장인 므쓔 페로, 므쓔 레스퀴르의 푸아투 부대 사령관인 므쓔 드세사르, 부사령관인 므쓔 보볼리에 기사, 므쓔 라로슈자클랭 부대 사령관인 므쓔 빌뇌브 드 카조, 부사령관인 므쓔 라빌 드 보제, 므쓔 봉샹 부대 사령관인 므쓔 플뢰리오, 부사령관인 므쓔 도티샹, 므쓔 리로, 므쓔 이지니, 므쓔 피롱, 므쓔 로스탱, 과거 함정 지휘관이었던 므쓔 데스투슈 기사, 므쓔 라마르소니에르, 므쓔 스토플레의 보좌관인 므쓔 베라르, 그리고 므쓔 라크루아. 그리고 생로의 신부도 전쟁위원회에 참석했다.

위원회에 들어간 모든 장교는 하나의 표식으로서 계급 차이를 나타내는 유색 매듭을 단 흰색 벨트를 착용했다. 므쓔 라로슈자클랭은 검은색 매듭, 므쓔 스토플레는 붉은색 매듭, 이런 식이었다. 하급 장교들은 팔에 흰색 휘장을 둘렀다. 이제는 이렇게 할 필요가 있기 때문이었다. 좌안에 있을 때는 모두 자기의 지휘관을 알았고 부대 이동은 소교구 단위로 했지만, 루아르강을 건넌 후에는 모든 게 달라졌다. 남자, 여자, 어린이 등 소교구민 전체가 강을 건넜는데, 어떤 소교구에서는 아무도 부대를 뒤따르지 않았고, 부대는 있으나 지휘관이 없는 경우가 있었으며, 지휘관은 있으나 부대가 없는 경우가 있었다.

우리가 푸제르에서 보낸 사흘 동안, 영국에서 망명자 두 사람이 도착했다. 나는 그들의 이름을 확실히 기억하지 못하지만, 아마도 렌 고등법원 자문관인 므쓔 프레슬롱과 므쓔 베르탱이었던 것 같다. 두 사람은 모두 농민으로 변장했고 속 빈 막대기에 문서를 감추었다. 우리는 먼저 영국 왕의 편지를 읽었는데, 방데인들에게 아낌없이 원조를 보낸다며 방데인들의 비위를 맞추는 내용이었다. 미스터 던다스의 편지는 세부 문제로 들어갔다. 그는 또다시 우리의 목적이 무엇이고 우리의 정치적인 생각이 어떠한지를 물은 다음, 영국 정부는 우리를 구하기 위해 모든 조치를 다 하고 있으며, 우리가 지정하는 장소로 상륙부대가 이동할 준비가 되어 있다고 덧붙인 후, 그랑빌이 다른 어떤 지점보다 나아 보인다고 말했다. 두 파견자는 우리 장군들과 상륙에 필요한 조치들을 협의하도록 사전에 허락을 받았으며 약속한 것들은 실제로 이행될 거라고 강조했다.

두 망명자는 영국의 문서를 전달하고 간단한 설명을 덧붙인 뒤, 막대기의 아래쪽을 깨고 브르타뉴의 중요 망명자 가운데 한 사람인 므쓔 드레스네의 짧은 편지를 꺼냈다. 그는 영국의 대신들과 직접적인 관계를 맺고 있는 사람으로, 당시에는 저지 섬에 있었다. 그는 장군들에게 영국인들의 약속을 전적으로 신뢰해서는 안 된다고 말했다. 물론, 상륙 준비는 다 끝났으며 실제로 그것을 감행할 것이라 생각되지만, 우리에 대한 그들의 열정과 진정한 관심이 크지는 않으니 보이는 모습을 전적으로 신뢰해서는 안 된다는 것이었다. 그는 망명자들은 영국 정부에게서 전과 다름없는 대접을 받고 있고, 저지에 있는 사람들 가운데 아무도 그토록 원하는 방데로 갈 수 있는 허가를 받지 못했으며, 심지어 얼마 전에는 많은 사람을 무장해제시켰다는 것 등을 덧붙였다. 우리는 그 편지를 통해서 왕족들은 아직 영국에 없다는 것도 알았다.

두 망명자는 므쓔 드레스네의 견해에 전적으로 동의하면서 영국인들의 선의에 대해서는 아니더라도 영국인들이 우리를 위해 일하려 한다는 것에 대해서는 의심하지 않을 수 없다고 말했다. 두 망명자는 방데군의 상황에 대해 크게 걱정했으며 절망과 슬픔을 보여주었다. 이렇듯 그들의 임무는 므쓔 탱테니아크의 임무와 그 성격이 같았다.

그렇지만 영국인들의 제안을 전적으로 신뢰하지는 않는다 해도 받아들여야 했다. 부대가 처한 절망적인 상황에서 그것은 시도해볼 만한 최선의 기회라고 생각했다. 특히 장군들의 마음을 움직인 것은 부대의 이동을 방해하는 수많은 여자들, 아이들, 부상자들을 떼어놓을 수 있는 항구를 영국인들의 도움을 받아 점령하고 유지한다는 희망이었다. 우리는 이미 그랑빌에 대해 이야기한 적이 있었고, 므쓔 도벤하임은 기습하기가 쉽다고 말했다. 우리는 이곳을 공격하기로 결정했고 두 망명자와 신호방법도 정했다. 만일 영국에서 원군이 도착하기 전에 우리가 도시를 점령한다면 검은색 기 두 개 사이에 흰색 기 한 개를 게양함으로써 영국인들에게 그 사실을 알린다는 것이었다.

우리는 영국 왕에게 존경과 감사의 회신을 보낸 다음, 미스터 던다스에게 보내는 상세한 문서를 작성했다. 방데인들은 왕을 왕좌에 복귀시키는 것 외에는 다른 의도가 없으며, 그 왕이 신민의 행복을 위해 세울 정부의 형태에 대해서는 관심이 없다는 점을 다시 한번 분명히 했다. 무엇보다도, 우리는 부대를 지휘할 사람으로 왕족 아니면 개개인의 야심의 갈등을 종식시킬 수 있는 프랑스 원수를 보내달라고 부탁했고, 전열부대 아니면 최소한 보병이나 기술병의 증강을 요청했다. 마지막으로, 우리가 얼마나 탄약, 군수품, 자금 부족을 겪고 있는지 설명한 다음, 50만 프랑으로도 큰 힘이 될 거라고 말했다.

두 망명자는 므쓔 드레스네에게 구두로 감사의 말씀을 전해달라는 부탁을 받았다. 모든 문서는 내 아버지가 주재한 위원회에서 드세사르 기사가 작성했고 위원회 위원 전원이 서명했다.

이보다는 덜 중요한 사건이 며칠 전에 일어났다. 해군장교인 므쓔 생틸레르가 루아르강을 헤엄쳐서 생플로랑에 도착한 것이다. 그는 므쓔 베르탱처럼 영국인들과 방데인들 사이의 문제를 처리하는 일을 맡지 않았고 대신들의 문서도 지참하지 않았다. 그러나 그는 교황이 장군들에게 보내는 교서를 가져왔다. 이 교서에는 자칭 아그라 주교이자 교황대리임을 참칭하는 자는 신성모독적인 사기꾼이라는 내용이 들어있었다. 관례대로 라틴어로 작성된 그 교서를 읽기 위해 생로의 신부가 왔다. 장군들은 놀라서 당황했고, 어떻게 해야 할지 몰라 혼란스러웠다. 장군들은 이 소식이 군에 일으킬 파장과 지나친 스캔들을 피하기 위해 이 문제를 공개하지 않기로 결정했다. 그들은 그것에 대해 함구했기에 나는 퐁토르송에 가서야 그것을 알았다. 그때 므쓔 보제는 나에게 모든 것을 털어놓으면서, 그랑빌을 점령하면 주교를 몰래 체포할 거라고 말했다. 우리는 그가 그렇게 신성하고 중요한 문제에서 부대를 모독한 것에 분노했다. 게다가, 어떤 사람들은 그의 거짓말이 공화파와 결탁하여 꾸민 배신과 관련 있다고 생각했다.

이렇게 해서, 생플로랑에서부터 사람들은 그를 냉랭하게 대하고 신뢰를 철회하기 시작했다. 그것이 큰 변화를 일으키지는 않았는데, 왜냐하면 이미 그전부터 형편없는 그의 재능과 성격 그리고 생로 신부의 계책 등이 그의 영향력을 조금씩 파괴해왔기 때문이다. 전에 머물던 보프레오에서의 생활도 그의 이미지에 손상을 입혔다. 그곳에서 그는 샤티옹에 있을 때처럼 절도 있고 규칙적이며 모범적인 생활을 하지 않고, 사교계를 들락거리며 5주나 미사를 지내지 않았던 것이다. 보프레오에서 마담 델베는 나에게 그것을 은밀히 이야기해주었다. 그렇지만 그는 부드럽고 선량한 사람이었으므로 우리는 그에 대한 애정을 거두지 않았다. 심지어 교서가 도착한 후에도 몇몇 사람은 그를 동정했고 오히려 생로의 신부에 대해 불평했다. 그들은 생로의 신부가 질투심에서 비롯된 면밀한 관찰로 아그라 주교의 사기를 의심하면서 교황청에 은밀히 편지를 보내 교서를 간청했다고 생각했기 때문이다. 그렇지만 내가 보기에 그것은 불가능했다. 얼마 지나지 않아, 주교는 사람들이 눈치챘음을 알았고, 돌(Dol)을 지날 때는 그가 전에 그곳의 보좌신부였으며 선서했다가 철회했다는 사실이 알려졌으므로 자기의 파멸을 확신했다. 그 후 그는 겉으로는 여전히 태연했지만 몹시 침울해했다.

푸제르에서는 다른 성격의 협의를 한 적이 있다. 므쓔 알라르는 노르망디 출신 한 변호사를 포로로 잡아 강제로 대대에 편입시켰는데, 그가 방데인들에게 큰 도움을 주겠다고 제안했기 때문이다. 그는 1793년 6월 칼바도스도(道)에서 일어난 반란에 깊숙이 관여한 도행정관 므쓔 부공과 잘 안다고 말하면서, 므쓔 부공은 부대에 합류하기를 원하며 그의 재능, 용기, 칼바도스에서의 영향력을 볼 때 큰 도움이 될 거라고 말했다.[126] 그러면서 그는 그를 만나러 가기 위한 안전통행증을 요구했다. 우리는 많이 망설인 끝에 발급해주었다. 므쓔 부공이 도착했다. 그는 아주 고결한 사람이었다. 그는 이야기를 잘했고 회의나 집행에 모두 적합한 것처럼 보였다. 그는 노르망디로 갈 것을 제안했으며, 그리고 가면 거기서 어렵지 않게 봉기가 일어나게 할 수 있다고 단언했다. 그의 계획은 여러 지휘관의 관심을 끌었다. 특히 므쓔 탈몽은 므쓔 부공의 말에 귀를 기울였다. 그러나 우리는 이미 그랑빌을 공격하기로 약속했기에 그것을 취소할 수는 없었다.

우리는 푸제르에서 사흘간 휴식을 취한 뒤 그랑빌로 향했다. 부대는 돌에 도착하여 하루를 머문 뒤 퐁토르송을 거쳐 아브랑슈로 갔다. 아브랑슈에서는 수비대가 약간 저항했으나 본격적인 전투가 시작되기 전에 철수했다. 도시의 감옥에 가득했던 많은 수인(囚人)이 풀려났다. 기병분견대는 몽생미셸에 가서 요새에 갇혀 있던 많은 불행한 신부들을 석방했다. 그들은 너무나 큰 고통을 겪었기에 대부분은 그들의 해방자들을 따라갈 상태가 아니었다.

싸울 능력이 없는 사람들은 짐과 함께 아브랑슈에 남았고, 3만여 명에 달하는 부대는 그랑빌로 진군했다. 공격은 저녁 9시에 시작되었다. 아무것도 준비할 게 없었다. 요새로 둘러싸인 그 도시로 진입하는 데는 사다리가 유일한 도구였기 때문이다. 그렇지만 병사들이 처음에 보여준 열정은 뜨거웠다. 병사들은 성벽 외곽을 점령하고, 벽에 총을 박은 다음 그것을 사다리 삼아 1차 보루를 올라갔다. 므쓔 포레스티에는 병사 몇을 이끌고 성채 위로 올라가는 데 성공했다. 그러나 여전히 흰색 조끼를 입고

---

[126] 1793년 6월 Wimpfen과 Puisaye가 주도한 연방주의 반란을 가리킨다.

있던 한 공화파 탈주병이 "속았다! 각자 알아서 피해라!"라고 외치자 병사들은 후퇴했고 므쓔 포레스티에는 도랑으로 추락해 사흘간 의식을 잃은 상태로 누워 있었다. 므쓔 알라르는 권총으로 그 탈주병의 머리를 향해 쏘았지만 맞추지 못했다. 처음에는 신속하게 움직였던 방데인들은 무모함을 깨닫고 공격을 중단했다. 공화파는 완강히 저항했다. 그들은 도시 외곽에 불을 질렀다. 방데인들은 혼란에 빠지기 시작했다. 최초의 공격으로 승리를 얻지 못한 병사들은 언제나 그랬듯이 용기를 잃었다. 그들은 파도가 남기고 간 해안을 따라 공격하는 데 큰 기대를 걸었으나 그 역시 실패로 끝났다. 왜냐하면 생말로에서 온 두 척의 작은 배가 이곳에 포격을 가해 방데인들의 포대를 파괴했기 때문이다. 우리는 영국인들의 도움을 기대했으나 헛일이었다. 그들의 대규모 원정대는 도착할 수는 없었더라도 저지 섬에서 포성을 들을 수는 있었으므로 함정과 증원군을 파견할 수는 있었다. 원조의 흉내만 냈어도 우리가 승리하게 할 수 있었을지 모른다. 조금씩 방데군은 패주하기 시작했다. 병사들이 처음 보는 성채의 장거리 대포는 병사들의 기를 꺾었다. 장군들과 장교들은 병사들의 전열을 유지하기 위해 배전의 노력과 용기를 기울였다. 아그라 주교는 종횡으로 누비며 병사들을 격려했고 자신의 지위에 합당한 죽음을 찾았다. 스위스인들은 엄청난 용기를 보여주었고, 그들 가운데 20명이 죽었다. 그 불행한 공격은 다음 날도 밤늦게까지 계속되었다. 왜냐하면 우리는 계속 영국인들을 기다렸기 때문이다. 므쓔 페로, 므쓔 로제 물리니에, 므쓔 빌뇌브, 보볼리에 기사, 존경스러운 므쓔 르메냥이 부상당했다. 포위 공격에 나선 병사의 수가 전투 때문에 혹은 도주 때문에 계속 줄어들었다. 결국, 므쓔 라로슈자클랭도 퇴각에 동의하지 않을 수 없었다. 병사들은 더는 싸우려 하지 않았다. 공격이 36시간이나 계속되었기에 더 이상 계속 싸우게 할 방법도 없었다. 식량도 없었고 탄약도 바닥이었다. 영국인들의 도움을 더 이상 기대할 수도 없었다. 아브랑슈로 되돌아가야 했다. 거기서, 우리는 므쓔 부공의 계획에 대해 논의했고 그 안을 채택하기를 원했다. 즉시, 므쓔 라로슈자클랭은 기병대를 이끌고 캉으로 가는 길목에 있는 빌디외를 점령하기 위해 떠났다. 그러나 부대 내에서 소란이 일어났다. 농민들은 자기들을 루아르강 쪽으로 데려가지 않으려 한다는 것을 알자, 자기들의 땅으로 데려다달라고 떼 지어 큰 소리로 요구했으며, 자기들을 멀리 데려온 장군들에 대해 불평하기 시작했다. 그들이 요구하는 방향이 아닌 다른 방향으로 가는 것은 불가능했다. 대부분의 장교도 농민들과 같은 생각이었다. 그들을 설득하려는 노력도 병사들에게 이성의 목소리를 듣게 하는 것도 불가능했다. 그들은 지휘관들을 따라 노르망디로 가느니 반란을 일으킬 태세였다. 양보해야 했다. 결국, 루아르강 쪽으로 돌아간다고 선언하여 모든 사람을 만족시켰다. 병사들은 강 옆에 있는 앙제가 가장 중요한 기지임을 알았다. 그들은 그 도시의 벽이 철로 만들어져 있다 해도 도시 안으로 뚫고 들어가겠다고 외쳤다.

므쓔 라로슈자클랭은 므쓔 스토플레와 함께 빌디외까지 갔다. 거기에는 수비대가 없었으나 도시 주민들은 맹렬히 저항했다. 그들은 정찰하러 들어온 기병들을 붙잡아 죽였고, 병사들이 도시 거리 안으로 들어가자 여자들은 창문으로 돌을 던졌다. 앙리는 쏘지 않을 테니 뒤로 물러서라고 여자들에게 여러 차례 말했지만 여자들은 완강했다. 거리에서 대포 몇 발을 쏘자 여자들은 멈추었다. 이 도시에서는 약탈이 허용되었다. 그러나 우리 병사들은 주민들에게는 아무 해를 끼치지 않았다. 얼마 후 므쓔 라로슈자클랭은 아브랑슈에서 일어난 일을 알았고 그곳으로 돌아가지 않을 수 없었다.

다음 날, 우리는 퐁토르송으로 가는 길에 올랐다. 날이 밝기 전에 공화파 600명이 아브랑슈에서 4km 떨어진 곳에 있는 다리를 점령하러 왔다. 기병대를 이끌고 그 근방에서 잠을 자던 노(老)르제가 그들이 오는 소리를 듣자 보병들을 모아 므쓔 포레스티에와 함께 적에게 돌진했다. 그들은 청군을 맹렬히 추격하여 청군은 열 사람만 살아 돌아갔다. 그들은 퐁토르송 부근까지 추격했다. 노(老)르제와 므쓔 포레스티에는 앞에 멀리 떨어져 있다가 돌아오는 길에 적군과 마주쳤다. 그들은 돌아가려 했다. 그러나 포레스티에의 말이 말을 듣지 않아 돌아갈 수도 없었다. 그는 "르제! 나 좀 도와줘! 나는 안 되겠다!" 하고 외쳤다. 르제가 돌아와 므쓔 포레스티에의 말의 재갈을 잡았다. 그들은 빗발치는 총알 속에서 목숨을 구했다. 그들은 부대로 복귀했고 부대는 전진했다.

공화파는 퐁토르송을 지키려고 애썼다. 그러나 그들은 패했고 시가전에서 많은 사람이 죽었다. 나는 전투가 막 끝난 저녁 9시에 마차를 타고 그곳에 도착했다. 나는 부상당한 므쓔 뒤리보와 보볼리에 기사, 그리고 내 어린 딸을 돌보는 하인과 함께 있었다. 마차는 시체 위를 지나갔다. 마차 바퀴가 시체 위를 지나갈 때 느낀 진동, 뼈가 바퀴에 눌려 부서지는 소리는 끔찍했다. 마차에서 내릴 때 문이 시체에 걸리자 시체를 치운 후 땅에 내렸다.

포레는 퐁토르송에서 치명적인 부상을 당했으므로 우리는 그의 마차를 끌 말을 구하기 위해 대포 한 대를 파괴했다.

다음 날 아침, 므쓔 탈몽, 므쓔 보볼리에, 생로의 신부가 어선을 타고 부대를 떠나 저지 섬으로 향했다는 소문이 돌았다. 한 시간도 지나지 않아 그들이 없는 것이 알려졌다. 후위부대를 지휘하기 위해 홀로 남았던 스토플레는 그들을 추격하기 위해 므쓔 마르탱을 파견했다. 스토플레는 아무 설명도 없이 아브랑슈에 남아 있던 므쓔 탈몽의 말들을 차지했고 므쓔 보볼리에의 금고를 부수었다. 그는 세 사람을 탈주자로 간주하여 그들의 모든 재산을 차지하거나 나누어주었다. 그러나 세 시간 후에 세 사람은 므쓔 마르탱과 만나지 못하고 돌아왔다. 그들은 자기들을 둘러싼 무례한 언행에 대해 분통을 터뜨렸고 곧바로 자기들의 물품을 돌려받았다.

그들은 자기들의 행동을 정당화하는 설명을 했다. 마담 퀴사르, 그녀의 딸, 마담 페, 마드무아젤 시도니 드 페 등은 배를 탈 방법이 있는지 알아보기 위해 므쓔 탈몽을 찾아갔고, 므쓔 탈몽은 이 여자들을 저지섬으로 데려다주기로 약속한 선장과 협상을 벌여 그다음 날 밤에 므쓔 보볼리에와 기병 몇에게 그녀들을 동반하도록 부탁하고 그녀들을 강가로 데려갔는데, 파도 때문에 배가 육지에 접근할 수 없자 어부는 말을 타고 배 가까이 와도 위험하지 않다고 소리 질렀으나 여자들이 엄두를 못 내고 망설이는 동안 멀리서 공화파 경기병들이 오는 것이 보여 할 수 없이 서둘러 돌아왔다는 것이다.

이 사건 때문에 부대가 시끄러웠다. 많은 사람은 므쓔들의 설명을 믿지 않았다. 그렇지만 나는 그들이 진실을 말했다고 확신했다. 그들의 이야기는 허점이 없었기 때문이다. 므쓔 탈몽은 그 여자들과 가까웠기에 그가 그 여자들에게 도움을 베풀 때 다른 사람들의 말이나 생각을 고려하지 않았으리라는 것은 확실하다. 므쓔 보볼리에의 경우 사랑하는 동생둘이 부대에 함께 있었고 부인과 딸은 앙제에 포로로 갇혀 있었기에 그들을 석방하기 위해서라도 앙제로 진군하자고 끊임없이 주장하던 사람이었다. 그는 부대의 금고를 놓고 갔으며, 므쓔 탈몽과 그는 옷가방도 가져가지 않았다. 게다가 이 두 므쓔는 그러한 탈주를 감행하기에는 너무나 명예를 존중했다. 마지막으로, 부대의 장교 모두가 무슨 일이 일어나도 포기하지 말자고 맹세한 지 불과 나흘도 지나지 않았기 때문이다.

므쓔 탈몽에게 그렇게 헌신적이었던 스토플레의 행동은 많은 사람을 놀라게 했다. 그렇지만 모든 것은 곧 정상적인 흐름을 되찾았고 스토플레 역시 그의 후의를 되찾았다. 스토플레가 손에 넣은 부대 금고에는 국왕 이름으로 발행된 약간의 아시냐, 우리가 라발에서 발행한 국왕 지폐 100만 가운데 나머지, 그리고 우리를 지지하는 사람들이 우리의 행군 중에 제공한 은화 5만 리브르가 들어 있었다. 국왕 지폐는 병사들의 의복과 군수품 지급 비용으로 사용되었다. 병사들이나 장교들에게는 급료가 없었다. 부대원 가운데 돈 한 푼 없다고 솔직히 말하는 사람에게는 약간의 도움이 제공되었다.

우리는 퐁토르송에서 하루를 보냈다. 나는 므쓔 라로슈자클랭이 찾아온 것을 기억한다. 그는 자신의 힘으로도 극복하지 못하는 혐오물 가운데 하나가 무엇인지 알게 해주었다. 전에 누군가 나에게 검은색과 회색 줄이 가득한 기이한 다람쥐 한 마리를 주었다. 그것은 한 공화파 장교의 부인 방에서 발견된 것이었다. 그 다람쥐는 길들인 다람쥐였다. 나는 그 다람쥐를 무릎 위에 놓고 있었다. 앙리는 들어오자마자 그 작은 동물을 보고 얼굴이 창백해졌다. 그는 다람쥐를 보면 극복할 수 없는 소름이 끼친다고 웃으면서 말했다. 나는 그가 손으로 다람쥐의 등을 만지게 했다. 그는 만지긴 했으나 두려움에 떨었다. 그는 그런 반응이 저절로 나온다는 것을 기품 있고 솔직하게 시인했다. 그러한 반응이 다른 사람들보다 그에게서 더 유별나다는 점을 간접적으로라도 강조하려 하지 않고 말이다.

저녁때, 나는 앙주 출신 늙은 농부를 보았다. 그는 아들 다섯과 함께 부대에 있었는데, 그들 가운데 한 사람이 부상당했고 나머지가 그와 아버지를 돌보았다. 나는 이 존경스러운 가족에게 내 방을 양보하고서 커다란 홀의 매트 위에서 잤다.

우리는 매우 피곤한 상태로 돌에 도착했다. 퐁토르송에 있을 때 식량을 구할 수 없었던 만큼 더욱더 힘들었다. 방에 들어가 보니 방안에는 부상 때문에 고통을 겪고 있던 보볼리에 기사가 있었다. 잠시 후, 아가트가 울면서 들어와 말했다. 사람들이 부엌에서 한 젊은이를 총살하려 하는데 자기가 보기에는 죄가 없는 것 같다는 것이었다. 아가트는 나에게 그 젊은이의 말을 들어보라고 간청했다. 젊은이는 들어와 내 발에 몸을 던졌다. 그의 얼굴은 부드럽고 매력적이었다. 그는 자기 이름이 몽티냐크이며 디낭에서 강제로 입대했다가 방데군에 가담하기 위해 자원해서 돌로 옮겨온 후 우리의 전위부대가 도착하자 함께 있던 치안군을 떠나 우리 기병들에게 투항했는데 처음 만난 사람은 청색 웃옷에 흰색과 검은색 휘장을 두른 키 큰 젊은이였으며 그에게 자기는 방데인들과 함께 싸우기를 원한다고 말했다는 것이다. 나는 그가 말하는 키 큰 젊은이가 므쓔 라로슈자클랭임을 알았다. 므쓔 라로슈자클랭은 이 새로운 사람을 잘 돌보라고 기병에게 명령했다. 돌로 돌아온 후 몽티냐크는 그 기병과 헤어졌다. 몽티냐크는 다른 옷을 입기를 원하던 차에, 한 포목점에서 병사 20여 명이 자기들이 원하는 옷감을 가지고 나가는 것을 보자 이에 고무되어 그도 옷감을 가지고 나갔는데, 한 장교가 그를 보았고 절도범으로 생각하여 위원회에 넘겼다. 그는 여전히 공화파 자원병 복장을 하고 있었기에 사람들은 그를 우리 병사들에게 나쁜 선례를 보여주기 위해 넘어온 탈주자라고 생각했다. 그는 유죄 선고를 받았다.

몽티냐크가 이야기를 마치자, 아가트가 들어와서 외쳤다. "마담! 독일인들이 그를 처형하러 왔어요!" 그는 또다시 내 발에 몸을 던졌다. 나는 그를 구하기로 결심했다. 나는 위원회가 열리고 있는 아버지 숙소로 올라갔다. 위원회에 있던 장군들은 내가 원하는 것이 무엇인지 물었다. 나는 설명할 엄두를 내지 못하고 물잔을 찾으러 왔다고 말했다. 나는 다시 내려와 위엄 있는 목소리로 독일인들에게 말했다. "물러나세요. 위원회는 죄인을 보볼리에 기사에게 맡겼어요." 그들은 돌아갔다. 나는 므쓔 알라르를 불러 므쓔 라로슈자클랭과 함께 이 문제를 해결해 달라고 부탁했다. 나는 그 젊은이를 구한 것이 기뻤다. 그 전날, 나는 창문을 통해 마양새 세 사람이 고귀하고 당당한 자세로 처형장으로 끌려가는 것을 보고 큰 충격을 받았다. 그들은 마양스에서 항복할 때 동맹국에 대해서는 무기를 들지 않겠다고 했던 맹세를 깼기 때문에 처형당한 것이다.

19

돌 전투—앙트랭, 푸제르, 라플레슈 경유—앙제 공략

Mémoires de Madame La Marquise De La Rochejaquelein

저녁 9시경, 도시 안에 경보가 울려 퍼졌다. 공화파 경기병 정찰대가 우리 병사들의 고질적인 태만함을 틈타 도시 입구까지 들어온 것이다. 병사들은 "무기를 잡아라!"라고 외쳤다. 순식간에 부대는 전투태세에 들어가 경기병들을 물리쳤다.

소음과 소란이 나를 깨웠다. 나는 배가 몹시 고팠지만 피곤해서 잠에 곯아떨어졌었다. 어머니는 모두 저녁식사를 마쳤다며 식탁 위에 있는 물동이 안에 먹을 것이 있다고 말했다. 저녁은 양고기와 감자 스튜였는데, 스튜가 너무 짜서 우물에 가지고 가서 물을 넣었던 것이다. 나는 칼로 감자를 몇 개 낚시하듯이 건져냈다. 그런 저녁식사를 해서 행복했다. 나는 평소에 그 같은 식사를 자주 못 했었다.

경기병들에 대한 경보는 공화파 군대가 돌을 공격하기 위해 다가오고 있다는 생각을 하게 해주었다. 장교 몇이 정찰 임무를 띠고 파견되었다. 왜냐하면 병사들에게 이러한 일을 시키는 것은 불가능했기 때문이다. 불굴의 므쓔 포레스티에 혼자 적의 동정을 살피러 간 것이 한두 번이 아니었다. 자정 무렵에 정찰 나갔던 사람들이 전속력으로 돌아와 수많은 적군이 돌을 향해 전진하고 있으니 공격에 대비해야 한다고 보고했다.

도시에는 엄청나게 넓은 디낭 대로 하나만 있었다. 반대쪽 도시 입구 부근에서 그 길은 두 갈래로 갈라지는데, 하나는 퐁토르송과 아브랑슈로 가는 길이고 다른 하나는 앙트랭과 푸제르로 가는 길이었다.

우리는 전투가 끔찍할 것이며 진다면 파멸할 것임을 잘 알고 있었으므로 신중하게 가능한 모든 조처를 했다. 패배할지도 모르는 일이라 여자들과 부상자들처럼 전투에 참가하지 않는 사람들은 모두 집 밖으로 나와 성벽에 죽 늘어섰다. 짐, 마차, 예비 대포들은 길 가운데 세워놓았다. 기병들은 전에는 장비가 부실하고 기동작전 훈련을 제대로 받지도 못했기에 전투가 시작될 때 대열을 갖춘 적이 없었지만, 이번에는 2열로 도열해서 대포와 여자들 사이에 섰다. 기병들은 손에 칼을 들고 있었으며 적이 달아나기 시작하면 돌격할 태세를 갖추었다.

병사들의 사기를 높이고자 고수(鼓手) 20명이 돌격을 알리는 북을 치며 도시를 돌아다녔다. 드디어, 방데인들이 도시 입구에서 전열을 갖출 무렵 공화파의 공격이 시작되었다. 캄캄한 밤중이었다.

끔찍한 순간이었다. 병사들의 외침 소리, 북이 둥둥 울리는 소리, 도시 위에 어두운 빛을 던지는 포탄의 화염, 총소리와 대포 소리, 화약 냄새와 연기 등이 전투 결과에 따라 삶과 죽음이 결정되는 사람들의 전투에 대한 인상을 새겨놓았다. 사방이 시끄러운 가운데 우리는 음울한 침묵을 유지했다. 우리는 이 잔인한 기다림 속에서 벌써 30분을 보냈다. 그때 갑자기 도시 입구에서 "기병대! 앞으로! 국왕 만세!"라고 외치는 소리가 들려왔다. 남자, 여자, 아이들 등 10만 명의 목소리가 즉석에서 "국왕 만세!"라는 외침을 반복했다. 그것은 우리의 용감한 병사들이 학살에서 우리를 구했음을 알려주는 소리였다. 기병들은 "국왕 만세!"를 열정적으로 외치면서 전속력으로 돌격했다. 그들은 칼을 휘둘렀고 그것은 포탄의 불빛을 받아 어둠 속에서 번쩍였다. 희망의 빛이 사람들을 생기 있게 해주었다. 여자들은 집으로 돌아갔다. 므슈 뒤리보가 나를 보러 와서 "부상자에게는 이 정도로 충분하지요" 하고 말했다. 사실, 그가 그런 상태로 전투에 참가한 것부터가 위대한 희생이었다. 그는 청군이 후퇴했다고 나에게 알려주었다.

우리는 밤새도록 포성을 들었다. 포성은 점점 멀어졌다. 우리는 공화파가 필사적으로 방어하고 있다고 판단했다. 아침 무렵에 공화파는 8km 정도 후퇴해 있었다. 짙은 안개가 걷히고 나서 얼마 지나지 않아, 아버지의 하인이 급하게 달려와 우리 병사들이 패했으니 즉시 말을 타고 도망쳐야 한다고 조용히 말했다. 사람들은 나를 말에 태웠다. 나는 어머니와 내 일행이 내 뒤를 따르는 것을 보고 집에서 나왔다. 그 치명적인 소식은 이미 도시에 쫙 퍼져 있었다. 거대한 인파가 길을 가득 채우며 도망치고 있었다. 나는 도망자들 속에 끼여서 떠밀려 다녔다. 병사들, 여자들, 부상자들이 뒤죽박죽 섞여 있었다. 나는 혼자가 되어 기병 300~400명 사이에 끼여 있었다. 그들은 다시 결집하려 했고 침울하게 외쳤다. "용감한 병사들이여, 죽으러 가자!" 그러나 그것은 정상적인 전쟁 구호가 아니었다. 그들 역시 다른 사람들과 마찬가지로 도주했다.

나는 농민처럼 입었다. 전에 상복용으로 준비한 투박한 옷이 있었는데, 그 옷이 이 위험한 순간에 목숨을 구하는 데 도움이 되리라 생각했다. 나를 쇠약하게 만든 슬픔과 고질적인 미열은 옷 이상으로 나를 몰라보게 만들었다. 나는 아는 사람이 하나도 없는 기병들 사이에서 누구에게 말을 해야 할지도 모르는 채 무작정 헤매고 있었다. 한 기병이 내게 칼을 겨누며, "아! 겁쟁이 여자, 너는 못 나가!"라고 말했다. 나는 "므슈, 나는 임신했고 죽어가고 있습니다. 나를 불쌍히 여겨주세요!"라고 말했다. "불쌍하고 불행한 사람! 당신을 동정합니다!" 그는 이렇게 말하고 내가 지나가게 해주었다.

나는 여러 차례 저지당했고 모욕당했다. 병사들은 자기들은 도망치면서도 여자들이 도망치는 것은 부당하게도 비난했다. 여자들의 공포가 패주의 원인이라는 것이었다. 드디어 나는 도시의 아래쪽 디낭 길 위에 들어섰다. 거기에는 작은 다리가 있었다. 나는 거기서 므쓔 페로를 발견했는데, 그는 부상을 심하게 당했으면서도 청군이 도시를 점령할 경우 후퇴하는 사람들을 보호하려고 대포를 설치하고 있었다. 그는 무척 냉정하게 포병들을 지휘했으며 병사들이 싸우러 돌아가도록 독려했다.

거기서 몇 걸음 떨어지지 않은 곳에서 나는 므쓔 셴 드 드낭을 보았다. 그는 나이가 열일곱이었으며 므쓔 탈몽의 부관이었다. 그는 도망병들을 다시 모으는 데 열심이었다. 그는 그들을 위협하고, 격려하고, 앞으로 밀어붙이고, 칼의 평평한 부분으로 치기도 했다. 그는 나를 알아보지 못했다. 그는 말했다. "여자들도 서시오. 그리고 남자들이 도망치는 것을 막으시오!" 나는 그 옆에 서서 아무 말도 하지 않고 45분간 있으면서 그가 애쓰는 모습을 보았다. 그는 몇몇 병사를 돌려보내는 데 성공했다.

나는 거기서 몽티냐크를 보았다. 그는 달려와 내 말의 재갈을 잡으면서 말했다. "당신은 나를 살려주셨습니다. 나는 당신을 떠나지 않겠습니다. 우리는 함께 죽을 것입니다." 나는 그때까지도 그를 확실히 신뢰하지 않고 있었다. 나는 그에게 대답했다. "당신이 있을 곳은 여기가 아닙니다. 당신이 배신자가 아니라면 가서 싸우세요." 그는 무기가 없었다. 나는 우리 병사들이 불행히도 무기를 많이 버렸으니 그것을 찾을 수 있을 거라고 그에게 말했다. 그러자 그는 무기를 하나 찾아 만족한 표정으로 그것을 들고서 내 곁을 지나 싸우러 달려갔다. 그는 용감하게 싸워 두 기병을 죽였고 그들의 말을 빼앗았다.

그날의 패주는 처참했다. 걸어갈 수 없는 부상자들은 길 위에서 잤으며, 사람들은 그들을 밟고 지나갔다. 여자들은 비명을 질렀고, 아이들은 울었으며, 장교들은 도망자들을 쳤다. 이렇게 혼란스러운 가운데, 어머니는 내가 모르는 사이에 나를 앞질러 지나갔다. 한 어린아이가 어머니를 세우고 죽이려 했는데, 왜냐하면 어머니가 도망치고 있었기 때문이다. 어머니는 므쓔 마리니를 만났고 그는 어머니에게 길을 내주었다. 어머니의 말은 상태가 좋았으므로 곧 도망자 무리의 선두에 서게 되었다. 그때 어머니는 언제나 용감하던 그 므쓔 스토플레가 이때는 맨 앞에서 정신없이 도망치는 것을 보고 매우 놀랐다. 어머니가 그러한 곳에서 그를 만나 놀랐다는 내색을 하자 그는 대단히 부끄러워했다. 그는 어머니와 함께 원래 자리로 되돌아가 도망병들을 모으기 시작했다. 사람들은 도망병들을 돌려보내기 위한 최후의 노력을 기울였다. 헤라클레스처럼 덩치가 큰 므쓔 마리니는 칼을 들고 미친 사람처럼 가로막았다. 므쓔 도티샹과 대부분의 지휘관은 도망병들의 뒤를 쫓아가면서 그들을 저지했다. 그들은 병사들에게 피신할 곳이 없으며, 디낭은 요새고, 그들은 바다 쪽으로 밀려나 청군한테 학살당할 거고, 도망치는 것은 이미 얻은 승리를 포기하는 것이므로 그들의 장군들은 후퇴하지 않고 사수하고 있다고 말했다. 마침내, 그들은 기도를 마치고 포성을 듣기 위해 잠시 조용히 귀를 기울인 뒤 대포가 가까이 있지 않다는 확신이 들자 “여러분은 여러분의 용감한 장군을 버릴 겁니까?” 하고 물었다. 1,000명이 함께 외쳤다. “아닙니다. 국왕 만세! 므쓔 라로슈자클랭 만세!” 그들은 희망을 되찾았다. 모든 길 위에서, 도시 안에서, 병사들 뒤에서, 사람들은 똑같은 말을 반복했다. 아버지는 여전히 도망치는 사람들을 막기 위해 도시 위쪽의 두 길이 갈라지는 곳에 있었다.

여자들도 병사들이 본연의 의무로 되돌아가게 하는 데 열심이었다. 어머니는 용기를 잃지 않고 그들을 격려했다. 도시 안에 있던 마담 봉샹은 남편 부대의 장병들을 모았다. 나는 용기가 없었지만 패주를 막을 마음은 있었다. 그러나 나는 너무 약했고 아파서 몸을 지탱할 수도 없었다. 나는 멀리서 아는 사람들이 오는 것을 보았지만 그들에게로 갈 엄두도 내지 못했다. 더 무질서하게 만들지 않을까, 도망치는 것처럼 보이지 않을까 두려워서였다. 수많은 여자가 놀라운 힘과 강인한 성격을 보여주었다. 여자들은 도망병들을 세우고, 때리며, 통행을 막았다. 나는 마담 라슈발르리의 하녀가 총을 들고 말을 전속력으로 달리며 "앞으로! 푸아투의 여자들이여 싸우러 가자!"라고 외치는 것을 보았다.

신부들의 영향력은 훨씬 더 컸다. 나는 신부들이 병사들과 뒤섞여 있는 것을 처음 보았다. 신부들은 종교적인 모든 방법을 동원하여 병사들을 격려했다. 나는 청군이 비방하듯 신부들이 부대를 광신적으로 만들었다는 말에 동의하지 않는다. 우리가 대포 소리에 귀를 기울이기 위해 잠시 조용히 멈춰서 있는 동안, 생트마리 드 레의 신부는 내 옆에 있는 언덕에 올라가 커다란 십자가를 세우고 큰 소리로 방데인들에게 설교하기 시작했다. 그는 제정신이 아니었다. 그는 신부로서 동시에 군인으로서 말했다. 그는 병사들에게 여자들과 아이들을 청군의 칼에 넘길 정도로 비열한가 하고 물으며, 그들을 구할 유일한 방법은 싸우러 돌아가는 것이라고 말했다. 그는 말했다. "여러분, 나는 십자가를 들고 여러분의 선두에 서서 진군할 것입니다. 나를 따르기를 원하는 사람은 모두 무릎을 꿇으십시오. 나는 그들의 죄를 사해 줄 것입니다. 그들은 죽으면 천국으로 갈 겁니다. 그러나 신을 배신하고 가족을 버린 겁쟁이들은 청군에 의해 죽임을 당하고 지옥으로 갈 겁니다." 그를 에워싼 2,000여 명의 사람들이 모두 무릎을 꿇었다. 그는 큰 소리로 그들의 죄를 사했다. 그들은 "국왕 만세! 우리는 천국으로 간다!"라고 외치며 떠났다. 신부는 그들의 선두에 서서 계속 그들을 격려했다.

우리는 여섯 시간이 넘도록 길 옆 풀밭에서 우리의 운명을 기다리고 있었다. 이따금, 사람들이 와서 우리 병사들이 계속 우세하다고 전해주었다. 그렇지만 우리는 도시로 돌아갈 엄두를 내지 못했다. 드디어, 우리가 완전한 승리를 거두었으며 공화파는 후퇴했다는 것을 알고서 우리는 돌로 돌아갔다. 병사들, 장교들, 신부들, 모든 사람이 기뻐하며 얼싸안았다. 사람들은 여자들이 이 승리에 기여했다고 감사했다. 나는 생트마리의 신부가 여전히 십자가를 들고 부대와 함께 돌아오는 것을 보았다. 그는 '왕의 깃발'을 노래 불렀고, 사람들 모두 그가 지나갈 때 무릎을 꿇었다.[127]

우리는 전투가 어떻게 진행되었는지 알게 되었다. 공격은 자정에 시작되었다. 방데인들은 공화파를 향해 미친 듯이 돌진하여 그들을 굴복시켰다. 한밤중이었고 양측이 맹렬했기 때문에 양측 병사들은 한데 뒤엉켜 백병전을 벌였다. 그들은 같은 상자에서 탄약통을 꺼내 쓸 정도였다. 방데인들이 한 공화파 포대에 접근하자, 포병들은 그 방데인들을 자기들과 같은 청군으로 착각하여 "동지들, 우리가 포를 쏠 수 있도록 물러서세요"라고 외쳤다. 그러자 우리 병사들은 포탄의 불빛으로 그들을 알아보고서 대포 위에서 그들을 죽였다.

아침 7시, 공화파는 돌에서 10km 떨어진 두 길 위로 밀려났다. 므쓔라로슈자클랭은 왼쪽 날개를 이끌고 퐁토르송 길에 있었다. 그는 청군이 그쪽으로 퇴각하는 것을 보고, 아직도 포성이 크게 들리고 있는 오른쪽의 앙트랭 길로 이동하려고 했다. 화약이 바닥나기 시작하자 포병들은

---

127 왕의 깃발(Vexilla Regis). 푸아티에의 주교인 브낭스 포르투나의 라틴어 시에다 곡을 붙인 것이다. 569년 비잔티움 제국 황제가 보낸 성 십자가 유물이 투르에서 푸아티에의 성 십자가 수도원에 들어올 때 처음 불렸다. 방데 전쟁 중에는 가톨릭 근왕군의 군가로 사용되었다.

기병들을 보내 그것을 급히 구해오도록 했다. 그러나 짙은 안개 때문에 병사들은 적의 기병들이 몰려온다고 생각해 겁에 질려 도망쳤다. 장교들은 그들을 돌려세우러 달려갔는데 이것이 오히려 장교들도 도망친다고 생각하게 했다. 공포가 더욱 커졌고 궤주가 시작되었다. 가장 용감한 사람들도 어쩔 수 없이 그 속으로 이끌려 들어갔다. 앙리가 므쓔 알라르, 드세사르 기사, 그밖에 장교 몇을 대동하고 오른쪽으로 이동할 때 본 광경이 바로 이것이었다. 절망이 그를 사로잡았다. 그는 모든 것이 끝났다고 생각하고는 죽기로 결심했다. 그는 죽음을 찾아 청군을 향해 돌진하여, 몇 분간 팔짱을 끼고 포대 앞에 서 있었다. 므쓔 알라르가 만류했으나 헛일이었다. 그는 앙리에게 자신을 희생시키지 말라고 애원했다. 오른쪽 끝에서 포성이 계속 들려오자 므쓔 라로슈자클랭은 그쪽으로 달려갔다. 그는 거기서 므쓔 탈몽을 만났다. 므쓔 탈몽이 400명을 이끌고 영웅적으로 버텼으므로 공화파는 그의 병력이 훨씬 많은 것으로 착각했다. 우리 병사들의 도망을 감추어준 짙은 안개도 거기에 일조했다. 므쓔 라마르르소니에르와 므쓔 보제는 므쓔 탈몽을 포기하지 않았다. 두 사람은 포병들이 버리고 도망간 포를 쏘았다.

앙리가 므쓔 탈몽을 구하러 왔다. 그를 보고 병사 몇이 돌아왔으며, 잠시 후에는 장교들이 도망병들을 데리고 돌아오기 시작했다. 전투는 완전히 결정되었다. 혼란이 덜 했다면 우리는 공화파의 퇴각을 더 괴롭혔을 것이고 더 큰 승리를 거두었을 것이다. 그러나 그들을 추격할 수는 없었다.

이 전투는 므쓔 탈몽의 명예를 드높였다. 므쓔 라로슈자클랭과 부대 전체는 므쓔 탈몽 덕분에 구원받았다는 사실을 즐겨 되풀이 말했다. 므쓔 스토플레가 강력하게 패주를 막은 것이 그 자신도 패주하는 무리 속에 끼여 있었다는 사실을 잊게 했다. 몇몇 장교는 다시 나타나지 않았다.

부대에 다시 합류하기에는 너무 멀리 도망갔거나 인내심이 고갈되었기 때문이었다. 우리는 언제나 그토록 용맹스러웠던 므쓔 켈러를 다시 보지 못해서 놀랐다. 그는 파리로 가서 1년간 숨어 지낸 후 브르타뉴에 가서 슈앙에 가담하려 했으나, 슈앙은 그를 스파이로 여겨 사살했다.[128] 우리가 푸제르에서 숙박한 집의 주인인 의사 므쓔 퓌토는 브르타뉴인들을 지휘하다가 우리가 그 도시를 지나갈 때 우리 부대에 합류했었는데 그 역시 다시 돌아오지 않았다. 그렇지만 그는 그랑빌과 퐁토르송에서 매우 열심히 싸웠다. 그는 1792년에는 국왕근위대에 있었으며 자코뱅과 결투하기를 좋아하는 사람이라는 명성을 얻었다.[129] 부대에서 보낸 짧은 시간 동안 그는 다소 과장된 용기를 보여주었으나 공화파에 붙잡힌 후 렌에서 처형당했다. 그밖에도 많은 평범한 장교들이 사라졌다. 므쓔 S***는 이 기회를 이용했다. 우리는 그가 해안으로 가서 영국으로 넘어가는 데 성공했다는 것을 알았다. 영국에서 그는 장군 행세를 했다.

나 역시 영국에서 피신처를 알아보고 싶은 마음이 강했으나 그 나라

---

128 슈앙(Chouans)은 프랑스혁명기에 루아르강 우안, 그러니까 방데인들이 갈레른 유랑을 하던 지역에서 혁명에 반대하여 봉기를 일으킨 사람들을 말한다. 이들은 방데인들이 대규모 병력을 동원하여 전쟁을 벌인 것과 달리 주로 소규모 게릴라전을 벌였다. '슈앙'이라는 이름은 벌목꾼이었던 피에르 코트로(1756~1794)의 식구들에게 붙여진 슈앙(올빼미라는 뜻)이라는 별명에서 나왔다. 그들이 올빼미라는 별명을 얻게 된 것은 밤에 주로 일을 했기 때문이거나 아니면 소금밀거래를 하면서 올빼미 우는 소리를 내며 신호를 했기 때문으로 여겨진다.

129 자코뱅(Jacobin). 1789년 5월 베르사유에서 열린 삼신분회에 참석한 브르타뉴 지방의 대표들은 의견을 조율하기 위해 브르통 클럽을 만들었다. 그해 10월 왕실이 파리로 옮겨오자 브르통 클럽도 파리에 올라와 도미니코회 수도원 건물에 둥지를 틀었다. 도미니코회 수도원은 생자크 거리에 있었기 때문에 자코뱅 수도원이라고 불렸다. 자코뱅 클럽, 자코뱅주의 등의 이름은 여기에서 비롯된 것이다. 처음에는 온갖 성향의 애국파가 자코뱅 클럽에 가입했으나, 혁명이 점점 과격해지면서 자코뱅 클럽의 주도권도 과격파에 넘어갔다. 방데 전쟁이 한참이던 1793년 6월에는 과격한 산악파가 지롱드파를 제거하고 권력을 장악했다. 1794년 7월 27일 테르미도르 정변으로 로베스피에르가 제거된 후 자코뱅 클럽도 해체당했다.

에 아는 사람이 없었고 누구에게 기댈지 알지 못했다. 나는 청군이 포로로 잡은 여자들과 아이들을 학살하는 것을 보았다. 나는 부대가 푸아투로 돌아갈 수 있기를 바랐다. 공동 운명에 나를 맡긴 것이다.

우리는 꽤 조용한 밤을 보냈다. 다음 날, 공화파는 전날 도시에서 일어난 일을 알고 아침 10시경 두 길을 통해서 공격해왔다. 방데인들은 용감하게 싸웠고 한순간도 승리를 의심하지 않았다. 그러나 적군의 저항은 완강해서 전투는 15시간이나 계속되었고 청군의 완전한 패주로 끝났다. 청군의 인명 손실은 컸다. 우리는 그들을 앙트랭까지 추격했다. 이 도시에서 최대 규모의 학살이 벌어졌다.

나는 떨려서 도시 안에 있을 수 없었다. 나는 어머니와 여자 몇 사람과 함께 반대편 길에서 전투 결과를 기다렸다. 므쓔 생틸레르는 디낭 수비대가 우리 뒤로 이동했는지 살펴보려고 그 길에서 정찰대를 지휘하고 있었다. 수비대는 나오지 않았기 때문에 므쓔 생틸레르는 부상자들을 위해 식량과 빵을 조금 가져왔다. 우리는 이 전투에서 용감한 장교 두 사람을 잃었다. 므쓔 드아르그는 경기병들을 추격하던 중에 그의 말이 그를 적의 기병대 안으로 데려가 떨어뜨리는 바람에 아무 저항도 못 하고 잡혔다. 므쓔 라로슈자클랭과 므쓔 라로슈생탕드레 역시 경기병들에게 포위되었다가 오랜 저항 끝에 앙리는 탈출하는 데 성공했다. 앙리는 그의 말이 부상당했기에 즉시 돌아와 기병들을 데리고 가서 므쓔 라로슈생탕드레를 구했으나 그는 치명적인 부상을 당한 상태였다. 앙리는 적의 경기병들을 퐁토르송 너머까지 끝까지 추격했지만 므쓔 드아르그를 구할 수는 없었다. 그는 흰색 휘장 때문에 지휘관임이 알려져 곧바로 이송되었던 것이다. 그는 렌에서 처형대에 올랐다. 그는 불굴의 용기를 보여주었고 총을 맞을 때 "국왕 만세!"를 외쳤다. 그는 샤테느레의 부르주아였다.

므쓔 라로슈자클랭은 승리를 거둔 후 부대를 돌로 이동시키지 않았다. 짐, 여자들, 비전투원들 모두 앙트랭에 있는 그와 합류하기 위해 돌을 떠났다. 앙트랭의 거리는 피로 물들었고 시신이 가득했다. 우리는 거기서 식량을 구하지 못해 모두 배를 곯았다. 나는 뜰에서 캔 양파를 먹고 견뎠다. 마양새 포로 아홉 명이 사형 선고를 받았다. 생트마리의 신부는 그들 가운데 몇 명의 사면을 얻어냈다. 그는 전에 부대를 결집시킬 때와 마찬가지의 열정을 가지고 사면을 요구했다.

다음 날, 부대는 푸제르로 진군하여 아무 저항도 받지 않고 그 도시를 점령했으며 거기서 하루를 보냈다. 우리는 돌의 승리를 기념하기 위해 '테데움'을 노래했다. 그것은 우리의 절망적인 상황과 대조되는 비통한 의식이었다.

우리는 푸제르를 떠나 에르네를 거쳐 라발로 갔고, 거기서 이틀을 지낸 후 다시 사블레를 거쳐 라플레슈로 갔다. 우리는 이 모든 도정에서 청군을 보지 못했다. 돌의 패배는 그들을 경악케 했던 것이다. 그들의 잔여 세력은 앙제로 달려가 주둔했으며 서둘러 수비를 강화했다. 불타는 나뭇더미가 길가에 널려 있었으나 지키는 병사는 없었다.

우리가 며칠 전에 점령했던 이 도시들에 다시 들어갔을 때 공포와 절망의 광경이 눈에 들어왔다. 도처에서, 우리를 따라갈 수 없었던 부상자들, 환자들, 어린이들, 우리를 따뜻하게 대해준 주민들이 공화파에 의해 학살되었다. 우리는 전투에서 죽거나 아니면 조만간 참살당할 거라고 체념하며 행로를 계속했다.

우리는 라플레슈에서 앙제 성벽 아래로 이동하여 거기서 8km 떨어진 마을에서 숙박했다. 다음 날 공격이 시작되었다. 공화파는 모든 입구에 방어벽을 설치했고, 취약지점에는 도랑을 파거나 흙벽을 쌓아 보강했다. 그들은 포대를 잘 설치했고 공격은 하지 않은 채 수비에만 전념했다.

백병전을 기대했을 뿐 작은 성벽도 공격할 줄 몰랐던 우리 병사들은 청군의 침착함에 기가 꺾였다. 대포는 접근하는 우리 병사들을 많이 죽였다. 지휘관들은 총공격을 시도했으나 소용없었다. 그들은 병사들에게 힘을 불어넣을 수 없었다. 그랑빌 이후 오로지 앙제 정복만을 이야기해온 이 불행한 사람들은 예전의 열정을 되찾을 수 없었다. 그들은 불행, 배고픔, 온갖 종류의 비참함 등으로 이미 무너졌던 것이다. 아무리 간청하고 아무리 위협해도 소용이 없었다. 심지어는 도시에서 약탈을 허용하겠다는 약속까지 했다. 그러나 그 약속은 그들을 고무시키기는커녕 우리가 처한 어려운 상황과 청군의 잔인함에도 불구하고 빈축을 샀다. 그들 대부분은 약탈하려 하면 신이 우리를 버릴 거라고 말했다.

그렇지만 우리의 포병은 임무를 잘 수행하여 성벽에 커다란 구멍을 내려고 노력했다. 장군들, 장교들, 말에서 내린 기병들은 줄기차게 공격했다. 그들은 병사들을 앞으로 전진시키지는 못했지만 물러서게는 하지 않았다.

나는 가족들과 함께 앙제 쪽으로 갔다. 부대를 따라간 사람들 모두 그렇게 했다. 우리는 신속하고 손쉬운 승리를 기대하며 도시 근교에 모여 있었다. 그러나 도시 주민들은 그곳에 없었다. 청군이 그들을 도시 안으로 다시 들어가도록 강요했기 때문이다. 집 안 가구들은 치워져 있었고 불탄 집도 많았다. 우리는 큰 방에 짚을 깔았다. 나는 어머니와 그 밖의 많은 사람과 함께 그 위에 누웠다. 나는 너무 피곤해서 포성을 들으면서도 몇 시간이나 잠을 잤다. 포성은 매우 가까웠고 포탄은 가까이 떨어졌다.

다음 날 아침 눈을 떴을 때 공격은 20시간이나 계속되고 있었다. 나는 아무에게도 말하지 않은 채 소식을 알기 위해 말을 타고 나갔다. 나는 우리 병사들이 공격하지 않으려 한다는 것과 희망이 거의 없다는 것을 확인했다. 나는 착란 상태에 빠져 계속 앞으로 달렸다. 나는 발에 부상을 입고 돌아오는 드세사르 기사를 만났다. 그는 우리 대포가 성벽에 작은 구멍을 냈고, 므쓔 라로슈자클랭, 므쓔 포레스티에, 므쓔 부아프레오,[130]

[130] (원주) 앙제 공격 전날, 우리는, 내가 앞에서 이미 말했듯이, 작은 마을에서 잤다. 우리는 젊은 장교 네 사람이 있는 방으로 들어갔다. 그들은 우리에게 방을 양보하고 물러나려 했다. 밖에는 비가 많이 오고 있어서 그들은 피할 곳을 찾을 수 없었으므로, 우리는 그냥 남아 몸을 덥히라고 말했다. 그들은 끔찍한 상황인데도 매우 쾌활했다. 그들 가운데 한 사람이 우리에게 말했다. "내 이름은 부아프레오입니다. 나는 스무 살이고 파리 출신입니다. 나는 왕당파로 넘어가려고 일부러 경기병에 지원했습니다. 우리 연대는 왕당파와 싸우려고 출발했습니다. 나는 기병 하사였습니다. 소뮈르에 도착하자마자 우리는 부대를 따라 두에로 갔고 전투를 시작했습니다. 우리는 공격을 받을 거라는 얘기를 들었습니다. 경기병들은 전면의 양쪽 옆에 배치되었습니다. 나는 적에 대해 보지도 듣지도 못했기에 방데인들이 가까이 있는지 어떻게 아느냐고 물었습니다. 그들은 방데인들이 우리를 에워싸고 있다고 대답했습니다. 그들은 생울다리 뒤나 오솔길에서 우리를 공격할 준비를 하고 있다는 것이었습니다. 우리 가까이 있는 생울타리를 잘 보면, 가지 사이에서 무슨 움직임을 관찰할 수 있다는 것이었습니다. 아, 정말! 그 뒤에는 비적이 있었습니다. 나는 허풍을 치기 시작했습니다. 나는 칼을 흔들면서 모조리 죽이겠다고 말했습니다. 나는 조금씩 앞으로 나갔습니다. 나는 절반쯤 전진한 다음 칼끝에 모자를 꽂고 '국왕 만세' 하고 외치며 생울타리를 넘어갔습니다. 나는 그 뒤에 100여 명의 농민이 있는 것을 보았습니다. 즉시 전투가 시작되었습니다. 나는 농민들이 탈주자들에게 하라고 하는 대로 옷을 뒤집어 입고 싸웠습니다. 나는 경기병 둘을 죽였습니다. 우리는 승리했습니다. 나는 농민들의 장비와 군사적인 무지를 보고 매우 놀랐습니다. 내 주위에는 정찰병들이나 고아들뿐이었습니다. 전투 후에 나는 수많은 질문을 던졌습니다.

- 누가 당신들의 총사령관입니까? 없습니다.
- 누가 부총사령관입니까? 없습니다.
- 연대는 몇 개입니까? 없습니다.
- 그러나 대령은 있지 않습니까? 없습니다.
- 누가 그러면 명령을 내립니까? 명령을 내리지 않습니다.
- 누가 보초를 섭니까? 보초를 서지 않습니다.
- 누가 경비를 섭니까? 아무도 안 섭니다.
- 제복은 어떻습니까? 없습니다.
- 병원은 어디 있습니까? 없습니다.
- 식량창고는 어디 있습니까? 없습니다.
- 화약은 어디에서 만듭니까? 없습니다.

므쓔 린, 그리고 그 자신이 거기로 돌진했으나 아무도 따라오지 않았다고 말했다. 므쓔 부아프레오와 므쓔 린은 죽었고, 자기는 부상당했으며, 다른 두 사람은 간신히 돌아왔다는 것이었다. 그의 이야기와 내가 본 것은 나에게 생명의 위험을 무릅쓰고 전쟁터로 가고 싶다는 욕구를 심어주었다. 그만큼 우리의 상황을 견딜 수 없었다. 나는 계속 앞으로 나아갔다. 내가 평소보다 더 용기가 많았던 것은 아니었다. 왜냐하면 극심한 공포를 느끼고 있었기 때문이다. 그러나 절망감은 나도 모르는 사이에 나를 포탄이 떨어지는 한 가운데까지 밀고 갔다. 그때 한창 전투 중이던 아버지가 나를 멀리서 보고 돌아가라고 소리쳤다. 나는 망설였다. 그는 기병을 보냈다. 기병은 내 말의 재갈을 잡고 나를 데려갔다. 나는 나 스스로 찾아 나선 위험에서 벗어날 때 은근한 만족감을 느꼈다.

나는 어머니 곁으로 돌아갔다. 어머니는 혼자였고 어머니의 마차는 큰길 위에 서 있었다. 잠시 후 마부가 우리에게 왔다. 그는 비열한 사람이었다. 그는 적의 경기병대가 우리를 공격하기 위해 뒤쪽으로 들어오는 것을 보았고, 말의 봇줄을 끊었으며, 고모할머니는 우리를 보려고 급하게 내렸다고 말했다. 나는 고모할머니가 내 딸과 함께 마차에 오르고 싶어 했었기에 고모할머니는 딸과 함께 있을 것으로 생각하고, 고모할머니가 있을 만한 곳으로 달려갔다. 나는 고모할머니의 하녀가 딸을 안고

- 그러면 화약을 어디에서 구합니까? 청군에게서 빼앗습니다.
- 누가 당신들에게 무기를 공급합니까? 청군에게서 빼앗습니다. 등등

나는 갈수록 놀랐습니다. 나는 여기에는 군대라고 할 만한 것이 하나도 없다고 생각했습니다. 그러나 우리가 어제 비이에에서 공화파에 승리를 거둔 것은 의심할 수 없었습니다. 이 놀라운 일들은 나를 혼란스럽게 했습니다. 다음 날부터, 우리는 그들을 몽트뢰유, 소뮈르 등지에서 격파했습니다. 나는 이제 이렇게 전쟁하는 방식에 익숙해졌습니다."

그는 이 모든 것을 극히 코믹하게 이야기했다. 다음다음 날 그는 죽었다.

집으로 데려오는 것을 보았다. 그러나 고모할머니가 어디 갔는지는 도저히 알 수 없었다. 짐과 마차는 말에서 풀려 있었다. 경기병들을 피하려고 주위에 사람들이 몰려들었다. 그들은 반대쪽으로는 갈 수 없었다. 도시에서 쏜 포탄이 우리 일행의 첫 번째 수레 가까이까지 떨어졌기 때문이다. 나는 맨 앞에 있는 우리 마차 쪽으로 갔다. 포탄과 산탄이 내 옆으로 날아갔다. 내가 고모할머니를 애타게 찾고 있는 동안, 므쓔 포레스티에가 와서 기병들을 데리고 경기병들을 몰아내러 갈 거라고 말했다. 그의 냉정하고 자신 있는 말은 나에게 강한 인상을 심어주었다. 그의 모자와 외투에는 총구멍이 많았다. 그가 구멍 두 개를 보여주며 말했다. "이 총알이 부아프레오와 린을 죽인 총알입니다."

우리 기병들은 경포로 무장한 경기병들을 물리쳤다. 샤티옹에서 한쪽 눈을 잃은 므쓔 리샤르는 이 전투에서 팔에 부상을 입고 포로로 잡혔다. 청군의 기병대를 지휘한 마리니 장군은 그의 용맹스러움에 감동받아 말과 무기를 빼앗은 다음 그를 돌려보냈다. 그러자 므쓔 라로슈자클랭은 그가 잡은 유일한 포로인 두 용기병을 무장한 상태로 돌려보냈다. 므쓔 라로슈자클랭은 그에게 감사했으며, 다음에는 한 사람에 열 사람씩 포로를 돌려보내겠다고 제안했다. 우리와 싸우면서 인간미를 보여준 유일한 사람인 그 공화파 장군은 그날 죽임을 당했다.

30시간의 공격이 끝난 다음 앙제 공략을 접는다는 결정이 내려졌다. 저녁 4시 무렵부터 철수가 시작되었다. 우리는 오랫동안 남아서 불쌍한 고모할머니를 찾으려 수소문했다. 그녀를 부르고 주위의 모든 집을 살펴보았으나 작은 흔적조차 찾을 수 없었다. 어머니는 비탄에 잠겼다. 아버지는 사방으로 사람들을 보냈으나 허사였다. 결국, 더 이상 후방에 남으면 포로가 될 위험이 있어서 우리는 부대를 따라가지 않을 수 없었다. 우리는 고모할머니가 꽤 많은 돈을 가지고 있었기에 몸을 숨기기로 결심한 거라고 생각했다. 우리는 그 슬프고 놀라운 실종에 대해 자세히 알지 못했지만 고모할머니가 붙잡혔고 이틀 후 처형되었다는 것은 알았다.

나는 앙제에서 8km 떨어진 곳에 도착했다. 추위, 피로, 슬픔 때문에 탈진상태였다. 나는 많은 사람이 뒤섞여 있는 곳에서 어머니와 함께 매트에 몸을 던졌다. 거의 모든 부대가 야영을 했다.

우리에게는 더 이상 구원의 희망이 없었다. 부대의 사기는 완전히 땅에 떨어졌다. 루아르강을 다시 건널 아무런 수단도 없었다. 우리가 세운 모든 계획은 앙제 점령에 기초한 것이었다. 우리는 기대했던 열정을 보여주지 못한 병사들에게 실망했다. 매일매일 질병이 발생했다. 불쌍한 부상자들의 신음 소리가 사방에서 들려왔다. 그들을 포기하지 않을 수 없었다. 배고픔과 악천후가 이 모든 불행에 더해졌다. 지휘관들의 몸과 마음도 극도로 약해졌다. 그들은 어떻게 해야 할지 몰랐다. 우리의 상황이 이러했다.

20

라플레슈로 귀환 – 르망 패주

우리는 어디로 갈 것인지 아무것도 결정하지 못한 채 보제로 향했고, 아무 저항도 받지 않고 그 도시를 점령했다. 므쓔 루아랑은 부상 후유증으로 행군 도중에 죽었다. 다음 날, 경포로 무장한 청군 경기병대가 공격해왔다. 나는 창문을 통해서 전투를 바라보았다. 포탄이 아래에 있는 뜰에 떨어졌다. 우리 병사들은 공격자들에게 완강히 저항하여 그들을 물리쳤다. 우리 병사들은 그들을 앙제 길을 따라 8km나 추격하여 아름다운 자르제 성에 이르렀다. 그 성은 이미 국유재산으로 판매된 성이었다.[131] 공화파는 그 성에 불을 질렀다. 우리는 불을 끄려 했으나 소용이 없었다. 우리는 이 전투에서 약간의 인명 손실을 입었다. 팽 소교구의 지휘관인 므쓔 루셰는 자기 총이 터지는 바람에 손에 큰 부상을 입어 전투를 계속할 수 없게 되었다.

부대의 행로에 대해 결정을 내려야 했다. 소뮈르와 투르로 가자는 의

[131] 혁명정부는 교회와 망명귀족들의 부동산을 몰수하여 국유재산으로 만든 다음 판매했다.

견이 있었다. 그러나 이 두 도시는 좌안에 있었을 뿐만 아니라 거기에 가려면 루아르 강변의 제방을 지나야 했는데 그런 길을 이용하는 것은 위험했다. 용맹성, 언변, 글쓰기 능력 때문에 종종 지나친 자만심에 빠져든 므쓔 드세사르 기사는 이 계획을 고집했다. 그는 제방을 따라 이동하다가 제방을 파괴하여 루아르강의 물길을 돌리면 강을 건널 수 있을 거라고 말했다. 우리는 이 계획이 얼마나 어리석은지를 그로 하여금 인정하게 할 수 없었다.

최종적으로 라플레슈를 거쳐 르망으로 가기로 결정되었다. 르망 지방의 농민들은 왕당파로 알려져 있었고 그 행로는 브르타뉴 지방에 가까워지는 것이었다. 우리는 거기서 군대를 모집하고 방어를 할 수 있을 것으로 희망했다. 이동이 시작되었다. 나는 보볼리에 기사와 함께 마차를 탔다. 그의 형이 우리에게 이야기하러 마차로 왔다. 그는 눈물을 흘리면서 내가 자기 동생을 간호해준 것에 대해 감사했고 계속 그렇게 해달라고 부탁했다. 그는 말했다. "나는 세상에서 가장 불행한 사람입니다. 내 아내와 딸은 앙제에 포로로 잡혀 있습니다. 나는 그들을 구하기를 바랐습니다. 내가 그들을 구할 수 없다면 그들은 처형대 위에서 죽을 것입니다. 사람들은 아브랑슈에서 나를 부당하게 비난한 후부터 나를 나쁘게 바라보며 나를 의심합니다. 이 또한 얼마나 큰 불행입니까!" 그는 나에게 동생의 간호를 부탁한 후 작별인사를 하고 돌아갔다. 그날 이후 그는 부대에 다시 돌아오지 않았다. 그가 부대를 떠날 분명한 계획이 있었던 것 같지는 않았다. 그는 부대 금고를 실은 수레 안에 자기의 돈과 소지품을 놓고 갔기 때문이다. 그가 자기 동생을 다시 보지 않을 것으로 생각했다면 그것들을 동생에게 주었을 것이 분명하다. 내가 그를 다시 만났을 때 그는 자기 처남인 므쓔 랑글루아와 함께 식품을 구하러 갔다가 길을 잃었다고 말했다. 경기병들이 길을 막자 그는 머릿속으로 막연히 생각하고 있던 것을 실행에 옮겼다. 그의 처남은 붙잡혔고 죽임을 당했다.

우리의 후퇴는 므쓔 피롱이 지휘하는 대규모 후위부대의 보호를 받았다. 우리는 뒤쪽에서 공격받을 것으로 생각했지 앞쪽에는 적이 거의 없을 것으로 생각했다. 그런데 라플레슈에 도착하여, 다리는 끊어졌고 3~4천 명이 강 저쪽에 진을 치고 있는 것을 보았을 때 놀라움과 두려움이 얼마나 컸던지! 우리는 이제 끝났다고 생각했다. 왜냐하면 그 순간에도 그들은 므쓔 피롱을 공격했기 때문이다. 므쓔 라로슈자클랭은 전위와 후위 모두 의연하게 대처하고 계속 포를 쏘라고 명령했다. 므쓔 베르퇴유가 죽었다. 앙리는 말 엉덩이에 보병을 한 사람씩 태운 기병 300명을 이끌었다. 그는 강을 3km 거슬러 올라가 걸어서 건널 수 있는 얕은 지점을 발견했다. 그는 저녁 무렵에 도시의 성문 앞에 도착하여 보병들을 내리게 한 뒤, 부대를 이끌고 "국왕 만세"를 외치면서 거리로 돌진했다. 놀라고 경악한 청군은 르망 길을 통해 도망쳤다. 앙리는 서둘러 다리를 복구하게 한 다음 후위로 달려가 적의 경기병들을 격퇴했다.[132] 부대의 일부가 도시로 진입했다. 대포와 짐짝들은 날이 밝을 때까지 길 위에 놓아두었다. 나는 마차에서 잤다. 다음 날 기병들이 공격해 왔다. 부대는 피로 때문에 녹초가 돼 있었다. 므쓔 라로슈자클랭은 므쓔 보제, 므쓔 알라르, 그리고 소수의 장교를 이끌고 적의 분견대에 저항했다. 그는 짐짝들이 도시 안으로 들어오자 다시 다리를 끊어서 부대가 24시간 휴식할 수 있게 했다. 그는 라플레슈에 있던 장교들이 자기 혼자 싸우게 내버려 둔 데 크게 화가 나서 그들에게 쓴소리를 했다. "여러분은 위원회에서 나에게 항변하는 것만으로는 충분하지 않았나 보군요. 내가 적의 공격을

[132] (원주) 얼마 전에 한 농민이 이 전투에 대해 나에게 말했다. "므쓔 앙리는 공격할 때면, 그가 위험에 닥칠 때마다 했듯이 성호를 크게 그었습니다. 그런 다음 그는 말을 앞으로 몰았습니다."

받도록 내버려두었으니 말이죠."

나는 라플레슈에 머무는 동안 불쌍한 어린 딸을 피신시킬 만한 곳을 물색했다. 대가를 제공하는데도 너무 어려서 숨길 수도 없고 우는 것을 막을 수도 없는 그 아이를 아무도 맡으려 하지 않았다. 마담 자고는 자기 딸을 돌볼 사람을 구하는 데 성공했다. 그 아이는 네 살이어서 보호자를 위험에 빠지지 않게 할 수 있었기 때문이다.

부대는 르망으로 갔다. 다리는 끊어지지 않았다. 그러나 공화파는 그 곳에 성벽을 쌓았고, 기병의 통행을 방해하기 위해 방책을 세우고 함정을 팠으며, 대못 박은 판자들을 깔아놓았다. 므쓔 라로슈자클랭은 꽤 치열한 전투를 치른 후에 신속히 도시 안으로 들어갔다. 바로 이 전투에서 므쓔 탈몽은 멋진 무훈으로 존재감을 과시했다. 그는 자기의 장군 휘장을 보고 자기를 집요하게 공격하는 경기병에게 "기다리고 있었노라!"라고 외쳤다. 실제로 므쓔 탈몽은 그를 기다리고 있었고 단칼에 그의 목을 베었다.

모두 피로 때문에 녹초가 되었다. 대단히 힘든 하루였다. 나날이 수가 늘어가는 부상자들과 환자들은 식품과 물자가 풍부한 큰 도시에서 오래 머물 것을 간청했다. 사람들은 부대 내의 질서를 회복하고 몇 가지 계획을 세우며 사기를 높이기 위해 노력하기를 원했다. 장군들, 장교들, 병사들, 모두 낙심한 상태였기 때문이다. 우리는 조만간 모두 죽으리라는 것을, 그리고 우리가 할 수 있는 노력은 단말마(斷末魔)에 불과하다는 것을 잘 알고 있었다. 주위에는 온통 고통받는 사람들뿐이었다. 여자들, 아이들, 부상자들의 광경은 기적과 같은 인내심이 필요한 시점이었음에도 가장 정신력이 강한 사람들마저 좌절시켰다. 불행은 사람들의 마음을 격하게 만들었다. 증오, 질투, 비난, 비방 등이 지휘관들을 분열시켰다. 앙제의 패배, 방데로 돌아갈 수 있다는 희망의 상실은 부대원들의 생각에 마지막 타격을 가했다. 모든 사람이 죽음을 원했다. 그들은 그 죽음을 뚜렷이 보았으므로, 그것을 늦추기 위해서 싸우기보다는 체념하고 그것을 기다리기를 선호했다. 게다가 가장 끔찍한 운명은 부상당하는 것이었다. 모두 최후를 예감했다.

르망은 앙제에서 파리로 가는 대로 위에 있다. 우리는 이 길을 통해 르망에 도착했다. 여기에서 2km 떨어진 지점에서 두 길이 합쳐지는데, 하나는 투르에서 알랑송으로 가는 길이다. 그 두 길과 시 외곽 사이의 중간쯤에 사르트 강을 가로지르는 큰 다리가 있다. 알랑송 대로는 도시 안의 큰 광장을 지나 르망에서 라발로 가는 큰길에서 이어지는 좁은 길이 끝나는 작은 광장을 지난다. 나는 이 작은 광장에서 숙박했다.

두 번째 날 아침 일찍 공화파가 르망을 공격해왔다. 우리는 그들이 이렇게 일찍 공격할 것으로는 예상하지 못했기에 전날 대량 모병을 한 후 곧바로 해산시켰다. 적군은 세 부대로 나뉘어 길들이 교차하는 지점을 향해 진격해왔다. 므쓔 라로슈자클랭은 오른쪽에 있는 전나무 숲에 대규모 병력을 매복시켰다. 바로 이곳에서 방어가 가장 완강했다. 청군이 퇴각한 것은 한두 번이 아니었다. 그러나 청군 장군들은 끊임없이 병력을 투입했다. 우리 병사들은 자기들의 노력이 아무 소용이 없는 것을 보고 사기가 떨어졌다. 도시 안으로 들어오는 사람들이 조금씩 늘어났다. 장교들도 떼밀려 들어왔다. 결국, 오후 2시경, 방데인들의 왼쪽 방어선이 완전히 돌파되었기 때문에 전나무 숲을 포기해야 했다. 앙리는 자기에게 남은 부대를 생울타리와 도랑으로 둘러싸인 들판에 배치하려 했다. 그곳에서라면 기병들을 손쉽게 막을 수 있을 것으로 생각했기 때문이다. 그러나 그는 부대를 모을 수 없었다. 세 번이나 그는 므쓔 포레스티에, 므쓔 알라르와 함께 적진으로 돌진했으나 아무도 뒤따르지 않았다. 농민들은 총을 쏘기 위해 돌아서려고조차 하지 않았다. 앙리는 말을 타고 도랑을 뛰어넘다가 안장이 뒤집히는 바람에 말에서 떨어졌다. 그는 몸을 일으켜 세웠다. 절망과 분노가 극에 달했다. 그들은 전투에서 패했을 때 어느 길로 달아날지 결정하지도 않은 상태였다. 도시 방어를 위해서나 후퇴를 위해서나 아무 명령도 내려져 있지 않았다. 앙리는 후퇴에 대비하고 병사들을 데려오기 위해 도시로 돌아가려 했다. 그는 전속력으로 말을 달려 그 불쌍한 방데인들을 밀어붙였다. 그러나 그들은 처음으로 앙리의 목소리를 무시했다. 그는 르망으로 들어갔다. 완전 무질서 상태였다. 그는 무엇을 할 것인지 상의할 장교를 한 사람도 찾지 못했다. 앙리의 하인들은 앙리를 위해 말 한 마리 준비해놓지 않아서 말을 갈아탈 수도 없었다. 그는 다시 돌아왔고, 다리 위에 공화파가 도착한 것을 보았다. 그는 거기에 대포를 설치하게 하여 오랫동안 저항했다. 드디어, 일몰 무렵, 청군은 걸어서 건널 수 있는 얕은 지점을 발견하고서 강을 건넜다. 다리는 필요 없었다. 그들은 도시 입구에서 싸웠다. 모든 희망을 버리고, 장군들, 장교들, 병사들 모두 궤주할 때까지 싸웠다. 사실 궤주는 이미 오래전에 시작되었다. 집에 남은 사람 수백 명은 창문을 통해 총을 쏘았으며, 정확한 상황을 알지 못한 채 밤새도록 공화파를 저지했다. 공화파는 거리로 돌진하려 하지 않았으며 우리의 패배가 완전하다는 것을 의심하지 않았다. 몇몇 장교는 새벽 4시에야 퇴각했다. 내 생각에 마지막으로 철수한 사람은 므쉬 세포와 므쉬 알라르였다. 용감한 농민들은 8시에야 기적적으로 도시를 떠날 정도로 끈질겼다. 바로 이러한 노력이 우리의 무질서한 패주를 그나마 보호해주었고, 우리가 모두 학살당하는 것을 막아주었다.

전투가 시작되었을 때부터 우리는 결과가 치명적일 것임을 예감했다. 나는 마담 T*** 집에서 숙박했는데, 그녀는 매우 부유하고 교양 있는 골수 공화파였다. 그녀는 자기 아이 일곱을 사랑으로 극진히 돌보았기에 나는 그녀에게 딸을 맡기기로 결심했다. 어린 자고를 받아준 사람도 바로 그녀의 훌륭한 올케였다. 므쓔 T***는 대단히 정직한 사람이었는데 마침 부재중이었다. 나는 그녀에게 딸을 맡아 줄 것과 그 아이를 불쌍한 농민처럼 길러주되 그 아이에게 명예심과 덕성만큼은 심어달라고 간청했다. 나는 그 아이가 다시 행복해진다면 하늘에 감사하겠지만, 고결하기만 하다면 언제까지나 비참하게 사는 것도 감수할 거라고 말했다. 마담 T***는 단호히 거절하면서도, 만일 딸을 받아들인다면 자식처럼 기를 거라고 솔직하게 말했다. 그 후, 나는 저명하고 고귀한 가문에 속하는 그 부인이 우리가 패배한 후 우리 포로들에게 가혹했으며 우리에게 반감을 품었다는 것을 알았고 그 사실에 놀랐다. 내가 마담 T***에게 간청하는 동안, 패주하는 소리가 들리기 시작했다. 그녀는 나를 놓고 나갔다. 그때, 나는 모든 것이 끝났다고 생각했다. 더 이상 아무 희망도 없었다. 나는 최소한 아이만큼은 구하고 싶은 마음에 아무도 몰래 그 아이를 마담 T***의 침대에 숨겼다. 그녀가 이 죄 없는 아이를 버릴 만큼 잔인하지는 않으리라 생각했기 때문이다. 나는 내려갔다. 사람들은 나를 말에 태웠다. 문을 열고 보니 황급하게 밀려드는 사람들로 광장이 꽉 차 있었다. 사람들은 뒤엉켜 서로 밀치며 도망쳤다. 한순간, 나는 내가 아는 모든 사람과 떨어졌다. 나는 므쓔 스토플레가 기수들과 함께 가는 것을 보았다. 그 집의 담벼락 모퉁이에는 공간이 있었는데 그곳에는 아무도 없었다. 나는 그쪽으로 들어가 라발 길로 이어지는 샛길로 들어서려고 했으나 거기에는 사람들이 질식할 정도로 많아서 들어갈 수 없었다. 수레는 뒤집혔고, 땅에 넘어진 소는 다시 일어나지 못하고 달려드는 사람들을 발로 찼다. 수많은 사람이 짓밟혀 소리를 질렀으나 소용이 없었다. 나는 배고프고 무서워 죽을 지경이었다. 거의 아무것도 보이지 않았다. 해가 저물고 있었다. 길모퉁이 말뚝에 매여 있는 말 두 마리가 내 길을 막고 있었다.

사람들이 계속 그 말들을 내 쪽으로 밀어붙이는 바람에 나는 그 말들과 벽 사이에 끼였다. 나는 병사들에게 그 말들을 잡고 나를 그 위에 태우라고 소리치려고 애썼으나 그들은 내 목소리를 듣지 못했다. 그때 나는 온화한 얼굴의 한 젊은이가 말을 타고 내 옆으로 지나가는 것을 보았다. 나는 그의 팔을 잡고 말했다. "므슈, 불쌍한 여자를 도와주세요. 저는 임신했고 아픕니다. 걸을 수가 없습니다." 그 젊은이는 울면서 대답했다. "나도 여자입니다. 우리는 죽을 겁니다. 왜냐하면 나도 거리로 들어갈 수 없을 것이기 때문입니다." 우리는 그 자리에 서서 기다렸다.

그런데, 므슈 레스퀴르의 충실한 하인인 봉탕은 내 딸을 돌보는 사람이 없는 것을 보고 아이를 사방으로 찾아다니다가 마침내 아이를 찾았고 팔에 안았다. 그는 인파 사이에서 나를 알아보고는 아이를 들어 올리며 외쳤다. "주인님의 아이를 구했습니다!" 나는 고개를 숙였고 체념했다. 잠시 후, 나는 다른 하인을 발견하고 불렀다. 그는 말의 재갈을 잡고 칼을 휘두르며 길을 내면서 나를 뒤따르게 했다. 우리는 간신히 라발로 가는 길 위에 있는 시 외곽의 작은 다리에 도착했다. 다리에는 대포가 뒤집혀 있어서 통행을 방해했다. 드디어 나는 길 위에 들어섰다. 그곳에는 사람이 많았다. 몇몇 장교가 병사들을 데려가려고 애썼으나 아무 소용이 없었다.

공화파는 우리 쪽에서 소리가 크게 나는 것을 보고, 대포를 겨냥한 후 집 위쪽으로 기세 좋게 사격을 가했다. 포탄 하나가 내 머리 위로 아슬아슬하게 날아갔다. 얼마 후 나는 다시 포성을 들었고 나도 모르게 말 위로 몸을 굽혔다. 거기에 있던 한 장교가 나를 겁쟁이라고 욕을 하며 비난했다. 나는 그에게 말했다. "아! 므슈, 부대가 모두 도망치는 중이니 불행한 여자가 머리를 굽혀도 되지 않나요!" 포격은 멈춰 섰던 우리를 다시 달리게 만들었다. 어둡지만 않았다면 그들을 돌아가게 할 수 있었을지도 모른다.

나는 계속 도망갔다. 나는 므쓔 상글리에를 만났다. 그는 전날 자기 부인을 잃었고 아픈 두 딸을 말에 태우고 있었으며 자신도 아팠다. 그의 말에는 재갈도 없었다. 그는 사람들이 라발 쪽으로 도망친다고 알려주었다. 나는 계속해서 아는 사람들을 몇 명 만났다. 달빛 덕분에 그들을 알아볼 수 있었다. 르망에서 몇 킬로미터 떨어진 지점에서 나는 아버지와 므쓔 라로슈자클랭이 오는 것을 보았다. 그들은 오랫동안 병사들을 결집시키려고 애쓰고 있었다. 앙리가 나에게 와서 말했다. "아! 살아계셨군요." 나는 그에게 대답했다. "나는 당신이 죽은 줄 알았습니다. 우리가 패해서요." 그는 내 팔을 잡고 말했다. "나는 죽고 싶습니다!" 그는 울고 있었다.

내 상태는 끔찍했다. 하인이 말을 끌었으며 나에게 약간의 힘을 보태주려고 나를 부축했다. 병사들은 자기들 수통에 있는 증류주를 마시게 했다. 나는 그것을 마셔본 적이 없었기 때문에 물을 타 주었으면 했다. 사람은 여전히 익숙한 것만 찾는다. 아버지는 나를 떠나지 않았다. 어머니와 딸은 살아 있지만 어디 있는지 몰랐다. 나는 르망에서 50km쯤 떨어진 작은 마을에서 멈췄다. 칠흑같이 어두운 밤이었다. 나를 따라오던 한 여자가 자기 말을 타고 물레방아 길로 들어섰다가 물에 빠지고 말았다. 나에게도 그런 일이 일어날 수 있었다. 나는 누군가 그녀를 구했는지 알지 못한다.

마담 봉샹은 나와 같은 집에 피신했다. 부대 대부분이 이 마을에서 멈추어 섰다. 초가집에는 빈 공간이 별로 없었다. 길에는 무력감에 빠져 진흙 위에서 잠을 자는 불쌍한 병사들이 가득했다. 그들은 비가 와도 피할 생각조차 하지 않았다.

다음 날 아침, 우리는 다시 출발했다. 배고픔, 피로, 고통으로 모든 사람이 너무나 쇠약해졌기에 일개 경기병 연대만으로도 방데군을 전멸시킬 수 있을 정도였다. 후위에 있었고 도시에 남았던 사람들이 밤사이에 조금씩 우리와 합류했다. 한 농민은 자기는 여덟 시간 전에 르망을 떠났다고 말했다. 앙리는 그를 껴안았다. 앙리는 우리의 끔찍한 패배를 잊지 못했다. 그는 자기가 르망에 마지막까지 남아 있지 못했고 거기서 죽지도 못했다며 부당하게 자책했다. 누가 무슨 말을 하든 그는 그것이 자기의 의무라고 생각했던 것이다.

우리는 라발에 도착했다. 나는 거기서 어머니와 딸을 다시 보았다. 우리는 그때서야 우리의 손실이 얼마나 컸는지 알게 되었다. 르망 패배는 만5천 명 이상의 인명을 앗아갔다. 가장 많이 죽은 것은 전투 중이 아니었다. 르망의 여러 거리에서 깔려 죽은 사람이 많았다. 부상자와 아픈 사람들은 집에 남았다가 학살당했다. 길 옆 도랑과 들판에서도 많이 죽었다. 꽤 많은 사람들은 알랑송 길로 갔다 잡혀서 처형대로 끌려갔다.

전투 중에 뒤우 기사가 죽었다. 고결하고 용감한 므쓔 에르보는 부상을 입고 죽었다. 사람들이 그를 간호하려 했으나 그는 "아닙니다. 나 때문에 위험을 무릅쓰지 마세요. 나를 그냥 므쓔 르메냥 옆으로 데려다주세요."라고 말했다. 그 두 사람은 자기들의 무기와 소지품을 친구들에게 나누어 준 다음 자기들을 포기하게 했다. 그들은 조용히 죽음을 기다렸다. 완전히 그리스도교인다운 자세였다. 앙제에서 부상당한 두 용감한 장교, 므쓔 랭페르나와 므쓔 쿠티도 거기서 죽었다.

많은 장교가 더 이상 나타나지 않았다. 므쓔 솔리야크는 포로로 잡혀 교회에 갇혔고 다음 날 처형될 예정이었다. 그는 함께 있던 방데인 열세 사람을 움직여 밤에 경비병들에게 달려들게 했고 그 결과 일곱이 탈출했다. 승자들이 끔찍한 학살을 자행하는 가운데에도 인도주의적인 용감한 행동은 몇몇 방데인들의 목숨을 구했다. 그러나 그들은 르망에서 탈출한 후 또다시 위험에 직면했고 포로로 잡혀 한참 뒤에 죽었다. 므쓔 라로슈쿠르봉, 므쓔 카리에르, 므쓔 프랑셰, 므쓔 라비고티에르 등은 이러한 슬픈 운명을 맞았다. 므쓔 도티샹은 훨씬 운이 좋았다. 왜냐하면, 포로로 잡혔을 때 공화파 장교인 그의 친척 므쓔 생세르베가 그를 알아보고 경기병 옷을 입혔기 때문이다. 므쓔 베르네스도 그러했다. 이 므쓔들은 이렇게 해서 공화파 군대에 들어가 북부군에서 1년간 병사로 복무했다가 제2차 봉기 때 다시 나타났다.[133]

므쓔 도벤하임도 르망에서 사라졌다가 공화파 군대에서 복무했다. 이러한 사실은 그가 그랑빌 공격을 위해 제공한 조언과 겹쳐져서 이상한 의혹을 낳았다. 그전에도 그러한 의심을 품은 사람들이 있었다. 그러나 므쓔 도벤하임은 언제나 용감하게 싸웠으며 특히 그랑빌 전투에서는 용기와 헌신을 보여주었으므로 그날 그의 곁에 있던 장교들은 그의 선의를 항상 옹호했다.

이것이 르망 패배의 슬픈 모습이다. 여기에서 방데군은 치명적인 타격을 입었는데 그것은 불가피했다. 여자들, 아이들, 노인들과 함께, 우리가 모르는 지역으로 피난을 가려면 어느 길로 가야 하는지도 모르는 채, 게다가 겨울이 시작되는 때에 루아르강 좌안을 떠났을 때, 우리가 이러한 끔찍한 파국을 맞으리라는 것은 어렵지 않게 내다볼 수 있었다. 장군들과 병사들이 받을 가장 아름다운 영광은 이 파국을 오랫동안 늦추었다는 것이다.

---

133 지금까지의 전쟁은 제1차 방데 전쟁이다. 이 전쟁은 공화국이 1795년 2월 17일에는 샤레트와, 1795년 5월 5일에는 스토플레와 평화조약을 맺음으로써 끝났고, 방데인들은 사면을 받았다. 그러나 루이 17세의 사망 소식이 전해지고, 망명자들의 부대가 키브롱에 상륙하자 샤레트와 스토플레는 다시 무기를 들었다. 이렇게 해서 시작된 제2차 방데 전쟁은 방데군 주요 장군들이 사망한 1796년 7월에 끝났다.

21

루아르강 재도하 시도—사브네 패주—군대의 소멸

Mémoires de Madame La Marquise De La Rochejaquelein

나는 라발에서 전에 묵은 집에 다시 들어갔다. 그러나 주인인 므쓔 몽프랑은 없었다. 방데인들이 지나간 후 그는 가족과 함께 체포되어 우리를 받아들였다는 비난을 받았다. 그는 일개 주민으로서 정복자들에게 숙소를 제공하지 않을 수 없었다고 항변했으나 받아들여지지 않았다. 그는 그의 용기 있는 어머니와 함께 처형대에서 죽었다. 사실 그는 왕당파였기는 해도 자기를 위험에 빠뜨릴 만한 일은 전혀 하지 않았다.

다음 날 10시, 우리는 잔존부대를 이끌고 크라옹으로 떠났다. 그때 공화파 경기병들이 나타났다는 소문이 돌았다. 우리는 급하게 걷기 시작했다. 도시에서 벗어났을 때 나는 므쓔 라로슈자클랭을 보았다. 그는 그것이 허위경보였다고 말했다. 그는 병사들을 안심시켜 그들의 도주를 막고 나서, 라발에 가서 조용히 점심을 먹기 위해 발걸음을 돌렸다. 그는 나에게 걱정하지 말라고, 우리는 어려움 없이 크라옹으로 갈 거라고 단언했다. 이것이 내가 앙리를 본 마지막 순간이었다.

크라옹에서 우리는 신문을 통해 나의 불쌍한 고모할머니와 700명의 남녀 도망자들이 앙제 부근에서 붙잡혔으며 재판받고 처형당했음을 알았다. 이 끔찍한 소식은 어머니를 절망에 빠뜨렸다. 우리는 그 불행한 고모할머니와 각별했다. 연세 여든의 고모할머니는 참으로 온화한 신앙심과 사랑스러운 성격을 가지고 있었다.

부대는 크라옹에서 생마르크로 갔다. 최종 목적지는 앙스니였다. 우리는 어려움 없이 루아르강을 건너갈 수 있도록 공화파 군대와의 거리를 벌리려고 밤낮으로 행군했다. 길은 끔찍했으며 날씨는 춥고 비가 내렸다. 부상자들과 환자들을 어떻게 데리고 갈지 암담했다. 나는 한 신부가 어깨 위에 사람을 얹고 가는 것을 보았다. 그는 무게 때문에 쓰러졌다. 내 딸은 치통과 피로 때문에 죽어가고 있었다. 나는 부대 금고 운반 수레에서 딸과 함께 잤다. 이제는 마차가 없었기 때문이다. 우리는 이렇게 몇 킬로미터를 갔다.

12월 16일 아침, 앙스니에 도착했다. 므쓔 라로슈자클랭은 아무런 저항도 받지 않고 제1착으로 들어와 루아르강 도하를 준비하고 있었다. 그는 생마르크 성의 연못에 있는 작은 배를 한 척 가져와 수레 위에 싣게 했다. 공화파가 우리가 도착하기 전에 배를 모두 가져가 버려서 강을 건널 수단이 없을 것으로 예상했기 때문이다. 강 건너편은 공화파 진영이었고 그들의 부대는 생플로랑에 있었다. 므쓔 라로슈자클랭은 소규모 반군이 며칠 전에 앙스니 부근에 나타났었다는 이야기를 들었다.

우리는 앙스니에서 작은 배를 한 척 구했다. 강 건너편에는 건초를 실은 큰 배가 네 척 있는 것이 보였다. 므쓔 라로슈자클랭은 아무도 강을 건너려 하지 않는 것을 보고 직접 선두에 서서 강을 건너기로 결심했다. 그는 그 배들을 제거하고 필요하다면 강제로라도 빼앗아 청군의 공격으로부터 상륙 지점을 지킴으로써 도하를 안전하게 하려고 했다. 그는 특히 방데인들이 피신처로 원한 이 좌안에 도착한 후 뿔뿔이 흩어지는 것을 막으려 했다. 모든 사람이 우려한 것이 바로 이것이었다.

므쓔 라로슈자클랭, 므쓔 보제, 므쓔 스토플레는 수레에 싣고 온 작은 배에 올랐고, 므쓔 랑주리는 병사 열여덟 사람을 데리고 다른 배에 올랐다. 부대의 전위는 이 두 척의 작은 배만 바라보았다. 여기에 우리의 운명이 달린 것 같았다. 그와 동시에 우리는 뗏목을 만들기 위해 널빤지, 통, 온갖 종류의 나무를 모았다. 생로의 신부는 농민들이 이 일을 하도록 설교함으로써 혼란을 막으려 했다.

므쓔 라로슈자클랭은 강 건너편에 도착했다. 그가 배에서 건초를 제거하고 있는 동안, 공화파 정찰병들이 그쪽으로 갔다. 몇 차례 총격이 벌어진 후 우리 병사들이 도망쳤다. 므쓔 라로슈자클랭과 그의 두 동료는 추격당했다. 동시에 포함 한 척이 앙스니 앞에 나타나 우리 뗏목을 향해 포를 쏘았다. 여러 척이 가라앉았다. 강은 거칠었고 물살은 빨랐다. 좌안으로 건너가려는 병사들의 열정에도 불구하고 강을 건넌 병사는 얼마 되지 않았다.

이렇게 마지막 희망마저 잃어버린 방데군은 그들의 총사령관과도 헤어져 죽음을 기다리는 신세가 되고 말았다. 그때, 경기병들과 이동식 대포들이 앙스니 앞에 도착했다. 성문에는 방어벽이 설치되어 있었다. 청군은 공격해 들어오려 하지 않고 도시를 향해 포를 쏘았다. 포탄 몇 발이 우리가 묵고 있는 집으로 떨어졌다. 그러나 아무 피해도 없었다. 우리는 어떻게 될지 몰랐다. 포병 장교인 므쓔 보베는 작은 배에 몸을 싣고 강을 건너갔다가 24시간 안에 돌아와 좌안의 상황을 전해주겠다고 약속했다. 장교들은 떠나지 않겠다고 약속했다. 그러나 모두가 원한 것은 강을 건너는 것뿐이었다. 몇 사람은 성공했다. 므쓔 라로슈자클랭의 부관인 므쓔 알라르는 다음 날 좌안으로 건너갔다. 부대는 뿔뿔이 흩어졌다. 어떤 사람들은 시골로 들어가 숨었고, 어떤 사람들은 강가를 오르내리며 건널 생각만 했다. 어떤 사람들은 방데군에 대한 사면 이야기를 듣고 낭트로 가려 했다. 이것은 공화파가 의도적으로 퍼뜨린 소문이었다. 우리 하인들은 이들을 따라가는 것을 허락해 달라고 부탁했다. 우리는 현재의 상황에서는 각자가 자기의 삶을 도모해야 하지만 사면은 허구인 것처럼 보인다고 말했다. 그러나 그들은 사면을 믿으려 했다. 그들은 우리와 우리의 대의에 대한 생각은 변하지 않았으며 상황이 좋아지는 대로 돌아오겠다고 맹세했다. 그들의 맹세는 진심이었다. 이틀 후 그들은 낭트로 떠났는데, 이 순진한 사람 대부분은 죽었다. 어머니의 두 하인은 우리와 함께 남았다.

그렇지만 청군이 밀려들어와 우리를 포위하려 했기 때문에 앙스니를 떠나지 않을 수 없었다. 우리는 노르 쪽으로 갔다. 바로 이 무렵 나는 딸아이를 숨겨놓았다. 나는 그 아이에 대해서 걱정을 많이 했었다. 그 불쌍한 아이는 많이 아팠기 때문이다. 그 아이를 데리고 도망칠 방법이 없었으며 도망쳐도 살 수 있을 것 같지 않았다. 수소문한 끝에 만난 사람이 앙스니 부근에 사는 선량한 농민 집에 그 아이를 숨겨주겠다고 제안했다. 나는 그곳에 가서 그들에게 돈을 주었다. 그리고 후일 내가 할 수 있다면 부양료를 많이 지급하겠다고 약속했다. 나는 딸아이를 농민처럼 입힌 후 죽음과 같은 고통을 안고 떠났다.

청군은 앙스니를 점령하자마자, 방데인들을 숨겨준 사람들은 모두 그들과 함께 처형될 거라고 선언했다. 아마유에서 므쓔 솔리야크와 함께 우리 부대에 가담했던 그 용감한 도망자 카데는 끔찍한 부상을 당했다. 그를 보호하는 이들은 그를 숨겨주고 싶어 했지만 카데는 그 선언을 듣고서는 보호자들을 위험에 빠뜨리지 않기 위해 그들의 만류에도 불구하고 거리로 나갔다. 그는 사살당했다.

우리는 만 명 정도밖에 남지 않았다. 우리는 노르에서 24시간을 보냈다. 얼마 남지 않은 방데인들 사이에는 무질서가 난무했다. 이제 곧 해체가 분명했으므로 장교들이 부대의 공금을 나누어 가질 정도였다. 내가 아버지, 어머니, 보볼리에 기사와 함께 있을 때, 므쓔 마리니가 와서 이러한 비열한 행동을 알려주었다. 므쓔 마리니는 분노했고 그것을 막으려 했으나 소용이 없었다. 누구를 의심하는 것은 나로서는 정말 괴로운 일이다. 나는 누구에게 책임이 있는지 알지 못한다.

얼마 후 "무기를 들라! 청군이다!"라는 소리가 났다. 우리 모두 도망쳤다. 아무리 용감한 사람이라도 더는 방어할 생각을 하지 못했다. 므쓔 포레스티에는 몇몇 사람과 함께 말을 타고 시골로 깊숙이 들어가 빌렌강을 건넜다. 이때 우리의 병사들과 기병 150명은 거짓 사면 약속에 넘어갔다.

한편, 아버지, 드세사르 기사, 물랭이라는 이름의 열일곱 살 먹은 용감한 기병, 그 밖의 몇 명은 대포 한 대를 끌고 공화파 쪽으로 갔다. 그들은 경기병들을 기다렸다가 그들에게 일제사격을 가해 일고여덟 사람을 죽였으며 그들을 퇴각시켰다. 우리는 노르에서 나머지 시간을 편안하게 지냈다.

다음 날 우리는 블랭으로 갔다. 거기서 므쓔 플뢰리오는 장군으로 임명되었다. 므쓔 탈몽은 이러한 결정 때문에 상처를 입은 것 같았다. 므쓔 탈몽은 떠났다. 부대가 처한 끔찍한 상황에서 부대를 지휘하려는 욕망은 분명히 과도한 열정이었다. 매 순간 우리는 장교 가운데 일부를 잃었다. 므쓔 플뢰리오는 몇 가지 방어태세를 갖추었다. 거리에는 포대를 설치했고 성벽에는 총안(銃眼)을 만들었다. 청군 경무장 부대는 격퇴되었다. 우리는 블랭에서 이틀을 보냈다. 그렇지만 공화파 군대가 도착하기 전에 떠나야 했다. 우리는 르동으로 가고 싶었지만 거기로 가는 좁고 긴 길에서 전투가 벌어질 것이 두려웠다. 그렇지만 공화파는 거기에다 아무런 저지 수단을 마련해놓지 않았으므로 사실 그리로 가는 편이 나았을 것이다. 그러나 그때는 그것을 알 수 없었다. 우리는 사브네로 갔다. 한밤중이었고 차가운 비가 억수로 내렸다. 그 어떤 것도 우리의 절망감과 무력감을 표현할 수 없다. 배고픔, 피로, 슬픔으로 우리 모두는 원래의 모습을 잃었다. 추위를 이기기 위해, 변장하기 위해, 혹은 오래 입은 옷을 바꾸기 위해, 우리는 넝마로 몸을 둘렀다. 우리는 서로를 바라보아도 알아볼 수 없었다. 극도의 비참한 모습만 보일 뿐이었다.

나는 농민처럼 입었다. 머리에는 보랏빛 모직 두건을 썼고, 낡은 담요를 둘렀으며, 커다란 푸른색 천 조각을 끈으로 연결하여 목에 걸었다. 노란 모직 양말을 세 켤레 신었고, 녹색 슬리퍼를 작은 줄로 발에 고정시켰다. 나는 장갑이 없었다. 내 말에는 경기병의 안장과 양가죽 안장덮개를 깔았다. 므쓔 로제 물리니에는 라플레슈 극장에서 구한 터키인들의 터번을 쓰고 옷을 입었다. 보볼리에 기사는 검사의 옷을 둘렀고, 양모 모자를 쓰고, 그 위에 여자들 모자를 또 썼다. 마담 다르마예와 그녀의 아이들은 노란색 다마스커스 천 장막을 둘렀다.

며칠 전, 므쓔 베르퇴유가 전투에서 죽었다. 그는 속치마를 두 개 입었는데 하나는 목에 걸었고 다른 하나는 허리에 걸었다. 그는 그런 옷차림을 하고 싸웠던 것이다.

공화파는 방데군을 가까이 추격했다. 나는 먹을 것을 부탁하려고 어머니와 함께 한 농가에서 잠깐 멈춰 섰다가 경기병들을 보고서 전속력으로 돌아와 부대에 합류했다. 우리는 사브네에 도착했다. 도시의 문은 닫혀 있었다. 곧바로 총격이 시작되었지만 그날의 나머지 시간은 이렇다 할 공격 없이 지나갔다. 우리는 전위부대만 격퇴했을 뿐이어서, 이제 공화파가 전 병력을 동원하여 전투를 벌일 것이니 우리의 패배가 여기에서 끝날 거라고 생각했다. 저녁 9시경에 사람들이 나를 깨웠다. 나는 옷을 다 입은 채 침대에 몸을 던져 자는 중이었다. 사람들은 나를 말에 태웠다.

나는 이유도, 어디로 가려는지도 알지 못했다. 말에서 내리는 순간, 므쓔 마리니의 목소리를 들었다. 나는 그를 불러 소식을 물었다. 그는 내 말의 재갈을 잡고 한마디도 하지 않은 채 나를 구석으로 데리고 갔다. 그는 낮은 목소리로 말했다. "다 끝났습니다. 우리는 졌습니다. 내일 있을 공격에 저항하는 것은 불가능합니다. 열두 시간 안에 군대는 전멸당할 겁니다. 나는 당신의 깃발을 지키면서 죽겠습니다. 도망치십시오. 이 밤 안으로 도망치십시오. 아듀! 아듀!" 그는 내 대답도 듣지 않고 급하게 뛰어나갔다. 나는 그가 병사들을 격려하고 사기를 불어넣으려 애쓰는 소리를 들었다.

나는 어머니에게 돌아갔다. 어머니는 아버지와 함께 있었다. 므쓔 자고 신부는 믿을 만한 지역 사람을 안내인으로 삼아 선량한 농민 집에 몸을 숨기라고 어머니에게 제안했다. 나는 므쓔 마리니가 나에게 한 말을 어머니에게 전했다. 어머니는 제안을 받아들였다. 손에 얼굴을 묻고 있던 아버지는 말이 없었다. 드디어 아버지는 우리를 그렇게 하도록 하면서 말했다. "나의 의무는 군대가 있는 한 군대와 함께 있는 것이다." 아버지는 므쓔 자고에게 우리를 맡기며 우리를 버리지 말라고, 그리고 우리를 어디에 숨겼는지 알려달라고 부탁했다. 므쓔 자고는 다음 날로 돌아와 알려주겠다고 약속했다. 우리는 브르타뉴 농민처럼 옷을 입었다. 우리는 아버지를 껴안았다. 아무 말도 할 수 없었다. 눈물 때문에 숨이 막혔다. 아버지는 나에게 "네 불행한 어머니를 떠나지 마라!"라고 말할 뿐이었다. 이것이 내가 들은 아버지의 마지막 말이었다.

우리는 자정 무렵에 므쓔 자고 신부와 마드무아젤 마메와 함께 떠났다. 마메는 어머니의 하녀인데 우리와 헤어지기를 원치 않았기 때문이다. 후퇴의 혼란 속에서 그리고 므쓔 레스퀴르를 돌보는 동안 다이아몬드와 많은 돈을 빼앗겼거나 잃어버려서 나에게 남은 것은 60루이와 국왕

명의 아시냐뿐이었다. 우리는 작은 문으로 빠져나와 게랑드로 향했다. 멀리서 총격 소리와 말발굽 소리가 들려왔다. 매 순간 우리는 순찰병을 만날까봐 두려움에 떨었다. 그렇지만 우리는 아무도 만나지 않고 1km를 갔다. 우리의 안내인은 매 순간 멈춰 서서 "들어보세요! 들어보세요!"라고 말하고 "그들은 싸워요"라고 말하며 길을 계속했다. 이 사람은 계속 큰길을 고집했다. 우리가 간청하는데도 그는 우리를 어떤 집에 들어가게 했다. 어머니는 그가 더 멀리 안내하게 하려고 그에게 시계를 주었다. 우리는 그가 술에 취했다는 것을 알았다. 마침내 우리는 그가 큰길을 버리도록 했다. 그는 우리를 들길로 인도했다. 걸음을 옮길 때마다 우리는 물이 가득 찬 도랑에 빠졌다. 우리는 인생에서 처음으로 나막신을 신었다. 우리는 더는 걸을 수 없어서 사브네에서 3km쯤 떨어진 곳에서 멈추어야 했다. 더 가는 것은 불가능했다. 왜냐하면 우리의 안내인이 술에 취해 졸음을 견디지 못했기 때문이다. 우리는 농민 집에 들어갔다. 안내인은 우리에게 거기에 있으라고 말하자마자 그 자리에서 곯아떨어졌다. 우리는 그곳이 큰길에서 별로 멀지 않다는 것을 알았다. 집주인은 안전하지 않다는 생각에서 주인이 망명을 떠난 에퀴레 성으로 우리를 데려다주겠다고 제안했다. 그곳에는 영지관리인 농민 가족이 살고 있었다. 그들은 그가 정직한 사람이라고 말했다. 한 소녀가 우리를 안내했고 마드무아젤 마메는 집에 남았다.

우리는 새벽 2시에 성문 앞에 도착해서 기다려야 했다. 어머니가 나에게 말했다. "사람들이 우리를 받아들이기를 원치 않으면 나는 여기에서 죽을 게다." 나는 사람들이 우리를 거부하지 않도록 무릎을 꿇고 신께 기도했다. 드디어 문이 열렸다. 소녀가 말했다. "자, 이 사람들이 우리 집으로 도망친 그 비적입니다. 우리 집은 큰길에서 너무 가깝습니다."[134] 영지관리인과 그 부인이 말했다. "아! 불쌍한 사람들! 들어오세요. 여기에 있는 것들은 모두 당신들을 위한 것입니다." 그들은 우리의 몸을 덥혀 주고 흠뻑 젖은 옷을 말려주었으며 먹을 것을 주었다. 그들은 우리가 잠을 자기를 권했지만 우리는 추격당할까봐 너무 두려웠다.

이 정직한 사람의 이름은 페레였다. 그는 자기 집에 방데인들을 들이게 된 것을 너무 기뻐했다. 그는 전 지역이 반란을 일으킬 것이며, 이미 많은 젊은이가 방데인들과 합세하고자 총을 들고 사브네로 갔다고 했다. 그는 우리가 왜 도망쳤는지 몰랐다. 우리는 모든 것이 끝났다고 그에게 말할 엄두가 나지 않았다. 그것이 그의 선의를 바꾸지 않을까 두려웠기 때문이다. 우리는 아프다고만 말했다.

잠시 후, 우리는 침대에 누웠고 피로 때문에 곯아떨어졌다. 아침 8시경, 포성이 우리를 깨웠다. 동시에 페레가 방에 들어오면서 외쳤다. "아! 세상에, 맙소사, 도대체 무슨 일이야? 게랑드 길로 포탄이 날아다니고, 갖가지 색의 옷을 입은 사람들이 들판으로 도망치고 있어요." 우리는 그에게 말했다. "오! 하느님! 우리를 구해주세요. 우리 병사들은 패했습니다." 그것은 방데인들의 패주였다. 얼마 후, 말을 탄 청군이 성 쪽으로 몰려왔다. 마담 페레가 말했다. "도망치세요. 남편이 당신들을 숲속에 있는 농가로 데려갈 겁니다. 거기가 여기보다 덜 위험할 거예요." 벌써 경기병들은 뜰 안으로 들어오려고 문을 두드리고 있었다. 우리는 비밀문을 통해 빠져나와 45분쯤 지나 매우 외진 곳에 있는 라그레의 농가에 도착했다. 페레가 농민들에게 말했다. "내가 구한 불쌍한 사람들을 데려왔습니다." 거기에 있는 농민들은 우리의 패배 소식을 듣고 눈물을 흘렸다. 그들은 방데인들과 합류하기 위해 총을 들고 있었다. 그들은 우리의

134 '비적'이라는 표현은 혁명 전부터 반도들을 지칭하는 호칭이었고, 혁명정부도 방데인들을 그렇게 불렀다. 브르타뉴의 농민들도 이 표현을 사용할 정도로 그것은 일반화된 호칭이었다.

운명을 동정했으며 선량한 마음을 보여주었다. 그들의 감정은 우리의 감정과 똑같았다.

그렇지만 경기병들이 도처에 깔려 있었다. 그 농민의 아내는 일체의 의심에서 벗어나려면 우리를 흩어야 한다고 생각했다. 그녀는 불쌍한 므쒸 자고를 남자들과 함께 일하도록 내보냈다. 그는 아팠고 맨발로 오래 걸었기에 발에서 피가 흐르고 있었다. 그녀는 또한 어머니는 구석에 있는 불 가에 앉아 뜨개질을 하게 했고, 나는 집에서 멀리 떨어진 풍차로 데리고 가서 방앗간지기 소년에게 말했다. "르노, 네가 이 불쌍한 비적을 돌봐라. 만일 청군이 오면, 곡식을 찧으러 온 여자라고 해." 나는 자루 위에 앉아 네 시간을 보냈다. 매 순간 말발굽 소리, 총소리, "비적을 잡아라! 죽여라! 죽여라!" 하는 소리를 들었다. 농촌 전체에 학살당한 도망자들의 시신이 가득 깔렸다. 청군들은 방앗간 문을 두드리고 물이나 음식을 요구했다. 르노는 아무것도 없다고 대답했다. 나는 이 정직한 소년과 조금 이야기를 나누었다. 그는 나를 안심시키고 위로하려 애썼다. 그는 우리 부대에 대해 이야기를 많이 했고 내가 누구인지 물었다. 나는 샤티옹에 사는 소상인의 딸이라고 대답했다. 우리는 우리의 비밀을 페레에게만 털어놓았다. 저녁이면, 르노는 방앗간을 닫고 나를 다시 라그레로 데려갔다. 나는 거기서 어머니와 함께 옷을 입은 채 잠을 잤다.

이 소작농가는 저(低)브르타뉴의 소작농가들처럼 낮고 칙칙한 초가집이었다. 집 안에는 이탄을 때는 큰 벽난로가 있었는데, 푸르스름한 불은 우리의 창백한 얼굴에 음산한 반사광을 비추어주었다. 집 안에는 짚, 귀리 짚 매트, 짧고 좁은 시트 두 개, 벌레 먹은 천 이불 등을 깐 매우 높은 침대가 두세 개 있었고, 저질의 녹색 커튼이 처져 있는 경우도 있었다. 침대 밑에는 농민들이 곡식을 저장하는 상자들이 쌓여 있었다. 축사는 집에 붙어 있으며 널빤지 칸막이로 집과 분리되었다. 연장걸이는 초가집

안에 있었다. 소는 칸막이에 난 커다란 구멍을 통해 머리를 내밀고 먹이를 먹었다. 소 울음소리, 소뿔이 널빤지를 긁는 소리 때문에 우리는 자다가 깜짝 놀라 깨곤 했다. 사람들이 우리를 잡으러 왔다고 생각한 것이다. 건초 창고는 지붕 밑에 있었다. 작은 들보는 검은색 칠을 했고 창문은 없었다. 출입문 외에도 마당으로 나가는 문과 외양간으로 가는 문이 하나씩 더 있었다.

불쌍한 브르타뉴인들은 매우 더러웠다. 그들은 담배를 피웠고 병 채로 마셨으며 접시도 포크도 없이 사발로 먹었다. 양배추 수프와 시큼한 우유에 검은 밀가루를 넣고 끓인 죽이 그들의 유일한 음식이었다. 다행히 그들의 버터는 매우 질이 좋아서 우리는 그것에 의존했다.

다음 날, 우리는 또다시 흩어져야 했다. 아침에 그 소작농의 부인이 나를 촌장에게 데리고 갔다가 돌아올 때 나는 기병 두 사람이 전속력으로 달려가는 것을 보았다. 그들은 우리를 보고 "공화국 만세!" 하고 외쳤다. 나는 겁이 덜컥 났다. 잠시 후, 나는 그들이 도망 중인 불행한 방데인임을 알았다. 저녁을 먹은 후, 사람들은 나를 코뮌의 행정관에게 데리고 갔다. 행정관의 부인은 내가 자기 딸과 함께 양을 돌보게 하겠다고 말했다. 나는 그 딸이 어린아이가 아닐까 두려워했다. 잠시 후 그녀가 왔는데 스무 살 먹은 여자였고, 손에는 브르타뉴의 관습대로 막대기를 들고 있었다. 브르타뉴에서는 남자건 여자건 막대기를 들지 않고는 외출하지 않았다. 페린이 그녀에게 말했다. "자, 마리안, 이분이 비적이다." 그녀가 대답했다. "걱정 마세요, 어머니, 나는 그녀와 함께 죽을 겁니다. 만일 한 놈만 온다면 이 막대기로 때려눕히겠어요." 나는 그 선량한 마리안과 함께 나갔다. 그녀는 우리에게 언제나 헌신적이었다.

저녁때, 나는 라그레로 돌아갔다. 며칠 후, 우리는 코뮌의 행정관인 마리안의 아버지 빌리 집에 아주 눌러앉으려고 갔다. 그의 오두막집에는 사람은 더 적었으나 숙소는 불편했다. 우리는 이러한 불편함에 신경 쓰지 않았다. 슬픔과 고통 때문에 무뎌졌기 때문이다.

우리의 생활은 변함이 없었다. 므쓔 자고 신부는 농민들과 함께 일하러 갔다. 사람들은 그를 피에로라고 불렀다. 어머니는 마리옹이었고 나는 자네트였다. 나는 충실한 마리안과 함께 양을 돌보았다. 우리가 거주한 곳은 프랭키오라는 이름의 작은 소교구였다. 주민 수는 400명이었는데 모두 왕당파였고 우리를 환대해주었다. 아무도 우리를 배신하지 않을 것이었다. 젊은이들은 군대에 가기를 거부하여 그들 역시 몸을 숨겼다. 인근 소교구들 역시 완전히 같은 생각이었다. 그러나 게랑드 큰길의 왼쪽에 있는 동주와 몽투아르르의 농민들은 공화파였다. 그곳으로 도피한 방데인들은 모두 죽었다. 열성적인 혁명파들이 살고 있던 몇몇 큰 마을에서도 마찬가지였다.

며칠 후, 우리는 마드무아젤 마메를 다시 만났다. 그녀는 얼마 전에 매우 큰 위험을 겪었다. 그녀를 맡은 집 사람들은 방데인들이 패배한 것을 알고 그녀를 돌볼 엄두를 내지 못했다. 그녀는 집을 나와 큰길로 들어섰는데, 그때 청군이 총을 쏘며 도망자들을 추격하고 있었다. 그녀는 죽어라 도망쳐 한 농민의 집에 들어가 "제발 저를 살려주세요" 하고 외쳤다. 그는 그녀를 받아들였고 짚이 쌓여 있는 구석방에 그녀를 숨겨주었다. 그 방은 무를 보관하는 방이었다. 잠시 후 공화파가 들이닥쳤다. 그들은 사방으로 수색했고, 칼과 총검으로 짚을 쑤셨다. 마드무아젤 마메는 칼끝이 자기에게 꽂히는 것을 보았다. 다행히 그녀는 부상당하지 않았다. 그녀는 곧바로 브르타뉴 여자처럼 옷을 입었다. 로랑 코샤르라는 이름의 그 정직한 사람은 그녀를 돌보아주기로 약속했다. 그녀는 라 샤펠 소교구에 있는 그의 집에서 겨울을 보냈다. 그녀는 이따금 우리를 보러 왔다. 그녀는 작고 젊었으며 어린애 같았는데, 그 덕분에 의심에서 벗어났다.

며칠 후, 어머니의 또 다른 하녀로 사브네에 남아 있던 마드무아젤 카리아 역시 우리를 만날 방법을 찾아냈다. 그녀는 패배의 마지막 순간에 어디로 가는 줄도 모르고 무작정 전속력으로 달아났다. 그녀는 자기 뒤에서 사람들을 죽이는 소리를 들었다. 그녀는 기적적으로 친혁명적인 마을을 통과한 후 왕당파 농민 집에 도착했다. 그들은 그녀를 숨겨주었다. 조금씩 그녀는 우리 가까이 왔고 마침내 우리가 숨어 있는 곳을 찾아냈다.

그녀는 자신이 목격했고 우리 부대를 파멸시킨 그 불행한 사브네 전투에 대해 자세히 전해주었다. 그녀는 우리가 아버지와 헤어진 후 몇 시간 지나서 아버지와 헤어졌다. 그녀는 아버지에 대해 이야기해주었다. 그녀는 전투가 벌어지기 전에 아버지가 하는 말을 들었는데, 그 내용은 방데인들의 패배는 불가피하며, 패한다면 아버지는 장교들과 함께 잔존 병력을 데리고 가브르 숲에 몸을 숨겨 은밀히 혹은 무력으로 루아르강 좌안으로 다시 넘어갈 것이지만, 어떤 경우라도 최후의 일인까지 싸우다 죽을 거라는 것이었다. 그때 아버지는 마드무아젤 카리아에게 자기를 떠나지 말고 부대의 궤주 후에 자기를 따라 숨어들 것을 당부했다. 우리를 찾아 우리에게 자기의 소식을 전하기 위해서였다. 그 일은 여자라면 가능할 것으로 생각했기 때문이다. 그런 다음 아버지는 문서들을 불태웠다. 아버지는 이렇게 마지막 준비를 마친 다음, 우리를 더는 보지 못할 거라는 생각에 눈물을 비 오듯 쏟으셨다. 결심을 하고 나서 아버지는 광장으로 돌아가 밤새도록 므쓔 마리니와 다른 지휘관들과 함께 병사들이 필사적으로 싸우도록 독려했다. 부상자 가운데 말을 탈 수 있는 사람들은 무기를 들었다. 므쓔 마리니는 여자들과 부상자들의 도피를 도울 생각에, 적군이 도시를 점령한 후 게랑드 길로 추격하는 것을 늦추려고 대포 한 대를 예비로 설치해놓았다.

정오에 공화파는 공격을 시작했고 전투는 격렬하게 전개되었다. 므쓔 마리니는 세 차례나 나의 깃발을 들고 분노의 눈물을 흘리면서 가장 용감한 병사들을 이끌고 청군을 향해 돌진했다. 열네 살짜리 아이인 므쓔 라부아리는 한순간도 그를 떠나지 않았다. 아버지, 므쓔 리로, 므쓔 드세사르, 므쓔 피롱, 그리고 우리의 모든 병사는 놀라운 용맹성을 보여주었다. 그러나 그들은 견뎌낼 수 없었다. 므쓔 리로가 죽었다. 공화파는 코롱 승리 이후 두려움의 대상이었던 므쓔 피롱이 그의 백마에서 떨어지는 것을 보았다. 므쓔 마리니는 여자들이 게랑드 길을 통해 도시를 빠져나가도록 했고, 탈출을 돕기 위해 대포 2대를 설치했다. 그는 아버지를 찾으러 두 차례나 사브네로 돌아갔다. 그는 마드무아젤 카리아에게 아버지를 찾을 수 없었다고 말했다. 그는 세 번째로 돌아갔고, 돌아오면서 멀리서 외쳤다. "여자들이여, 완전히 졌습니다! 도망치세요!"

그는 사브네 근처에 있는 작은 숲에 대포를 세우고, 도망자들에게 피할 시간을 주기 위해 전투를 재개했다. 숄레라는 이름의 한 용감한 포수는 최후의 순간까지 포를 쏘았다. 기병 200여 명은 숲 근처에서 한 시간 동안 저항한 후 다시 가브르 숲으로 갔다. 이 비탄의 순간에 마드무아젤 카리아는 아버지를 다시 보지 못했다. 그녀는 아버지가 그 기병 200명과 함께 있기를 기원했다.

방데인들의 최후의 저항은 영웅적이었다. 그 슬픈 시간이 끝나고 한참 뒤, 나는 당시의 신문들에서 한 공화파 장군이 사브네 전투 다음 날 메를랭 드 티옹빌에게 보낸 편지를 자부심을 느끼며 읽었다.[135] "…… 나는

135 Antoine Merlin de Thionville(1762~1833). 변호사. 입법의회, 국민공회의 극좌파 의원. 1792년 8월 10일 왕궁 공격 사건에 주도적인 역할을 했다. 라인군의 특임인

그들을 보았고, 그들을 자세히 살펴보았습니다. 나는 숄레와 라발에서 보았던 그 얼굴들을 알아보았습니다. 그들의 태도와 그들의 표정을 보면, 그들에게 병사로서 부족한 것은 옷뿐이었다고 나는 단언합니다. 그러한 프랑스인들과 싸워 이긴 부대는 다른 모든 나라 사람들에게 이긴 것을 자랑할 수 있습니다. 그렇지만, 내가 잘못 알고 있는 것이 아닌지 모르겠지만, 우리가 그토록 조롱하고 경멸한 그 비적과 농민들과의 전쟁은 내가 보기에는 언제나 공화국에게는 대단히 힘들었습니다. 이에 비해 다른 적들과의 전쟁은 가벼운 몸풀기에 불과했습니다."[136]

민대표였고, 마양새와 함께 방데에 들어왔다. 테르미도르 정변에 참여했으며, 500인회의 의원이었다.

[136] 사브네 전투를 끝마친 후, 웨스테르만 장군은 공안위원회에 다음과 같은 내용의 유명한 보고서를 보냈다. "공화국 시민들이여, 이제 더 이상 방데는 없습니다. 방데는 그의 여자들과 어린아이들과 함께 우리의 자유로운 칼 아래 죽었습니다. 나는 이제 막 방데를 사브네의 늪과 숲속에 묻었습니다. 당신들이 나에게 내린 명령에 따라, 나는 아이들을 말발굽으로 짓밟았고, 여자들을 학살했습니다. 이제 이들은 더 이상 비적을 낳지 못할 것입니다. 포로 단 한 사람도 나를 비난하지 못할 것입니다. 나는 모조리 죽여버렸습니다…" 공안위원회의 명령에 따라 비무장 여자들과 아이들까지 포함한 모든 방데인을 기계적으로 죽였다는 것이다. 방데 전쟁에서 나치의 유대인 학살에 비견될 수 있는 제노사이드가 자행된 것이 아니냐는 논쟁이 일어났다.

22

브르타뉴인들의 용감한 환대—1793년과 1794년의 겨울

우리는 시도 때도 없이 울리는 경보 속에서 살았다. 청군은 매일 소교구와 주변 지역을 수색했다. 노방사들과 마을주민들은 병사들의 잔인함과 변덕에 시달렸다. 말단 병사도 마찬가지였다. 농민이 청군을 기분 나쁘게 하면, 예컨대 무엇을 거부한다거나 대답하지 않고 도망가거나 하면 병사는 그에게 총을 쏘았고 쫓아가 귀를 자른 다음 그것을 상관에게 가지고 가서 비적의 것이라고 말하면 상관은 그를 칭찬하고 포상금을 주었다. 어느 날 한 분견대가 프랭키오 마을을 기습하여 주민들을 교회 안에 밀어 넣고 무릎 꿇게 한 후 사격을 가했다. 다행히 한 사람만 죽었는데, 그는 그 소교구에서 주민들의 의심을 받던 유일한 사람이었다.

그렇지만 아무것도 브르타뉴인들의 너그러운 환대를 꺾지 못했다. 그들은 전에도 신부들과 징집기피 젊은이들을 자주 숨겨주었던 터라 이 일에 능숙해져 있었기 때문이다. 그들은 재치 있고 주도면밀하게 공화파의 수색에서 도망자들을 숨겨주었다. 여러 사람들이 방데인들에게 피난처를 제공해주었다는 이유로 처형당했지만, 그렇다고 해서 그들의 헌신적인 마음이 줄어들지는 않았다. 남자들, 여자들, 아이들은 우리에게 지극히 호의적이었고 용의주도했다. 말을 하지도 듣지도 못하는 한 불쌍한 어린 소녀는 도망자들의 어려운 상황을 이해하고, 그들이 위험에 처할 때마다 몸짓으로 그것을 알려주었다. 죽음의 위협, 돈, 그 어떤 것도 이 어린아이들의 마음을 흔들지 못했다. 개들도 병사들을 혐오하여 언제나 그들을 공격했다. 개들은 병사들이 접근하면 크게 짖어서 접근을 알림으로써 많은 사람을 구해주었으나, 불쌍한 비적들을 보면 아무 소리도 내지 않았다. 주인들이 그들의 존재를 알리지 말라고 가르쳤던 것이다. 도망자들이 아무 때나 안심하고 드나들지 못하는 초가집은 하나도 없었다. 숨겨줄 수 없다면 최소한 먹을 것이라도 주었고 길을 안내해주었다. 그들의 도움은 돈으로 살 수 없는 것이었다. 그 선량한 사람들은 돈을 주겠다고 제안하면 오히려 화를 냈다.

1월 1일 무렵, 우리는 몹시 두려웠다. 무장한 남자 셋이 마리옹과 자네트를 찾으러 왔기 때문이다.[137] 한 사람은 방데인이고 두 사람은 브르타뉴인이었는데 루아르강을 건너가자고 우리에게 제안했다. 우리는 그것이 너무 위험하고 강 건너편에서 진행될 일이 너무나 불확실했기에 거절했다. 그렇지만 그 방데인은 도하에 성공해서 천신만고 끝에 므쓔 샤레트의 부대에 들어갔다.[138]

과거에 대대장이었고 우리 부대를 따라 이동했던 므쓔 데스투슈는 우리와 가까운 곳에 숨어 있었다. 나이가 아흔이나 된 그 존경스러운 노인은 몸이 절망적일 정도로 아팠다. 므쓔 자고 신부는 그 노인이 도피처에서 만난 어떤 신부에게 성사를 받도록 함으로써 그의 마지막 순간을 편안하게 해주었다. 므쓔 데스투슈에게는 충실한 하인이 있었다. 그는 그

---

137 마리옹은 어머니, 자네트는 본인이다.

138 샤레트의 부대와 스토플레의 부대는 사브네 패배 이후에도 계속 항거했다.

하인에게 많은 돈을 남겼고, 망명 중인 아들에게 전해주라고 100루이 금화를 맡겼다. 그 하인은 루아르강을 다시 넘어가 싸우기를 원했으므로 그 돈을 어떻게 처리할지 몰라 자기 주인을 땅에 묻을 때 돈도 함께 묻으려 했다. 우리는 그 돈을 우리에게 빌려주면 우리가 아들에게 전해주겠다고 제안했다. 우리는 납판 위에 차용내용을 쓰고 증인들 앞에서 땅에 묻었다. 그 하인은 므쓔 샤레트의 부대에 들어갈 방법을 찾아냈고 1년 반 후에 손에 무기를 든 채 죽었다. 한참 후 나는 100루이를 그분의 아들에게 전해줄 수 있어서 기뻤다.

므쓔 자고의 생활은 나날이 힘들어졌다. 여자보다 남자를 숨기는 것이 더 어려웠다. 그는 집 밖에서 자야 할 때가 한두 번이 아니었다. 그는 자기의 농민 옷이 자기를 제대로 변장시키지 못해 눈에 띄어 우리와 헤어지지 않을까 두려워했다. 결국 그는 낭트로 가기로 결심했다. 낭트에서는 끔찍한 공포정치가 자행되고 있었지만 그래도 많은 사람이 숨어 있다는 이야기를 들었기 때문이다. 프랭키오에서 낭트로 열 대의 징발 수레가 떠났는데 그는 통행증도 없이 그 수송대에 끼는 용기를 냈다. 그는 페레의 소작농 차림으로 용감하게 수레에 타고서는 페레의 소들을 끌고 도시에 들어갔다. 그는 피신처를 구하는 데 매우 힘이 들었으나 마담 라빌 구브레가 피신처를 구해주었다. 그 후 그는 모든 수색을 잘 피했다.

우리는 전과 같은 방식으로 계속 프랭키오에서 살았다. 나는 고통과 슬픔 속에서 점점 쇠약해졌다. 내 모든 감각기관은 마비된 것 같았다. 어머니는 다른 생각은 하지 않고 나를 세심하게 보살폈다. 어머니의 간호와 신중함 덕분에 위험에서 벗어날 수 있었지, 그렇지 않았더라면 위험을 피할 수 없었을 것이다. 어머니의 영혼과 정신은 나를 수없이 많이 구해주었다.

우리는 통상 빌리 집에 있었는데, 이따금 공화파의 수색으로 인한 두려움 때문에 집 밖으로 나가야만 했다. 우리는 이렇게 계속되는 걱정거리 때문에 매우 불행했다. 잠을 자기 위해 옷을 벗지도 못했고 먹기 위해 앉지도 못했다. 식사가 매우 간소했다는 점에서 그것은 사소한 일이었지만 말이다. 우리는 달걀, 버터, 야채 등을 먹고 살면서 이 선량한 브르타뉴인들의 불결함에서 조금은 벗어나려고 애썼다. 우리는 인근 야채상에게서 먹거리를 사 오기도 했다. 야채상은 우리가 너무 가난하다고 생각하여 처음에는 돈을 받으려 하지 않았을 뿐만 아니라 어머니에게 1에퀴의 돈을 주기도 했다. 심지어 어떤 신부는 어머니에게 12프랑을 주려고 했다. 그만큼 우리는 비참해 보였던 것이다.

나는 소모증과 낙심 상태에 빠져 있어 끊임없이 잠만 잤다. 그러나 어머니는 이러한 것들을 적극적으로 이겨냈다. 온갖 경보가 이틀이 멀다 하고 우리를 괴롭혔다. 경보가 울리면 사람들은 청군이 돌아갈 때까지 우리를 밭이나 곳간에 숨겨주었다. 코뮌의 그 선량한 행정관은 우리가 자기 집에 있는 동안에 죽었는데, 죽으면서 우리를 자기 아이들에게 부탁했다.

나는 내 딸의 소식이 몹시 궁금했다. 나는 마드무아젤 마메의 집주인인 로랑 코샤르를 딸이 있는 앙스니 부근의 그 집에 보냈다. 우리는 아버지가 패주 이후에 그곳으로 사람을 보냈기를 바랐다. 코샤르는 돌아와서 나의 불쌍한 아이는 그 선량한 사람들의 보살핌에도 불구하고 우리가 앙스니를 떠난 뒤 엿새 만에 죽었다고 전해주었다. 그 소식을 듣고 나는 많이 울었다. 살아있음이 행복이라고 생각할 수 없었다.

므쓔 마리니는 부대에서 르시뉴부아쟁의 어린 여자아이를 맡아 길렀었다. 그 아이의 어머니는 루아르강 저편으로 공격해 들어갔을 때 이미 사망했으므로 그는 이 고아의 아버지 역할을 했으며 한시도 그 아이를 떠나지 않았다. 밤에는 그 아이를 자기의 외투로 감쌌고 대포의 포가 위에서 재웠다. 사브네 재앙 이후, 므쓔 마리니는 동주 소교구의 한 남자 집에 들어가 그에게 르시뉴부아쟁의 어린아이를 숨겨주고 돌봐달라고 부탁했다. 그에게 돈을 주면서 만일 이 어린아이에게 불행한 일이 생기면 그를 죽이러 돌아오겠다고 말했다. 그 사람은 공화파였고 그의 아들은 병사였지만, 므쓔 마리니의 위협이 두려워서였는지 아니면 인간애 때문이었는지 약속을 지켰다. 얼마 후 그의 아들이 동료 분견대원들과 함께 집으로 왔을 때 아버지는 아들의 손을 잡고 말했다. "네 여동생이 아프구나. 저기서 자고 있다." 아들은 뭔가 이상하다고 생각했지만, 르시뉴부아쟁의 소녀는 목숨을 구했다. 그렇지만 그 사람은 그 아이를 더 오랫동안 데리고 있으려 하지는 않았다. 그는 그 아이를 프랭키오로 보내며, 그곳의 소교구 사람들은 모두 반혁명파이니 원하는 집 아무 데나 가서 문을 두드리라고 말했다. 그녀는 거기서 우리를 만났다. 그녀는 로제트라는 이름을 받았고 양을 돌보는 일을 맡았다. 우리는 그 아이를 가까이하지 않았는데, 왜냐하면 그 아이는 나이도 어렸지만 성격이 매우 경솔했기 때문이다.

므쓔 마리니는 약속을 지켰다. 두 달 후, 그는 동주 마을의 그 사람에게 와서 피후견인의 소식을 물었고, 그 아이가 프랭키오에 있다는 것을 알고서 그리로 왔다. 우리는 그를 다시 보고 두 시간 동안 함께 이야기를 나눌 수 있어서 마음이 놓였다. 므쓔 마리니에 의하면, 그는 낭트 부근을 떠나지 않았다. 비록 그는 그 지방에서 알려졌고 큰 키와 풍채 때문에 금방 눈에 띄었지만 과감하게 사방을 돌아다녔다. 그는 모든 지역의 사투리를 구사할 줄 알았고 모든 직업의 옷과 도구를 갖추고 있었다. 프랭키오에 오던 날에는 가금 상인으로 변장했다. 그의 용기, 냉정함, 체력 등은 그를 일체의 위험에서 구해주었다. 그는 자주 낭트에 들어갔고, 사브네, 퐁 샤토, 동주에도 갔으며, 그 지역에서 반란을 일으키기 위해 만반의 준비를 했다. 그는 공화파의 힘을 인정한 상태에서 모든 계획을 세웠다. 우리는 그의 계획을 막지 않았다. 절망의 몸짓은 그것이 어떤 것이든 온당하다고 생각되었기 때문이다. 어떤 상황도 방데인들을 더 불행하게 할 수 없었다. 므쓔 마리니는 아버지의 운명에 대해서는 아무것도 알려줄 수 없었다. 우리는 그를 통해서 낭트 수장(水葬)에 대한 이야기를 자세히 들었다. 포로로 잡힌 사람들과 거짓 사면 약속에 넘어간 사람들도 그때 죽었다. 우리의 충복인 봉탕과 우리의 또 다른 하인인 에를로빅은 함께 묶여서 수장당했다. 사람들이 그들을 물에 던지는 순간, 그들은 두 청군 병사에게 매달려 그들을 끌고 함께 물속에 들어갔다.[139]

므쓔 마리니의 계획은 하나도 성공하지 못했다. 그는 야간에 사브네를 기습하려고 했다. 브르타뉴 농민 600명이 약속 장소에 나왔지만, 하나 둘 오해가 생겨서 곧바로 헤어졌고 다시는 모이지 않았다. 브르타뉴인들은 우리가 했던 것과 같은 전쟁을 할 만한 성격을 가지고 있지 못했다. 그들은 매우 충성스러웠고 용감했지만 우유부단했다. 그들은 푸아투인들보다 더욱 심하게 서로서로 격리되어 살았으며 지휘관들에게 복종할 줄 몰랐다. 각자 자기 의지대로 행동했고 사소한 이익을 도모했으며 방데인들보다도 더 이동하기를 싫어했다. 자기 집에서 멀리 떠나가기를 원치 않았던 것이다. 화재와 약탈의 두려움이 그들을 눌러 앉혔다. 이러

---

139 낭트 수장. 낭트에 파견된 특임인민대표 카리에는 1793년 10월 말부터 1794년 2월 초까지 낭트 지역에 수용된 수많은 포로를 처리하고자 수천 명을 총살했을 뿐만 아니라 포로 수천 명을 루아르강에 빠뜨려 죽였다. 심지어는 벌거벗긴 남녀를 한데 묶어 빠뜨려 죽이는 "공화국식 결혼"을 자행하기도 했다. 이 야만적인 학살에 대해서는 현지의 혁명가들은 물론이고 파리의 혁명가들도 경악했다. 카리에는 1794년 2월 초에 파리에 소환되어 1794년 7월 테르미도르 정변 후 재판을 받고 권력남용죄로 사형당했다.

한 습속은 브르타뉴의 전쟁이 푸아투의 봉기와 매우 다른 성격을 갖게 했다.

므쓔 마리니의 시도 때문에 공화파의 수색과 감시가 더욱 심해졌다. 특히 프랭키오에서 그러해서, 열정적으로 반란의 필요성을 역설했던 마을 촌장은 몸을 숨기지 않을 수 없었고, 우리는 소교구를 떠나야만 했다. 우리는 퐁 샤토에 있는 라미네 마을의 쥘리앵 리알로 집으로 갔다. 우리는 거기서 먼저 와 도피하고 있던 로제트를 만났다. 우리가 곳간에서 자고 있는데 개들이 짖었다. 쥘리앵이 살짝 문을 열고 보니 청군이 누군가가 고발한 집으로 수색하러 가고 있었다. 그는 우리를 불러서는 집에 사람이 너무 많아 의심을 사기 쉬우니 도망쳐야 한다고 말했다. 우리는 로제트와 함께 나왔다. 쥘리앵은 우리를 베네 성의 작은 숲으로 데리고 갔다. 거기서 어머니는 로제트에게 헤어질 필요가 있다고 말하며 로제트가 라미네에 남기를 원하면 우리가 프랭키오로 돌아가겠다고 했다. 로제트가 우리와 헤어지기를 원하자 쥘리앵은 로제트를 다시 데리고 갔다. 우리는 숲속에 남았다. 나는 어머니의 무릎 위에 머리를 파묻고 늘 하던 대로 잠을 잤다.

청군은 밤에 마을을 뒤져 방데인 세 사람을 붙잡았다. 그중 한 사람은 부상당한 독일인 탈주자였다. 전에 내가 그를 간호하러 가려 했을 때 어머니는 그가 우리를 배신하지 않을까 두려워 막은 적이 있다. 실제로 나의 그러한 경솔함은 우리를 파멸시킬 뻔했다. 왜냐하면 후일 그 독일인은 목숨을 구하고자 청군의 앞잡이가 되었기 때문이다. 이렇게 여러 차례 어머니의 지혜는 내 목숨을 구했다. 어머니는 나의 안전만 생각했고 끊임없이 고심했다. 나는 그렇지 못했지만 말이다. 날이 밝았고, 병사들은 아직 라미네에 있었다. 그들은 고발 들어온 신부를 잡지 못해 화가 나 있었다. 그 신부는 미리 도망쳤던 것이다. 우리가 숨은 곳은 마을에서

200걸음밖에 떨어지지 않았으며 숲에는 나뭇잎도 쌓여 있지 않았고 나무도 많지 않았다. 쥘리앵이 우리를 보러 오자 어머니가 그에게 말했다. "이곳은 너무 위험합니다. 우리를 더 멀리 데려다주세요." 그러나 그는 내키지 않아 했다. 그는 자기에게 딸린 여섯 아이를 이유로 내세웠다. 그러자 어머니가 내게 말했다. "아, 그렇다면, 딸아! 신의 보호에 몸을 맡기자꾸나." 어머니는 야생 황수선화 부케를 만들어 내 조끼 위에 붙였다. "자, 이제 축젯날이다. 신의 은총이 오늘 우리를 구해줄 것 같은 생각이 드는구나." 나는 그때 황수선화가 준 인상 때문에 지금도 그 꽃을 볼 때면 마음이 떨려온다. 우리는 용기를 되찾고 걷기 시작했다. 제대로 된 길을 피해 들판을 가로질렀고 가시나무 울타리와 물웅덩이를 지났다. 청군의 외침 소리와 총소리를 들었다. 그들은 우리가 방금 떠나온 숲을 뒤졌던 것이다. 우리의 힘이 고갈되었을 때 우리는 가시양골담초 밭에서 등을 대고 서로 기대앉아 몇 시간을 보냈다. 우리는 어떻게 될지 모르는 채 배고픔과 추위에 떨었다. 그때 마리안이 항아리에 수프를 담아서 우리를 찾아 왔다. 그녀는 라미네에서 벌어진 일을 알고서 그곳으로 뛰어가서 쥘리앵에게 이야기한 후 우리의 발자취를 좇은 것이다. 마리안은 우리를 자기 집으로 데려갔다. 우리는 꽤 멀리 나와 있었다. 집에 도착하자마자 나는 침대에 몸을 던지고 곯아떨어졌다. 그런데 그때 마을에 자원병 200명이 나타났다. 어머니는 간신히 외칠 시간밖에 없었다. "내 딸을 구해주세요. 당신 딸이라고 하세요!" 어머니는 이제 잡혔다고 생각하고 뜰로 나갔다. 다행히 청군은 수색할 생각을 하지 않았다. 그냥 놀러 나온 것이었다. 몇 사람은 우유를 마셨다. 모두 가버렸다. 나는 잠에서 깨지 않고 계속 잤다.

며칠 후, 므쓔 마리니는 우리에게 작별인사를 했다. 이 지방에서는 봉기를 일으킬 수 없다는 것을 알고 루아르강을 건너기로 결심한 것이다.

우리의 위험은 나날이 커져갔다. 라미네에서 잡힌 그 독일인은 숨어 있는 곳을 아는 모든 도망자를 고발했다. 다행히 그는 우리가 누구인지 몰라서 므쓔 마리니의 딸이 프랭키오에 숨어 있다고만 말했다. 청군은 그곳을 샅샅이 뒤졌다. 그러나 로제트는 너무 어리고 너무 용감해서 청군은 로제트를 만났을 때도 전혀 의심하지 않았다. 어느 날 그들이 로제트의 강아지를 죽이려 하자 로제트는 강아지 앞을 막아서고 강아지를 지킬 정도였다.

로제트는 며칠 후 몇몇 도망자와 함께 루아르강을 건너가기로 마음먹었다. 이 위험한 시도를 결정한 사람은 므쓔 샤레트의 의사인 므쓔 다르장스, 그의 부인, 그의 딸들, 그리고 병사 셋이었다. 나도 그들과 합류하고 싶은 마음이 간절했지만 어머니는 반대했다. 실제로 나는 너무 약했고 너무 아파서 그러한 힘든 일을 감당해낼 수 없었다. 그들은 루아르강을 건너자마자 므쓔 샤레트의 병사들에게 스파이로 오인되어 붙잡혔고 병사 셋은 처형당했다. 므쓔 다르장스는 나이와 눈물과 가족의 간청 덕분에 목숨을 구했다. 사람들은 그를 므쓔 샤레트에게 데리고 갔다. 이러한 종류의 오해도 방데인 도망자들을 위협하던 위험 가운데 하나였다. 우리 부대에서 크게 활약했던 뒤샤포 집안 젊은 므쓔 두 사람도 이런 이유로 죽은 것 같다.

내 뱃속의 아기는 점점 자랐다. 우리는 조금 편안해졌다. 청군은 모든 소교구에 수비대를 설치했는데, 그들은 그것이 더욱 확실한 대책이라고 생각했지만 실제로는 정반대로 우리에게 유리한 변화였기 때문이다. 공화파 병사들은 도망자들이 자기들 가까이 숨어 있으리라고는 생각지도 못하고 자기들의 숙사에서 죽쳤다. 게다가 이렇게 분산되어 건물 안에 주둔함으로써 그들은 덜 소란스럽고 덜 난폭해졌다. 브르타뉴인들은 그들과 함께 술을 마시면서 그들을 달랬다. 코뮌의 사무장인 쥘리앵의 동생 피에르 리알로는 특히 그들과 친했다. 그는 매일매일 청군과 함께 식사를 했으며, 그들에게 이야기를 시키면서 그들의 계획을 모두 알아냈다. 취중일 경우에도 하나의 정보도 빠뜨리지 않았다. 그와 또 다른 행정관들은 청군이 순찰할 때 안내를 맡았는데 언제나 청군을 도망자들에게서 멀리 데리고 갔다.

이렇게 우리의 운명은 조금 나아졌지만 어머니는 더욱 확실한 예방책을 강구했다. 그것은 매우 특이한 방법이었다. 전에 방데인 여자 두 사람이 브르타뉴인과 결혼한 후 편안해졌는데, 내가 완전히 편안한 상태에서 출산할 방법을 찾던 어머니에게 그것은 최고의 방법이었다. 어머니는 피에르 리알로를 주시했다. 그는 아이가 다섯인 늙은 홀아비였다. 결혼하려면 출생증명서가 필요했다. 페레에게는 예전에 딸을 데리고 루아르강 건너편으로 이사 간 여동생이 있었다. 우리는 리알로를 라로슈 베르나르 옆에 있는 페레의 고향으로 보내 출생증명서를 찾아보게 했다. 모든 것이 잘 진행되었다. 행정관은 사전에 연락을 받았으며 우리가 원할 때 대장(臺帳)의 종이를 빼주겠다고 약속했다. 그것은 쉬운 일이었다. 왜냐하면 대장에는 번호가 매겨져 있지 않았고 꿰매져 있지도 않았기 때문이다. 우리는 결혼 파티에 청군을 부를 예정이었으나 이 계획의 실행은 매우 긴급한 경보 때문에 유보되었다. 누군가 우리를 고발하는 바람에 청군은 우리를 찾느라 혈안이 되어 있었기 때문이다. 우리는 숙소를 바꾸었을 뿐만 아니라 흩어졌다. 어머니는 마드무아젤 마메와 함께 로랑 코샤르의 집에 숨었고, 나는 베네 소교구에 있는 부아 디베 마을의 시프리앵이라는 목수 집으로 갔다. 다음 날, 침대에 누워있을 때 동주 마을의 한 애국파가 문을 두드렸다. 시프리앵은 나에게 마당으로 나가는 문을 통해 피하라고 말했지만 나는 빨리 일어날 수 없었다. 애국파가 들어왔고, 나는 반쯤 열린 커튼 뒤 침대 아래에 쭈그리고 앉아서 꼼짝도

하지 않고 숨도 제대로 쉬지 못한 채 30분을 보냈다. 식은땀이 온몸을 적셨고 고통이 극심했다. 그것을 알아차리지 못한 시프리앵은 대화를 오래 끌었다. 이틀 후 어머니가 왔다.

4월 19일, 청군이 부아 디베를 수색할 거라는 연락이 왔다. 시프리앵은 즉시 우리를 프랭키오 소교구의 라부르늘리에르 마을에 사는 구레에게 데리고 갔다. 구레는 시프리앵의 처남이고 행정관이었다. 출산이 임박했기에 나는 걷기도 힘들었다. 도착하자마자, 구레는 프랭키오 소교구 전역에서 밤새 수색이 진행될 거라고 말하며 우리에게 로랑 코샤르의 집에 가 있으라고 권했다. 그러자면 4km를 가야 했는데 그것은 나에게는 불가능했다. 우리는 집 밖에서 자기로 결정했다. 구레는 우리를 밀밭에 데려다 놓고 울면서 돌아갔다. 우리는 밭고랑에 누웠다. 자는 동안 비가 내렸다. 어머니는 새벽 1시경에 깼다. 어머니는 우리에게서 50걸음 밖에 떨어지지 않은 오솔길로 청군 순찰대가 지나가는 소리를 들었다. 종종 그랬듯이 그때 그들에게 수색견이 있었으면 우리는 죽었을 것이다.

구레는 새벽 2시에 우리를 보러 와서 우리를 자기 집 근처 오두막으로 데리고 갔다. 나는 심한 진통을 느끼기 시작했다. 출산예정일이라고는 생각하지 않았다. 나는 사람들이 산파에게 알리기를 원하지 않았는데 그녀는 수다쟁이여서 경계 대상이었기 때문이다. 마을에는 나를 도와줄 사람이 아무도 없었다. 구레에게는 결혼하지 않은 딸이 둘 있었다. 드디어, 9시경에 진통이 너무 심해서 출산이 임박했음을 의심할 여지가 없었다. 어머니는 밖으로 나가 "도와주세요!"라고 외치고 나서 의식을 잃고 밭에 쓰러졌다. 구레의 두 딸은 어쩔 줄 몰라 울면서 내 곁에 있었다. 나는 용기와 체념으로 고통을 견뎌냈다. 삶은 내게 부담이 되었다. 나는 죽는 것 이상을 바라지 않았다. 드디어 아무 도움도 없이 딸을 낳았고, 곧바로 이어서 두 번째 딸을 낳았다. 다른 마을에 사는 기혼 여자가 그때 도착해 아이들과 나를 돌보아 주었다. 산파가 필요 없게 되자 산파가 온 것이다.

나는 아무런 준비도 되어 있지 않았다. 예정일이 조금 남았다고 생각했기 때문이다. 사람들은 갓난아이들에게 누더기 옷을 입혔다. 나는 그 아이들을 기르고 싶었지만 어머니는 그 계획이 무모하다고 말했다. 우리는 어디에서 유모를 구할지 막막했다. 사람들은 부아 디베의 한 늙은 여자를 생각해냈다. 우리는 여자들 두세 사람에게 아이를 보냈는데 모두 거절했거나 내켜 하지 않았다. 드디어 마리안의 사촌인 마리 모랑이 아이들을 맡아주었다. 사흘 후, 신부가 와서 내 방에서 아이들에게 세례를 주었다. 나는 그 아이들을 조제핀과 루이즈라고 이름 지었다. 우리는 증인 네 사람을 구했고 주석판 위에 못으로 세례증명을 쓴 다음 땅에 묻었다. 이렇게 모든 것이 진행되어 그 불행한 아이들의 운명과 진정한 이름의 흔적이 남게 되어 기뻤다.

나는 빠르게 회복되었다. 그동안 나는 완전한 농민으로 살아왔으므로 이 불쌍한 사람들이 같은 경우에 겪었을 고통보다 더 큰 고통을 겪지는 않았다.

우리는 매우 조용하게 한 달을 지냈다. 왜냐하면 내가 출산한 오두막은 7년 전부터 사람이 살지 않아서 폐가로 알려졌기 때문이다. 그때까지는 조금이라도 위험이 발생하면 밖으로 나가 숨는 것이 현명했으나, 이제는 문을 꼭 닫으라는 충고를 들을 정도였다. 신의 섭리는 나의 출산을 위해 나를 이 피신처로 인도한 것이다. 며칠 후, 우리는 조제핀의 손목이 탈구된 것을 알았다. 마음이 엄청나게 아팠다. 나는 그 아이가 크면 그 아이를 안고 빵을 구걸하면서 바레주까지 갈 결심을 했다.[140] 이 계획이

140 바레주는 피레네산맥에 있는 유명한 온천지이다.

특별하다고 생각하지 않았다. 나는 미래에 대한 희망과 생각이 없었을 뿐만 아니라 세상에서 벌어지는 일에 대해 하나도 알지 못했다. 그저 쫓겨 다니는 비참한 사람일 뿐이었다. 그리고 내 영혼은 너무나 큰 상처를 입었기 때문에 나의 상황이 변할 거라고는 생각할 수 없었다. 그 불쌍한 아이는 태어난 지 12일 만에 죽었다. 사람들은 농민들의 방식대로 덤덤하게 그 소식을 나에게 알렸다. 구레의 딸은 내 방에 들어오면서 외쳤다. “부아 디베에서 태어난 당신의 딸은 죽었습니다.” 나는 대답했다. “그 애가 나보다 더 행복합니다.” 그리고 나서 나는 울음을 터뜨렸다.

23

드레뇌프 성 체류

Mémoires de Madame La Marquise De La Rochejaquelein

내가 출산하는 동안 어머니는 믿을 만한 농민을 통해 익명의 편지를 받았다. 내용인즉, 우리에게 도움이 되고 싶으며 더 나은 피신처를 제공하고 싶다는 것이었다. 어머니는 그 편지가 우리를 찾는 친구에게서, 어쩌면 아버지에게 도피처를 제공할 수 있었던 사람들에게서 왔기를 기대했다. 어머니는 감사의 뜻을 표하며 회신했다. 두 번째 편지에서는 우리를 직접 보러 오겠다고 했다. 어머니는 수락했다. 그리하여 5월 10일, 나이 스물셋인 한 마드무아젤이 우리를 보러 왔다. 그녀의 이름은 펠리시테 데 르수르스였고, 프랭키오에서 20km 떨어진 강루에에 사는 한 늙은 주민의 다섯째 딸이었다. 그의 집안은 몰락했지만 매우 존경할 만했다. 펠리시테는 불쌍한 방데인들에게 연민을 느끼고 있었으므로, 매우 겁이 많았던 아버지와 어머니 몰래 방데인들에게 도움을 주는 일에 골몰했다. 그녀는 자기가 도와준 많은 비적이 우리에 대해 이야기하는 것을 듣고서 우리가 어디에 있는지 수소문했다. 그러나 쉽지는 않았다. 자칫 우리를 위태롭게 할 수도 있어서 신중해야 했기 때문이다. 드디어, 캉봉 소교구의 한 노처녀가 우리를 찾아냈다. 바로 그녀가 마드무아젤 펠리시테의 편지를 전해주었고, 그녀가 우리를 찾아오는 길을 안내했던 것이다.

마드무아젤 르수르스는 페그레아크 소교구에 사는 자기의 친구 마담 뒤무스티에의 집으로 도피하라고 제안했다. 그녀는 마담 뒤무스티에를 크게 칭송했고 그녀가 우리의 구원을 위해 헌신할 것임을 보장했다. 우리는 마드무아젤 르수르스의 말을 신뢰했다. 그녀는 다정하면서 신중한 사람처럼 느껴졌다. 우리는 오랫동안 프랭키오에 있어서 너무 많이 알려졌고, 프랑스에서 진행되는 일을 전혀 모른 채 브르타뉴의 농민들과 똑같은 무지 속에서 사는 것에 매우 큰 상실감을 느꼈으므로 그 제안을 수락했다. 그러나 우리의 선량한 집주인들은 우리가 떠나는 것을 원하지 않았다. 그들은 강루에에는 청군 수비대 150명이 있고, 장교들은 마담 르수르스의 집에 숙박하고 있으니 아마도 우리를 넘기려는 것이라고 어머니에게 말했다. 펠리시테는 그들이 어머니에게 무슨 말을 하는지 알아채고서 울기 시작했다. 그녀는 자기 아버지 집에 장교들이 숙박하고 있음을 인정했지만, 그러한 상황이 우리의 안전을 해치지 않도록 모든 조처를 해놓았다고 말했다. 그녀의 눈물, 그녀의 얼굴에서 드러나는 솔직한 표정이 어머니의 마음을 결정하게 했다. 게다가, 마담 뒤무스티에는 그 지역에서 훌륭한 사람으로 알려져 있었으며, 캉봉의 그 노처녀는 나쁜 행동을 할 사람이 아니었다. 마지막으로, 마드무아젤 르수르스는 우리가 어디에 숨어있는지 알고 있었기에, 만일 원했다면, 오래전에 우리를 잡아가게 할 수 있었을 것이었다.

프랭키오 행정당국은 우리에게 잔이라는 이름과 마리 자귀라는 이름으로 통행증을 발급해주었다. 우리는 라로슈 베르나르에서 출생했다는 출생증명서를 지참하고 떠났다. 페레는 우리가 체포되면 구해주겠다고 약속했다. 마드무아젤 르수르스는 말을 탔다. 언제나 가난한 농민 옷차림인 어머니와 나는 안장도 없는 말 하나에 함께 탔다. 캉봉의 처녀는 걸어갔고 피에르 리알로가 우리를 안내했다. 나는 유모 집에 있는 딸을 포옹하러 가기 위해 방향을 돌렸다. 우리는 아무 걱정 없이 4km를 갔다. 캉봉 소교구의 어떤 마을 가까이에서 청군 열 사람이 오솔길에 있는 것을 보았지만 그냥 계속 갔다. 그들은 옆으로 비켜서서 우리가 지나가는 것을 보았다. 마드무아젤 르수르스는 베일을 올렸고, 리알로는 병사들에게 인사했으며, 어머니는 길에 있는 젊은 농민 여자 두 사람에게 아는 척했다. 청군은 아무것도 의심하지 않았다.

우리가 그 위험에서 벗어나자마자, 캉봉의 노처녀의 열두 살 먹은 조카가 우리 옆으로 지나가면서 청군이 우리가 지나가려는 마을을 수색하고 있다고 말했다. 펠리시테는 뒤로 돌아서 걱정스러운 표정으로 어머니를 바라보았다. 어머니가 말했다. "갑시다. 마드무아젤. 앞으로 가야 합니다. 뒤로 돌아가면 죽습니다." 실제로, 앞으로 가지 않으면 병사들은 우리가 도망자임을 알게 될 것이었다. 우리는 리알로를 돌려보냈다. 우리의 통행증에는 그의 서명이 있어서 굳이 그를 위험에 빠뜨릴 필요가 없었기 때문이다. 그 훌륭한 사람은 울면서 우리를 떠났다. 리알로는 브르타뉴의 농민 여자들처럼 끼고 있던 은반지를 손가락에서 빼서 나에게 주었다. 그 후 나는 항상 그것을 끼고 있다.

우리는 앞으로 갔다. 펠리시테는 마음을 안정시키려고 노래를 불렀다. 어머니는 뒤돌아보며 그녀가 두려워하고 있다고 나에게 말했다. 마을 입구에 한 초병이 있었다. 펠리시테가 그에게 말했다. "수색하기에 참 좋은 날씨네요." "그렇습니다. 시투아이엔." 우리는 지나갔다. 청군은 여러 집에 흩어져 있었다. 우리는 아무런 사고 없이 마을을 통과했다. 강루에에서 4km 떨어진 지점에서 한 공화파 장교가 펠리시테에게 가까이 왔다. 그녀는 자기를 사랑하고 있는 사람이라고 우리에게 귀띔해주었다. 그렇지만 나는 그러한 만남이 불안해 창백해졌다. 펠리시테는 나를 안심시켜주는 것을 잊지 않았다. 우리는 말에서 내렸다. 장교가 말했다. "자, 마드무아젤, 나는 무장하지 않았어요. 내가 당신과 함께 거닐 때는 칼도 차지 말라고 당신이 명령했기 때문이지요. 언젠가 비적들은 나를 죽일 겁니다. 그래도 당신에게는 상관없는 일이겠지요." 그녀가 대답했다. "당신도 잘 알다시피 비적들은 내 친구입니다. 내가 당신을 구할 겁니다." 그가 계속했다. "지금 비적 여자 넷 사이에 있으니 매우 무섭군요." 그녀가 말했다. "아녜요. 비적이 아니라 반혁명파 넷이에요." 그는 사랑에 빠져 있어서 알아듣지 못한 척했다. 펠리시테는 내가 피곤해하는 것을 보고 나에게 다소 분별없이 말했다. "마리, 이 시투아이앵의 팔을 잡아요."[141] 나는 숨어 지내면서 손 때문에 들키지 않을까 염려하여 손의 색깔을 덜 하얗게 만들기 위해 자주 흙으로 손을 문질렀다. 며칠 전에는 더 잘한다고 한 것이 손을 이상하게 검게 물들여서 오히려 손의 자연스러운 색깔보다 더 잘 나를 노출시킬 수 있게 되었다. 나는 조심스럽게 장교의 팔을 잡고서 지역 사투리로 감사하다고 말했다. 그는 나를 힐끗 바라보았으나 아무 말도 하지 않았다. 잠시 후, 그는 어머니의 말 재갈을 잡고 어머니를 바라본 후 펠리시테에게 돌아가 말했다. "형편없는 말이군." 그는 우리가 농민이 아니라고 의심했을지도 모르지만, 그녀 때문인지 아무 말도 하지 않았다.

우리는 펠리시테와 헤어졌다. 캉봉의 처녀는 강루에에서 우리를 기다리고 있는 농민의 집으로 우리를 안내했다. 그날 저녁에 이미 그의 집에는 용기병 네 사람이 들어와 있었다. 어머니는 완전히 변장했다고 믿었고 또 담대했기 때문에 과감하게 그들과 함께 식사하기를 원했지만 나는

---

141 시투아이앵(citoyen), 시투아이엔(citoyenne)은 혁명기에 시민들을 부르던 호칭이다. 시투아이앵은 남자, 시투아이엔은 여자를 가리킨다.

그럴 엄두를 내지 못했다. 우리가 들어간 방은 문도 없이 엉성한 칸막이로 그들의 방과 나뉘어 있었다. 집주인은 용기병들에게 집안의 두 사촌이 조금 전에 왔다고 말했다. 용기병들은 그들이 예쁜지 물었고 보고 싶다는 내색을 했다. 집주인은 우리가 피곤하고 아프긴 하지만 점심때는 볼 수 있을 거라고 말했다. 집주인은 용기병들에게 포도주를 주었고, 그들은 더는 그 일에 대해 생각하지 않았다.

다음 날, 펠리시테와 그녀의 언니가 우리에게 자기들의 옷을 가져다주었다. 우리는 용기병들이 말을 돌보고 있는 동안 마담 뒤무스티에 집으로 가기 위해 집을 나섰다. 펠리시테는 자기 부모 때문에 남았고, 언니가 우리를 안내했다. 사람은 셋인데 말은 한 마리밖에 없었다.

마담 뒤무스티에는 강루에에서 12km 떨어진 드레뇌프 성에서 사는 그 성의 소작인이었다. 그녀는 우리를 크게 환영했다. 나이는 마흔이었으며 얼굴은 온화하고 우아했다. 인상은 연약해 보였는데, 그것이 그녀의 강하고 열정적인 영혼을 감추어주었다. 우리가 수호해온 대의에 대한 그녀의 생각과 애정은 강렬했고, 선천적인 선함과 결합되어 방데인들을 구원하는 일에 무한한 열정과 용기를 불러일으켰다. 그녀는 가난했지만 무사무욕했다. 그녀의 재산은 주인이 망명을 떠나고 없는 드레뇌프의 작은 농장이 전부였다. 성은 매우 허름했고 불편했지만 큰길과 멋진 숲으로 둘러싸여 있었다.

마담 뒤무스티에는 과부였으며 아들이 셋 있었는데 세 아들 모두 봉기자들에게 가담하여 명예롭게 싸울 생각만 하고 있었다. 어머니는 그들의 뜻을 인정했다. 나이 열다섯 먹은 매우 아름다운 딸 마리 루이즈는 훗날 므쓔 쿠에와 결혼한다.

우리가 드레뇌프에 도착했을 때 그곳에는 이미 몇 사람이 숨어 있었다. 그 가운데에는 신부, 방데인 어린이, 탈주병 세 사람이 있었다. 그

밖의 많은 사람이 인근의 숲에 숨었으며, 마담 뒤무스티에의 아이들은 그들을 돕는 일에 전력을 다했다. 매력적인 마리 루이즈는 이 자비로운 일을 하는 데 놀라운 용기를 보여주었다.

마담 뒤무스티에는 생로의 신부가 바위산을 빙 돌아 뒤쫓아 오는 병사들을 기적적으로 피한 후 이 집에 와서 얼마간 지냈다고 말했다. 생로의 신부는 브르타뉴인들이 봉기를 일으키게 하려고 노력했으며 이를 위해 매우 열정적이고 감동적인 연설문도 작성했는데, 마담 뒤무스티에는 그 연설문을 가지고 있었다. 그러나 생로의 신부는 그 계획이 성공하지 못한 것을 알고 용감한 므쓔 카디 형제와 함께 다시 루아르강을 건너기 위해 떠났다.

마담 뒤무스티에는 우리가 아무 소식도 모르고 있음을 알았다. 그녀는 우리에게 매우 슬픈 소식도 알고 있었으나 그것을 감추기 위해 애썼다. 그녀는 아무 신문도 보지 않는 것처럼 행동했다. 우리는 프랑스 전역에서 자행되는 끔찍한 공포정치에 대해서도 아무것도 모르고 있었다. 우리는 공포정치가 내전 때문에 브르타뉴와 푸아투에서만 자행되고 있다고 생각했다.[142]

---

[142] 공포정치(Terreur)는 산악파와 파리의 상퀼로트가 권력투쟁을 벌이던 1793년 9월부터 시작하여 로베스피에르가 실각하는 1794년 7월 27일까지 자행된다. 특히 목월 22일 (1794년 6월 10일) 법령으로 극심해져 이른바 '대공포정치'가 실시된다. 이때부터 피고에 대한 변호와 예비심문제도가 폐지되었고, 배심원들은 심리할 때 심증만으로 충분하게 되었으며, 재판소는 석방과 사형 가운데 양자택일만이 가능하게 되었다. '혁명의 적'의 범위가 크게 확대되었다. "애국주의를 공격하고 비방하면서 프랑스의 적이 꾸미는 계획에 도움을 주는 자들, 사기를 저하시키고 풍습을 타락시키며 혁명 원칙의 순수성과 활력을 훼손시키려는 자들, 온갖 가식(假飾)과 갖은 수단을 동원하여 공화국의 자유, 통합성, 안전을 침해하고 공화국의 공고화를 방해하려고 하는 모든 자들." 아무도 공포정치에서 벗어날 수 없었다. 처형자 수가 엄청나게 늘어났다. 1793년 3월부터 1794년 6월 10일까지 파리에서 처형된 수가 1,251명이었음에 비해, 이날부터 열월 9일(1794년 7월 27일)까지 대공포정치의 법령에 의해 처형된 수는 1,376명에 달했다. 대공포정치는 전쟁 승리

드레뇌프 성은 페그레아크 소교구에 있었다. 그 소교구는 매우 커서 인구가 3,000명이나 되었지만, 그 많은 사람 가운데 우리가 경계해야 할 의심스러운 사람은 한 사람도 없었다. 우리가 도착하기 얼마 전에 그것을 말해주는 놀라운 사건이 일어났다.

그 소교구 전역에 수색명령이 내려져 병사 1,500명이 여러 지역에서 그곳으로 집결했다. 병사들은 아무도 도망치지 못하도록 모든 사람을 무차별적으로 검거하여 교회에 가두라는 명령을 받았다. 다행히 사람들은 제때 연락을 받았기 때문에, 방데인들과 징집거부자들은 도망칠 수 있었다. 그렇지만 소성당에서 기도하고 있던 늙은 므쓔 드세사르는 연락을 받지 못해서 붙잡혔고 그 자리에서 자기의 신분을 자백해버렸다. 나는 어떤 경위로 므쓔 뒤마니가 잡혔는지는 알지 못한다. 그러나 그는 잘 변장했으므로 심문받지 않고 다른 사람들과 함께 교회에 갇혔다. 주민들이 다 모였을 때, 청군 지휘관은 장부를 들고 점호를 하면서 이름이 불리면 앞으로 나오라고 명령했다. 므쓔 뒤마니는 이제 끝났다고 생각했다. 그는 밖으로 나가려고 했다. 그러자 마담 뒤무스티에의 큰아들인 조제프가 그를 만류했다. 마을에 없는 사람의 이름이 호명되자, 그는 므쓔 뒤마니를 앞으로 나가게 하면서 말했다. "너 귀가 먹었냐? 너를 부르잖아!" 그가 당황하는 것을 본 장군은 행정관들과 전 주민들에게 물었다. "이 사람이 장부의 그 사람이 맞나?" 모든 사람이 그렇다고 대답했다. 농민 가운데 누가 조그만 의심의 표시라도 보였다면 그는 죽었을 것이다. 므쓔 뒤마니는 이렇게 해서 살아났다. 그러나 므쓔 드세사르는 처형당했다. 그의 죽음은 대단히 경건했다. 그는 페그레아크에 숨어 있던 사

로 상황이 호전되어 더 이상 공포정치를 지속할 명분이 사라지자 이른바 '덕의 공화국'을 수립한다는 명분으로 시행되었다.

람 가운데 유일하게 처형된 사람이었다. 그 소교구에는 통상적으로 400명이 숨어 있었다. 그 선량한 사람들은 매우 사이가 좋아서 보좌신부인 오랭 신부는 그들과 떨어져 있은 적이 없었다. 그가 어디에서건 미사를 드리지 않은 날은 하루도 없었으며, 임종을 앞둔 사람들에게는 성사를 주었다. 오랭 신부는 매일매일 직면하고 있는 순교를 두려워하지 않았고 그에게는 아무 일도 일어나지 않았다.

마담 뒤무스티에는 정말 사랑스러운 사람이었다. 그녀는 우리를 즐겁게 하고 우리를 위로하기 위해 모든 수단을 강구했다. 이제 청군의 방문은 전처럼 별다른 걱정거리가 아니었다. 청군이 오면 마담 뒤무스티에의 아이들은 그들에게로 가서 그들과 이야기를 나누고 그들에게 마실 것을 줌으로써 그들이 집 수색하는 것을 잊도록 했다. 그러는 동안 우리는 농민의 옷을 다시 입었다.[143]

마드무아젤 카리아와 마드무아젤 마메가 우리와 함께 있으려고 찾아왔다. 그녀들은 우리와 헤어진 후 큰 위험을 겪었는데, 이유인즉 사브네의 애국파들은 내가 프랭키오에서 아이를 낳았다는 사실을 알고서 수색을 강화했으며 그 두 여자를 우리로 알고 추격했던 것이다. 그녀들은

---

[143] (원주) 적어도 내가 알기로는, 방데에 대해 글을 쓴 사람 가운데 나를 포함해 누구도 우리 지역에서 봉기에 가담한 주민들에게 주어진 '방데인'이라는 이름에 대해 면밀히 고찰하지 않았다. 1793년에 우리가 취한 이름은 '봉기 지역의 왕당파'였다. 공화파는 판결문을 작성할 때도 우리를 '비적'이라고만 불렀다. 이러한 명칭은 너무 가당치 않은 것이어서 우리는 화를 내기보다는 웃을 뿐이었다. 샤롱 다리에서 방데도(道)의 주민들이 첫 번째 전투를 벌여 공화파에 적지 않은 타격을 입혔을 때, 공화파는 우리를 "방데의 비적"이라고 불렀다. 여기에서부터 서서히 몇 년에 걸쳐 '방데인'이라는 명칭이 자리 잡아 갔다. 참으로 기이한 것은, 우리조차 '비적'이라고 부르는 것을 듣는 데 너무 익숙해져서 우리는 물론이고 우리를 숨겨 준 그 뛰어난 브르타뉴의 농민들도 그 명칭의 진정한 의미를 잊어버렸다는 것이다. 이렇게 사람들은 '비적'을 위해 기원했고, 비적을 사랑했고, 비적을 존중했고, 비적을 받아들였다. 마치 이 말이 봉기를 일으킨 왕당파라는 의미 외에는 다른 의미가 없다는 듯이 말이다.

보름이나 계속 숲에서 자지 않으면 안 될 정도였다.

7월에 신문 하나가 마담 뒤무스티에의 감시에서 벗어나 어머니의 손에 들어왔다. 어머니는 파리에서 처형된 예순여섯 사람에 대해서 읽었다. 이들 가운데 여럿은 우리가 아는 사람들이었다. 프랑스 전역이 우리 지방과 마찬가지로 피에 굶주린 폭정에 넘어갔음을 아는 것은 고통스러운 충격이었다. 며칠 후 우리는 로베스피에르의 죽음으로 파리에서 처형이 중지되었다는 것을 알았다.[144] 그러나 우리에게는 공포정치가 끝나지 않았다. 우리는 계속 추격당했으며 우리에게 가장 위험했던 시기도 이때였다.

어느 날 나는 마드무아젤 뒤무스티에, 그녀의 어린 조카딸, 그 지역의 한 수녀와 함께 브루세의 작은 성에 있는 채원(菜園)으로 자두를 따러 갔다. 그때 농민으로 변장한 한 젊은이가 두 여자에게 가까이 왔다. 마리 루이즈(마드무아젤 뒤무스티에)는 그가 누구인지 나에게 조용히 말했다.

오늘날 사람들은 '신과 왕'이라는 표어를 모든 시기의 방데의 표어라고 생각하는데, 사실 그것은 1815년에야 나온 것이다. 므쓔 라로슈자클랭은 배에서 상륙하기 전에 장교들에게 "이제 우리의 표어를 만들어야 한다!"라고 말했다. 여러 가지가 제안되었는데, 그중 하나가 므쓔 케리오가 제안한 '신과 왕'이었다. 므쓔 라로슈자클랭은 즉시 그것을 채택했다. 우리는 작은 십자가 형태로 재단된 흰색 천에 그것을 새겼고, 그와 그의 장교들은 그것을 옷에 부착했다. 왕정복고기에 보석세공인들은 동일한 표어를 새겨 작은 칠보 십자가를 만들었다. 방데인이 아닌데도 몸에 지닌 사람이 많을 정도로 그것은 유행이 되었다. 사람들은 이 십자가를 '충성의 십자가' 혹은 '방데의 십자가'라고 불렀다.

144 로베스피에르는 혁명력 2년 열월(테르미도르) 10일(1794년 7월 28일) 단두대에서 처형당했다. 이 사건은 로베스피에르의 과도한 공포정치에 대한 반발로 일어났다. 열월 8일, 로베스피에르는 국민공회에서 구체적인 이름을 거론하지 않은 채 '배신자들'의 음모에 대해 이야기했고, 이것이 다른 의원들을 불안하게 했다. 열월 9일, 국민공회 의원들은 "폭군을 타도하라!"라고 외치며 로베스피에르를 실각시키는 데 성공했고, 다음 날 로베스피에르와 그의 동료 21명을 단두대에서 처형했다. 이후 열월파 국민공회는 공포정치를 청산하는 작업을 벌여 최종적으로 혁명을 민중혁명에서 부르주아혁명으로 되돌린다.

그는 베(Vay)의 주민으로 이름은 바르비에 뒤 퐁트니이며 우리의 봉기와 동시에 시작되었지만 즉시 진압된 낭트 인근 전 지역의 봉기에 가담했던 사람으로 그 후 줄곧 숨어 지냈다. 나는 그가 두 여자와 이야기를 나누게 두고, 하인처럼 행동하면서 아이를 데리고 자두를 따러 갔다. 15일 후, 그 불쌍한 젊은이는 자기 어머니의 침대 밑에 숨어 있다가 붙잡혔고 어머니 앞에서 처형되었다. 사람들은 그의 주머니를 뒤져, 거기서 그의 누나가 보낸 편지를 발견했다. "네가 브루세 성에서 마드무아젤 뒤무스티에와 생사비에 수녀와 함께 본 사람, 그리고 네가 농민이라고 생각했던 그 사람은 마담 레스퀴르이다. 그녀는 금발이고 나이는 스물하나이며 자기 어머니와 함께 페그레아크 소교구에 숨어 있다." 나는 마드무아젤 바르비에가 이 모든 사실을 어떻게 알았는지 알 수 없었다. 아마도 그녀가 브랭의 감옥에 갇혀 있을 때 마침 붙잡혀서 감옥에 들어온 페그레아크의 농민으로서 봉샹 부대에서 근무했으며 나를 알고 있는 병사에게서 들었을 것으로 생각했다.

즉시 공화파는 300명을 파견하여 브루세와 드레뇌프를 포위했다. 불행인지 다행인지 우리는 이러한 상황을 전혀 모르고 있었는데, 그렇지 않았더라면 우리는 죽음과 같은 공포를 느꼈을 것이다. 우리는 그것이 특별한 목적이 없는 통상적인 수색이라고 생각했다. 나는 어머니와 함께 자고 있었고, 마담 뒤무스티에는 그녀의 딸과 함께 자고 있었다. 우리를 보러 왔던 마드무아젤 르수르스도 같은 방에서 자고 있었다. 우리는 청군이 집을 에워쌌다는 연락을 받았다. 어머니는 일어나서 그녀의 농민 옷을 입고 마리 루이즈의 머리를 빗겨주기 시작했다. 펠리시테(마드무아젤 르수르스)는 나와 같은 침대에서 자러 건너왔다. 마담 뒤무스티에는 문을 열러 나갔다. 청군은 우선 집 안에 모두 몇 사람 있으며 어떤 사람들인가 물었다. 마담 뒤무스티에는 자기 아이들, 마드무아젤 르수르스,

조카 둘, 하인 셋의 이름을 댔다. 그녀는 또한 탈주자 두 사람과 어린 방데인 한 사람에게도 직(職)을 가져다 붙였다. 대답은 간단하고 침착했다. 병사들이 우리 방에 들어오자, 펠리시테는 병사들이 잠을 깨웠다고 못마땅해했고, 마리 루이즈는 내 어머니의 빗질이 미숙하다고 투덜거렸다. 병사들은 아무것도 의심하지 않았으나 "이 집에는 그 여자들이 있다"라고 계속 말했다. 병사들이 방에서 나가자 우리는 안도의 한숨을 쉬었다. 펠리시테는 내 손을 잡고 나서 내가 땀으로 범벅이 되었음을 알았다. 우리는 일어났다. 그들은 나를 집안의 조카인 것처럼 부인복을 입혔다. 청군은 성과 숲을 구석구석 네 시간 동안 더 뒤졌다. 비밀문, 뚜껑문, 지하통로 등이 있는지도 샅샅이 뒤졌다. 같은 시각에 병사들은 브루세 성도 수색했다. 그들은 아무것도 찾지 못하자 화가 나서 페그레아크의 모든 행정관들과 브루세의 관리인이자 행정관인 장 토마를 블랭으로 데리고 갔다.

다음 날, 토마는 풀려나자마자 드레뇌프로 달려왔다. 그가 가장 먼저 만난 사람은 어머니였다. 그는 너무 놀라서 기절할 정도였다. 그는 전날의 수색은 전적으로 우리를 찾기 위한 것이었고 블랭에서 그들은 우리가 숨어 있는 곳을 찾기 위해 자기뿐만 아니라 행정관들을 네 시간 동안 심문했다는 것을 알려주었다. 그 선량한 사람들은 우리가 숨은 방데인이 아닐까 생각은 했지만 우리의 이름은 알지 못했었는데 심문을 받다 보니 우리의 비밀을 짐작하게 된 것이다. 그렇지만 그들은 분별력을 잃지 않았다. 그들은 온갖 약속과 위협에도 입을 열지 않았다. 그렇지만 그들은 우리가 조만간 붙잡힐 것이 확실하다고 생각했다. 우리가 붙잡히면 그들은 끝장이었다. 왜냐하면 그들은 전에 우리의 프랭키오 통행증을 사증해 주었기 때문이다. 사람들은 그들을 구치소에 가두었다. 그들은 매 순간 우리가 오지 않나 초조해했고 감옥의 창살에 기대서서 우리에게 연락할 만한 사람이 지나가는지 살펴보았다. 24시간 후에 그들은 풀려났다. 우리는 그들 앞에서 우리의 통행증을 찢어버렸다. 만일 우리가 붙잡혔다면 그들은 사형선고를 받았을 것이다.

우리에게 닥쳤던 위험에 대해 알고서 우리는 너무 무서웠다. 우리는 드레뇌프를 떠나 같은 소교구 안에 있는 빌렌 강변의 라로셸 마을로 가서 살았다. 그렇지만, 일주일 후 우리는 마담 뒤무스티에 집으로 돌아왔다. 공화파의 조치들이 완화되었을 뿐만 아니라 그들은 우리가 면 밖으로 멀리 도망쳤다고 생각한다는 것을 알았기 때문이다. 그러나 마담 뒤무스티에는 내가 어머니와 함께 있는 것은 위험하다고 판단했다. 왜냐하면 우리는 언제나 함께 있다는 식으로 고발되었기 때문이다. 나는 공화파가 야간에 기습적으로 방문하는 것이 두려워 더는 성에서 자지 않고 이웃에 있는 작은 소작농 집에서 잔 다음, 아침이면 소를 끌고 드레뇌프로 돌아가서 창문을 통해 안으로 들어갔고 저녁때까지 머물렀다.

그 무렵 우리는 한 낭트 출신 주민을 여러 번 만났다. 그는 법외자(法外者)여서 숨어 지내지 않을 수 없었다.[145] 그는 므쓔 라브레졸리에르라는 이름의 매우 멋진 노인이었는데 농민으로 변장하기를 원했으면서도 고급 린네르 옷 안에 커프스, 시계, 향수 등을 가지고 다녔다. 그는 아름다운 사교계의 시를 지었으며 그것을 매우 소중하게 여겼다. 어느 날 그가 나의 어머니에게 시를 낭송하고 있을 때 누가 와서 청군이 왔다고 알렸다. 그 불쌍한 므쓔 라브레졸리에르는 시 낭송을 끝내지 않고서는 갈 수 없다는 듯 계속 시를 낭송하면서 돌아갔다.

재미있는 일이 또 있었다. 드레뇌프에 숨어 있던 한 탈주자는 내가

145 법외자(outlaw)는 법의 보호를 박탈당한 사람이기 때문에 붙잡히면 재판 없이 처형되었다.

누구인지 모르고 나를 사랑했다. 그는 부유한 농민이었기 때문에 한 가난한 비적 여자를 부자로 만들어주고 싶었던 모양이다. 나는 그의 고백을 조용히 들으며 시골 사람들이 사랑을 고백하는 독특한 방식을 관찰했다. 그러던 어느 날, 그는 나를 껴안으려 했고, 나는 내 처지를 잊은 채 예전이라면 했을 방식으로 "자크, 너 취했느냐!"라고 그에게 말했다. 그 불쌍한 사람은 나의 태도에 매우 놀라 이틀 동안 나를 쳐다보지도 못했다. 드디어, 그는 내가 가난한 사람들에게 매우 딱딱했으며 자기를 그렇게 대한 사람은 이제껏 한 사람도 없었다고 말했다. 우리는 화해했다. 나는 그가 나를 껴안으려고만 하지 않는다면 그가 원할 때 언제든지 이야기를 들어주겠다고 약속했다. 그는 내가 위험하다고 느낄 만한 일은 하지 않았는데 내가 자기에게 너무 무섭게 행동했다고, 자기는 그저 나를 가엾은 여자라고 생각했었다고 말했다. 프랭키오에 있을 때는, 내가 도착하던 날 나를 숨겨준 방앗간지기인 르노가 나를 좋아했다. 며칠 후 그는 내가 누구인지 알고서 물러섰고 나를 찾지 않았다. 그는 내가 그 소교구를 떠났을 때 누군가를 시켜서 자기는 마담 레스퀴르를 존경했고 그녀의 비밀을 오래전부터 알고 있었지만 자기의 태도가 변하면 내가 자기가 모든 것을 알아차린 것으로 알고 걱정할까봐 떠났다는 이야기를 전해왔다.[146]

---

146 (원주) 나는 1825년경 르노 라노에에게서 다음과 같이 간단한 편지를 받았다. "마담, 나는 사브네 전투가 벌어지던 날 당신을 풍차간에 숨겨주었던 방앗간지기입니다. 나는 아이가 넷 있습니다. 나는 풍차를 하나 세우려 했다가 그것 때문에 빚을 많이 지게 되었습니다. 내 둘째 아들인 장 밥티스트가 얼마 전에 용병으로 나가 1,830프랑을 마련해, 30프랑만 자기가 갖고 나머지는 빚의 일부를 갚으라고 나에게 보내왔습니다. 그는 니오르에 있는 연대에 배속받았습니다. 나는 마담의 아들도 거기서 복무한다고 알고 있습니다. 나는 밥티스트가 그와 같은 연대에서 근무했으면 합니다." 나는 당시 전쟁장관이었던 므쓔 클레르몽토네르에게 달려갔다. 그는 아버지와 아들의 행동에 크게 감동받아 밥티스트 라노에가 니오르에 도

우리는 10월을 맞이했다. 우리의 걱정은 매일매일 줄어들었다. 주위의 상황은 호전되고 있었다. 그러나 우리는 멀리서 진행되는 일에 대해서는 아무 소식도 듣지 못했으므로 어떤 계획이나 희망을 가지지 못했다. 낭트에 기근이 들자, 어떤 이유 때문인지 아니면 어리석음 때문인지 모르겠지만 청군의 감시는 밀이 인근 도시들로 유출되는 것을 막는 쪽으로 전환되었다. 내 시아버지가 연대장이었을 때 레스퀴르 용기병이라는 이름을 가지고 있던 제2엽보병 연대가 이 임무를 맡았다. 마담 뒤무스티에의 큰아들은 그 부대에 강제로 배속되었는데, 자기의 동료들을 이따금 우리에게 데려왔으므로 나는 그들이 옛 연대장의 며느리가 어떻게 되었는지에 대해 이야기하는 것을 들었다. 어떤 사람은 내가 칼에 맞았다고 했고 어떤 사람은 내가 수장(水葬)당했다고 했다. 어쨌든 모두 내가 죽은 걸로 알고 있어서 나는 크게 안심했다.

드디어, 어머니는 보르도에 편지를 쓰는 모험을 감행했고 답장을 받았다. 그 답장을 통해 어머니는 므쓔 쿠르시와 그의 부인 즉 내 고모는 시트랑에 산다는 것을 알았다. 그러나 그 편지는 너무나 모호한 단어와 문장으로 쓰여 있어서 우리를 걱정에 빠뜨렸다. 그러나 이렇게나마 연락이 시작된 것도 다행이었다.

얼마 후 방데인들을 사면한다는 이야기가 나왔다. 처음에는 사병들에게 그것을 허용한다고 공표했다. 그 소문이 우리에게 안전에 대한 희망을 주었을 때, 우리는 낭트 출신 한 남자가 체포되어 블랭의 감옥에 갇혔으며 쇠사슬에 매여 있다는 것을 알았다. 그는 그 지역에서 우리에 대해

착하는 대로 제18 엽보병연대에 배속시키라고 명령했다. 내 아들은 그를 연대장과 장교들에게 소개했다. 그는 칭찬과 호의를 듬뿍 받았다. 내 훌륭한 어머니는 즉석에서 2,400프랑을 르노 라노에에게 보냈다. 밥티스트를 방앗간의 소유주로 하되, 아버지가 생전에는 그곳을 사용한다는 조건이었다.

알아보고 다니던 사람이었다. 우리의 공포는 다시 시작되었다. 마담 뒤무스티에는 어머니와 내가 엿새 동안 떨어져 있게 했다. 그 엿새는 우리의 삶에서 가장 잔인한 기간이었다. 나는 아베사크 소교구에 숨었고, 어머니는 거기서 8km 떨어진 곳에 숨었다. 얼마 후 우리는 드레뇌프로 돌아왔다. 우리는 그 사람이 아버지가 보내 우리를 찾던 사람이기를 바랐다. 그때 마담 뒤무스티에는 우리에게 슬픈 사실을 털어놓았다. 나는 아버지가 앙제에서 처형당했음을 알았다. 그러나 어머니에게는 그 끔찍한 소식을 숨겨서 어머니는 3년 후에야 그것을 알았다. 그동안 어머니는 의구심 속에서 아니 잔인한 침묵 속에서 지냈다. 어머니도 누구도 그것을 깰 엄두를 내지 못했다.

우리 주위에서 모든 것이 진정되어가자, 마담 뒤무스티에는 마드무아젤 카리아와 마드무아젤 마메를 낭트에 보냈다. 얼마 후 그녀들은 아가트와 여러 방데인이 아직도 감옥에 있고, 우리 하인 가운데 한 사람인 코테는 풀려나서 우리를 찾아다니다가 블랭에서 다시 붙잡혀 낭트로 이송되었는데, 그 이유는 그가 우리에 대해 이야기했기 때문이 아니라 그가 우리를 찾는 데 도움을 줄 어떤 사람에게 보내는 추천장을 지니고 있음이 드러났기 때문이라는 이야기를 전해왔다.

하루하루가 지날수록 우리는 가혹함이 끝나가고 있음을 알았다. 그들은 감옥 문을 열었고, 사면을 선포했으며, 그것을 모든 사람에게로 확대했다. 므쓔 라브레졸리에르는 그 기회를 이용했고 여러 방데인들이 그를 뒤따랐다. 드디어 어머니도 그렇게 하자고 말했다. 나는 처음에는 그러한 생각이 불쾌했다. 사면한다는 것을 믿지 않았을 뿐만 아니라 공화파에게서 무엇인가를 받는다는 것이 견딜 수 없었기 때문이다. 나는 부대가 있다면 그 부대에 가담하기 위해 루아르강을 다시 건너기만을 원했다. 므쓔 레스퀴르의 부인은 나약해서는 안 된다고, 방데의 흔적을 포기하는 것은 비겁한 짓이라고 생각했다. 어머니는 그렇게 흥분하는 것은 옳지 않으며 연약한 여자들은 피할 수 없는 운명을 따르는 것이 최선이라고 말했다. 나는 분노의 눈물을 흘렸다. 그렇지만 솔직히 나는 어머니보다 덜 용감하다는 것을 고백하지 않을 수 없다. 바로 그때 마담 뒤무스티에의 장남 므쓔 뒤무스티에에는 오래전부터 생각해온 계획을 실천에 옮기기로 결심했다. 그것은 방데 봉기자들에게로 넘어가는 것이었다. 그는 자기 연대가 그 지역에 주둔하고 있는 동안은 그 계획을 마음에 품고만 있었는데 출발 명령이 떨어지자 더는 망설이지 않았다. 그는 투필 라발레트라는 동료와 공모해 함께 탈주했고 우리에게 작별 인사를 하러 왔다. 마담 뒤무스티에는 약하지 않았다. 그녀는 아들을 전적으로 신뢰했다. 나는 괴로웠다. 이 헌신적인 가족을 보는 것이 부끄러웠다. 우리는 우리의 대의를 포기하려 하는 반면, 이 젊은이는 우리를 구한 다음 우리의 대의를 받아들였고, 성공할 가능성이 없는데도 뜨거운 열정을 가지고 죽음을 맞으러 가고 있는 것이다. 그의 희생과 우리의 낙담이 대조되어 나는 쓰라린 눈물을 쏟아냈다. 나는 이 두 므쓔에게 므쓔 라로슈자클랭과 므쓔 마리니에게 보내는 편지를 써주었다. 그들이 죽었다는 소문이 돌았지만 나는 그들이 아직 살아 있다고 믿고 있었다. 므쓔 뒤무스티에와 그의 동료는 방데인 60여 명 그리고 그 지역의 징집거부자들과 합류하여 므쓔 샤레트가 우안으로 파견한 안내인들을 따라 루아르강을 건넜다. 그들은 부대에서 환영받았다. 므쓔 샤레트는 즉석에서 그들을 장교로 임명했다.

24

사면–방데인 도망자들에 대한 세부 사실들

Mémoires de Madame La Marquise De La Rochejaquelein

어머니는 사면에 대해 계속 긍정적으로 이야기했다. 마담 뒤무스티에에는 자세한 내용을 알아보기 위해 자기의 친구인 르동의 촌장을 불렀다. 그는 방데인들에 대한 온건 정책이 사실이라고 확인해주었다. 나는 결정을 내리기 전에 상황을 직접 보러 낭트에 가기를 원했다. 당시 젖몸살을 앓고 있었으나 그 어떤 것도 나를 막지 못했다. 나는 고무되었고 중대한 결심을 한다는 흥분 외에는 아무것도 느끼지 못했다. 나는 사면신청이 불가피하다는 것을 계속 부정했다. 나는 농민 옷을 입고 등에는 잡낭을 매고 손에는 닭을 잡은 채 말을 타고는 한 농민을 안내인으로 삼아 쉬지 않고 50km를 갔다. 낭트에 도착하여 마담 뒤무스티에의 친구 집에 들어갔고, 거기서 막 출옥한 마드무아젤 카리아와 마드무아젤 아가트를 보았다. 나는 감옥에 있는 마담 봉샹을 보러 갔다. 감옥은 거의 비어 있었으며 마담 봉샹도 곧 석방될 예정이었다. 마담 봉샹은 나도 사면을 이용하라고 권하면서 생플로랑에서 풀려난 포로 가운데 한 사람인 므쓔 오도딘을 만나보라고 했다. 그는 방데인들의 보호자였다. 나는 므쓔 샤레트도 평화협상을 진행하고 있음을 알았다.

실제로, 공화파와 봉기자들 사이의 관계에서 굴욕적인 것은 하나도 없었다. 방데인 장교들은 무장을 하고 흰색 휘장을 두른 채 낭트에 들어왔고, 심지어 어떤 사람들은 공화파의 사상과 행동과 관계된 것들을 공개적으로 비난할 정도로 막무가내였다. 그들은 삼색기에 침을 뱉었고 무례한 도발을 했다. 평화를 원했던 므쓔 샤레트는 그러한 행동을 엄단했다. 협상하기 위해 낭트에 온 인민대표들은 그러한 행동에 대해 크게 개의치 않았다. 그들이 우려했던 것은 이러한 행동이 소란을 일으켜 평화조약을 늦추지나 않을까 하는 것뿐이었다. 그렇지만 어느 날 그들은 므쓔 샤레트가 파견한 므쓔 뒤페라의 말투에 짜증을 내며 말했다. "그러나 므쓔, 당신이 공화국과 조약을 체결하지 않으려는 것이 참 이상하군요. 유럽의 왕들은 모두 공화국과 협상을 하고 있습니다." 므쓔 뒤페라가 대답했다. "그 사람들이 프랑스 사람입니까?"

감옥에서 나온 방데인이나 사면으로 복권된 사람에게는 최대의 예우를 해주었다. 그들은 특별한 대접을 받았으며, 그들을 비적이라고 부르는 것도 금지되어 비적이라고 부르는 사람은 사흘 동안 구류처분을 받았다. 인민대표들은 당시의 화려한 언어로 우리를 "길 잃은 형제자매"라고 부르라고 명령했다.[147]

드디어 나도, 고통이 없지는 않았지만, 다른 모든 사람이 하듯 유일하게 합리적이라고 이야기되는 것을 택하기로 결정했다. 나는 드레뇌프로 돌아갔다. 추위가 혹독하게 느껴졌다. 시간은 저녁이었지만 밤새 길을 갔다. 어머니는 내 결심을 듣고 만족해했다. 우리는 다음 날 낭트로 떠나기로 결정했다. 나는 어린 딸을 데리고 가지 못하는 것이 한스러웠다. 그러나 그 아이는 너무 어려서 추운 겨울에 먼 길을 떠날 수 없었다.

---

[147] (원주) '방데인'이라는 말은 아직 널리 쓰이던 말이 아니었다(각주 143 참고).

마드무아젤 카리아가 그 아이 곁에 남아 돌보기로 했다.

어머니는 마담 뒤무스티에와 함께 마차에 올랐다. 나는 말을 타고, 일곱 달이나 보지 못했던 아이에게 작별 인사를 하러 프랭키오로 향했다. 시골에서 길을 잃었고 추위 때문에 엄청 고생했다. 딸아이는 아름답고 건강했지만 매우 예민했다. 나는 그 아이를 유모에게 맡기고 낭트로 어머니를 만나러 갔다. 감옥에는 이제 아무도 없었다. 우리는 방데인 여럿을 다시 만났다. 사람들은 우리를 므쓔 마크 퀴르탱에게 소개했다. 그는 감옥에서 나온 선량한 왕당파로, 인민대표 뤼엘이 화해의 정신을 보여주고자 자기 비서로 고용한 사람이었다. 그는 우리가 조용히 그리고 제때 사면장에 서명할 수 있도록 하겠다고 약속했다. 우리는 인민대표 사무실로 갔으나 인민대표는 자리에 없었다. 나는 거기서 전에 회계청 직원이었던 므쓔 뷔로 드 라 바타르드리를 보았다. 그의 적극적이고 화해적인 정신은 평화조약 체결에 크게 기여했다. 그는 누구보다도 먼저 평화의 가능성을 내다보았고 양측에 적절한 조언을 하고 상대방의 말을 부드럽게 전하려고 노력함으로써 그것을 성사시켰다. 중재하기 위해서 그는 낭트에 있는 부대에 수도 없이 다녀왔다. 그는 중재가 적절하게 잘 되었고 모두 열렬히 그것을 원했으니 다 잘 될 거라고 우리에게 말했다. 그의 행동과 말은 열정적이었고 설득력이 있었다.

인민대표는 부산한 몸짓으로 들어와 우리에게 말했다. "마담, 당신들은 평화를 누리러 오셨습니다." 그가 나를 포옹하기 위해서 다가오자 나는 불쾌한 표정을 지으며 뒤로 물러섰다. 그는 고집하지 않았다. 나는 여전히 농민 옷을 입고 있었다. 그는 사면장에 서명했다. 우리는 곧바로 사무실로 들어갔다. 그는 우리가 어디에 숨어 있었는지 물었고, 우리는 "블랭 부근"이라고 대답했다. 우리는 다음과 같은 사면증서를 받았다. "선한 사람들에게는 자유, 평등, 평화. 악한 사람들에게는 전쟁. 모든 사람에게 정의. 인민대표는 자기의 안전을 위해 숨어 지냈다고 말한 아무개에게 사면을 인정한다." 우리는 낭트에 오래 머물고 싶지 않았다. 특히 남에게 알려지고 싶지 않았다. 그러나 비참한 생활을 함께했던 동지들을 다시 보고 그들이 그 많은 어려움을 어떻게 이겨냈는지를 아는 것은 기분 좋은 일이었다. 또한 참으로 고통스러운 일이었지만 우리가 잃어버린 사람들이 어떻게 죽었는지를 아는 데에도 관심을 기울였다.

마담 봉샹은 우리가 앙스니에 있는 동안 작은 배를 한 척 구입하여 두 아이와 함께 루아르강을 건너려고 했다. 그녀가 탄 배는 포함의 포격을 받고 구멍이 났으나 그녀는 우안으로 돌아올 시간이 있었다. 농민들은 헤엄을 쳐서 그녀를 구했다. 그녀는 인근 소작농가에 숨어 지냈는데 많은 시간을 고목의 공동(空洞)에서 보냈다. 이렇게 비참한 생활을 하는 동안 그녀와 아이들은 천연두에 걸렸고 아들은 죽었다. 석 달 후 그녀는 체포되어 낭트로 이송되었고 사형선고를 받았다. 그녀는 삶을 체념했다. 그때 그녀는 누군가 감옥의 창틀을 통해 넣어준 쪽지에서 "임신했다고 하세요"라는 글귀를 읽었다. 그녀는 그 말대로 했고 처형이 연기되었다. 그녀의 남편은 오래전에 죽었기 때문에 그 가상의 아이는 공화파 병사의 아이라고 말하지 않을 수 없었다. 그녀는 감옥에서 매일 처형대로 끌려가는 불행한 여자들을 보았다. 그녀들은 판결을 받은 후 죽기 전날 그녀가 있는 감옥으로 송치되었기 때문이다. 석 달이 지나 그들은 그녀가 임신하지 않은 것을 알았고 처형하려 했다. 두 달 반 후로 처형 날짜가 정해졌다. 그러는 동안 로베스피에르가 죽었고 그것이 그녀를 살렸다. 얼마 후 사람들은 그녀를 꺼내기 위해서 노력했다. 가장 열정적으로 그 일을 한 사람이 바로 므쓔 오도딘이었다.

므쓔 오도딘은 낭트의 정직한 상인이었다. 그는 열렬한 공화파였지만 고결하고 정직하며 성실한 사람이었다. 그는 레굴루스의 행위를 되풀이했다.[148] 전에 낭트를 공략할 때 므쓔 샤레트는 그를 포로로 잡았다. 그는 다른 낭트인과 함께 공화파들에게 돌아가라는 허가를 얻었는데, 가서 공화파에게 방데인 포로들을 더는 처형하지 말고 포로교환 협정에 동의하라고 제안하라는 거였다. 그러나 므쓔 오도딘은 낭트에서 박대를 받았다. 그들은 그의 제안 내용이 비열하다고 격노했고, 그가 비적들에게 했던 약속에서 면제되었다고 통고했다. 그러나 므쓔 오도딘은 양쪽의 희생자가 될 위험을 무릅쓰고 므쓔 샤레트를 만나러 돌아가 다시 감옥에 갇혔다. 함께 갔던 낭트인은 돌아가지 않았다. 므쓔 샤레트가 티포주까지 쫓겨났을 때, 므쓔 오도딘은 우리의 포로들과 뒤섞여 있었고 그들처럼 생플로랑에서 목숨을 구했다. 이러한 관대함이 므쓔 오도딘의 감사하는 마음을 자극했다. 그는 방데인들을 도울 수 있는 일을 열정적으로 했다. 그는 마담 봉샹을 구하기 위해 그녀가 남편이 죽기 직전 남편에게서 공화파 5천 명에 대한 사면을 얻어냈다는 것을 생플로랑에 갇혀 있던 포로들을 통해서 확인받았다.

마담 봉샹은 부대원 모두가 받아야 할 영광을 자기가 받은 것에 대해 진정으로 미안해했으며, 만일 내가 자기와 함께 감옥에 있었더라면 그 확인증은 우리 둘을 위한 것이었을 거라고 나에게 말했다. 그녀는 공화파 포로들을 처형하자고 흥분한 므쓔 다르고뉴와 몇몇 병사를 진정시켰기 때문에 다른 어떤 사람보다도 확인증을 받을 권리가 더 많았다.

---

148 레굴루스(Marcus Atilius Regulus)는 제1차 포에니 전쟁 당시 로마 장군으로 카르타고와의 전쟁에서 승리한 후 패배한 카르타고에게 가혹한 조건을 내걸었다가 오히려 카르타고의 반격을 받아 패하고 포로가 되었다. 그 후 그는 로마와 카르타고 사이의 평화협상을 성사시키지 못하면 돌아오겠다는 구두약속을 하고 석방되었다. 그는 로마 원로원에서 카르타고의 조건을 받아들이지 말라고 연설한 후, 약속대로 카르타고로 돌아와 처형당했다. 이처럼 구두약속을 지킨 행위 때문에 그는 로마인들에게 시민적 덕성의 모델로 추앙받았다.

므쓔 샤를 도티샹의 어머니인 마담 도티샹은 성공적으로 변장하여 군(郡) 행정관을 돕는 일을 맡았다. 그녀의 일은 소를 기르는 것으로, 농민이나 할 수 있는 어려운 일이었다. 그녀는 누구도 예상할 수 없는 자기의 비밀을 아무에게도 털어놓지 않았다. 1년 후, 그녀는 사면에 대한 이야기를 들었지만 오랫동안 그 문제에 대해 질문하거나 자세히 알아볼 엄두를 내지 못했다. 드디어 어느 날 그녀는 행정관에게 사면하는 것이 사실인지 묻기로 결심했다. 그녀가 묻자 그가 대답했다. "당신 같은 여자에게 그게 무슨 상관입니까?" 그녀가 대답했다. "므쓔, 제가 비적들을 알고 있기 때문입니다. 그들을 어떻게 대우합니까?" "양손을 벌리고 환영합니다." "므쓔, 고위 인물도 환영받습니까?" "더욱더 환영받습니다." 그러자 마담 도티샹은 자기가 누구인지 말했다. 참으로 선량한 그 행정관은 놀람과 슬픔에 사로잡혀 눈물을 글썽이며, 그렇게 오랫동안 숨겨온 것과 자기를 그렇게 완전하게 불신한 것을 책망했다. 많은 방데의 여자들이 비슷한 모험을 했고, 쫓기는 동안 진짜 농민이 되어 땅을 경작하고 가축을 기르는 등 새로운 상황이 요구하는 의무를 이행했다. 라부아리의 한 젊은 여자는 추수를 하다가 낫에 손가락을 잘렸다. 이렇게 숨어 지내는 삶은 고통스러웠지만 그것이 어느 정도의 안전을 보장할 유일한 길이었다.[149]

---

[149] (원주) 숄레 출신 모리세 부부는 극히 흥미롭고 무서운 모험을 많이 했다. 최근에 마담 모리세에게서 들은 것 하나만 소개하겠는데, 그것은 말하지 않고 숨겨두기에는 너무 놀라운 것이다. 그들은 5주 동안 앙스니 부근에 있는 나무 속에 숨어 있었다. 둘이 한꺼번에 앉을 수가 없어서 한 사람씩 앉을 수 있을 뿐이었다. 그녀는 임신 중이었다. 어느 날 한 소작농 과부가 그녀를 찾아 몸을 녹이도록 했을 때, 청군이 들이닥쳤다. 청군은 그 과부에게 집에 있는 사람들의 이름과 신분을 대라고 명령했다. 그리고 수상한 사람이 있다는 것을 자백하면 처벌받지 않을 것이지만, 만일 털어놓지 않았는데 수상한 사람이 발견되면 집에 불을 지르고 모든 사람을 죽일 거라고 경고했다. 그녀는 창백해져서 다른 방으로 갔다가 돌아와 냉정하게 각자의 이름을 말했다. 마담 모리세는 자기의 딸이라고 덧붙였다. 청군이 떠난 뒤 마담 모리세가 그녀에게 말했다. "정말 무서웠어요. 당신이 무서워 떠는

그밖에도 낭트에서 살아난 사람이 많았다. 무시무시한 공포정치가 그 도시를 지배했음에도 말이다. 낭트의 주민들은 매우 선량하여 그 도시에는 언제나 신부가 300명 숨어 있었다. 이렇게 쫓기는 사람들에 관한 용기 있고 헌신적인 행동의 사례는 많다. 부유한 상인들은 모두 인간애로 가득 차 있었다. 그들은 혁명 초의 혁명사상은 받아들였으나 혁명의 범죄에 대해서는 혐오했기에 왕당파만큼이나 박해를 받았다. 그들 가운데 109명이 기요틴 형을 받으러 파리로 이송되었다. 그러나 그들은 로베스피에르가 죽은 다음에 도착해서 목숨을 건졌다. 학살과 수장(水葬)에 열중했던 잔인한 계급은 프티 부르주아와 생활이 넉넉한 장인들이었다. 그들 가운데 많은 사람은 낭트인이 아니었다.[150]

어떤 여자들은 감옥에서 기적처럼 잊혀, 마담 보볼리에, 마담 라마르소니에르, 마드무아젤 라마르소니에르, 마드무아젤 몽디옹 등은 처형을 면했다. 그러나 감옥에 갇혀 있던 여자들은 대부분 처형대에서 죽었거나 수장당했다. 그녀들은 자기들의 사상이나 행동을 하나도 부정하지 않음으로써 죽으면서도 고귀한 용기를 보여주었다. 농민들도 남녀 가리지 않고 헌신적이고 열정적이었다. 그들은 죽으면서 "국왕 만세! 우리는 천국으로 간다!"라고 외친 후 놀랍도록 침착하게 죽음을 맞이했다.

것을 보고 이제 끝났구나 하고 생각했어요. 당신이 보여준 용기를 보고 놀랐습니다." 그 선량한 여자가 대답했다. "정말 그래요. 나는 당신을 고발하려고 입을 열었다오. 그런데, 달려가 무릎을 꿇고 기도하고 나니, 두려움이 사라졌어요."

150 1793년 9월, 낭트에 파견된 인민대표 장 밥티스트 카리에는 수천 명을 학살하고 수장했을 뿐만 아니라, 낭트에 있는 온건한 지롱드파 명사 132명을 파리로 보내, 파리의 혁명재판소에서 재판받도록 했다. 이 가운데 47명은 대상인, 42명은 법률가와 행정가, 19명은 귀족, 6명은 성직자, 5명은 해군장교, 4명은 의사였다. 132명 가운데 23명은 파리로 이송하는 과정에서 배고픔, 추위, 질병 등으로 죽었다. 1794년 7월 27일 테르미도르 정변으로 로베스피에르가 처형당한 후 1794년 9월에 열린 재판에서 이들은 모두 무죄로 풀려난 반면 이들을 파리로 보낸 카리에는 사형 선고를 받고 처형되었다.

나는 다른 어떤 것보다 더 감동적인 이 이야기를 잊지 못할 것이다. 마담 주르당은 세 딸과 함께 수장되기 위해 루아르강에 끌려왔다. 한 병사가 세 딸 가운데 제일 예쁜 막내딸을 구하려 했으나 그 딸은 어머니와 운명을 함께하고자 강에 몸을 던졌다. 그 불행한 아이는 시신 위에 떨어져 물속으로 들어가지 않았다. 그녀는 "나를 미세요. 물이 충분하지 않아요"라고 외친 다음 죽었다.

마드무아젤 퀴사르는 나이 열여섯이었는데 매우 예뻤다. 한 장교가 그녀에게 관심을 가져 세 시간이나 그녀의 발에 매달리고는 목숨을 구하라고 간청했다. 그녀는 한 늙은 친척 여자와 함께 있었는데, 그 장교는 그 친척의 처형까지 면하게 해주는 모험은 하려고 하지 않았다. 마드무아젤 퀴사르는 친척과 함께 루아르강에 뛰어들었다.

마담 라로슈생탕드레의 죽음은 끔찍했다. 그녀는 임신 중이어서 죽음을 면했으며 출산 후에는 아이를 돌보았다. 그러나 아이가 죽자 그녀는 그다음 날로 처형되었다. 임신한 여자들이 모두 존중받은 것은 아니다. 존중받은 경우는 매우 드물었다. 여자와 아이들도 학살당하는 경우가 더 많았다. 재판정에서만 예외가 일어났을 뿐이다. 재판정에서는 여자들에게 아이들을 돌볼 시간을 주었다. 그것이 공화파의 의무라는 듯이 말이다. 바로 그것이 그때 그 사람들의 인간애였다.

나의 불쌍한 아가트는 위험한 순간을 많이 넘겼다. 그녀는 당시 이야기되고 있던 거짓 사면을 받고자 노르에서 나와 헤어진 후 낭트에 갔고, 카리에의 친구 가운데 가장 잔인한 랑베르티 장군 앞으로 불려갔다. 아가트의 얼굴이 그의 마음에 들었다. 그가 말했다. "무섭나, 비적?" 그녀는 아니라고 대답했다. 그러자 그가 덧붙였다. "앞으로 무서운 일이 생기면 랑베르티를 기억해라." 그녀는 창고로 끌려갔는데, 그곳은 수장당할 사람들을 가둔 그 유명한 감옥이었다. 매일 밤 사람들이 와서 100명씩

끌고 나가 배에 실은 다음, 그 불행한 사람들을 둘씩 묶어서 총검으로 떼밀었다. 그들은 창고에 갇혀 있던 사람들을 무차별적으로 데리고 나갔다. 전쟁포로인 영국 해군장교도 수장시킬 정도였다. 카리에는 공화국의 엄격한 도덕성을 보여준다는 구실로 그 도시에 있던 창녀 300명을 가두었으며 그 불행한 여자들도 모두 수장시켰다. 그는 그 창고에서 한 달에 15,000명을 죽인 것으로 추산된다. 이러한 처형 외에도 비참함과 질병이 밀짚 위에 포개져 아무 보살핌도 받지 못한 수인들을 덮쳤다. 그들은 그냥 목숨만 부지하고 있을 뿐이었다. 시신을 수거하러 오지 않아 시신이 하루가 넘도록 방치된 적도 있었다.[151]

아가트는 죽음이 임박했음을 확신하고 랑베르티에게 연락했다. 그는 그녀를 바닥에 열림판이 있는 작은 배로 데리고 갔다. 이 배는 카리에가 그에게 준 것으로, 전에 신부들을 수장시키는 데 사용된 배였다. 그는 그녀와 단둘이 있는 기회를 이용하려 했다. 그녀가 저항하자 랑베르티는 그녀를 수장시키겠다고 위협했다. 그녀는 강에 몸을 던지려고 뛰쳐나갔다. 그러자 그가 말했다. "자, 너는 순진한 소녀다. 내가 너를 구해주마." 그는 그녀를 여덟 시간 동안 그곳에 혼자 있게 했다. 거기서 그녀는 밤마다 수장하는 소리를 들었다. 그 후 랑베르티는 그녀를 쉴리방이라는 사람의 집에 숨겼다. 그 역시 카리에의 명령을 충실히 이행하는 사람이었다.

쉴리방에게는 방데인 동생이 한 사람 있었다. 전쟁 초에 쉴리방이 봉기자들의 포로가 되었을 때 그 동생이 쉴리방의 목숨을 구해주었고 풀어주었다. 사브네 패주 이후 그 방데인은 낭트에 와서 자기 형에게 도피처를 요청했으나 쉴리방은 그를 고발하여 죽게 했다. 그는 곧 후회에 사로

---

151 루아르강 수장으로 죽은 사람의 수를 정확히 알 수는 없다. 혁명사가인 장 클레망 마르탱은 1,800명에서 4,000명으로 추산하고 있다. 후작부인이 제시한 수치는 역사가들이 보기에는 지나치게 많다.

잡혔다. 그는 끊임없이 자기 동생의 그림자에 쫓긴다고 생각했고 그때마다 새로운 범죄를 자행함으로써 그것을 잊으려 했다. 쉴리방의 아내는 예쁘고 고결했다. 그녀는 남편을 혐오해 남편의 가증스러운 범죄를 끊임없이 비난했다. 쉴리방은 자기 아내를 진정시키려고 방데인 여자를 구해서 그녀에게 데려갈 생각을 했다.

얼마 후, 낭트의 공화파는 분열되었다. 사람들은 랑베르티가 여자들을 수장에서 빼주었으며 수장되지 않아야 할 사람들을 수장시켰다고 고발했다. 랑베르티의 심복이었던 로뱅이라는 젊은이가 마담 쉴리방 집으로 아가트를 찾으러 와서 배에 태우려고 끌고 갔다. 로뱅은 사람들이 자기 상관을 비난하는 범죄의 증거를 없애기 위해 그녀를 칼로 찌르려 했다. 아가트는 그의 발에 엎드려 자비를 구했다. 로뱅은 마음이 약해져서 아가트를 자기 친구인 라보의 집에 숨겼다. 라보는 이미 마담 레피네를 받아들인 적이 있는 정직한 사람이었다. 사람들은 바로 그다음 날 아가트가 숨어 있는 곳을 알아냈고 그녀를 잡으러 왔다.

랑베르티의 반대파는 랑베르티를 파멸시키려고 아가트에게 관심을 쏟았다. 그들은 쉴리방과 라보의 인간애를 찬양했고 최종적으로 랑베르티를 처형했다. 얼마 후 로베스피에르가 죽었다. 아가트는 몇 달 더 감옥에 있다가 풀려났다. 우리는 모르는 일이었는데, 얼마 전부터 아가트는 낭트에 갇혀 있는 친척들을 보러 오는 사람들을 통해서 우리의 소식을 자주 듣고 있었다. 선량한 코테는 기적적으로 죽음을 피했고 스위스 공화파로서 일찌감치 자유를 획득했는데, 우리를 자기 친척으로 가장하여 스위스로 데려가기 위해 우리가 도피해 있는 곳을 찾아다니려는 용감한 생각을 했다. 나는 앞에서 그의 열정이 어떻게 우리에게는 걱정거리가 되었으며, 그 열정 때문에 어떻게 그가 목숨을 잃을 뻔했는지 이야기했다.

25

전쟁을 계속한 방데인들에 대한 기술–보르도로 돌아감

Mémoires de Madame La Marquise De La Rochejaquelein

이것이 내가 낭트에서 알게 된 도망자들의 운명이다. 나는 전투를 계속했던 사람들이 어떻게 끝냈는지에 대해서는 알았지만 그들 대부분의 영광스러운 최후에 대해서는 자세히 알지 못했다. 한참 지나서 나는 그들이 처했던 모든 상황에 대한 이야기를 들었다.

내 아버지, 보볼리에 기사, 므쓔 드세사르, 므쓔 몽디옹, 므쓔 탱기, 그 밖의 여러 사람들은 사브네 패배 이후에 가브르 숲으로 숨어들었다. 그들은 법외자로서 거기서 숨어 지내던 낭트의 상인인 므쓔 카넬을 만났다. 므쓔 카넬은 이 므쓔들이 피신처를 찾는 데 도움을 주고 싶어 했다. 그러나 아버지와 그의 동료들은 그것을 거부하고 무장행동을 벌이려고 했다. 그들은 방데인 200여 명을 규합하여 앙스니를 공격했다. 그러나 그들이 루아르강을 건너려 하자 이미 배를 치워버린 공화파들은 공격자의 수가 적은 것을 알고서는 돌아와 그들을 포위해버렸다. 그들은 이 전투에서 놀라운 용기를 내어 손에 칼을 들고 포위망을 돌파하는 데는 성공했으나 부상을 당했고, 계속 괴롭힘을 당하다가 들판에서 기병들에게 사로잡혔다. 그들은 앙제로 이송되어 거기서 처형당했다. 그들과 함께 있었던 마드무아젤 드세사르도 그들과 운명을 함께했다.

아버지의 죽음으로 도니상이라는 이름은 사라졌다. 므쓔 레스퀴르도 그의 집안에서 마지막이었다. 그 집안의 원래 이름은 살그였는데 300여 년 전에 혼인에 의해 레스퀴르라는 이름을 갖게 되었다. 살그라는 이름은 그 후 호적에서 사라졌다. 여러 훌륭한 집안에서 살그라는 이름 혹은 레스퀴르라는 이름을 취했으나 어떤 집안도 므쓔 레스퀴르의 집안과는 관계가 없다.

탈몽 공작은 므쓔 부공과 함께 라발 근처에서 붙잡혔다. 공화파는 잔인하게도 그의 죽음을 미루고 그를 이 도시 저 도시, 이 감옥 저 감옥으로 질질 끌고 다녔다. 그는 그럼에도 왕족다운 고귀함과 당당함을 보여주었으며 공화파의 욕설 속에서도 꿋꿋했다. 그는 재판관에게 다음과 같이 대답했다고 한다. "당신의 직업에 충실하시오. 나는 내 의무를 했소." 그는 라발에 있는 자기 성의 뜰에서 처형당했다.

므쓔 뒤페라, 므쓔 포레스티에, 므쓔 르누, 므쓔 뒤셰니에, 므쓔 자리, 므쓔 카크레, 캉트로 기사, 그 밖의 여러 사람들은 브르타뉴로 들어가서 숨어 있다가 므쓔 퓌제의 슈앙과 합류하여 함께 싸웠다. 므쓔 카크레는 혼자 있다가 기습당해 사망했다. 몇 달 후, 다른 사람들은 실전보다는 계획이나 음모가 주를 이루고 은밀히 진행되는 식의 전쟁에 싫증을 느껴 므쓔 세포가 지휘하는 루아르 강변의 슈앙에게로 갔다가 다시 방데로 돌아갔다.

보르페르 기사, 수아예 집안의 므쓔 세 사람, 므쓔 브자리, 므쓔 카디, 므쓔 그를리에, 용감하고 겸손했던 포병 장교, 므쓔 팔리에름, 므쓔 슈투, 므쓔 바르보(이 셋은 처남매부지간이다),[152] 므쓔 바니에, 므쓔 토늘레 뒤셴, 므쓔 트랑킬, 므쓔 라살모니에르, 므쓔 르제 등은 하나둘 좌안으로 건너갔다. 이 므쓔들은 므쓔 뤼제와 함께 있던 사람들과 마찬가지로 그들의 기존 명성을 높여나갔다.

그 밖의 많은 사람은 더 처참했다. 그들은 처형대에서 혹은 은신처에서 죽음을 맞이했는데, 나는 그들이 어떤 상황에서 최후를 맞이했는지는 알지 못한다. 므쓔 라마르소니에르, 므쓔 뒤리보, 므쓔 페로, 므쓔 디스니, 므쓔 마르상주, 므쓔 빌뇌브, 므쓔 라모트, 므쓔 데스누, 보볼리에의 막내 동생 등도 같은 운명을 맞이했다.

늙은 므쓔 도종은 자기 하인과 함께 블랭에서 붙잡혔다. 공화파는 므쓔 도종이 자기를 간호하기 위해 남았던 이 성실한 소년의 목숨을 구하고 싶어 한다는 것을 알고 그 하인을 먼저 죽였다. 그 선량한 노인의 최후를 더욱 고통스럽게 만들기 위해서였다.

므쓔 상글리에는 천연두를 앓고 있던 어린 두 딸과 함께 말을 타고 가다가 피로와 병으로 죽었다. 그 후 두 딸 중 하나가 발견되었다.[153] 므쓔 로그르니에르는 낭트의 처형대에서 죽었다.

므쓔 세포는 숨어 지내다가 캉데와 앙스니 부근에 있는 슈앙 부대의 장군이 되었다.

탈주병 네 사람이 므쓔 라크루아를 고발했고 보상을 요구했다. 카리에는 먼저 므쓔 라크루아를 처형하고 나서 탈주병들에게 추천장을 주어 앙제로 보냈다. 추천장에는 그들을 처형하라는 명령이 들어 있었다.

젊은 므쓔 보코르도 체포되었다. 그의 얼굴에 난 수많은 칼자국은 그

---

152 (원주) 『생존자들의 전기』 중 므쓔 바르보(장 자크)에 관한 기록은 완전 허구다. 나는 그에 관해 가장 정확한 정보를 모았다. 나는 이 정직한 장교가 한 순간도 자기의 행동을 바꾸지 않았다는 것을, 그의 행동은 흠잡을 데 없었다는 것을 보증한다. 그는 모든 면에서 최고의 평가를 받았다. 그는 현재 성 루이 기사단원이며, 맨 에 루아르도(道)에 있는 샹토소의 특별수납관이다.

153 (원주) 오늘날 마담 그레올름이다.

를 알아볼 수 없게 만들었다. 그는 상처 때문에 이성이 마비되었다고 사람들이 믿게끔 대답했다. 사람들은 그가 방데인인지 청군인지 분간할 수 없었다. 그는 감옥에 갇혀 있다가 사면받고 풀려났다.

우리의 선량한 장교 가운데 므쓔 오달리와 그의 사촌인 므쓔 브뤼네는 사람들이 처형장으로 끌고 가려고 데리러 갔을 때 자고 있었다. 므쓔 오달리와 그의 사촌은 자기들의 이름이 불리어도 자기들과 관계없는 양 행동했고 그래서 잊혔다.

므쓔 솔리야크는 르망에서 포로로 잡혔으나 탈출하여 통행증과 병사 제복을 손에 넣었다. 그는 파리를 지나 더 북쪽으로 가서 북부군의 최전방에 도착한 후 거기서 영국군 진영으로 넘어갔다. 요크 공작은 외국인들이 아직 잘 모르는 그 전쟁에 대해 자세히 이야기해줄 수 있는 그 방데인을 환영했다. 요크 공작은 므쓔 솔리야크를 즉시 런던으로 보냈다. 대신들은 그를 환영했고, 그들이 끊임없이 논의해온 서부 원정 계획을 수립하기 위해 많은 사항을 물어보았다. 몇 달이 지나, 므쓔 솔리야크는 그들이 실천에 옮기지는 않고 계획만 세우는 데 짜증 나서 작은 배를 타고 브르타뉴 해안에 도착했다. 거기서 그는 방앗간지기가 되었고 몇몇 소교구에서 봉기를 일으켰으며 슈앙의 분견대장이 되었다.

므쓔 알라르는 루아르강을 건너간 후 며칠 동안 헤매다가 반대쪽 강변에서 붙잡혔다. 위원회는 그에게 사형을 선고했다. 형이 집행되려는 순간 "무기를 들라!"라고 외치는 소리가 들렸다. 처형이 연기되었다. 유예 기간에 그의 젊음과 솔직함, 특히 그가 자기를 포함하여 여러 사람의 목숨을 구해주었다고 말한 어떤 공화파의 탄원이 사람들의 관심을 끌어 최종적으로 판결이 철회되었다. 그는 한 대대에 편입되어 누아르무티에 섬의 수비대에 파견되었다가 얼마 후 거기서 탈출하여 누아르무티에 섬과 육지 사이의 해협을 과감하게 건너 므쓔 샤레트에게 갔다. 므쓔 샤레트는 처음에는 그를 박대했으나 곧바로 용기와 장점을 인정하여 그에게 부대 지휘를 맡겼다. 그런데 바로 그가 제2차 방데 전쟁의 구실이 되었다. 므쓔 알라르가 지휘한 병사들이 사면조항을 위반했기 때문이다. 공화파는 계략을 써서 그를 붙잡아 감옥에 넣었는데, 므쓔 샤레트는 그를 석방하라고 요구했으나 거절당하자 다시 무기를 잡은 것이다.

아그라 주교는 앙제 부근에서 발각되어 붙잡혔다. 그는 주교인지 아닌지 질문 받고 대답했다. “그렇다, 나는 사람들이 그렇게 부르는 사람이다.” 그는 그 밖의 대답은 거부하고 용기 있게 처형대에서 죽음을 맞이했다. 그의 여동생들도 그 때문에 거기서 죽었다.

므쓔 델베, 므쓔 도트리브, 므쓔 부아시, 마담 델베, 그 밖의 여러 부인들은 카틀리노 장군의 동생인 피에르 카틀리노와 므쓔 비레라는 장교의 인도로 므쓔 샤레트의 부대로 갔다. 카틀리노와 므쓔 비레는 앙주인 1,500명을 이끌고 공화파의 모든 초소를 지나갔다. 므쓔 샤레트는 여자들과 부상자들을 자신이 얼마 전에 점령한 누아르무티에 섬으로 보냈고, 카틀리노는 앙주인들을 그들의 면(面)으로 돌아가게 했다.

석 달 후, 공화파는 누아르무티에를 공격하여 점령했다. 그들은 거기서 부상 때문에 빈사 상태에 빠져 있던 므쓔 델베를 발견했다. 그의 부인은 도망칠 수 있었지만 남편을 떠나려 하지 않았다. 청군은 방에 들어와 “델베다!” 하고 외쳤다. 그는 대답했다. “그렇다. 너희의 최대의 적이다. 내가 싸울 힘이 있었다면 너희는 누아르무티에를 빼앗지 못했거나 빼앗더라도 많은 대가를 치렀을 것이다.” 그들은 므쓔 델베를 닷새 동안 가두면서 모욕과 심문으로 짓눌렀다. 그는 절제와 신의로 심문을 견뎌냈다. 마침내, 그는 고통을 이기지 못하고 말했다. “므쓔, 이제 끝낼 시간이다. 나를 죽여라.” 그들은 이 용감하고 고결한 장군을 의자에 앉힌 뒤 총을 쏘았다. 그의 부인은 남편이 처형장으로 끌려가는 것을 보고 혼절했다.

한 공화파 장교가 그녀를 부축하고 동정심을 보였다. 그의 상관들은 그녀를 그냥 그대로 두지 않으면 그에게 총을 쏘겠다고 위협했다. 그녀는 다음 날 총살되었다. 므쓔 부아시와 므쓔 도트리브 역시 총살되었다. 방데인 도망자들과 방데인들에게 호의적이었다고 의심받은 섬 주민들 모두 거리에 끌려 나와 학살당했다. 그 가운데에는 르메냥 드 레코르스의 두 아들이 있었는데, 하나는 나이가 아홉 살이었고 다른 하나는 열두 살이었다. 그들은 어린 나이에도 불구하고 그들의 후견인인 므쓔 비레와 함께 모든 전투에 참가했었다. 므쓔 비레 역시 총살당했다.

나는 므쓔 라로슈자클랭, 므쓔 보제, 므쓔 스토플레, 므쓔 랑주리, 그리고 병사 20여 명이 어떻게 해서 앙스니 앞에서 부대와 헤어졌는지 앞에서 이야기했다.[154] 한 공화파 순찰대가 그들을 강변에서 쫓아냈다. 병사들은 흩어졌으나 지휘관 네 사람은 흩어지지 않고 들판을 지나 달아났다. 온종일 그들은 시골을 헤매고 다녔으나 주민을 한 사람도 만나지 못했다. 모든 집은 불탔고, 살아남은 농민들은 숲속에 숨어 있었다. 앞에서 말했던 앙스니 전방에 나타났던 그 봉기군은 피에르 카틀리노가 지휘하는 부대였다. 그러나 그 부대는 통상적으로 집결해 있지 않았고 가끔 모여 원정을 떠나는 정도였다. 마침내, 앙리와 그의 세 동료는 24시간

---

[154] (원주) 우리 하인들이 거짓 경보 때문에 패주하면서 노르에서 우리와 헤어졌을 때, 우리에게는 더 이상 옷가방이 없었다. 앙리의 하인들은 자기들의 주인이 루아르강을 건너간 후 앙스니에서 우리에게 와 있었다. 우리는 앙리의 옷가방을 열었다. 안에는 말을 타는 데 필요한 옷 몇 벌과 숄레의 붉은색 손수건들뿐이었다. 나는 사브네에서 농민으로 변장했을 때 그 손수건 하나를 목에 둘렀고, 그 후에는 일요일이면 그것을 둘렀다. 왜냐하면 브르타뉴인들은 그것은 매일 두르기에는 너무 아름답다고 말했기 때문이다. 사면을 받은 후, 나는 그것이 앙리 것임을 기억하고 잘 간수했다. 결혼했을 때 나는 그것을 므쓔 라로슈자클랭(앙리의 동생)에게 주었고, 그는 내 머리카락을 가지고 거기에 표시해두었다. 그는 가끔 그것을 자기 머리나 우리 아들 앙리의 머리에 잠시 두르기를 좋아했다. 이 모든 이유 때문에 내 손자 쥘리앵은 그것에 큰 가치를 둔다.

동안 고단하게 헤맨 끝에 사람이 살고 있는 한 소작농가에 도착해 밀짚 위에서 곯아떨어졌다. 잠시 후, 소작농이 와서 청군이 오고 있다고 말했다. 그러나 그 므쓔들은 절대적으로 휴식과 잠이 모자라서 목숨을 잃는 한이 있더라도 일어나려 하지 않았고 운명에 맡겼다. 청군은 몇 명 되지 않았다. 그들 역시 피곤에 절어 짚더미 반대쪽에서 방데인 네 사람 옆에서 잠이 들었다. 날이 밝기 전에 므쓔 보제는 동료들을 깨워 다시 그 지방을 떠돌아다니기 시작했다. 그들은 10여 km를 다녀도 살아 있는 생명체를 발견할 수 없었다. 몇몇 외톨이 청군을 공격하여 빵을 빼앗지 않았더라면 굶어 죽었을 것이다.

그들은 샤티옹까지 가서 밤중에 도시 안으로 들어갔다. 초병들이 "누구냐" 하고 외쳤다. 그들은 대답하지 않고 도망쳐 나와 생토뱅으로 갔다. 그곳에는 마드무아젤 라로슈자클랭이 숨어 살았는데 그들은 거기서 그녀와 함께 사흘을 지냈다. 앙리는 고통 때문에 몸이 많이 상했다. 그는 자기의 운명에 짓눌렸고, 손에 무기를 들고 죽을 기회만을 찾는 것 같았다. 르망 전투와 그렇게 비참하게 자기 부대와 헤어졌다는 슬픔이 그를 절망시켰다. 지역의 상황에 대한 정보를 수집한 후, 그는 옛 푸아투인들과 만나 부대를 재구성해서 그들을 이끌고 다시 싸우기로 결심했다.

그는 그때 므쓔 샤레트가 몰브리에로 이동했다는 것을 알고는 동료들과 함께 밤새 그곳으로 갔다. 그는 냉랭한 대접을 받았다. 점심식사를 하려던 참이었던 그 장군은 그에게 식탁에 앉으라는 말조차 하지 않았다. 그들은 루아르강 저편으로의 원정에 대해 이야기했다. 므쓔 샤레트는 몇 가지 세부 사실을 묻기는 했지만 막연했다. 그들은 헤어졌다. 므쓔 라로슈자클랭은 한 농민의 집으로 식사하러 들어갔다. 몇 시간 후 부대 출발 신호가 울렸다. 앙리는 므쓔 샤레트를 다시 만나러 갔다. 그가 앙리에게 말했다. "당신은 나를 따르러 왔습니까?" 앙리는 "나는 따르는 데 익숙하지 않고 이끄는 데 익숙합니다, 므쓔"라고 대답한 후 그에게 등을 돌렸다. 두 장군은 이렇게 헤어졌다. 므쓔 샤레트의 부대에 들어갔던 샤티옹과 숄레 인근 농민들은 앙리를 보고서는 앙리가 그들에게 한마디 하지 않았는데도 므쓔 샤레트를 버리고 앙리에게로 왔다.

므쓔 라로슈자클랭은 청군을 공격하기 시작했다. 그의 첫 번째 부대 집결은 네리 소교구에서 이루어졌다. 그들은 밤새 걸어 그곳에서 32km 떨어진 곳에 있는 공화파 초소를 공격했다. 그 후 사흘 밤 연속 그는 비슷한 원정을 감행했다. 그의 원정은 언제나 장거리였는데 행로를 흐릿하게 하려는 것이었다. 공화파는 부대가 여럿이라고 생각하여 많은 병력을 파견했다. 앙리는 브쟁 숲에 진을 쳤고, 거기서 원정을 떠나 초소를 기습하고 수송물자를 빼앗고 소규모 분견대를 물리쳤다. 어느 날, 포로로 잡힌 한 공화파 준장이 그에게 끌려왔다. 그 장교는 방데군 장군인 므쓔 라로슈자클랭이 나뭇가지로 지은 오두막집에서 기거하고, 농민처럼 옷을 입고, 머리에는 커다란 양털 모자를 쓰고, 팔에는 휘장을 두르고 있는 것을 보고 매우 놀랐다. 휘장을 두른 이유는 충분한 휴식을 취하지 못해 상처가 낫지 않았기 때문이었다. 므쓔 라로슈자클랭은 그를 심문한 후 선언했다. "국왕군 위원회는 너를 처형한다." 그런 다음 총살형이 집행되었다. 그의 주머니 속에는 농민들에게 사면을 약속한 후 농민들이 투항하면 사살하라는 명령서가 들어있었다. 앙리는 그 명령서를 모든 마을에 알렸다.

그의 작은 부대는 조금씩 커져서 적의 분견대 초소를 파괴하고 지역의 주인이 되었다. 그러나 모르타뉴와 샤티옹의 수비대는 너무 강력해서 공격할 엄두를 내지 못했다. 드디어, 1794년 3월 4일 재의 수요일,[155] 그

[155] (원주) 나는 그 날짜를 성회례의 날(재의 수요일)이라고 기억한다. 왜냐하면 그

는 트레망틴에서 전에 가벼운 승리를 거둔 적이 있는 누아예로 이동하다가 공화파 척탄병 두 사람을 발견했다. 자기 병사들이 그들을 공격하려 하자, 앙리는 "아니다. 나는 그들이 말하는 것을 듣고 싶다"라고 말했다.

전투에 참가했던 여러 방데인들이 나에게 그렇게 말했기 때문이다. 그 후, 다른 많은 사람은 앙리는, 정확한 날짜는 모르지만, 2월 말경에 죽었다고 나에게 단언했다. 얼마 전에, 마드무아젤 라로슈자클랭이 가지고 있는 문서들에서 2월 6일을 가리키는 쪽지가 발견되었다. 나는 그 날짜가 너무 이르다고 생각한다. 이러한 불확실함은 당시 방데인들과 나머지 프랑스인들이 완전히 분리되어 있었음을 말해주는 뚜렷한 증거이다.* (제5판의 주).

* 이것이 1822년에 출판된 내 『회고록』의 마지막 판인 제5판에 있는 주석이다. 그 후, 앙주의 지휘관 가운데 한 사람이었으며, 앙리가 죽을 때 그 자리에 있었던 므쓔 라보네르 백작은 의심의 여지가 없는 후속 사건과 세부 사실과 함께 앙리의 사망 일자를 나에게 정확히 알려주었다. 앙리는 1794년 1월 28일이나 29일 죽었다. 내가 활자화한 이야기는 고(故) 므쓔 라빌 드 보제가 제공한 것이며, 대체로 므쓔 라보네르의 이야기와 일치한다. 므쓔 라보네르는 방데 전쟁에 대해 많은 자료를 모았다. 다음은 므쓔 라보네르의 이야기를 요약한 것이다.
"므쓔 라보네르와 그의 동생은 브쟁 숲에서 앙리와 스토플레 등과 함께 있었다. 숲에서 나온 날, 그들은 공화파 병사들이 누아예와 트레망틴 사이의 농촌 마을을 다니며 파괴하고 약탈한다는 것을 알았다. 므쓔 라로슈자클랭, 피케, 그 밖의 몇 명은 그들을 공격하기 위해서 나왔다. 여러 명을 칼로 벤 후, 피케는 나무에 기대어 자기를 겨누고 있던 한 병사와 마주쳤다. 앙리는 마구가 매우 잘 갖추어진 말을 타고 도착했다. 그 말은 앙리가 며칠 전에 빼앗은 것이었다. 그는 청색 외투를 입고 높은 모자를 썼는데, 이러한 복장은 그를 대장으로 보이게 했다. 그 병사는 피케가 아니라 므쓔 라로슈자클랭에게 총을 쏘았다. 총알이 그의 이마에 박혔고, 그는 그 자리에서 죽었다. 피케는 칼로 그 병사를 죽였다. 청군이 접근해오는 바람에 시신을 매장할 시간이 없어서, 그들은 병사의 모자에서 휘장을 떼어내어 앙리의 모자에 붙였다. 공화파가 그를 동료로 여기고 그의 시신을 존중해주기를 바라는 마음에서였다."
라보네르 백작은 날짜를 정확히 하려고 다음 내용을 덧붙였다.
"우리는 길을 계속 갔고, 도중에 있는 생마케르 초소를 파괴했다. 다음 날 우리는 제테에서 잤다. 그러므로 제테 전투의 전전날 혹은 같은 날(2월 1일이나 2일) 벌어진 네 차례 전투의 전전날에 그 불행한 일이 일어났던 것이다. 앙리가 죽었다는 분명한 증거는 그가 우리를 지휘하지 않았다는 것이다.
청군이 지나간 후, 농민들은 두 시신을 발견하고 함께 땅에 묻었다. 그 후 사람들은 부상당한 것을 보고서 그것이 앙리의 시신임을 알아보았다.

앙리는 그들에게 달려가면서 외쳤다. "투항하라, 목숨은 살려주겠다!" 그들 가운데 한 사람이 무릎을 꿇고 앙리에게 자기 총의 총대를 내밀었다. 앙리가 무기를 받으려고 손을 내미는 순간 그가 총을 쏘았고 총알이 앙리의 이마를 관통했다. 그는 죽었다. 척탄병은 그에게서 소총을 빼앗아 황급하게 달려온 므쓔 보제와 그 밖의 몇 명을 쏘려 했으나 그들이 척탄병을 칼로 베었다. 그들은 슬픔에 잠겨 구덩이를 파고 급하게 앙리와 그 척탄병의 시신을 묻었다. 적의 부대가 도착했기 때문이다.

이렇게, 나이 스물한 살에, 방데군 총사령관의 삶은 끝났다. 그의 경력은 그 누구보다도 빛났다. 그는 부대의 우상이었다. 오늘날에도 옛 방데인들은 그의 용기, 겸손함, 눈부신 재능과 열정, 영웅적인 성격과 착한 아이 같은 성격에 대해 회상할 때면 자부심과 사랑을 가지고 그에 대해 이야기한다. "므쓔 앙리"의 지휘 아래 싸운 이야기를 할 때 눈에 생기가 넘치지 않는 농민은 한 사람도 없다.[156]

---

156 (원주) 『살롱의 거울』이라는 제목의 출판물에 따르면, 1834년 5월 5일 자 『젊은 프랑스』 신문의 〈반향〉에 봉샹 장군이 앙리 드 라로슈자클랭에게 보냈다는 편지가 나온다. 이 편지에서 장군은 이렇게 말한다. "스파이가 나에게 한 말에 의하면 그들(공화파)은 자기들이 우리 둘 사이에 있다고 생각하는 불화에 기대를 걸고 있습니다…… 이처럼 긴박한 상황(다음 날 보프레오와 숄레 사이에서 전개될 전투)에서, 나는 우리가 다투는 모습을 공화파에 보여주어서는 안 된다고 생각합니다. 그들은 그것을 이용하려고 할 것입니다, 등등." 이 편지는 1793년 9월에 사브네에서 보낸 것으로 되어 있다. 나는 1834년 8월 5일,『젊은 프랑스』 신문에 편지를 보내 그 편지에 대해 항의했다. 나는 그 편지가 가짜라고 말했다. 왜냐하면 그 두 므쓔 사이에는 완벽한 화합이 유지되고 있었고, 앙리는 므쓔 봉샹에 대해 완전한 존경심을 표명했기 때문이다. 므쓔 봉샹은 그런 존경을 받을 자격이 있었다. 게다가 날짜만으로도 그 편지가 거짓임을 증명해준다. 왜냐하면 므쓔 봉샹이 치명적인 부상을 입고 죽은 전투는 10월 17일에 벌어졌고, 가톨릭 군대는 12월 22일에야 사브네에 들어갔기 때문이다. 므쓔 몽메르케는 9월 5일 같은 신문에서 자신이 그 편지의 소유자라고 말했다. 그는 날짜가 잘못되었고 필체가 다르기는 하지만, 편지 자체는 진짜라고 주장했다. 나는 이러한 필전을 계속할 생각이 없었다. 신문의 소문과 선전은 내 취향에 맞지 않았기 때문이다. 나는 므쓔 몽메르케에

지휘권을 잡은 므쓔 스토플레는 공화파를 상대로 게릴라전을 벌여 여러 차례 성공을 거두었고 숄레의 중요한 기지를 점령하기도 했다.

바로 그 무렵에 므쓔 마리니가 루아르강을 건넜다. 그는 브레쉬르 부근에서 자기가 가장 잘 아는 면(面)으로 갔다. 그는 므쓔 레스퀴르 부대의 잔여세력을 규합하여 짧은 시간 안에 큰 부대를 결성했다. 그는 청군에게는 엄격했지만, 성격이 누구보다도 선량하고 자상했으므로 부대원들의 존경을 받았다. 그 무렵 봉기는 세 부대로 나뉘어 진행되었다. 므쓔 샤레트가 지휘하는 저(低)푸아투 부대, 므쓔 스토플레가 지휘하는 앙주 부대, 므쓔 마리니가 지휘하는 푸아투 부대.

므쓔 마리니는 처음에는 운 좋게도 빛나는 승리를 거두었다. 4월 18일 성금요일에 그는 나의 클리송 성 입구에서 청군을 공격했다. 그는 그들을 완전히 격파하여 1,200명을 죽였다. 이 승리는 청군에게 커다란 공포심을 불어넣어 청군은 브레쉬르를 떠나 시세에 있는 주둔지로 들어가 버렸다. 므쓔 마리니는 스리제를 봉기의 거점으로 삼았고 거의 모든 원정에서 승리를 거두었다. 세 장군 가운데 누구도 청군의 공격에서 자신의 방어선을 그만큼 잘 지켜내지 못했다. 므쓔 마리니는 심지어 모르타뉴까지 진격했다. 그는 초소를 손에 넣지는 못했지만 그곳의 공화파를 격파했다. 다른 부대에 있던 우리의 옛 장교 가운데 여러 명이 다른 두 장군의 부대를 떠나 그에게 합류했다. 므쓔 보제, 보르페르 기사 등은

게 봉샹 후작부인을 만나보라고 권하는 정도로 그쳤다. 므쓔 몽메르케는 후작부인도 내가 말한 것과 마찬가지로 자기 남편과 내 시아주버니 사이에는 언제나 완벽한 화합이 유지되고 있었으며, 보프레오 전투 당시 므쓔 봉샹은 오른팔에 입은 부상 때문에 글을 쓸 수 없었다고 그에게 말했다고 나에게 썼다. 므쓔 몽메르케는 우리 덕분에 그 편지가 허구임을 알았다고 나에게 말했다. 얼마 후 그는 수집한 자필원고들을 판매했고 충실하게 그 목록을 인쇄했는데, 므쓔 봉샹의 그 가짜 편지는 거기에 포함하지 않았다.

그와 함께 싸우러 앙주를 떠났다.

므쓔 샤레트와 므쓔 스토플레는 므쓔 마리니가 매일매일 거두는 성공과 늘어나는 영향력에 질투심을 느꼈다. 이런 유치한 동기에 기반을 두고 둘 사이에 교감과 공조가 이루어졌다. 그들은 므쓔 마리니에게 공동작전계획을 논의하자고 제안했다. 므쓔 마리니는 그들과 함께 잘레에 갔다. 세 사람은 루아르강 좌안 전역을 지키는 공화파 초소들을 공격하고자 세 부대를 연합하기로 결정했다.

므쓔 마리니는 장거리를 이동하여 정해진 날에 약속 지점에 도착했다. 사람들은 므쓔 스토플레와 므쓔 샤레트의 병사들에게 식량을 지급했다. 므쓔 마리니는 자기의 병사들에게도 식량을 달라고 요구했으나 충분히 지급되지 않았다. 므쓔 마리니의 병사들은 그렇지 않아도 자기들이 원래의 주둔지에서 멀리 원정을 떠나온 데 불만을 느끼던 차에 폭동을 일으켜 원래 있던 곳으로 돌아가 버렸다. 므쓔 마리니는 위원회가 자기의 정당한 불만을 듣지 않으려 하자 격노하여 병사들을 따라 스리제로 돌아갔다. 며칠 전, 그 두 므쓔는 그에게 지휘권을 내려놓고 전처럼 포병 장군으로 돌아가라고 요구하기까지 했다.

므쓔 샤레트와 므쓔 스토플레의 원정은 이루어지지 않았다. 그들은 스리제까지 므쓔 마리니를 쫓아갔지만 그는 거기에 없었고 그의 부대는 해체된 상태였다. 그러자 그들은 전쟁위원회를 소집해서 므쓔 마리니를 재판했고 궐석재판으로 사형을 선고했다. 므쓔 샤레트가 검찰관의 역할을 했고 사형을 결정했다.

므쓔 마리니의 농민들은 이 부당한 재판에 분노했으며 자기들의 장군을 보호하기로 맹세했다. 므쓔 마리니는 이 재판을 침착하게 받아들였다. 자기 동료들이 자기를 실제로 죽이려 한다고는 믿을 수 없었기 때문이다. 그것은 잔인하기보다는 어리석은 짓으로 여겨졌다. 몸이 매우 아팠던 그는 스리제에서 4km 떨어진 시골에 있는 작은 집에 은거하여 얼마간 지내고 있었다. 스토플레는 그가 대단히 헌신적이었다고 여러 차례 말했기에 별로 걱정하지 않았다. 그는 그들이 단순히 질투심 때문에 자기를 떼어놓으려는 것이라고 생각했다. 그래서 스토플레가 스리제에 가까이 왔을 때도, 므쓔 마리니는 므쓔 샤레트가 자기의 주둔지로 오라고 제안한 것을 받아들이지 않았다. 그때 스리제에는 므쓔 마리니의 병사가 900여 명 있었다. 그들은 스토플레에 맞서 싸울 준비가 되어 있었으므로 므쓔 마리니에게 돌아오라고 간청했으나 그는 방데인들을 이중의 내전으로 내모는 것이 두려워 그것을 원하지 않았다. 그는 숨는 것도 거부했다. 어떤 예방책을 취하기에는 그의 영혼이 너무 고결했고 삶에 대한 미련이 너무 적었기 때문이다.

생로의 신부는 한동안 샤레트의 부대에 있다가 샤레트의 부대에서 나와 스토플레의 부대로 옮긴 후 오랫동안 스토플레에게 절대적인 영향력을 행사하고 있었다. 생로의 신부가 도착한 다음 날, 스토플레는 숙소인 라모로지에르 성에서 출발하면서 몇몇 독일인에게 므쓔 마리니를 사살하라는 명령을 내렸다. 이 비천한 인간들은 명령에 복종했다. 그때 므쓔 마리니는 하인들하고만 있었고 그러한 추악함을 믿을 수 없었다. 마침내 그는 정말로 자기의 죽음을 원한다는 것을 알고서 고해신부를 요청했다. 그들은 그것을 단호히 거부했다. 그러자 그는 마당으로 가서 병사들에게 말했다. "내가 너희에게 명령한다. 엽보병들은 제 위치로!" 그런 다음 그는 "조준, 사격!"이라고 외친 다음 총에 맞아 죽었다. 모든 방데인 가운데 그보다 더 슬프고 더 반항적인 죽음을 맞이한 사람은 없다.

므쓔 스토플레가 스리제에 왔다. 그는 어둡고 당황한 표정으로 므쓔 마리니의 참모본부에 들어선 후 말했다. "여러분, 므쓔 마리니는 사형선고를 받았고 조금 전에 처형 집행되었습니다." 사람들은 슬픈 침묵을 지켰다. 그가 나가자 생로의 신부가 들어와 놀라움을 표시했다. 아니, 표시하는 척했다. 어떤 분노도 없었다. 그는 그때까지 공개적으로는 모습을 드러내지 않았었기에 아무것도 모르며 막 루아르강을 건너온 척했다. 그러나 그가 전날 스토플레와 상의했다는 것은 분명해 보이며 사람들도 대체로 그렇게 생각한다. 그리고 사람들은 스토플레가 독단적으로 그런 결정을 내리지는 않았을 거라고 생각한다. 엽보병들에게 명령을 내리기 전에, 스토플레는 자기 부대에서 가장 유능하고 충실한 장교인 노(老)수아예에게 자기는 므쓔 마리니에게 아무런 고통도 가하지 않을 거라고 약속했었기 때문이다.

그의 죽음 소식이 퍼지자 폭동이 일어났다. 므쓔 마리니의 하인들은 감옥에 갇혀 있었는데, 그들을 석방하지 않을 수 없었다. 부대는 해체되었고, 지기의 장군을 암살한 사람의 명령을 받으며 행군하기를 거부했다. 장교들은 어떤 사람은 므쓔 샤레트의 부대로, 어떤 사람은 므쓔 스토플레의 부대로 흩어졌다.

방데의 지휘관 가운데 므쓔 마리니만큼 각별한 기억을 남긴 사람은 드물다. 그는 공화파의 파괴에서 지역을 지키려고 참으로 많은 일을 했기 때문에 되세브르도(道)의 푸아투 지역 농민들은 그에 대한 존경심과 애정을 마음 깊이 품고 있었다. 그들의 스토플레에 대한 증오심은 지금까지도 계속된다. 그들은 자기들의 옛 장군이 처형당한 것에 대해 이야기할 때는 언제나 격노한다.

므쓔 마리니와 대단히 가까웠던 므쓔 보제는 싸울 필요가 있으니 계속 싸우긴 하겠지만 사병으로 싸우겠다고 선언했다. 스토플레는 그를 감옥에 넣었다. 그때 므쓔 보르페르가 자기도 같은 생각을 했고 같은 성향이니 죄가 있다며 자수하러 왔다. 그의 단호함이 스토플레를 압박했다. 다음 날, 싸움이 벌어졌고 므쓔 보제를 감시하던 병사들이 그를 풀어주었다. 그는 총을 잡고 싸우러 나갔다가 전투가 끝나고 돌아와 다시 감옥으로 들어갔다. 병사들은 감옥에서 그를 지키는 것을 더는 원치 않는다고 말했다. 그는 병사 계급으로 부대에 남아 복무했으나 결코 스토플레를 가까이하지 않았고 스토플레도 그와 아무런 관계를 맺지 않았다. 므쓔 샤레트는 사면을 수용하자마자 그 사면을 이용했다. 그는 스토플레 주위의 모사꾼들이 사적인 이익을 얻으려 평화조약 체결을 늦추는 것을 보고서, 마리니가 죽은 후 숲에 남아 어떤 지휘관도 인정하지 않고 어떤 부대도 따르기를 거부하면서 자기들을 괴롭히는 공화파 초병들에게 총을 쏘고만 있었던 마리니의 농민들을 공화파가 잘 설득하여 돌려보내도록 자기의 모든 힘을 다해 공화파를 도왔다.

므쓔 마리니가 죽은 후, 제대로 된 부대는 두 개밖에 남지 않았다. 므쓔 루아랑이 지휘하는 면(面)에는 세 번째 부대가 있었지만 대단치 않았다. 루아르강 저편에서 돌아온 뒤 부대를 결성했던 므쓔 사피노는 대단히 부드러운 사람이었고 다른 두 지휘관에 대해 극히 친절했다. 그의 부대는 중앙 부대라고 불렸다.

이렇듯, 모든 봉기는 므쓔 샤레트와 므쓔 스토플레의 수중에서 진행되었다. 둘은 야욕과 상호 질투심으로 가득 차 전혀 화합하지 못했다. 전쟁은 애초의 성격을 상실했다. 방데 전쟁 초기의 특징이었던 지휘관들의 화합, 자기희생, 동기의 순수성, 영혼의 고양(高揚) 등은 더는 존재하지 않았다. 농민들은 낙담했다. 농민들이 계속 부대에 모여 있도록 하려면 처음에 그들을 이끌었던 것과는 전혀 다른 힘과 가혹함이 필요했다. 대규모 전투도 이제는 없었다. 전쟁은 비적 행위와 온갖 무질서로 범벅이 되었다. 공화파의 잔혹함 때문에 가장 부드러운 영혼을 지녔던 사람들도 거칠어졌다. 포로들의 학살, 낭트 수장, 약속 위반, 주민들과 마을 방화 등 후대 사람들이 믿기 어려운 잔혹한 행위들이 자행되었고, 그에 대한 보복이 행해졌다. ‘지옥’이라는 이름이 붙은 공화파의 종대(縱隊)는 지역을 사방팔방으로 누비고 다니면서 남자, 여자, 아이들을 학살했다. 공화파의 장군이 촌장에게 코뮌 주민들의 안전한 모임을 허용한다고 통보한 후 주민들이 모이면 그들을 포위하고 몰살한 것이 한두 번이 아니었다. 어떻게 이 불행한 농민들에게 한 약속을 어길 수 있는지 정말 믿을 수가 없다.[157]

전쟁의 무대는 그렇게 변했다. 므쓔 샤레트는 거기서 확실한 명예를 얻었다. 절망적인 상황에서도 흔들리지 않은 단호한 결심과 불굴의 의지, 좌절을 모르는 능력 등은 그를 탁월한 인물로 만들었다. 그는 덕목과 단점이 함께 있었는데, 그것은 그를 상황에 잘 적응하게 했고 내전의 진정한 대장으로 만들었다. 그에게는 감동과 존경심으로 기억되는 순수하고 기사적인 영혼은 없었다. 그러나 어떠한 감정도 영향을 미치지 못하고, 목적을 이루는 데는 거침이 없고, 일종의 병사적인 태평스러움 덕분에 낙담할 줄 모르고, 다른 사람의 고통은 물론이요 자기의 고통에 대해서도 무감각한, 힘이 넘치는 이러한 성격의 소유자에 관해 생각하면 상상력이 매료된다. 므쓔 샤레트는 변치 않는 영혼의 단호함을 가진 사람이었다. 모든 것을 상실한 것 같은 극심한 슬픔 속에서도 그는 입가에

---

157 사브네 전투 이후 방데 전역(戰域)의 최종 해결을 맡은 사람은 서부군 사령관으로 임명된 튀로 장군이었다. 튀로는 초토화 작전을 결정했다. 그는 서부군을 두 개의 군단으로, 각 군단은 6개의 사단으로, 각 사단은 2개의 종대로 편성했다. 이렇게 해서, 총 24개의 종대가 편성되었다. 1개 종대는 800명으로 구성되었으니 전체 병력은 19,200명이었다. 이 지옥종대(les colonnes infernales)는 루이 16세가 처형되고 1년이 지난 1794년 1월 21일부터 5월 15일까지 방데 초토화 작전을 벌여 주민 2만에서 4만 명을 학살하고 재산을 파괴했다. 남녀노소는 물론이고 공화파 주민까지 포함한 주민 모두가 학살 대상이었다. 튀로 장군의 양민학살 작전을 공안위원회가 승인했는가 여부가 제노사이드 논쟁과 관련하여 중요한 논점 가운데 하나이다.

미소를 머금고 병사들의 용기를 북돋우고, 전투로 이끌고, 적을 향해 돌진시키고, 죽을 때까지 자기 휘하에 있게 했다. 그가 부상당해 이곳저곳으로 도망 다니고, 동료가 열둘밖에 남지 않았을 때도 공화파에게 상당한 두려움을 불러일으켜 공화파는 그에게 100만 프랑과 영국으로의 안전한 이주를 제안했지만, 그는 끝까지 싸우다가 체포되어 처형되었다는 사실을 우리는 결코 잊을 수 없을 것이다.

스토플레도 성격이 비슷했다. 그의 군사적인 재능은 더 뛰어났을지 모르나 그의 지휘 방식은 엄하고 잔인했다. 그렇지만 그는 다루기 쉬운 사람이었다. 생로의 신부는 그의 정신을 완전히 장악했고 그의 모든 행동과 말을 결정했다. 스토플레가 절대적인 지배자였던 참모회의에서 베르니에 신부(생로의 신부)는 전에 방데에 있을 때와 마찬가지로 야심, 이기심, 허영심이 많은 사람이라는 평판을 얻었다. 스토플레는 그러한 지위에 도달하고 권력과 명성을 얻기 위해서 정신력, 신중함, 재능 등을 보여주었다. 그러나 그는 자기의 목표에 도달한 후 더는 행동을 관리하지 않아도 되자 그러한 것들을 버렸다. 모든 사람은 므쓔 샤레트와 므쓔 스토플레가 어떠한 불굴의 용기를 가지고 최후를 맞이했는지 알고 있다.[158]

세 부대에는 탁월한 장교가 많았다. 그들은 멋진 무훈을 쌓았지만 그러한 것들은 거의 알려지지 않았다. 왜냐하면 이 전쟁은 훌륭한 결과를 맺지 못했기 때문이다. 피에르 카틀리노는 루아르강을 건넌 뒤 부대를 결성했고 자기 이름에 어울리는 행동을 했으며 명예롭게 죽었다. 카틀리노 장군의 다른 두 형제, 처남 네 사람, 사촌 열여섯 사람 모두 무기를 든 채 죽었다. 이 장군은 아들 하나와 딸 넷을 남겼는데, 아들은 국왕근

[158] 두 사람은 1795년에 혁명정부와 각각 평화조약을 맺었지만, 제2차 방데 전쟁을 일으켰고 체포되어 처형당했다.

위대의 기수(旗手)로 임명되었고,[159] 딸 가운데 하나는 용맹스러운 농민이었던 뤼넬과 결혼했다.

우리는 어머니의 건강 때문에 낭트에 이틀 머물렀다. 나는 많은 사람을 만나지는 않았지만 나를 알지 못했던 그 사람들은 매우 놀랐다. 그들은 방데의 여자들에 대해서 군사적인 이미지를 가지고 있었기 때문이다. 나의 이미지도 그러해서 그들은 마담 레스퀴르는 칼을 들고 싸우며 아무것도 두려워하지 않는 키 크고 강인한 여자라고 생각하고 있었다. 나는 나에게 덧붙여진 모든 무훈을 부인하고 작은 위험만 닥쳐도 얼마나 무서워했는지 고백했다.

우리는 서둘러 메도크 지방으로 떠났다. 통행증이 필요했다. 므쓔 마크 퀴르탱은 나에게 인민대표들의 명령서를 전해주었는데, 그것은 빅투아르 살그와 마리 시트랑에게 통행증을 발급하라고 행정관들에게 명령하는 것이었다. 나는 여행 중에는 우리 이름을 숨기는 편이 낫겠다고 생각하여 그 이름을 사용했다. 나는 여전히 농민 복장을 하고 행정관서에 갔다. 많은 사람이 대기하고 있었다. 사람들은 그들을 거칠게 다루며 일을 처리했다. 내 앞에 한 수녀가 있었다. 인민대표들과 마찬가지로 불과 얼마 전까지만 해도 자기들이 죽였던 사람들의 비위를 맞춘 행정관들은 그 수녀를 친절하게 대했다. 이것으로 나는 용기를 얻었다. 나는 앞으로 나아갔다. 나에 대해서는 한층 더 친절했다. '사면받은 여자'라는 말에 모든 사람이 일어서서 존경심을 표했고 나를 마담이라고 불렀다. 그들은 나에게 온갖 친절을 다 베풀었고 더 도와줄 것이 없는지 묻기도 했다. 이러한 환대는 불쌍한 빅투아르에게만 베풀어졌다. 모든 것은 방

---

[159] (원주) 아버지를 닮아 재능 있고 헌신적이었던 그 아들은 1832년의 혼란기에 암살당했다.

데인이라는 타이틀 때문이었다. 그들은 선량한 공화파들에게는 거칠었고 반말을 했지만 나에게는 언제나 3인칭으로 이야기했다. 마리 시트랑은 열병 때문에 올 수 없었다고 말하자 내가 장부를 가져가서 방에서 서명할 수 있도록 배려해주었다.

우리는 구입한 마차를 타고 하녀들과 함께 떠났다. 낭트에서 어머니를 잃고 나서 무엇을 할지 모르고 있던 마드무아젤 콩시즈도 함께 떠났다. 우리의 짐은 모두 작은 상자 두 개에 들어 있었는데 이것이 마부들을 놀라게 했다. 앙스니에 도착하기 전에, 나는 내 큰딸아이를 맡겼던 레네트르모로와 그의 부인을 만나려고 멈추었다. 나는 그 아이의 죽음을 믿고 싶지 않았다. 나는 그들이 그 아이를 더 잘 숨기기 위해 그 아이가 죽었다고 말하지 않았나 생각해왔다. 나는 그렇게 확신했기에, 그들이 딸아이를 돌려주면 현금 3,000프랑과 연금 1,200프랑을 주겠다고 경솔하게 제안했다. 그들은 또 다른 아이를 말하는 줄 알았을 것이다. 그들은 눈물을 쏟으면서, 그 아이는 죽었으며 그 아이와 함께 자기들의 행운도 잃었다고 말했다. 그 순박한 사람들은 내가 그 아이를 맡기면서 준 돈을 돌려주고 싶다고 말했다.

앙스니에서는 무장한 슈앙이 앙제 길에 자주 나타났으므로 군(郡)에서는 우리가 호위 없이 더 멀리 가는 것을 원치 않았다. 그렇지만 거기에는 2km마다 공화파 초소가 있었다. 우리는 비적을 전혀 두려워하지 않는다고 말하고 싶지 않았다. 우리는 캉클로 장군의 부관이 도착하는 것을 기다리며 이틀을 보냈다. 그들은 수송단을 하나만 꾸리고 싶어 했기 때문이다. 그는 우리가 누구인지 알았고 우리의 마차가 앞장서도록 하는 친절을 베풀었다. 아마도 우리가 우리를 호위한 경기병 열여섯보다 슈앙의 공격에서 자기를 더 잘 보호할 것으로 생각했기 때문일 것이다.

이렇게 청군이 우리를 비적에게서 보호했다. 이러한 기이함이 나를 가슴 아프게 했다. 그러나 앙제를 지나서는 더 이상 호위가 필요 없었다. 우리는 보르도를 향해 계속 내려갔다. 매우 혹독한 계절적 장애물 외에는 아무런 장애물이 없었다. 우리는 거리에서 심한 빈곤과 기근을 보았다. 우리는 생탕드레 드 퀴브자크를 지나가는 데만도 길이 얼어 11일을 지체했다. 드디어 우리는 2월 8일 보르도에 도착했다. 쿠르시 고모부는 오랫동안 많이 아팠기에 박해를 받지 않았다. 시트랑은 팔리지 않았다.

우리의 모든 친구는 우리를 다시 보아 기뻤지만 일종의 두려움을 느꼈다. 그들은 사면을 믿을 수 없었다. 보르도에서는 자세한 사실을 알지 못하고 있었기 때문이다. 모두 우리의 비위를 맞추려고 애썼으며 우리를 특별한 사람인 양 대했다. 우리는 사면 사실을 등록하기 위해 도(道)에 갔다. 우리는 여전히 농민 복장을 했다. 그들은 우리를 냉정하게 그러나 정직하게 대했다. 도의 담당관은 우리에게 짤막한 권고를 하려고 했고 우리의 참회를 믿는다고 말했다. 나는 그 표현에 기분이 상해 얼굴을 붉혔고, 내 친구들을 불안하게 한 표정으로 그를 바라보았다. 그러나 아무 일도 일어나지 않았다. 우리는 편안하게 시트랑으로 돌아왔다.

나는 딸아이가 막 젖을 뗀 16개월 나이에, 그리고 내가 그 아이를 다시 보려고 했을 때 그 아이를 잃었다. 새로운 법에 따라 나는 그 아이의 상속자가 되어 므쓔 레스퀴르의 전 재산을 물려받았다. 그것이 그의 뜻이기도 했다. 그는 그러한 뜻을 유언장에 기재해놓았었다. 그렇지 않았더라면 대단히 먼 방계친척들이 원래는 그들에게 향하지 않을 상속재산을 나누어 갖는 것을 막지 못했을 것이다.

수확월 18일의 위기가 발생했을 때 사람들은 내가 망명자 리스트에 올라 있다는 것을 알았다.[160] 나는 프랑스를 떠나야 했다. 그렇지 않으면,

---

160 수확월(fructidor)은 1793년 9월부터 시행된 공화국 달력으로 12월이고, 그레고리

말소되지 않은 다른 망명자들처럼 사형에 처해질 수 있었다. 나는 망명한 적도 프랑스를 떠난 적도 없는 것이 분명했지만 말이다! 나는 그 역시도 리스트에 올라 있는 므쓔 쿠르시와 함께 스페인으로 갔다. 어머니는 올라 있지 않았다. 나는 스페인 국경 지방에서 여덟 달을 보내면서 이 지역 주민들의 고귀한 정신을 발견했고 그들을 진심으로 좋아했다. 그 후, 나는 그들이 보나파르트에 대항하여 영웅적으로 저항할 때 전혀 놀라지 않았다.

어머니는 내가 다시 돌아올 수 있다는 결정을 얻어냈다. 어머니는 나의 추방은 방데인들과 체결된 사면과 평화조약 위반이라고 주장했다. 사면과 평화조약은 전쟁에 참가한 사람은 모두 비망명자라고 선언했기 때문이다. 몇몇 사람의 도움으로 그 정당한 요구는 수용되었다. 어머니는 담당 장관이 수확월 18일에 사면자들이 프랑스에 남을 수 있게 하려고 서부의 11개 도에 비밀리에 보낸 편지를 지롱드도(道)에도 보내도록 했다. 보르도에서는 이 편지에 대해 모르고 있었기 때문이다. 이렇게, 나는 프랑스 밖으로 나가야 했던 유일한 방데인이었다. 그 후 나는 돌아왔으며 감시 대상도 아니었다. 왜냐하면 사람들은 내가 망명할 이유가 없었다고 인정했기 때문이다. 얼마 후 지롱드도(道)는 나를 망명자 리스트에서 삭제했다. 이 결정은 파리에서 확증될 필요가 있었고, 거기에는 아무런 어려움이 없을 것 같았다. 그러나 익명의 적들이 혹은 열성 공화파들이 사무실에서 서류의 절반을 빼돌렸기에 나는 계속 리스트에 올라

우스 달력으로 8월 19일부터 9월 18일까지이다. 수확월(프뤽티도르) 18일의 위기란 혁명력 5년 18일(1797년 9월 4일)의 쿠데타를 말한다. 1797년 4월, 의회에서 다수를 차지한 왕당파는 반(反)망명자법과 반(反)선서거부신부법을 폐지했는데, 이것이 총재들(Directeurs)을 분열시켰다. 그러자 군대의 지원을 받은 세 명의 총재가 쿠데타를 일으켜 왕당파에 호의적이었던 두 명의 총재를 실각시켰다. 이 쿠데타 이후 망명귀족들이 다시 어려움에 처했다.

있었다. 나는 20일 안으로 프랑스를 떠나라는 명령을 받았다. 그렇지 않으면 총살당할 것이었다. 나의 모든 재산은 매각 대상이 되었다. 나는 나에게 피신처를 제공한 바 있는 그 선량한 스페인인들에게 돌아가 거기서 열 달을 지냈다. 내가 『회고록』을 쓴 것도 그때였다. 나는 5월에 프랑스로 돌아왔다. 안개월 18일 이후 모든 것이 바뀌었다.[161]

뜻밖에도 나는 떠날 때 놓고 갔던 재산을 되찾았다. 많은 재산은 방데 전쟁 중에 이미 매각되었지만 남은 재산은 내 추방 기간 동안 매각되지 않았다. 푸아투에서, 므쓔 레스퀴르의 기억이 나를 보호했기 때문이다. 내가 알지 못하는 사람들이나 나와 동일한 사상을 가지고 있지 않은 사람들도 그에 대한 감사의 표시로 나도 모르는 사이에 지극한 애정과 헌신적인 마음으로 판매 명령이 내려진 재산을 지켜주었다. 가스코뉴 지방에서는 이 모든 것이 므쓔 뒤샤텔, 므쓔 데노, 므쓔 마냥, 므쓔 데크레소니에르 덕분에 이루어졌다.

어머니는 나에게 재혼하라고 권유했다. 나는 오로지 내가 잃은 사람들을 그리워하며 살겠다고 항상 생각해왔다. 수많은 불행을 겪은 뒤 그것이 나의 의무라고 생각했다. 나는 구제원을 세워 내 곁에서 싸웠고 나와 비참한 운명을 함께 나누었던 불쌍한 방데인 부상자들을 돕는 데 나의

---

161 혁명력 8년 안개월(브뤼메르) 18일(1799년 11월 9일)의 쿠데타이다. 1799년, 공화국은 새로운 병사들을 징집하기로 결정했고, 내부의 봉기를 예방하기 위해 망명자들의 가족을 인질로 잡아두는 인질법을 제정했다. 이에 1799년 9월 슈앙과 방데의 지도자들은 봉기를 일으켰으니, 이것이 제3차 방데 전쟁이다. 그러나 방데인들은 패배를 거듭했다. 이 전쟁은 안개월 18일의 쿠데타로 중단되었다. 나폴레옹 보나파르트는 총재정부를 무너뜨리고 통령정부를 세웠다. 제1통령이 된 보나파르트는 종교의 자유를 선포했고 방데인들과의 화해를 모색하기 위해서 희생자들에 대한 보상을 실시했으며 전쟁으로 파괴된 지역을 복구하는 사업을 벌였다. 보나파르트는 종신통령을 거쳐 1804년 5월 18일 황제가 되었다. 1799년에 권력을 잡은 보나파르트는 "프랑스혁명은 끝났다"라고 선언했다.

재산과 마음을 바칠 계획을 세웠다. 그러나 세상은 그러한 계획을 하나의 공상으로 변화시켰다. 우리 시대에 그러한 것은 광기와 흥분으로 치부되었다. 결국 어머니의 조언을 받아들였다. 그렇지만 나는 나에게 참으로 소중하고 영광스러운 그 이름을 잃는 것이 아쉬웠다.[162] 나는 새로운 삶을 시작한다고 해서 방데의 모든 기억을 버리고 싶지 않았다. 삶 전체가 언제나 애착을 느끼는 그러한 상황이 있기 때문이다.

나는 푸아투에서 앙리의 동생인 므쓔 루이 드 라로슈자클랭을 보았을 때 비로소 어머니의 말씀을 따르겠다는 생각을 했다. 나는 그와 결혼함으로써 방데와 더욱 밀착될 수 있으며, 분리되어서는 안 되는 두 이름을 결합시킬 수 있다고 생각했다. 나는 1802년 3월 1일 므쓔 루이 드 라로슈자클랭과 결혼했다.

---

162 결혼함으로써 마담 레스퀴르에서 마담 라로슈자클랭이 된 것을 말한다.

26

결혼 이후

Mémoires de Madame La Marquise De La Rochejaquelein

루이 뒤 베르지에 드 라로슈자클랭은 1777년 11월 30일 샤티옹 근처에 있는 생토뱅 드 보비네 소교구의 라뒤르블리에르 성에서 태어났다. 그의 아버지인 라로슈자클랭 후작은 왕실 폴란드 연대의 대령이었다가 1785년에 준장이 되었다. 그는 뛰어난 기병 장교로서의 명성을 가지고 있었다. 그는 부인과 다섯 아이를 데리고 망명을 떠났는데, 앞에서 이야기했듯이 당시 파리에 있었던 앙리는 놓고 갔다. 그의 큰딸은 남편과 함께 망명을 떠났다. 라로슈자클랭 후작은 잠시 투르네에 머물렀다가, 또 일시적으로 프랑스에 들어와 지낸 후, 왕족들의 부대에 들어가서 기병대 참모장이 되었다.[163] 그때까지 투르네에 남아 있던 부인과 아이들은 영국으로 떠났다. 그러나 투르네에서 투르탁시 연대 장교들과 늘 함께 어울렸으며 우정을 맺었던 둘째 아들 루이는 영국으로 가는 도중에 빠져나와 걸어서 그들을 찾아갔다. 루이는 나이가 열넷밖에 되지 않았지만 그들과 함께 출정했다.

---

[163] Tournay는 피레네산맥 기슭에 있는 프랑스 도시이다.

왕족들의 원정 이후, 내 시아버지는 런던으로 가서 아이들을 하숙집에 맡겼다. 루이는 아버지와 만났고, 두 사람은 라로슈자클랭 후작부인과 함께 생도맹그로 떠났다.[164] 내 시어머니는 앙스아보에 집이 있었고, 섬의 이 지역에 살던 흑인들은 여전히 충실했다. 그렇지만 행정당국은 그들이 도착하고 며칠 후 그들에게 자메이카로 피신하라고 명령했다.[165]

생도맹그의 모든 백인은 도망쳐야 했다. 도망치지 못한 사람들은 학살당했다. 생도맹그를 탐낸 영국 정부는 충실한 흑인들로 외인부대를 조직하라는 명령을 내렸다. 생도맹그의 지주들이 이 부대를 지휘할 예정이었다. 라로슈자클랭 후작은 이 가운데 한 부대의 소령으로 임명되었다. 루이는 장교가 되었다가 얼마 후 척탄부대 중대장이 되었다. 그들은 영국군이 생도맹그에서 철수할 때까지 거의 5년 동안 전쟁을 수행했다. 메이틀랜드 장군이 식민지 외인부대를 해체하자 흑인들은 흩어졌다. 메이틀

---

[164] 생도맹그(Saint-Domingue)는 카리브해에 있는 히스파뇰라 섬의 왼쪽에 있는 옛 프랑스의 식민지였는데 1804년 1월 1일 독립하여 오늘날의 아이티 공화국이 되었다. 1720년부터 생도맹그는 당시 세계최대의 사탕수수 생산지였다. 프랑스혁명 직전 생도맹그의 사탕수수 생산량은 프랑스 총수출량의 1/3을 차지할 정도로 생도맹그는 프랑스에게 중요한 식민지였다. 프랑스혁명이 발발하고서 혁명 사상이 유입되자 생도맹그의 노예 사회가 동요하기 시작했고, 여기에 인근의 영국과 스페인 세력이 가세하면서 상황이 복잡해졌다. 1791년 8월 22일에는 생도맹그 노예들이 봉기를 일으켜 백인 1,000여 명을 학살했다. 1793년 8월 식민지는 노예제 폐지를 선언했고, 이 결정은 1794년 2월 파리의 국민공회에 의해 식민지 전역으로 확대되었다. 프랑스 정부가 생도맹그 종신 총독으로 임명한 투생 루베르튀르는 생도맹그에서 평화를 회복했고 스페인군과 영국군을 몰아냈으나, 독립적인 헌법을 제정하여 프랑스의 반발을 초래했다. 나폴레옹 보나파르트는 3만여 명의 병력을 파견하여 투생 루베르튀르를 축출하고 노예제를 회복시켰다. 그러나 프랑스는 최종적으로 전투에 패배했고, 1802년 생도맹그는 아이티라는 이름으로 독립을 선포했다.

[165] 자메이카는 1494년 콜럼버스가 발견한 후 스페인 식민지였다가 1670년부터 영국 식민지가 되었다. 그 후 200년 동안 자메이카는 생도맹그에 뒤이은 세계 2위의 사탕수수 수출지였다.

랜드 장군은 자기 부대원들은 배에 태웠으나 식민지 출신 장교들은 배에 태우기를 완강히 거부했다. 이들의 수는 300여 명에 달했으며 내 시아버지를 포함해 여러 사람은 부인이 있었다. 장군은 장교들은 아무런 위험에 처하지 않을 것이라고 단언했다. 그가 이미 프랑스군 사령관인 리고 장군과 조약을 맺었고, 그들은 모두 생도맹그의 지주이니 어려움을 겪지 않을 것이라는 이유에서였다. 그 영국군 장군은 본토 출신 식민지 주민들의 절망과 간청에도 불구하고 요지부동이었다.

리고 장군이 부대를 거느리고 들어왔다. 그가 16km 지점까지 가까이 왔을 때, 본토 출신 주민들은 자기들 가운데 한 사람을 그에게 파견하기로 결정했다. 루이는 이 어려운 일을 자청해서 맡았다. 루이는 리고 장군에게 가서 메이틀랜드 장군이 장교 300명에 대해 말한 것을 반복했다. 그 이야기를 듣고 리고가 외쳤다. "나는 잔인하다는 비난을 받는다. 그것은 사실과 다르지만 어쩔 수 없다. 아니다. 메이틀랜드 장군과 식민지 장교들에 대해 합의한 것은 없다. 내가 할 수 있는 것은 내 부대의 이동을 24시간 늦추는 것뿐이다. 그 시간 동안 배를 타고 떠나라. 나는 너희 모두 학살당하는 것을 막을 수 없다. 특히 곧 들어올 혼혈인들을 막을 수 없다."

루이가 돌아오자, 모두 막대한 재산상의 피해를 보고 허름한 배를 구입하여 바다에 빠질 위험을 무릅쓰고 섬을 떠났다. 흑인 반도들이 전 지역의 지배자였기에 백인들은 내지로 숨어들 수 없었고, 그래서 그들은 리고가 도착하기 전에 자메이카로 떠난 것이다. 라로슈자클랭 후작은 장사를 하려고 했다. 한번은 적대국선박 나포허가증을 가지고 항해하던 배가 스페인 해적선의 근접 공격을 받았다. 이 전투에서 내 시아버지는 한쪽 팔에 총을 맞았고 얼굴에 여러 번 칼을 맞았다. 총 맞은 팔은 아직 몸에 붙어 있었는데 그는 칼로 그것을 잘라내어 바다에 던져버렸다. 그는 산티아고 데 쿠바로 이송되어 므쓔 무니에와 므쓔 카사마요르의 구원을 받았으며 극진한 간호를 받았다. 당시 생도맹그의 지배자는 르클레르 장군이었다. 라로슈자클랭 후작은 생도맹그의 집으로 돌아갔으나, 사람들이 그 집을 그에게 돌려주려 하지 않았기에 그것을 임차하는 수밖에 없었다. 몇 달 후인 1802년에 그는 부상 때문에 두 딸인 아네트와 루이즈의 간호에도 불구하고 언제나 충실했던 흑인들의 애도 속에 사망했다. 내 시어머니도 세상을 떠나셨다. 루이는 전에 생도맹그에서 돌아와 영국군 전열 연대의 소위가 되어 영국으로 떠났다.

1799년, 방데에 상륙하는 문제가 제기되었다. 루이는 런던에서 240km 떨어진 부대에서 복무하고 있었는데, 런던으로 갈 수 있는 휴가를 어렵게 얻어냈다. 휴가의 목적은 왕족들에게 자기를 방데로 파견하든가 아니면 데리고 가라고 요청하기 위해서였다. 그들은 그가 이름을 대자 크게 환영했으며 그렇게 하겠다고 약속했다. 그는 휴가가 사흘밖에 되지 않아서 즉시 돌아가지 않을 수 없지만 상륙 명령서를 받는 대로 생존만을 위해 지키고 있었던 그 자리를 사직할 거라고 말했다.

왕족들의 살롱에는 사람이 많았다.[166] 모든 망명자가 원정에 참여시켜 달라고 요청하러 왔다. 루이가 방에서 나올 때 한 사람이 루이를 따라와 어깨를 치고 감동적으로 말했다. "젊은이, 나는 당신을 만나서 반갑습니다. 나는 당신의 용감한 형 아래에서 싸웠고, 그분을 정말 좋아했습니다. 당신의 열정을 보니 기쁩니다. 그러나 그 열정은 필요치 않을 것입니다. 당신의 부대로 돌아가십시오. 그리고 어떤 명령을 받을 것으로 기대하지 마십시오. 방데에서 당신 집안의 이름이 어떤 무게를 가지고 있는지 왕

166 당시 영국에는 루이 16세의 동생인 아르투아 백작(후일 샤를 10세)이 망명해 있었다.

족들은 모르며, 아마 당신도 그것을 정확히는 모를 것입니다. 그러나 저 안에는 그것을 아는 사람들이 있고 그들은 당신을 그곳으로 보내는 것을 막으려 할 겁니다. 자, 선량한 젊은이, 당신은 내 말이 사실이라는 것을 알게 될 겁니다. 나는 조르주 카두달 장군입니다."[167]

보나파르트가 망명자들에게 프랑스의 문을 열자 루이는 고모인 마드무아젤 라로슈자클랭 집에 와서 살았다. 고모는 우리가 결혼할 때까지 생토뱅 드 보비네를 떠나지 않고 계속 숨어 지내면서 부상자들, 과부들, 고아들을 돌보았다. 고모의 집은 불에 탔는데, 바로 거기서 루이는 그때까지는 막연히만 알고 있던 우리 전쟁의 역사를 상세히 알게 되었다. 그의 영혼은 방데군의 용기와 그리스도인의 덕성에 대한 열정과 존경심으로 가득 찼다. 그것은 그에게 확고한 신앙심을 심어주었으며 그는 매순간 신앙심대로 살았다.

사랑하는 나의 아이들아, 내가 너희에게 줄 이 『회고록』의 마지막 부분을 쓸 무렵, 우리는 파리에 올라가지 않고 소란과 소문을 피해 시골에서 살고 있었다. 우리는 우리가 지켜온 사상과 감정, 특히 신이 언젠가는 우리의 정당한 군주를 돌려주실 거라는 희망을 간직하고 있었다. 므쓔 라로슈자클랭은 농사와 사냥으로 시간을 보냈다. 우리는 이렇게 평화롭고 한적한 생활을 하고 있었지만, 우리가 굴복했음에도 우리의 충성과 헌신을 받지 못해 불만이었던 정부의 괴롭힘에 시달려야 했다.

우리는 폭정의 표적이 되어 조용하고 행복하게 살 수 없었다. 그들은 우리 하인 가운데 스파이를 심었고, 우리의 친척이 이웃에게 자비를 베풀어 이웃의 사랑을 지나치게 많이 받는다고 비난하며 그들을 멀리 추방하는가 하면, 내 남편은 자기의 행동을 보고하러 파리로 올라가야 했다.

---

[167] 카두달은 브르타뉴의 반혁명군인 슈앙의 사령관이었다.

그들은 단순한 사냥 모임을 정치 집회로 여겼고, 어떤 때는 우리가 푸아투에 가는 것조차 비난했다. 왜냐하면 그 지역에서의 우리의 영향력이 너무 커서 위험하다고 보았기 때문이다. 또 어떤 때는 우리가 거기에 살지 않는다고, 영향력을 발휘하여 징병을 돕지 않는다고 비난했다. 지역에 있는 사람들은 온갖 방법을 동원하여 우리를 괴롭히는 것을 자랑거리로 삼는 것 같았다. 그들은 보장도 하고 위협도 하면서 몇 가지 직무를 주어 우리 가족을 정부와 결합시키려 했다. 당시 푸아티에의 주교였던 유명한 프라드 주교는 우리 지역으로 사목방문을 할 때 클리송에서 숙박하겠다는 뜻을 전해왔다. 그의 사상이 드러났음에도 불구하고, 우리는 그의 지위에 어울리는 존경심을 담아 그를 맞이했다.[168] 다음 날 아침 떠나기 전에, 짐작건대 누구의 부탁을 받은 바 없이, 그는 므쓔 라로슈자클랭과 마주 앉아 이야기하면서 정부에 참여하여 무슨 일이든 맡아 해야 한다고 말했다. 남편이 받아들이지 않자 므쓔 프라드가 말했다. "당신에게 어울리는 일을 선택하세요. 당신의 값을 매기세요, 므쓔." 므쓔 라로슈자클랭이 일과 건강 핑계를 대자 그는 말했다. "어떤 일을 하라는 게 아닙니다. 단지 당신의 이름이 필요한 겁니다." 간청해도 효력이 없자 그는 우리도 들을 수 있을 정도로 목청을 높여 덧붙였다. "므쓔, 황제에게 저항하려는 겁니까? 전 유럽이 하듯이 그의 발아래 굽히십시오. 당신의 왕족들은 비천한 사람들에 불과합니다!" 위협도 요청과 마찬가지로 성공하지 못했다. 므쓔 라로슈자클랭은 요지부동이었다. 우리는 그렇게 순수하고 변함없는 생각과 독립적인 입장을 고수함으로써 정부를 피곤

---

[168] Dominique Frédéric Dufour de Pradt(1759~1837). 외교관, 역사가. 1789년 삼신분회에 성직자 대표로 참여했으나 망명을 떠나 프랑스 공화국을 비판하는 글을 썼다. 나폴레옹 쿠데타 후에 프랑스에 돌아와 푸아티에의 주교가 되었고, 나폴레옹의 궁정사제장이 되었다.

하게 했다. 그럴수록 우리의 생활은 계속 불안했다.

그렇지만 우리를 어느 정도 편안하게 해준 일도 있었다. 므쓔 라로슈자클랭은 보나파르트가 보르도에 온다는 것을 알고 즉시 푸아투로 가버렸고, 어머니와 나는 메도크 지방에 남았다. 우리는 황제에게 인사하러 보르도로 가지 않기로 결정했지만 그 때문에 불이익을 당하지 않을까 두려웠다. 당시 보르도 시장은 어머니의 사촌이자 친구인 몽바동 백작이었다. 그는 지혜롭고 선량하며 훌륭한 사람이었다. 사람들이 망명을 떠날 때도 그는 망명을 떠나지 않고 조용히 남아 아무 일에도 끼어들지 않았다. 그는 1800년경에 마드무아젤 테르포르와 결혼했는데, 그녀는 황후 조제핀의 아주 가까운 친척이었지만 황후를 알지는 못했다. 황후는 보르도에 부유하고 명망 높은 친척이 있다는 것을 알고 그를 시장 겸 상원의원으로 임명하게 했다. 그가 수변 산책을 즐기던 황제를 수행하고 있을 때 황제가 그에게 말했다. “이 지역에 라로슈자클랭 가문이 있습니까?” 므쓔 몽바동이 대답했다. “마담 도니상은 저의 아주 가까운 친척입니다. 그녀의 딸인 므쓔 레스퀴르의 미망인은 그녀와 함께 메도크에 있습니다. 그녀는 어린아이가 많고 또 곧 출산할 예정입니다. 그녀의 남편은 푸아투에 있습니다.” 황제가 계속했다. “그는 현명한 젊은이입니다. 나는 레스퀴르를 많이 좋아했습니다. 그는 용감한 사람입니다.” 뒤로크 장군이 거들었다. “그의 미망인은 라로슈자클랭 집안 사람하고만 결혼할 수 있었습니다.” 므쓔 몽바동은 즉시 어머니에게 속달편지로 대화내용을 알려주어 어머니를 안심시켰다.

거의 그 무렵에 우리는 당시 브레쉬르 군수였던 므쓔 바랑트를 알게 되었다. 앞에서 말했듯이 방데 전쟁의 기억은 므쓔 바랑트에게 커다란 존경심을 고취시켰다. 그는 그 지역 주민들의 단순하고 충직한 성격을 좋아했으며, 우리의 감성이 한결같은 것을 높이 평가했다. 그와 우리 사이에는 완전한 신뢰감이 형성되었다. 그는 마치 자기 일이기나 한 것처럼 우리의 상황을 덜 힘들게 만들어주려고 노력했다. 그는 우리에게 실정법에 복종하는 것 이외의 다른 것을 요구하는 것은 정의롭지도 존엄하지도 않다고 분명히 말했다. 그는 므슈 라로슈자클랭은 명예롭고 이성적인 사람이어서 소란을 일으키지도 불필요한 피를 흘리게 하지도 않을 것이며, 자기 지역을 구한다는 희망을 품고서가 아니라면 아무것도 계획하지 않을 것임을 알고 있었다.

1809년, 므슈 바랑트는 방데 도청으로 갔다. 박해는 더욱 노골적이고 직접적으로 행해졌다. 사람들은 므슈 라로슈자클랭에게 대령 계급장을 달고 부사령관으로 복무하라고 요구했다. 그들은 그가 척탄부대 중대장으로서 생도맹그의 흑인들을 상대로 다섯 차례 원정을 떠난 것을 알고 있었기 때문이다. 대신(大臣)의 편지는 정중하지만 강압적이었다. 그는 므슈 라로슈자클랭에게 그의 형도 군(軍)에서 이름을 날렸으니 그도 동일한 경력을 쌓아야 할 거라고 말했다. 그는 거부했다. 그의 건강과 우리의 다섯 아이를 이유로 댔는데, 므슈 몽바동의 열정과 보살핌이 없었더라면 받아들여지지 않았을 것이다.

내 시동생인 오귀스트 드 라로슈자클랭 역시 므슈 탈몽, 므슈 카스트리, 그 밖의 특출한 젊은이들과 함께 복무하라는 요구를 받았다. 그는 파리에 올라가 그것을 거부했다. 그들은 그가 거부한 것을 알자마자 그의 이야기를 들어보지도 않고 그를 체포했다. 그는 굴복하지 않고 자기가 무슨 죄를 지었는지 물었으며, 감옥에 가두는 이유에 대해 납득하려 하지 않았다. 그래서, 두 달여가 지난 후, 그는 대신이 자기가 소위로 복무하지 않으면 감옥에 넣으리라는 것을 분명하게 해명하고 자기에게 통보하라고 요구했다. 그들은 그를 기병연대에 배치했다. 그는 거기서 3년을 지냈다. 그는 모스크바강(江) 전투에서 온몸에 부상을 입고 포로가 되어 사라토프로 이송되었는데, 거기서 정중한 대우를 받았다. 그의 운명은 루이 18세의 추천으로 완전히 좋아졌다. 루이 18세는 그를 위해 편지를 보내실 정도로 지극히 선하신 분이었다.[169]

1811년 말, 나는 내 건강상의 이유 그리고 가족과 함께 이탈리아에서 돌아온 샤스텔뤼 이모를 보고 싶은 생각에 어머니와 함께 파리로 갔다. 파리는 1792년에 떠난 후 처음이었다. 므쓔 라로슈자클랭이 우리와 합류하러 왔다. 그 무렵 러시아 원정이 결정되었다. 보나파르트가 전쟁을 계획하는 것을 보고 우리처럼 부르봉 가문에 변함없이 충성을 바치는 사람들은 그의 광적인 도전을 받은 운(運)이 그를 전복시킬 거라는 은근한 희망을 품었다. 특히 이번에는, 원정의 터무니없는 성격, 부대들 간의 거리, 싸우려는 나라의 자연환경, 그리고 가장 열광적인 사람의 눈에도 뚜렷이 보이는 계획의 무익함 때문에 보나파르트는 자기 행운의 종말을 향해 치닫고 있다는 생각이 들었다. 우리는 생각을 공유하는 사람들과 이러한 희망을 함께 나누었다. 므쓔 라로슈자클랭은 의지가 확고한 저명인사들을 찾아다녔는데, 그 가운데에는 감옥에 갇혀 감시를 받던 므쓔 리비에르, 므쓔 폴리냐크 같은 사람들도 있었다.

우리는 푸아투로 돌아왔다가 다시 메도크로 가서 1813년 겨울을 지냈다. 러시아에서의 재앙, 군대의 파멸, 손실을 회복하려는 조처들, 거듭된 징집, 정부가 요구하는 온갖 종류의 희생, 영예기병연대의 가증스러운 구성,[170] 이 모든 것은 대단원을 재촉하고 혁명의 필요성을 제기하는 것

---

[169] 루이 16세의 동생인 프로방스 백작은 1793년 1월 21일 루이 16세가 죽고 아들이 감옥에서 루이 17세가 되자 섭정이 되었으며, 1795년 6월 8일 루이 17세가 사망하자 루이 18세로 왕위에 올랐다. 그러나 아직 프랑스의 왕정복고는 이루어지지 않았다.

[170] 주 198 참고.

처럼 보였다.

같은 해 3월, 드쒸 라투르가 왕의 명령을 가지고 보르도에 도착했다.[171] 그의 임무에 대해 말하기 전에 1791년 이후 이 도시에서 일어난 일들을 설명할 필요가 있겠다. 이곳에는 언제나 왕당파가 많았다. 이곳의 젊은이들은 열정적이고 과감했으며, 주민 대부분은 훌륭한 사람들이었다. 이곳의 감옥에 갇혀 있던 망명자들은 계략으로 혹은 무력으로 풀려나는 일이 많았고, 징집된 이들은 이곳에서 도피처를 찾는 경우가 많았다. 스페인 포로들은 이곳에서 감동적인 환영을 받았다. 그 밖의 많은 상황이 보르도인들의 사상이 어떠했는지를 증명해준다.[172] 이 외에도 왕당파 엘리트들은 비밀리에 수공업자들을 중심으로 무장부대를 결성했다. 무장부대원들은 아무런 급료를 받지 않았다. 그 많은 사람의 사려 깊은 마음은 그들의 충성심보다 더 뛰어났다. 나는 이 조직의 기원을 설명할 것이다.

제2차 방데 전쟁의 뒤를 이은 시기, 즉 1796년은 왕당파들이 가장 많은 희망을 품었고 가장 많은 작전을 계획한 해였다. 모든 사람의 미움을 받던 총재정부는 무력했다. 사람들은 많은 자유를 누렸으며 생각도 거의

---

171 이 왕은 루이 18세를 말한다.

172 (원주) 나는 두 가지 두드러진 사례만 소개하겠다. 1794년, 보르도인들은 대거 인민대표들의 숙소로 몰려가 그 많은 처형에 질렸으며 더 이상 원치 않는다고 통보했다. 겁에 질린 인민대표가 잠적하자 석 달 이상 아무도 단두대에 오르지 않았다. 다음은 두 번째 사례이다. 아직 통령이던 보나파르트가 파르므 공작을 에트루리아 왕으로 만들려는 엉뚱한 생각을 했을 때, 루이라는 이름의 이 왕족은 부인과 함께 마드리드에서 출발하여 파리로 가는 길에 보르도에 들렀다. 보르도인들이 대거 그들 앞으로 몰려갔다. 치안군은 "국왕 만세!"라고 외치고 군중들도 그렇게 외치는 것을 허용하라는 이상한 명령을 받았다. 즉시 "국왕 만세!", "루이 만세!" "부르봉 만세!"라는 외침이 사방에서 열정적으로 울려 퍼졌고, 그 왕족이 보르도에 머무는 사흘간 계속되었다. 사람들은 파르므 공작이 프랑스 여행에서 받은 그 강렬하고 다양한 인상이 그의 죽음을 재촉했다고 확신했다.

구속받지 않았다. 왕은 거의 모든 지방에 정보원을 두고 있었다. 도처에 왕당파 조직이 있었는데 비밀 조직도 아니었다. 당시 베로나에 있던 왕의 특임관들은 왕의 대의를 위해서 일했다. 보르도 특임관은 크레올인 므쓔 뒤퐁 콩스탕이었다.[173] 그는 대규모 위원회를 주재했는데, 주요 구성원은 의사인 므쓔 아르슈볼, 의사인 뒤푸이, 음악교사인 코스, 기숙사 사감인 에스테베네 등이었다.

몇 달 전 (제2차 방데 전쟁이 끝나고) 므쓔 포레스티에와 므쓔 세리가 보르도에 와서 며칠을 지낸 후 건강을 돌보기 위해 바레주로 갔다. 우리는 두 번째 젊은이(므쓔 세리)는 알지 못했다. 왜냐하면 그는 망명을 떠났다가 1794년에야 방데로 돌아왔기 때문이다. 므쓔 세리는 므쓔 포레스티에의 부탁으로 바레주에서 돌아와 자기들은 스페인과 영국으로 가기로 했다며 어머니에게 추천장을 부탁했다. 어머니는 가까운 친구인 다브레 공작과 내 외삼촌인 로르주 공작에게 보내는 긴급 추천장을 써서 그에게 주었다. 어머니는 므쓔 포레스티에와 므쓔 세리가 무슨 일인가 하고 있다는 생각을 하지 못했다. 그들 자신도 그 일에 대해 자세히 알지는 못했을 것이다. 그들이 받은 요란한 환대, 사람들이 그들과 나눈 대화, 점점 더 기회가 많아지는 것처럼 보이는 프랑스의 상황 등은 그들의 열정을 배가시켰다. 1797년 5월에 그들은 왕제가 어머니에게 보내는 친필 편지를 가지고 돌아왔다. 왕제는 어머니에게 보르도에서 왕당파를 소집하라는 임무를 부여했다. 다브레 공작과 '평화의 제후'가 보내는 지침도 있었다.[174] 어머니는 므쓔 포레스티에와 므쓔 세리가 지나친 열정 때문에

---

173 크레올은 프랑스 식민지 특히 서인도제도 태생의 백인을 말한다.

174 평화의 제후(le Prince de la Paix). Alcudia와 Sueca의 공작인 Manuel Godoy y Álvarez de Faria(1766~1851). 1788년에 스페인의 카를로스 4세가 왕위에 오르자 총리대신에 임명되었다. 그의 첫 번째 정책은 루이 16세를 구하는 것이었으나 그

모든 것을 과장되게 보고했으며 상황을 지나치게 낙관하고 있다는 것을 잘 알고 있었지만, 왕족이 보여준 신뢰에 부응하는 것이 신성한 의무라고 생각했다. 어머니는 옛 검찰총장인 므쓔 뒤동과 그의 아들인 므쓔 뒤동 드 레스트라드에게 모든 것을 맡기고 그들과 함께 상의했다. 이 위엄 있는 사법관은 고령에도 불구하고 활력이 넘쳤다. 어머니는 그에게 므쓔 뒤퐁 콩스탕이 국왕 특임관임을 알려주었다. 이 므쓔들은 비밀위원회를 구성했는데, 그것은 므쓔 뒤퐁 콩스탕, 므쓔 뒤동, 왕제의 재정을 맡고 있으며 당시 칙령기록관이었던 므쓔 데노, 그리고 방데 최고위원회의 간사였던 자고 신부로만 구성되었다. 그들은 왕족들에게 프랑스의 진짜 상황을 알려주는 것이 무엇보다도 중요하다고 판단했다. 왕족들이 지나치게 과장되고 부정확한 보고를 받고 있었기 때문이다.

자고 신부는 에든버러로 가서 정확한 보고서를 작성하여 왕제에게 제출했다.

얼마 안 있어 일어난 수확월 18일의 사건은 자고 신부의 관찰이 정확했음을 확인해주었다. 왕당파들의 희망은 무너졌고 계획은 깨졌다.

1년 후, 총재정부가 흔들리기 시작했다. 오스트리아인들과 러시아인들은 이탈리아에서 커다란 승리를 거두었다. 모든 것이 프랑스에서 일어날 변화를 예고하는 것처럼 보였다. 사람들은 행동 계획을 재검토하기 시작했다. 오래전에 어머니는 대상인인 므쓔 파팽을 왕당파에 끌어들였다. 이 젊은이는 몇 년 전에 보르도의 자원병들을 이끌고 떠나 스페인 전쟁에서 탁월한 공을 세웠으며, 전쟁터에서 준장 계급을 달았다. 그는 혁명을 사랑해서 군에 뛰어들었으나 돌아온 후에는 그동안 무절제한 폭

노력은 실패로 끝났다. 그는 1795년 프랑스와 바젤 평화조약을 체결하여 '평화의 제후'라는 타이틀을 얻었다. 그 후 그는 카를로스 4세의 조카이고 루이 앙투안 부르봉의 딸인 마리아 테레사 데 부르봉과 결혼했다.

력이 자행되었음을 알았기 때문에 거기 책임을 져야 할 사람들과 어울리기를 원하지 않았다. 므쓔 파팽은 그들이 자기를 자코뱅 클럽에 가입시키려 했다고 므쓔 데노에게 불만을 토로했다.

어머니는 므쓔 파팽을 만나고 싶어 했다. 어머니는 그가 혁명에 대해 느낀 공포심을 자극한 후, 나쁜 대의에 충성하는 것은 수치스러운 일이니 다른 당파에 가입하는 것을 더는 주저하지 말라고 설득하는 데 성공했다.

어머니는 므쓔 파팽을 신뢰했고 그는 그러한 신뢰를 받을 자격이 있었다. 어머니는 그를 므쓔 뒤동과 므쓔 뒤퐁에게 소개했다. 므쓔 파팽은 그들을 자주 만나지는 못했고, 므쓔 케리오가 그와 그들 사이에서 중간자 역할을 했다. 그 므쓔들은 왕의 이름으로 므쓔 파팽을 도(道) 전역을 관할하는 장군으로 임명했다. 므쓔 파팽은 즉시 '국왕근위대'라는 이름의 부대를 만들었다. 그 부대는 그 후에도 사라지지 않았다. 므쓔 파팽은 샹파뉴 연대의 소령이었던 므쓔 마양, 열정적으로 공화파 부대와 함께 움직였으며 준장이 된 므쓔 사베스, 루이 16세의 입헌근위대 장교였던 므쓔 라바르트, 공화파 장교였고 지주인 므쓔 고티에, 대상인인 므쓔 라투르 올라녜, 므쓔 로제, 므쓔 아카르, 제지 상인인 므쓔 마르마주, 상점 직원인 므쓔 롤라크, 환전상인 므쓔 뒤마, 그밖에 델페슈 형제들의 도움을 받았다.

승리가 그렇게 가까이 왔다고 믿은 적은 없었다. 인질법은 제3차 방데 전쟁의 불을 밝혔으며 슈앙 전쟁을 재개시켰고 확대했다.[175] 보르도에서, 사람들은 완력에 호소했다. 자코뱅은 군대를 동원하여 그 젊은 사람들을

---

[175] 1799년, 프랑스 외부의 적이 성공을 거둠에 따라 프랑스 내부의 봉기가 일어날 것을 두려워하여 제정한 법이다. 이 법은 소요가 일어난 도(道)의 행정관들이 귀족, 망명자들의 가족, 혐의자들의 윗세대들을 인질로 잡아두는 것을 허용했다.

공개적으로 공격했다.

므쓔 외젠 드 살뤼스는 부상을 당하고 40여 명과 함께 체포되었다. 다른 사람들은 풀려났으나, 그는 루이 아그리라는 이름의 열정적인 용감한 방앗간지기와 함께 넉 달 동안 감옥에 갇혀 있었다. 때는 1799년 여름이었다. 당시 우리는 스페인에 있었다. 어머니는 내가 두 번째로 추방당했을 때 나와 함께 가도 좋다는 허락을 받았고 함께 얼마간 머물렀다. 우리는 오이아르즌에서 『검사』의 저자인 유명한 리셰르 스리지를 만났다. 그는 로슈포르 감옥을 탈출한 후 국경에서 8km 떨어진 바스크 지방의 한 마을에 숨어 있었다. 그가 살던 집은 한 애국파의 집과 마당을 공유했는데 바로 그 애국파가 그를 고발했다. 치안군 20여 명이 새벽에 들이닥치자 리셰르 스리지는 속옷 차림으로 도망쳤다. 그는 그 이웃사람이 자기를 고발했다고 생각했음에도 그의 집을 두드리고 자기 성품대로 조용히 설득력 있는 어조로 그에게 말했다. "므쓔, 나는 당신과 나의 사상이 다르다는 것을 압니다. 그러나 나는 당신이 올곧은 사람이어서 당신의 손에 목숨을 맡기고자 하는 당신과 같은 성품의 사람을 구하려 할 거라고 생각합니다." 그는 당황하여 그를 들어오게 했고 자기의 침대에 숨긴 다음, 자기는 옷을 입고서 수색자들 사이에 끼어들었다.

사실 그때 치안군이 뒤쫓고 있던 사람은 망명자인 므쓔 보르다였다. 므쓔 보르다는 므쓔 리셰르 스리지만큼 키가 컸기에 그들은 므쓔 스리지를 므쓔 보르다로 오인한 것이다. 므쓔 보르다는 스페인 전쟁에서 큰 공을 세운 인물이었다. 그때 그는 바로 그 집이나 그 옆집에 숨어 있었으나 사람들은 모르고 있었다. 수색은 리셰르 스리지 때문에 이루어졌고, 리셰르 스리지는 자기를 고발한 사람 집에 숨어 수색을 피했지만, 므쓔 보르다는 도망치지 않을 수 없었다. 그는 2연발총을 들고 마당으로 뛰어나갔고, 치안군은 그를 추격했다. 그는 벽 위로 올라가 치안군에게 총을 겨누었다. 치안군은 그의 대담함에 놀라 멈칫했지만 네 사람이 그를 따라 벽을 넘었다. 그가 뒤로 돌아서자 치안군 두 사람은 그렇게 용감한 사람을 죽이기 싫어서였는지 그냥 가버렸다. 그는 나머지 두 사람을 위협해서 밀밭에 엎드리게 했다. 날이 조금씩 밝아오기 시작했다. 그는 자기가 어느 쪽으로 가는지 그들이 볼까봐 두려워 그들에게 가서 일어나지 말라고 위협적으로 명령했다. 그는 아무 쪽으로나 가다가, 어떤 작은 제화공이 어디에서 시끄러운 소리가 나는지 알아보러 가게 문을 여는 것을 보았다. 그는 그의 목을 움켜쥐고, 초주검이 된 그를 가까운 숲으로 끌고 가서 말했다. "너에게 아무런 해를 끼치지 않을 거다. 나는 길을 모른다. 나는 망명자이고 지금 추격당하고 있다. 나를 스페인으로 데려가라." 그는 그렇게 도망쳤다. 사람들은 리셰르 스리지가 치안군과 싸우며 도망쳤다고 생각했다.

므쓔 보르다와 므쓔 스리지는 이틀 후 오이아르순에 도착했고, 그 사건을 우리에게 이야기해주었다. 그 사건은 두 사람에게 커다란 영예가 되었다. 므쓔 리셰르 스리지는 우리가 본 적이 없는 사람이었다. 그는 창백하지만 고른 치아를 가졌으며 키가 컸다. 얼굴은 고귀하고 멜랑콜릭했으며 범상치 않은 어투로 이야기할 때면 아름다운 광채를 띠었다.

므쓔 리셰르 스리지는 어머니와 몇 차례 상의한 후, 알렉상드르 드 살뤼스 백작과 함께 마드리드로 떠났다. 인질법이 제정된 바로 그 무렵이었다. '평화의 제후'는 므쓔 리셰르 스리지의 고결한 정신과 유창한 언어구사력에 매료되었다. 그러나 그 대신의 자문관들은 대신의 계획을 바꾸는 데 성공했다. 리셰르 스리지는 영국으로 떠났고 그곳에서 폐병으로 죽었다. 루이 18세와 왕제는 눈물로 그에게 경의를 표했다.

보나파르트 장군의 귀환, 안개월 18일, 그리고 마지막으로 마렝고 전투는 왕당파들의 계획을 또다시 중단시켰다.[176] 왕의 신하들 사이에 존재하던 열망과 연결망을 제외한 모든 것이 유보되었다.

뒤동 집안 므쓔 두 사람이 죽었다. 그 훌륭한 므쓔 라투르 올라녜도 죽었다. 수많은 왕당파가 체포되어 18개월 동안 감옥살이를 했는데, 그 가운데에는 므쓔 뒤퐁, 므쓔 뒤푸이, 므쓔 뒤마 등이 있었다. 므쓔 파팽은 도망쳤고, 친구인 몽세 원수와 오주로 원수의 보호를 받아 신분을 증명할 방법을 찾았다. 그는 피슈그뤼 사건이 터졌을 때 보르도로 돌아왔다.[177] 그때 또다시 검거선풍이 불었다. 므쓔 파팽은 또다시 도망쳐 파리에 있는 몽세 원수 곁으로 돌아갔다. 사람들은 그가 후원자들 덕분에 무사하다고 믿는 분위기였다. 그러나 그가 더는 괴롭힘을 당하지 않을 거라는 약속을 믿고 보르도로 돌아오자마자 사람들이 그를 체포하러 몰려갔고, 그는 또다시 도망쳤다. 그는 자신에 대한 좋지 않은 정보가 사실이라는 것을 알고 프랑스를 떠났다. 군사위원회는 궐석 재판으로 그에게 사형을 선고했다. 그의 부인과 아이들은 그의 사면을 받아내려고 보나파르트의 발 앞에 몸을 던졌으나 헛일이었다. 그 후 그는 1816년까지 미국에 머물렀다. 므쓔 포레스티에, 므쓔 세리, 므쓔 세니에도 궐석재판으로 사형을 선고받았다. 므쓔 고게는 브르타뉴에서 처형되었다. 불굴의 므쓔 뒤페라는 생의 나머지 기간을 감옥에서 보냈다.[178] 모든 것은 침묵 속으로 되돌아갔다. 왕과의 연락은 두절되었다.

---

[176] 마렝고 전투는 1800년 이탈리아 피에몬테 지방의 마렝고에서 오스트리아 군대와 보나파르트의 군대 사이에 벌어진 전투이며, 보나파르트가 승리를 거두었다.

[177] Jean-Charles Pichegru(1761~1804). 프랑스혁명기의 장군. 1795년에 일어난 파리 상퀼로트의 봉기를 진압하여 '조국의 아버지'라는 명예를 얻었다. 북부군 총사령관 등을 역임했으나, 왕당파와 접촉하여 배신 의혹을 받았고, 1797년 수확월 18일의 쿠데타 이후 체포되었다. 기아나로 유배되었다가 탈출하여, 영국, 독일 등지에 체류했다. 카두달의 음모에 가담하여 1804년 1월 노르망디에 상륙했으나 동료의 밀고로 체포되어 사망했다. 공식적인 사인은 자살이다.

[178] (원주) 그는 왕정복고기에야 풀려났다.

마렝고 전투 이후 보르도에서 진행된 일로 어머니가 위태롭게 되었다. 어머니는 투옥되고 재판받을지도 모른다는 생각에 몹시 두려워했지만 다행히 주위의 도움과 보호를 받았다. 왜냐하면 어머니는 남의 눈에 띄지 않았고, 왕족들의 신뢰를 받는다는 것을 자랑하지도 않았으며, 시골에서 조용히 살았기 때문이다. 그만큼 어머니는 오만함, 야심, 이기주의, 허세 등과는 거리가 멀었다. 오로지 열정적이면서도 순수하고 헌신적인 마음으로 고양되어 있었던 것이다. 어머니는 므슈 뒤동에게 편지를 보여주고 나서 그가 보는 데서 그것을 불태운 후에는 더는 그것에 대해 말하지 않았다. 우리의 친구인 므슈 케리오는 무한한 열정을 가진 사람으로 어머니가 왕당파와 연락할 수 있게 해준 유일한 사람이었다. 어머니는 자주 조언을 해주었지만 그것을 자랑하지 않고 화합을 유지하기 위해서만 일에 관여했다. 이렇게 행동한 것은 두려운 감정 때문이 아니라 성격 때문이었다. 어머니는 자기의 의견을 감추지 않았는데, 그러한 어머니의 솔직함과 단순함이 모든 경계심을 없앰으로써 어머니를 구했는지도 모른다. 그렇게 터놓고 이야기하고 그렇게 조용히 행동하는 사람에게 불투명한 구석이 있다고 보기는 힘들기 때문이다.

스파이가 하인으로 위장하여 우리 집에 들어올 정도였으나, 그 스파이는 주인들과 하인들이 지붕 위에서까지 자기들은 왕당파라고 외치는 집에서는 아무것도 찾아낼 것이 없다며 15일 후에 떠나버렸다. 나는 모든 것을 알고 있었고 그 위대한 열정을 존경했다. 그러나 나는 건강 때문에 또한 그러한 계획들은 성공하지 못할 거라는 확신 때문에 아무 일에도 끼어들지 않았다.

27

1808년에서 1814년까지

1808년의 스페인 왕족 납치 사건은 보르도에서 격렬한 분노를 일으켰다.[179] 므쓔 롤라크는 스페인 영사인 므쓔 페데스클로, 므쓔 타파르 드 생제르맹, 므쓔 케리오, 므쓔 로제 등과 함께 페르난도 7세를 구출하여 영국 기지로 데려가려는 계획을 세웠다. 그들은 페르난도 7세에게 그것을 미리 알리기 위해 보르도의 스페인어 교사인 므쓔 디아스를 그에게 보냈다. 므쓔 디아스는 그의 방에 들어가 그에게 말하는 데 성공했다.

페르난도 혼자서만 구출될 수 있으리라는 것은 확실해보였다. 전에 망명을 떠났었던 라투레트 백작은 '엘리트 국민방위대'라는 새로운 징집 부대의 대위로 들어갔는데, 바로 그가 그다음 날 밤에 스페인 왕족들이 있는 성의 경비대를 지휘할 예정이었다. 모든 출입문은 통상 9시에 폐쇄되었다. 그 므쓔들은 므쓔 라투레트에게 가서 페르난도가 탈출할 수 있

---

[179] 1808년 3월에 아버지를 폐위시키고 스페인 왕이 된 페르난도 7세는 그해 5월 왕위를 양위하고 프랑스 중부의 발랑세(Valençay) 성에 감금되었다가 1813년 왕위에 복귀했다.

게 해달라고 부탁했다. 그는 대답했다. "예, 그가 내 부대의 장교 복장을 한다는 조건으로 그렇게 하겠습니다. 나는 그를 도와주고 그를 구해줄 것입니다. 실패하면 그와 함께 죽을 것입니다." 라투레트와 페르난도가 말 두 필을 구해 밤새 달려 동이 트기 전 썰물 시점에 포약 부근에 도착하면, 대형보트가 그들을 즉시 영국 기지로 데려갈 것이었다.

성공은 확실해보였다. 므쓔 디아스는 페르난도에게 다음 날 돌아오겠다고 말했다. 그러나 므쓔 디아스는 그에게 말을 건넬 수 있을 것으로 기대하지 않았기에 그가 수락했는지 여부를 알기 위해 그와 함께 신호를 하나 정했다. 므쓔 디아스는 페르난도가 볼 수 있도록 서 있었으나 그는 나오지 않았다. 페르난도는 그를 잘 모르기 때문에 배신당하지 않을까 두려웠던 것이다. 그 므쓔들은 결국 명령을 받지 못했고 계획은 실패했다.

얼마 후, 므쓔 롤라크는 팜플로나 지역을 스페인에 넘겨준다는 음모를 꾸몄다. 음모는 거의 성공할 뻔했으나 발각되었기에 그는 도망치지 않을 수 없었다. 그의 친구인 므쓔 타파르는 그를 영국으로 가는 배에 태웠다. 므쓔 롤라크는 어머니가 나의 로르주 외삼촌에게 보내는 메시지를 지참했기에 왕의 신임을 얻었고, 보르도인들의 충성심 특히 자기의 목숨을 구해준 므쓔 타파르의 용기와 열정에 대해 이야기했다. 보르도와의 관계는 이렇게 해서 회복되었다. 그러나 몇 년 동안은 아무것도 이루어진 것이 없었다. 그러다가 1813년 모스크바 철수가 희망을 다시 품게 했을 때, 므쓔 라투르는 자기 친구 므쓔 롤라크가 므쓔 타파르에게 보내는 편지를 가지고 보르도에 도착했다. 내용인즉 왕당파를 집결시키기 바란다는 것이었다. 므쓔 라투르는 왕의 명령으로 그에게 그 책임을 부과했지만 므쓔 타파르는 그러한 영예를 기대하지 않았다. 그는 식구는 많고 돈도 없는 데다 야심도 없었기 때문이다. 그저 므쓔 롤라크를 도와주면서 친구로서의 의무를 다하려는 생각뿐이었다. 그는 부르봉 왕가를 좋아하기는 했지만 하나의 당파를 결성할 생각은 없었다. 그러나 왕의 명령은 신성했다.

또한 전하께서는 므쓔 라투르에게 므쓔 라로슈자클랭을 만나서 그에게 방데를 맡긴다는 뜻을 전하라는 임무를 부여하셨다. 남편은 보르도에 갔고, 그날 저녁부터 므쓔 라투르, 므쓔 타파르와 함께 네 시간 동안 회의를 했다.

그때부터 므쓔 타파르는 므쓔 케리오, 므쓔 마르마주, 그 밖의 몇몇 사람과 함께 과거의 국왕근위대 계획을 다시 상의했다. 므쓔 라로슈자클랭은 푸아투 지방으로 떠났다. 그는 자기에게 언제나 충실했던 옛 지휘관인 므쓔 라빌 드 보제와 함께 앙주 지방과 투렌 지방을 돌아다니며 친구들과 옛 방데인들을 만나 분위기를 살폈다. 그는 그 도(道)에서 오랫동안 영향력을 행사했으며 방데인들을 많이 도와주었던 뒤프렌 장군을 다시 만나지 못한 것이 유감이었다. 전에 내 남편은 그를 만나 자기의 희망과 바람을 그에게 털어놓았고, 기회가 되는 대로 왕에게 봉사하겠다는 약속을 그로부터 받아냈었기 때문이다.

투르에서, 므쓔 라로슈자클랭은 강제로 영예기병연대에 들어갔던 방데의 젊은이를 모두 만났다. 그들의 분노는 극에 달해 있었다. 그는 그들에게 자기 계획의 일부를 말했으며 결정적인 순간이 올 때까지는 신중을 기하라고 당부했다. 그것은 발랑세에 있는 페르난도 7세를 구출한다는 것이었다. 므쓔 라로슈자클랭의 가까운 친구이며 베리의 귀족인 므쓔 토마 드 푸아가 그 계획의 책임을 맡았으나, 그는 행동을 개시할 무렵에 사망했다.[180] 남편은 여행을 계속했고, 낭트에서 친구이며 당시 도지사였

180 (원주) 이것은 능력보다는 열정이 앞섰던 스위스 장교 므쓔 콜리의 모험을 상기시

던 므쓔 바랑트 집에서 15일을 머물렀다. 그는 이번 순회에서 자기와 같은 목적을 가지고 파리에서 온 아드리앵 드 라발 공작을 만났다. 므쓔 세메종, 므쓔 쉬자네 등은 모두 열정으로 불탔다.

그렇지만, 투르의 그 영예기병연대 젊은이들은 기대만큼 신중하지 않았다. 그들은 몇 차례 무모한 행동을 하여 여러 사람이 체포되었는데, 그 가운데에는 그 이름처럼 용감한 젊은이인 므쓔 뤼도비크 드 샤레트도 있었다. 전에 그는 내 남편이 투르에 있다는 것을 알고서 그의 방으로 찾아가 그의 목을 껴안고 외쳤다. "나는 샤레트고 당신은 라로슈자클랭이지요. 우리는 친구입니다!" 루이가 자기의 영혼과 비슷한 영혼을 지닌 사람을 만났을 때 얼마나 행복했을지는 상상하기 어렵지 않다. 그는 보나파르트를 무너뜨리려는 자기의 모든 계획을 그에게 숨김없이 털어놓았고, 므쓔 샤레트는 그것을 열렬히 지지했다. 그를 위시해서 모든 젊은이가 체포되었지만 그들은 불굴의 의지로 비밀을 지키며 심문을 견뎌냈다.[181]

므쓔 라로슈자클랭은 메도크로 돌아왔다. 나는 10월 30일 아이를 낳

켜준다. 므쓔 콜리는 영국인들과 합의하여 페르난도 7세를 발랑세에서 구출하려는 계획을 세웠다. 그는 체포되었고 서류는 압수되었다. 보나파르트는 그 서류를 스파이에게 주었다. 그 스파이는 므쓔 콜리를 가장하여 발랑세로 갔다. 진짜 므쓔 콜리는 극비리에 뱅센에 감금되어 있었다. 페르난도는 실패에 대해 알고 있었던 것 같다. 왜냐하면 그 무렵 가제트 신문에 이 군주가 황제에게 보낸 편지가 실렸는데, 거기서 그는 므쓔 콜리가 자기를 구출하겠다고 자기에게 제안한 것을 비난했으며, 자기는 발랑세에서 매우 잘 지내고 있다고 말했기 때문이다. 모든 사람은 그 편지에 격분했고, 그것이 가짜라고 생각했다. 왜냐하면 그들은 내가 방금 이야기한 것을 전혀 모르고 있었기 때문이다. 나는 므쓔 콜리 본인을 통해서 그것을 알았다. 그는 오랫동안 감금되었다가 왕정복고에 의해 풀려났다. 그는 마드리드로 달려갔고, 페르난도 7세는 매우 감사하며 그에게 대령 계급과 여러 개의 훈장, 그리고 10,000프랑의 연금을 주었다.

[181] (원주) 그는 1815년에 죽었다. 그는 방데인들의 영원한 회한과 나의 회한을 가슴에 안고 가버렸다. 그는 그 유명한 장군의 조카였다. 그의 아버지도 방데에서 죽었다.

았다. 11월 6일, 과거 보르도 고등법원장이었고 현직 시장이며 어머니의 존경하는 친구인 므쓔 랭슈가 남편에게 속달 편지를 보내왔다. 사람들이 남편을 잡으러 떠났다는 내용이었다. 므쓔 랭슈는 회의 참석차 파리에 갈 예정이었는데, 므쓔 라로슈자클랭이 피신했음을 확신하고 나서 길을 떠났다. 남편은 이 모든 것을 나에게 알리지 않은 채 케리오 집안 므쓔 두 사람과 함께 보르도에 갔다. 그는 카스텔노에서 저녁을 먹는 중에 치안군들이 잡으러 오는 것을 보았다. 치안군 장교인 므쓔 베르트랑이 그들을 지휘하고 있었다. 장교는 자기가 할 일을 잘 알고 있었다. 그러나 그는 경찰서장을 지원하라는 임무만 부여받았으므로, 그가 분명히 알고 있던 므쓔 라로슈자클랭을 체포하지 않았다. 마차를 타고 온 경찰서장은 진창에 빠지는 바람에 늦게 도착했다. 동이 틀 무렵에 성이 포위되었다. 주인이 떠났는지 몰랐던 하인들은 므쓔 라로슈자클랭이 집에 있다고 대답했다. 그들과 함께 미사를 드리러 몰려온 농민들은 슬픔에 빠졌고, 그가 체포되면 그를 구하기 위해 치안군을 공격할 태세였다. 우리가 잘 알지 못하는 이웃 여러 명도 같은 생각을 하며 말을 탔다. 수색은 길고 터무니없이 철저했으며 거칠었다. 그들은 내 침대의 모포도 들춰볼 정도였다. 경찰서장은 먹잇감을 놓친 것에 화를 냈다. 명령은 산채로건 죽은 채로건 므쓔 라로슈자클랭을 붙잡으라는 것이었다. 그들은 그를 밤낮으로 급하게 이송하여 몇 시가 되었든 대신에게 데려갈 예정이었다.

므쓔 라로슈자클랭이 보르도에 숨어 있는 동안, 시 참사관이자 왕당파 음모에 가담했던 므쓔 토지아와 므쓔 몽드나르가 남편의 안전에 신경을 썼다. 프랑슈콩테의 귀족인 그리벨 백작은 므쓔 케리오에게 므쓔 라로슈자클랭이 체포되면 즉시 알려달라고 부탁하면서 그가 체포되면 자기가 이미 조직한 50명을 이끌고 파리로 가는 길에서 그를 구할 거라고 말했다. 그는 우리가 알지 못하는 사람으로 세귀르 코뮌의 여자와 결혼하여

가론강과 도르도뉴강 사이의, 보르도에서 약 8km 떨어진 곳에서 살고 있었다. 므쓔 그리벨은 1815년 네(Ney) 원수의 배신에 분노하여 두(Doubs) 지방의 국민방위대 대장직에서 물러난 사람이었다.[182] 그러는 동안, 므쓔 몽바동과 므쓔 바랑트는 남편에 대한 체포 명령을 철회시키려고 파리에서 백방으로 뛰어다녔다. 대신은, 몇 가지 곡절 끝에, 므쓔 라로슈자클랭이 파리에 올라와 필요한 설명을 하는 수밖에 없다는 회신을 보냈다. 나는 이러한 확언을 전적으로 신뢰하지는 않았다. 그러나 이와 같은 일이 자주 되풀이되었고, 동맹국들과 보나파르트 사이의 협상과 평화에 대한 일상적인 기대가 높아 행동할 수 있는 방법이 막혀버렸기 때문에, 고백하건대, 나는 대신을 찾아가 보는 쪽으로 기울었다. 게다가 나는 남편에게 불리한 서면 자료는 하나도 없을 것으로 확신하고 있었다. 나는 장기간의 헤어짐과 미래의 박해가 두려웠지만, 남편은 조금도 주저하지 않았다. 그는 대신이 약속을 지키고 자기를 감옥에 넣지는 않더라도 추방하거나 혹은 강제로 군복무를 하도록 함으로써 자기를 괴롭힐 거라고 현명하게 내다보았다. 그는 행동할 자유를 원했다. 남편의 한결같은 생각은 때가 되면 방데에서 봉기를 일으키는 것이었다. 므쓔 라로슈자클랭은 그쪽으로 눈을 돌렸다. 그의 이름, 그가 완벽하게 알고 있는 그 지역 주민들에 대한 그의 영향력이 그를 자연스럽게 그리로 부른 것이다. 게다가 왕의 의도는 그를 그 계획에 집착하게 했다.

보르도에 숨어 지내면서부터, 남편은 그동안 동일한 목적이 있지만 개별적으로 활동하던 여러 비밀조직을 하나로 통합하는 연결고리 역할

---

182 미셸 네(Michel Ney. 1769~1815). 나폴레옹에 의해 원수로 임명되었으나, 1814년 나폴레옹의 폐위를 강력하게 요구한 후 부르봉 왕가를 지지했다. 나폴레옹을 버린 최초의 원수였다. 그러나 1815년 나폴레옹이 돌아왔을 때는 나폴레옹을 지지했고, 그의 부대와 나폴레옹의 부대 사이에는 충돌이 없었다. 여기에서 '배신'은 바로 이것을 말하는 것으로 생각된다.

을 했다. 그를 박해하던 당국은 그를 당파의 지도자로 지목했고, 충성스러운 사람들은 모두 그와 관계를 맺으려 했다. 남편은 자신이 왕의 특임관임을 드러낼 수 없었던 신중한 므쓔 타파르에게 그 이야기를 했다.[183]

12월에 국왕근위대 대위이고 무술교관인 므쓔 지풀롱이 체포되었고 파리로 이송되어 투옥되었다. 그는 15차례나 심문을 받았으나 꿈쩍도 하지 않았다. 아무것도 유출되지 않았다.

1814년 1월 1일 무렵, 므쓔 라로슈자클랭은 시트랑에 와서 사흘 동안 나와 함께 지냈다. 그 후 그는 얼마간 친구인 므쓔 뤼트켄과 함께 저(低)메도크 지방을 누볐다.[184] 므쓔 뤼트켄은 프로테스탄트 지주였고 국왕에게 극히 헌신적이었으며, 냉철하고 침착하며 대담한 사람이었다. 그들은 사람들이 보르도에서 협의한 것을 이곳의 믿을 수 있는 사람들에게 전했는데, 그 가운데에는 므쓔 아르마야크, 므쓔 라로즈, 므쓔 뒤브뢰유 남작의 아들들, 므쓔 아르노, 므쓔 제르 등이 있다. 그들은 이 사람들이 보르도와 연락하도록 했다. 모든 사람의 열정은 나날이 뜨거워졌으나 아무 소용이 없었다. 보르도와 영국인들 사이에 프랑스군이 주둔하고 있다는 사실은 일체의 시도를 저지했다.

므쓔 라로슈자클랭은 시트랑으로 돌아왔다. 우리의 아이들과 모든 하인은 그를 보았다. 낯선 사람들이 그와 상의하러 끊임없이 몰려왔다. 그렇지만 신중을 기하는 한 그가 은신하는 데 어려움을 겪은 적은 없었다.

---

183 (원주) 유리제조인인 므쓔 공보와 므쓔 리지에, 교사인 므쓔 샤보, 상인인 므쓔 바댕, 루소 신부와 뒤푸이 신부 등은 개별적인 조직이 있었다. 므쓔 리지에와 므쓔 샤보는 헌신적이고 대담한 사람으로 1809년부터 8개의 부대를 조직했다.

184 (원주) 므쓔 장 자크 뤼트켄은 메도크 지방의 카르네 성 주인이었다. 그는 옛 스웨덴 영사의 아들이었는데, 이 스웨덴의 귀족 가문은 과거에 자기들의 조국과 왕을 위해 헌신했다. 카르네 성에 있는 말을 탄 카를 12세를 그린 멋진 그림은 그 군주가 장 자크의 조상에게 준 것이다.

경찰은 수색을 멈추지 않았다. 푸아투와 낭트에서는 당시 루아르-앵페리외르의 지사였던 므쓔 바랑트와의 우정 때문에 더욱 심하게 진행되었다.[185]

12월 이후, 방데에서는 몇 가지 움직임이 있었다. 징집된 이들은 복종하기를 거부하고 치안군과 싸웠다. 그러나 내란을 우려했지만 진압할 힘이 없었던 정부는 어느 정도 관용을 베풀었다. 정부는 훨씬 적은 희생을 강요했으며, 다른 지역보다 징병을 적게 요구했거나 아니면 다른 프랑스인들을 짓눌렀던 그 많은 징발을 부과하지 않았다.[186] 이처럼 신중한 조치는 그 지역에 치안군 2,000여 명이 주둔하고 있다는 사실과 결합하여 겨울 동안에 전쟁이 일어나는 것을 막았다. 물론, 무기를 들고 저항했던 완강한 징집거부자들이 없지 않았고, 전 지역에서 전반적인 저항이 없었던 것은 아니지만 말이다.[187] 지휘관들은 불완전한 일은 하려고 하지

---

185 (원주) 나는 므쓔 트리베르의 행동을 잊고 싶지 않다. 그는 몇 년 전부터 브레쉬르 군수였고, 정신이 고결하고 성격이 온화했지만, 티보도의 조카로서 우리와 같은 생각을 공유하지는 않았다. 그도 므쓔 라로슈자클랭을 체포하고 그의 문서를 압수하라는 명령을 받았다. 그는 치안군 장교 한 사람을 대동하고 클리송으로 왔다. 그는 루이가 그곳에 없다는 것을 잘 알고 있었다. 성에 도착하고서 그는 집사에게 명령을 전달한 후 웃으면서 말했다. "날씨가 너무 좋으니 우리는 잠시 산보 좀 하겠소. 중위가 클리송을 모르니까요. 두 시간 후에 돌아와 서류 검사를 하겠소." 의심스러운 서류는 없었지만, 설사 있었다 해도 그것들을 처리할 충분한 시간을 준 것이다. 므쓔 레스퀴르는 전에 므쓔 트리베르의 친척을 살려준 적이 있다.

186 (원주) 봉기를 일으킨 방데는 4개 도(道)가 합쳐진 지방인데, 각 도(道)마다 경감 정도가 달랐다.

187 (원주) 되세브르도(道)에서는 쿠를레의 농민인 조제프 기요가 그들을 지휘했다. 조제프 기요는 디오 장군이라는 이름으로 알려졌는데, 읽고 쓸 줄 모르는 사람이었다. 그는 징집되어 얼마간 경기병대에서 복무했었다. 그는 바그람 전투에서 큰 공을 세워 그의 지휘관들은 그에게 명예십자훈장을 약속했다. 그러나 그는 그날 밤 탈주하여 쿠를레로 돌아오는 데 성공했다. 1813년 말, 그는 다른 많은 징집거부자와 함께 브쟁 숲으로 숨어들었고, 1814년 겨울에서 왕정복고 때까지 거기에 있었다. 최종적으로 기요는 700명 가까이 지휘했다는 말이 돌았는데, 나는 그 수치가 과장되었다고 생각한다. 그 지역 사람들이 그들에게 먹을 것을 가져다주었

않았고 전면적인 봉기의 순간이 무르익을 때까지 기다렸다. 평화의 지속은 가장 대담한 사람들도 마비시켰다.

그렇지만 므쓔 라로슈자클랭은 그 용감한 방데인들과 함께한다는 계획으로 끊임없이 되돌아갔다. 그것은 불 보듯 뻔한 위험 속으로 뛰어드는 것이었다. 그는 보르도에서보다 그곳에서 더 요주의 인물이었기 때문이다. 그는 너무 많이 알려졌기에 큰길을 이용하여 다닐 수 없었다. 그해, 엄청난 범람 때문에 샛길은 통행이 불가능했다. 우리는 자고 신부가 서부 지방을 돌아다니면서 상황을 파악하고 므쓔 라로슈자클랭에게 방데에 갈 수단을 마련해준 후에야 출발 여부를 결정하자고 겨우 그의 동의를 얻어냈다. 그는 1월 26일 떠났다. 그는 생통주 지방을 둘러보고, 내 시동생인 므쓔 샤를 드 보코르를 만나고, 므쓔 라빌 드 보제와 협의하고, 옛 지휘관들과 연락망을 구축하고, 파리로 돌아가 므쓔 뒤라, 로르주의 내 사촌들과 상의하여 대규모의 전반적인 계획을 조율한 후, 마지막으로 낭트에 가서 모든 것을 므쓔 바랑트에게 이야기할 예정이었다. 이 지역들과 이 전반적인 봉기 계획은 왕제가 15년 전에 므쓔 자고에게 지침을 내릴 때 정한 것이었다.

므쓔 자고는 투아르에 도착한 후 2월 5일에 므쓔 라로슈자클랭이 방데에 즉시 침투하여 무엇인가 중요한 일을 하는 것은 불가능하다고 썼다. 또한 자기는 파리에 갈 것인데 돌아오면 모든 것이 나아지기를 희망한다고 썼다. 그렇게 지연되는 것은 내 남편의 초조함을 가라앉힐 수 없었다.

얼마 전부터, 앙굴렘 공작 저하가 영국군 지역에 들어갔다는 소문이

기에 그들은 부족한 것이 없었다. 그들은 때로는 무리 지어 숲 밖으로 나왔지만, 아무도 그들을 공격할 엄두를 내지 못했다.

퍼졌다. 최근 들어 그 소문의 신빙성이 높아지자 므쓔 라로슈자클랭은 저하의 명령을 받고 진행상황을 보고하러 즉시 저하께 가기로 결정했다.[188] 므쓔 아르망 아르마야크는 남편에게 산세바스티안으로 떠나는 선박 편을 마련해주기 위해 사흘 전에 왔다. 남편은 므쓔 타파르, 므쓔 공보와 협의하기 위해 시트랑을 떠났다.

보르도로 다시 들어간 후, 므쓔 라로슈자클랭은 므쓔 몽드나르에게 이틀 전 파리에서 돌아온 므쓔 랭슈에게 감사하는 마음과 허심탄회하게 이야기를 나누고 싶다는 뜻을 전해달라고 부탁했다. 므쓔 랭슈가 찾아오자, 므쓔 라로슈자클랭은 므쓔 랭슈가 없을 때 보르도에서 준비된 것들, 왕당파의 비밀, 그리고 자기가 생장 드 뤼츠로 떠나는 것 등을 그에게 알려주는 것이 자기가 그에게서 받은 그 많은 도움에 보답하는 일이라고 생각한다고 말했다.[189] 므쓔 랭슈는 기쁨과 놀라움에 사로잡혀 그에게 망설임 없이 말했다. "앙굴렘 공작 저하께 저의 모든 충성심을 전해주십시오. 저는 '국왕 만세'라고 외치고 저하께 도시의 열쇠를 돌려줄 첫 번째 사람이 될 거라고 말씀드려주십시오." 전에 므쓔 랭슈는 파리에 있으면서 보나파르트의 실각을 예상했으며, 므쓔 폴리냐크 형제가 수용되어 있는 정신병원에 들어갈 구실을 마련하여 그들과 오랫동안 이야기를 나누었다. 그는 장차 보르도가 왕을 위해 봉기하면 가장 먼저 흰색 휘장을 착용할 거라고 그들에게 약속했다. 므쓔 폴리냐크 형제는 자기들이 오래전부터 관계를 맺어온 므쓔 라로슈자클랭과 므쓔 공보와 뜻을 맞추라고 그에게 권했다. 이미 므쓔 공보는 충실한 왕당파인 부시장 막심 드 퓌세

---

188 앙굴렘 공작(1775~1844)은 루이 16세의 동생으로 프랑스의 마지막 왕 샤를 10세가 되는 아르투아 백작의 장남이다.

189 Saint-Jean-de-Luz는 프랑스와 스페인 국경에 있는 가스코뉴만 연안 프랑스 도시이다. 당시 앙굴렘 공작이 와 있었다.

귀르 백작의 의중을 알고 있었다.

므쓔 아르마야크는 므쓔 라로슈자클랭의 여행을 준비했다. 그는 스페인 항해 허가를 받은 모로 선장이 모는 배를 이용하기로 결정했다. 그러나 그 배까지 가는 것이 매우 힘들었는데, 강에서 빠져나오기 전에 각종 검문을 받아야 했을 뿐만 아니라, 세관원들은 배에 올라 바다로 16km 지점까지 나간 후에야 보트를 타고 돌아가기 때문이었다.

나는 얼마 전에 제12사단의 특임관인 상원의원 부아시 당글라에게서 우리가 겪은 박해에 대해 매우 고무적인 내용이 담겨 있는 편지를 받았다. 므쓔 라로슈자클랭은 그 편지를 지참했다. 왜냐하면 도주할 필요가 있어서 저하를 찾아간 것이 아님을 저하께 증명하기 위해서였다. 남편은 2월 15일 저녁 우리 곁을 떠났다. 나는 신께 우리가 왕에게 할 수 있는 마지막 희생을 받아달라고 간청할 힘밖에 없었다.

므쓔 라로슈자클랭은 똑같은 위험을 무릅쓸 각오가 되어 있는 므쓔 프랑수아 케리오와 함께 17일 밤에 출발하여 포약 근처에 있는 므쓔 카스테자 집으로 갔다. 그는 가장(家長)이고 전에 선장 일을 했던 사람이었다. 므쓔 카스테자는 의사인 므쓔 샤반을 동반하고서 그들을 로양의 뱃길 안내인인 토댕의 작은 돛단배에 데리고 갔다. 그들은 로양에 정박 중인 모로 선장의 배를 타기 위해서 토댕의 배에 승선했다. 그들은 배 안에 있는 밧줄 속에 묻혀 42시간 동안 자세도 바꾸지 못한 채 누워서 숨었다. 토댕은 레굴루스호에 타고 있는 선원의 일원인 자기 아들과 이야기를 나누면서 정박 중인 그 배 앞을 무사히 통과했다. 그 배는 작은 배까지도 검열 조사하는 배였다. 거센 폭풍우가 일어나 돛단배를 매우 위태롭게 만들었다. 모로 선장의 배는 닻을 상실했다. 그들은 한동안 보르도로 돌아가야 할 것으로 생각했으나 다행히 모로 선장은 로양에서 다른 닻을 구했다. 이렇게 지체되는 동안 토댕의 작은 배는 그 항구의 다른 선박들 한가운데 정박하고 있었다. 우발적인 일이라도 생기면 언제라도 두 도망자의 신분이 금방이라도 드러날 수 있었다. 모로 선장은 바다에 있었으므로 그에게 다가갈 구실이 필요했다. 토댕은 자기 아들에게 부두에 있는 모든 사람이 들을 수 있도록 큰 소리로 모로에게 주기로 한 빵을 주었는지 물었다. 아들은 아니라고 대답했다. 아버지는 화를 내며 아들이 잊은 것을 나무랐다. 그의 화가 모든 사람의 경계심을 밀어냈다. 그는 로양에 있는 집으로 빵을 가지러 갔다. 동시에 그는 세관원들을 육지로 다시 데려올 뱃길 안내인에게 자기의 비밀을 털어놓았다. 그들 두 사람은 토댕은 바다 쪽에서 다른 사람은 육지 쪽에서 이렇게 배의 좌우 측면에서 동시에 배에 대기로 합의했다. 이렇게 해서, 모로의 배에 타고 있던 세관원들이 돛단배에 내려 타는 동안 므쒸 라로슈자클랭과 므쒸 케리오는 기어서 빈대쪽 뱃전을 통해 모로의 배에 탔다.

항해는 신속했다. 22시간 걸려 그들은 파사주 항 앞에 도착했다. 강한 폭풍우가 일어 몇 시간 동안 여러 척의 선박이 육지를 눈앞에 두고 가라앉았다. 그렇지만 므쒸 모로는 무사히 배를 댔다. 므쒸 라로슈자클랭과 그의 동반자는 렌테리아에서 달루지 경을 만나 자기들이 온 목적을 말했다. 그는 그들을 반갑게 맞이한 후 그들에게 참으로 친절한 제안을 했으며 부득불 돈을 주겠다고도 했다. 그러나 므쒸 라로슈자클랭은 생장 드 뤼츠에 있는 앙굴렘 저하께 데려다줄 것만을 그에게 부탁했다. 달루지 경은 말이 없었기 때문에 두 므쒸에게 병사 둘을 붙여주었고, 그들은 밤새 걸어서 앙굴렘 공작의 처소에 도착했다. 저하께서는 에티엔 드 다마스 백작을 대동하고 프라델 백작이라는 이름으로 불과 15일 전에 그곳에 왔다. 웰링턴 경이 저하께 경의를 표했다. 그때까지는, 생장 드 뤼츠의 시장인 상인 므쒸 생장과 이웃 작은 소교구들의 주민들이, 저하께 은밀하게 자기들의 생각과 희망을 털어놓은 유일한 프랑스인이었다. 저하께서는 보르도의 계획, 방데의 상황, 전반적인 여론을 아시자마자 희망을 가지셨고, 그 어떤 것도 그가 충실한 신하들이 남아 있는 프랑스 땅을 떠나게 하지 못할 것이며, 그들과 헤어지느니 차라리 그곳에서 죽을 거라고 선언하셨다. 저하께서는 그 므쓔들에게 왕제는 스위스에 있고, 베리 공작 저하는 저지 섬에 있으며, 그들도 자기와 마찬가지로 프랑스로 들어가는 것을 고려하고 있다고 알려주셨다.[190]

므쓔 기슈 공작은 이 방문자들을 가리츠에 있던 웰링턴 경의 참모본부로 데려가라는 명령을 받았다. 웰링턴 경은 그들을 환영했다. 웰링턴 경은 처음부터 부르봉 왕가의 대의에 뜨거운 애정을 보여주었지만, 동맹국들과 영국이 보나파르트와 협상하기로 합의했거나 혹은 합의한 것처럼 보였기 때문에 우리의 왕족들을 위해 눈에 띄는 행동을 할 수 없었다. 게다가, 그는 외국인들이 공통적으로 가지고 있는 편견에 빠져 있어서 프랑스인들의 호의를 믿지 않았다. 확실한 것은 그의 앞에는 한 유능한 장군이 있고 격파해야 할 프랑스 군대가 있다는 것이었다. 모든 것은 이 목적과 관련되어야 했다. 그러한 것들이 므쓔 라로슈자클랭이 넘어야 할 장애물이었다. 그 목적은 비록 우리의 왕족들에 대한 커다란 배려 혹은 안타까움과 함께 제시되었지만 그럼에도 불구하고 강력했고 합리적이었다. 므쓔 라로슈자클랭은 보르도는 국왕 지지를 선언할 것임을 약속하면서, 보르도를 점령하라고 우선적으로 요구했다. 그런 다음, 보르도를 지킬 목적으로 강력한 교란작전을 펴기 위해 야간에 푸아투 해변에 상륙할 한두 척의 전함과 자기를 육지 안으로 8km 정도 데려다줄 병사 수백 명을 요구했다. 자기는 계속 전진하는 동안 병사들은 철수하

190 베리 공작(1778~1820). 아르투아 백작의 차남. 부르봉 왕조의 단절을 바라는 세력에 의해 암살당했다.

여 배에 오름으로써 적의 관심을 돌리게 하겠다는 것이었다. 웰링턴 경은 영국 정부가 지시하지 않은 원정을 위해 부대를 움직일 수는 없다고 그에게 설명했다. 따라서 므쓔 라로슈자클랭은 당시 세관원들과 해안경비대원들이 물샐틈없이 해안을 지키고 있던 방데로 들어가려던 계획을 당분간은 포기할 수밖에 없었다.

웰링턴 경은 전진하기로 결정했다. 다음 날 므쓔 라로슈자클랭은 그를 따라 갑돌레롱강(江)까지 갔다가 저하께 돌아갔다. 툴루즈의 의원인 므쓔 오켈리, 므쓔 보세가 툴루즈의 희망과 도움을 왕족에게 전하기 위해 그곳에 도착했다. 그때 유명한 오르테즈 전투의 소식이 알려졌다.[191]

앙굴렘 공작 저하는 다마스 백작을 포(Pau)로, 므쓔 프랑수아 케리오를 보르도로 보냈다. 저하는 에스카르 공작과 므쓔 라로슈자클랭을 대동하고 생스베르에 있는 참모본부로 갔다. 퐁타 자작이 그곳에 도착하여 저하께 충성을 맹세하고 계속 함께 있었다. 다마스 백작은 수많은 위험을 겪으면서 전진했으나 아무런 성과를 얻지 못했다.

므쓔 케리오는 국왕위원회에 자기 여행이 성공했음을 알린 다음 왕족의 말씀을 전하기 위해 보르도로 갔다.[192] 그는 오르테즈 전투에서 패하여 달아나던 징집병들과 주민들 속에 끼어 길을 갔다.

그는 저녁에 도착했다. 그날 아침에, 므쓔 타파르가 장사를 구실로 삼아 파견했던 므쓔 봉탕 뒤바리는 보르도시(市)가 무방비상태이며 시민들은 앙굴렘 공작 저하를 열렬히 환영할 것임을 웰링턴 경에게 알리러

---

191 오르테즈(Orthez)는 프랑스 아키텐 지방에 있는 피레네 아틀랑티크 도(道)의 작은 코뮌이다. 1814년 2월 27일, 오르테즈 전투에서 웰링턴 공작이 지휘하는 영국-스페인 연합군이 술트 원수가 지휘하는 나폴레옹 부대에 승리를 거두었다.

192 (원주) 국왕위원회는 므쓔 타파르, 므쓔 랭슈, 므쓔 공보, 므쓔 뷔도, 므쓔 알렉상드르 드 살뤼스, 므쓔 포미에, 노(老)므쓔 케리오, 므쓔 뤼트켄으로 구성되어 있었다.

떠났다. 그 보고가 웰링턴 경의 결심을 이끌어냈다. 웰링턴 경은 베레스퍼드 원수에게 3개 사단을 이끌고 보르도로 진격하라는 명령을 내렸다. 므쓔 봉탕은 즉시 돌아와 자기의 임무 수행을 보고했다. 그는 생스베르에서 보르도로 가는 데 많은 위험을 겪었으나 용기와 냉정함으로 이겨냈다. 그가 떠난 다음 날, 영국군은 전진했고 전위부대와 함께 출발할 므쓔 라로슈자클랭은 저하의 마지막 명령을 받으러 갔다. 저하는 자기와 조금 전에 헤어진 웰링턴 경은 보르도가 입장 표명을 분명히 할 엄두를 내지 못할 것으로 확신하고 있었다고 말했다. 그러자 므쓔 라로슈자클랭은 보르도는 분명히 움직일 것임을 자기의 목숨을 걸고 맹세한다고 확언했다. 그는 영국군보다 36시간 앞서가는 것을 허락해달라고 저하께 요청했다. 저하께서 말씀하셨다. "당신은 당신의 일을 확신합니까?" 므쓔 라로슈자클랭이 대답했다. "사람이 할 수 있는 그 어떤 일보다 확신합니다." 저하께서 강하게 말씀하셨다. "나는 귀하를 신뢰합니다. 떠나세요."

므쓔 라로슈자클랭은 경무장병들과 함께 랑공까지 간 후 다시 프레나크에 있는 알렉상드르 드 살뤼스 백작에게 갔다. 거기에서, 므쓔 바슬랭은 조금 전에 영국 경기병대와 전투를 벌인 프랑스 분견대와 치안군을 가로질러 도시로 들어가는 길을 안내했다.[193] 드디어 므쓔 라로슈자클랭은 3월 10일 저녁 10시에 부상자들과 대화를 나누면서 보르도에 도착했다. 루이는 국왕위원회가 베레스퍼드 원수에게 사람을 보내 부대 이동을 24시간 늦춰달라고 부탁했음을 알았다. 계획을 더 잘 준비하고, 필요한 조처를 하고, 도시의 왕당파들과 주변의 왕당파들을 결합시킬 충분한 시간을 확보하기 위함이었다. 그러나 므쓔 라로슈자클랭은 이러한 지체가 가져올 단점들을 역설하면서 소극적인 사람들에게는 생각할 시간을

---

[193] (원주) 그는 그 후 뤽상부르 부대의 경호원이 되었다.

줄 필요가 없다는 것, 왕당파들의 열정을 활용해야 한다는 것, 자발적인 움직임을 통해 도시의 생각이 표현될 수 있다는 것 등을 이야기했다. 사람들은 그의 생각에 동의했다. 그래서 므쓔 뤼트켄, 므쓔 프랑수아 케리오, 므쓔 바슬랭, 므쓔 에티엔, 므쓔 카놀 등이 연속적으로 왕족과 영국인들에게 파견되어 서둘러 진군하라고 요청했다.

그러는 동안, 보르도의 최고 권력자들과 얼마 안 되는 부대가 도시를 떠났다. 도시는 랑드도(道) 쪽에서는 무방비상태였다. 앞서 정부는 레르강 쪽을 강화하기 위해 토목감독관인 므쓔 오귀스트 바롱을 파견했는데 그는 오히려 국왕에게 충성을 바치는 사람이었다. 그는 앙굴렘 공작 저하께 합류하는 것만 골몰했다.

28

3월 12일

Mémoires de Madame La Marquise De La Rochejaquelein

드디어, 12일 아침 8시, 저하를 영접할 준비가 끝났다. 사람들은 시청에 모였다. 영국 경기병대가 보르도 안으로 들어오기 시작했다. 주민들이 앞으로 진행될 일에 대해 통보받기 전에 그들이 이렇게 도착함으로써 사람들은 무슨 좋지 않은 일이 일어나지나 않을까 우려했다. 므쓔 라로슈자클랭은 므쓔 퐁타와 함께 급히 말을 타고 베레스퍼드 원수에게 달려가서 영국군이 들어오기 전에 왕당파가 움직일 수 있도록 경기병들을 철수시켜 달라고 부탁했다. 그는 원수의 동의를 얻어낸 후 원수와 함께 있었다. 므쓔 퓌세귀르는 루이 18세가 국왕임을 공표하기 위해서 시청에 남았다. 동시에 성문 밖에서도 루이 18세가 국왕임이 공표될 것이었다.

국왕근위대는 무기를 감추고 거리로 나오라는 명령을 받았다. 지휘관들은 태연하게 시행정관들의 행렬을 뒤따랐다.

므쓔 랭슈는 마차에 오르면서 한 기병에게 생미셸 종탑 위에 흰색 깃발을 게양하라는 명령을 내렸다. 그 종탑은 성당과 떨어져 있었다. 근위대 중대장인 므쓔 바댕과 목수인 루이 아그리 외에도 다섯 사람은 전날 저녁 9시에 커다란 흰색 깃발을 단 깃대를 그곳에 가져다 놓은 다음 명령을 기다리며 밤새 그곳에서 대기하고 있었다.

므쓔 라로슈자클랭과 므쓔 살뤼스는 베레스퍼드 원수가 라메강의 다리에 도착하자 흰색 깃발이 보르도에 휘날리는 것을 가리키며, 왕당파의 활동이 시작되었고 원수는 루이 18세에게 충성하는 도시에 들어갈 거라고 말했다. 원수는 걱정했지만 아무 말도 하지 않았다. 보르도시 입구에 도착한 므쓔 랭슈는 마차에서 내린 후 자기는 루이 18세가 국왕임을 공표하기로 결정했고, 시청에 흰색 깃발을 게양하라는 명령을 내렸다고 보좌관들에게 말한 다음, 자기는 흰색 휘장을 착용할 거라고 선언했다. 상인인 므쓔 그라몽, 므쓔 라부르, 프로테스탄트인 므쓔 보트 드 토지아 등은 그곳에 남았고, 므쓔 피페만 돌아갔다. 즉시 노(老)므쓔 케리오는 국왕 특임관의 이름으로 므쓔 랭슈에게 흰색 휘장과 흰색 목도리를 주었다. 그와 동시에, 그때까지 군중 속에 섞여 있던 근위병들이 자연스럽게 "국왕 만세!"라고 외치며 흰색 휘장을 달았다. 모든 사람이 "국왕 만세"를 복창했다. 열정과 흥분은 전기불꽃처럼 퍼져나갔다. "국왕 만세! 부르봉 왕가 만세!" 소리가 사방에서 울려 퍼졌고 도시 전역에서 되풀이되었다.

므쓔 랭슈는 베레스퍼드 원수에게 가서 말했다. "장군님께서는 영국 국왕 전하의 친구인 우리의 합법적인 왕 루이 18세에게 충성을 바치는 도시에 들어오셨습니다. 장군님께서는 이 매력적인 도시가 부르봉 가문의 자애로운 권위 아래 들어간 것을 얼마나 기뻐하는지 보시게 될 겁니다." 므쓔 랭슈는 원수에게 시의 열쇠를 증정하지 않았다. 내 『회고록』의 초기 판본들에는 증정했다고 되어 있으나 그것은 오류이다. 11일 므쓔 에스테베네 집에서 열린 위원회는 보르도가 영국인들에게 예속되었다는 말이 나오지 않게 하려고 그러한 증정을 하지 않기로 공식 결정했기 때문이다. 나는 절대적인 확신을 가지고 그 오류를 수정했다. 원수는 도시의 평화를 되찾고 재산을 보호할 수 있어서 기쁘며, 주민들은 자기들이 원하는 대로 자유롭게 결정할 수 있다는 말만 했다.

그러자, 도시로 들어가는 행렬이 움직이기 시작했다. 므슈 랭슈는 베레스퍼드 원수보다 100걸음 앞에 섰다. 사람들이 실수로 아키텐 광장에 배치했으며 유명한 므슈 마르티나크가 지휘한 도시방위대 두 중대는 므슈 랭슈가 흰색 휘장과 흰색 목도리를 두르고 들어오는 것을 보고 놀라 그를 체포하기 위해 그의 뺨에 총을 겨누었다.[194] 비밀리에 왕당파 음모에 가담한 3인의 장교 므슈 보벤, 므슈 베르달, 노(老)므슈 델페슈는 총을 거두게 했고 대열이 지나가는 길을 열어주게 했다.

므슈 랭슈가 시청사에 도착하자, 므슈 타파르르는 국왕 특임관 자격으로 그와 그의 보좌관들의 공직을 확인해준 다음 연설을 했다. 베레스퍼드 원수는 매우 작은 목소리로 연설을 해서 평화, 평안, 소유권 존중 같은 말 외에는 알아들을 수 없었다. 원수가 연설하는 동안 므슈 기슈 공작이 도착하여 두 시간 있으면 앙굴렘 공작 저하가 도시 성문에 도착하실 거라고 말했다. 베레스퍼드는 자기 숙소로 돌아갔고, 므슈 랭슈와 보좌관들은 많은 사람을 이끌고 왕족을 맞이하러 갔다. 드디어 저하가 도착하셨고, 저하께 도시 열쇠를 드렸다. 거의 모든 사람이 무릎을 꿇었다. 시민들이 외쳤다. "이분이 우리의 왕의 혈통이십니다!" 모든 사람이 그의 옷과 말을 만지려 했다. 그들은 저하를 대주교 예하께서 기다리고 있는 성당으로, 정확히 표현하면, 들고 갔다. 저하는 잠시 수행원들과 떨어져 있었고 군중들에 의해 숨이 막힌다고 생각했다.

---

[194] (원주) 얼마 전에 보나파르트는 국민방위대를 폐지하고 그것을 도시방위대로 대체했다. 보르도의 도시방위대는 1,000명에 불과했다. 황제의 명령으로 주요 부르주아 가운데에서 선발되었지만 3분의 2가량은 왕당파였다. 그러나 장교들의 대부분은 보나파르트주의자였다.

전날부터, 작은 도시 바자의 주민들은 모두 "국왕 만세!"를 외쳤다. 보르도에서도 똑같이 할 것으로 예상하고 그렇게 한 것은 아니었다. 그들은 저하께서 도착하시자마자 "국왕 만세"를 외쳤는데 그것은 저하께서 원하신 것이 아니었다. 저하께서는 어떤 사소한 움직임이 왕당파들을 위험에 처하게 하지 않을까 우려하실 정도로 선하신 분이었기 때문이다.

사람들이 무엇보다도 먼저 원한 것은 영국에 있는 프랑스 국왕에게 그 중요한 소식을 전하는 것이었다. 그 명예로운 임무는 도시의 이름으로 시장 보좌관인 므슈 보트 드 토지아에게 맡겨졌다. 그는 므슈 뤼트켄의 친구이고 왕당파 지도자들의 비밀 계획을 잘 알고 있으며 열정과 신중함을 가지고 3월 12일을 준비하는 데 일익을 담당한 사람이었다. 앙굴렘 공작 저하께서는 망명자로서 자신을 수행하여 보르도에 온 므슈 라바르트를 그에게 붙여주셨다.

그들의 여정은 순조로워서 3월 14일 도시를 떠났고 스페인의 파사주항에 가서 배를 타야 했음에도 25일에 하트웰에 도착했다.[195]

나는 시골에 남아 있었기에 3월 12일 보르도 사건의 장관을 즐길 행운을 얻지 못했다. 21년 전 3월 12일에 시작된 방데 전쟁의 기억이 수많은 상념으로 내 영혼을 가득 채워 30시간이 넘도록 정신을 차릴 수가 없었

---

195 루이 18세는 망명을 떠난 후 프로이센, 스웨덴, 러시아 등지에 있다가 1807년 말 영국으로 왔고, 1811년 초부터 이곳에 있었다.
(원주) 그날은 성모영보일(聖母領報日)이었다. 사람들은 미사를 드렸다. 국왕 전하와 왕비 마마께서는 궁 안에 울려 퍼지는 "국왕 만세!"라는 외침과 흰색 휘장의 물결에도 불구하고 기도를 중단하지 않으셨다. 앙굴렘 공작부인 마마의 경건한 신앙심은 그렇게 특별한 시기를 지키는 것을 빠뜨리지 않으셨다. 그래서, 신의 섭리가 특별한 사건을 통해 자신의 보호를 나타내고자 기꺼이 마련한 듯한 놀라운 일치에 의해, 성모영보일 바로 그 날, 보르도에서는 왕제께서 프랑슈콩테를 통해 프랑스로 무사히 들어가셨다는 중요한 소식이 알려졌고, 파리에서는 샤티옹 협상이 깨졌다는 소식이 전해졌으며, 하트웰에 계시는 국왕께는 자신의 조카가 어떠한 용기와 열정으로 보르도에서 환영을 받았는지 알려졌다.

기 때문이다.

므쓔 라로슈자클랭은 즉시 앙굴렘 공작 저하께 기병대 소집을 허락해 달라고 말씀드렸다. 저하께서는 엄청난 희생으로 짓눌리고 폐허가 되었으며 공공금고가 모두 탈취된 프랑스에 방금 도착하셨기에 또 주민들에게 아무것도 요구하려 하시지 않았기에 유급 부대를 창설할 자금이 없으셨다. 그래서 그 기병대는 자비로 무장한 자원병으로 구성되었다. 상인이며 1798년 왕실기병대의 지휘관이었던 므쓔 로제, 공보 기사, 그리고 옛 경호대 장교인 므쓔 라마르토니 등도 부대 창설을 허락받았다. 그러나, 언제나 방데에서 싸우는 것이 자기의 운명이라고 생각했던 므쓔 라로슈자클랭은 일시적으로만 기병대의 지휘를 맡았다.

도시방위대의 보나파르트주의 추종 장교들은 부르봉 왕족을 지지하는 움직임에 불만을 느꼈다. 그들은 12일 저녁 베레스퍼드 원수에게 대표를 파견하여, 자기들에게 의무적으로 흰색 휘장을 착용하게 할 것인지 여부와 영국 왕의 이름으로 도시를 점령하러 온 것인지 여부를 물었다. 원수는 그들에게 대답했다. "나는 당신들의 내부 논의에는 관심이 없다. 흰색 휘장이냐 붉은 휘장이냐 검은 휘장이냐는 중요하지 않다. 나는 영국 국왕 전하의 부대를 지휘하며 내 장군의 명령에 복종한다. 단 삼색휘장을 착용하는 것은 삼가라." 도시방위대는 영국 장군이 왕족의 이익에는 별로 관심이 없다는 것을 알았다. 장교들은 다음 날 모임을 갖고 루이 18세를 인정(認定)하는 것과 므쓔 랭슈의 공표, 둘 모두에 반대하는 서명을 했다.

베레스퍼드의 존재는 왕당파들에게는 우려를 자아냈고 그들의 적에게는 희망을 주었다. 다행히, 술트 원수를 공격하고 툴루즈를 점령하기 바랐던 웰링턴 장군은 베레스퍼드를 소환했고 보르도의 지휘권을 달루지 장군에게 넘겼다. 베레스퍼드에게는 소수의 병력만 남았다. 이때부터 보르도에서는 모든 것이 바뀌었다. 도시방위대는 해체되고 무장해제되어 코뮌 방위대로 재편성되었고, 렌 남작과 그의 처남인 퐁타 백작이 지휘를 맡았다.

영국군이 맡은 최초의 임무 가운데 하나는 강어귀를 확보하는 것이었다. 그것은 양안 사이의 통행을 원활하게 하고, 적이 서둘러 무장시킨 꽤 많은 소형 선박들의 끊임없는 위협에서 메도크 지방뿐만 아니라 보르도를 지키기 위해서였다. 생장 드 뤼츠로 전령이 파견되었다. 그곳에서 영국군 함대에 명령을 전달하기 위함이었다. 그러나 라테스트의 작은 항구에서 통보함(通報艦)을 보내면 명령이 더 일찍 도착할 것으로 생각되었다. 달루지 경은 자신의 긴급전문을 므쓔 외젠 드 살뤼스, 므쓔 파예, 므쓔 모로 등에게 보여주었다. 3월 2일 당시 라테스트 항은 보병 초소 하나와 엘리트 국민방위대 300명이 지키고 있었다. 지휘관인 므쓔 몰레옹과 므쓔 말레 드 로크포르는 이들에게 흰색 휘장을 착용하도록 지시했다. 그들은 주민들과 전열부대의 저항을 받는 등 커다란 위험을 겪었지만 단호한 의지로 그것을 이겨냈다. 그들은 대다수의 국민방위대와 보병 분견대를 이끌고 보르도에 도착했고, 이들에게 합류하지 않은 나머지 사람들은 블레에 주둔하고 있는 제국 군대에 합류하러 갔다. 그렇지만 므쓔 살뤼스와 그의 동료들은 기대했던 것과는 달리 라테스트 항에서 배를 탈 수 없었다. 시장과 주민 몇이 그들의 출발을 막았기 때문이다. 그들은 보르도로 돌아와야 했다. 그러자 저하께서는 므쓔 라로슈자클랭이 직접 자기 부대의 몇몇 자원병, 므쓔 말레의 국민방위대 일부, 그리고 영국군 250명을 데리고 라테스트로 가라고 명령하셨다. 주민들은 처음에는 매우 두려워했다. 그러나 그들은 므쓔 라로슈자클랭을 알고 있었고 그로부터 저하의 너그럽고 관대한 말씀을 전해 들었으므로 모든 것이 원만히 잘 진행되었다. 극히 반항적인 세 사람만 감옥에 며칠 갇혔을 뿐이었다. 내 남편은 라테스트에서 일주일을 지내면서 해안 사람들이 모두 왕의 권위를 받아들이게 했고, 주민들의 반감을 해소했으며, 대포와 화약을 수거하여 보르도로 보냈다.

며칠 후, 달루지 경은 생탕드레 드 퀴브자크와 블레를 공격하러 떠났다.[196] 그는 므쓔 라로슈자클랭에게 함께 가자고 제안했다. 그가 그 지역을 잘 알고 있고, 내륙 지방 특히 방데와의 연락망을 구축하고자 했기 때문이다. 그의 자원병 부대도 그를 따라가기를 원했지만, 달루지 경은 그것을 거절하고 므쓔 라로슈자클랭 혼자만 가기를 원했다. 그들은 에톨리에[197]에서 제국 군대를 만났으나 소수여서 쉽게 격퇴했다. 거기서 므쓔 라로슈자클랭은 보르도인들의 흰 깃 군모를 쓰고 녹색 제복을 착용한 채 영국군과 함께 있었기에 커다란 위험을 겪었다.

내 남편은 므쓔 방자맹 드 메스나르가 강을 건너 다시 떠나가도록 했다. 그는 뤼송 근처 출신 귀족으로 방데에 대한 저하의 명령을 받으려고 수많은 위험을 헤치고 온 사람이었다. 므쓔 메스나르는 생트에서 체포되었으나 온갖 상황 속에서도 왕당파들의 활동을 눈감아준 리보 드 라피니에르 장군 덕분에 목숨을 건졌다. 그는 방데에 도착한 즉시 그 지역에서 봉기를 일으키기 위해 움직였다. 그러나 파리의 소식은 그에게 봉기를

---

196 (원주) 토지대장에 정통한 므쓔 그리퐁은 열정과 재능이 넘치는 젊은이였다. 그는 앙굴렘 공작 저하가 블레의 도시지도와 성채지도를 얻게 되면 유용할 것이라고 생각했다. 그는 밤에 해자(垓字)에 내려가 자기의 발로 그것을 측량하는 등 필요한 작업을 했다. 그리고 나서, 고결한 남편이 블레의 시장이었던 늙은 마담 뒬뤼크는 므쓔 그리퐁에게 성채의 내부를 알려주기 위해 그의 팔을 잡고 네 시간 동안 성채 안을 돌아다녔다. 그녀는 아픈 병사가 있다며 그 가상의 병사를 찾고 싶다는 구실을 대고 그렇게 한 것이다. 그녀는 장교들과 이야기를 하면서 구석구석 돌아다녔고, 장교들은 시장 부인에게 극도로 친절했다. 므쓔 그리퐁은 블레 공격이 현안이 되자 즉시 앙굴렘 공작 저하께 지도를 드렸다.

197 Etauliers는 지롱드도(道)에 있는 작은 코뮌이다.

일으킬 시간을 주지 않았다.[198] 그때까지 므쓔 라로슈자클랭은 봉기 명령을 전달하지 못했다.

에토리에 전투 이후, 므쓔 라로슈자클랭은 루이 딜 백작이 도착하는 것을 보았다. 오래전부터 음모를 꾸며온 이 백작은 즉시 앙굴렘 공작 저하께 가서 저하의 명령을 받아 생장 당줄리에 있는 므쓔 샤를 드 보코르에게 전했다. 그러면 그는 그 명령을 방데에 전달할 예정이었다. 므쓔 샤를 드 보코르는 제국 군대가 전투를 벌이고 있는 지역을 뚫고 돌아왔는데, 임무를 수행하느라 극한의 위험을 겪었다. 그는 부활절 다음 월요일 봉기가 일어날 것임을 알렸다. 그와 거의 동시에 므쓔 바셰르가 에톨리에에 도착했다. 그는 남편이 전에 영예근위대[199]에서 본 적이 있는 사람이었다. 므쓔 바셰르는 트루아에서 탈출하여 낭트 인근에 있는 친척 집에 숨어 있다가 므쓔 쉬자네를 만났는데 므쓔 쉬자네가 그를 므쓔 라로슈자클랭에게 보낸 것이다. 그는 서부에서 모든 준비가 완료되었다는 것, 농민들의 사기가 점점 더 높아지고 있다는 것, 전쟁 개시 종소리는 부활절 다음 주에 울릴 예정이라는 것, 그리고 마지막으로 우리의 옛 부대가 있던 소교구들은 므쓔 라로슈자클랭의 지휘를 바라고 있다는 것 등을 알리러 왔다. 그들은 총 만 5천 정과 화약이 절대적으로 필요하다고 요구했다. 그러나 이러한 물품을 하역할 부대는 필요 없었다. 왜냐하면 그 지역은 그전에 봉기를 일으킬 것이기 때문이었다.

---

[198] 방데에서 봉기가 일어나기 전에 파리는 왕을 인정했기 때문에 봉기가 필요 없게 되었다.

[199] 영예근위대(Les gardes d'honneur)는 제1제정 시기에 프랑스 제국근위대를 보강하기 위해 만들어진 4개의 경기병연대로 구성되어 있다. 부르주아지와 귀족 같은 사회지도층 집안 출신이며 자비로 무장했고 1년 근무 후에 장교 승진을 약속받았다. 1813년에 소집되어 1814년 동맹국의 프랑스 원정에서 활약했으며 제1차 왕정복고 시기에 해체되었다.

므쓔 바셰르는 임무를 수행하느라 많은 위험을 겪었다. 그는 계속 추격당하다가 마침내 프랑스 군대의 무질서를 뚫고 에톨리에까지 왔다. 내 남편은 즉시 그를 저하께 보냈고, 므쓔 딜 역시 저하를 뵈러 갔다.

달루지 경은 블레 성 공격을 준비하기 위해 보르도에 왔다. 이미 펜로즈 제독은 강 쪽에서 성채를 포격하여 통로를 뚫었다. 3월 13일, 도시의 시장인 므쓔 될뤼크는 전하께 충성을 맹세했다. 그는 수비대가 항복하도록 애썼으나 뜻을 이루지 못했다.

그렇지만 보르도에서 아무 걱정도 없었던 것은 아니었다. 강력한 프랑스 부대가 페리괴를 지나 도착했기 때문이다. 영국군의 수는 많지 않았다. 사람들은 버킹엄 후작이 보르도 봉기 소식을 듣고 정부의 훈령을 기다리지도 않은 채 부르봉 가문에 대한 기사적 열정으로 보르도를 도우러 떠난 것을 알지 못했다. 역풍이 불어 후작의 지롱드 지방 도착을 방해했다. 왕당파가 프랑스인으로 부대를 구성하는 데 시간이 충분하지는 않았지만 왕당파의 사기는 배가되었고 저하에 대한 사랑은 불같이 달아올랐다. 저하는 매일 두세 사람만 대동하고 걸어서 도시 밖으로 나가 멀리 떨어져 있는 군사 기지를 방문했다. 함께 간 군중들은 점점 더 그의 선함과 그에 대한 신뢰감에 매료되어 끊임없이 "국왕 만세! 앙굴렘 공작 저하 만세!"를 외쳤다. 사람들은 저하가 프랑스의 구원을 위해 모든 위험에 맞설 거라는 생각으로 전율했고, 저하를 위해 목숨을 바치려 했다. 에티엔 드 다마스 백작은 모범적인 충성심을 보여주었다.[200] 그는 저하의 모든 일을 떠맡아 밤낮으로 충실하고 열정적으로 일했기에 보르도인들의 변함없는 사랑을 받았다. 또한 사람들은 서부에서 드디어 봉기가 일어날 거라는 생각에 안심했다. 저하에 대한 사랑 못지않게 많은 능력을

---

[200] (원주) 그 후 다마스 크뤼 공작이 되었다.

보여준 달루지 경은 그러한 움직임을 원활히 할 수 있는 것이라면 무엇이든 동의했다. 므쓔 라로슈자클랭의 출발 일자가 4월 13일로 정해졌다. 그의 자원병 부대는 그를 따라가기를 원했다. 사람들은 그에게 필요한 화약과 무기를 주었다. 또 그들은 방데 작전에 참여하기만을 기다리고 있던 베리 공작 저하께 알리고자 저지 섬에 통보함(通報艦)을 파견했다. 우리가 이러한 걱정과 희망으로 긴장되어 있을 때, 4월 10일 부활절 4시에 전령이 도착했다. 우리는 파리가 왕을 인정함으로써 모든 것이 끝났다는 것을 알았다. 우리는 모두 열광했고 그 감격은 형언할 수 없었다. 도시 전체는 행복의 열기에 휩싸였다. 모든 교회 예식은 테데움을 노래하는 감사예식을 위해 중단되었다. 우리는 거리로 나와 서로 껴안고 춤을 추었다. 24시간 동안 보르도는 흥분의 도가니에 빠져 있었다. 그 도시에는 프로테스탄트가 매우 많았는데, 므쓔 뒤쉬미에, 므쓔 고티에, 므쓔 존스톤 등을 위시한 대부분의 프로테스탄트는 왕당파의 정서와 위험을 공유해왔다. 보르도의 상인인 아브라함 포르타도가 유대인 최고회의를 주재한 후, 그와 마찬가지로 보나파르트를 싫어했던 유대인들 역시 전체적인 기쁨에 동참했다. 앙굴렘 공작 저하는 므쓔 라로슈자클랭에게 파리에 가서 왕제에게 자신의 긴급전문을 전달하고 왕의 명령을 받으라는 임무를 맡기심으로써 더없이 명예로운 상을 주셨다. 므쓔 라로슈자클랭은 전하보다 조금 일찍 칼레에 도착했다. 그는 그다지 잘 알지 못하는 옛 의전관 드뢰 브레제 후작과 마차에 동승하게 되었다. 후작은 직책상 즉시 왕의 집무실에 들어갔다. 전하께서는 그를 기쁘게 맞이하고서 말씀하셨다. "므쓔 브레제, 짐은 그대에게 성 루이 십자가를 준다." 므쓔 브레제는 특히 궁정에서는 매우 드문 솔직함과 충성심을 가지고 대답했다. "전하, 대단히 감사합니다만, 불행하게도 저는 전하께 보여드리려 했던 충성심을 보여드리지 못했습니다. 저는 저보다 그것을 받을 자격이 있는 사람과 함께 왔습니다.” “그게 누군가?” 뒤라 공작이 외쳤다. “라로슈자클랭 후작입니다.” 전하께서 말씀하셨다. “아! 그 사람 덕분에 나의 ‘좋은 도시’ 보르도에서 운동이 일어났지. 그를 들라 하라.”[201] 므쓔 라로슈자클랭은 전하의 발 앞에 몸을 던졌고, 전하는 그에게 손을 내미셨다.

---

[201] 좋은 도시(bonne ville). ‘좋은 도시’란 구체제의 프랑스에서 국왕이 제공하는 특권과 보호를 누리면서 유사시 국왕에게 군사적 재정적 지원을 하기로 약속한 도시를 말한다.

| 보유 |

뒤무스티에 집안 사람들에 대한 간단한 기술

Mémoires de Madame La Marquise De La Rochejaquelein

므쓔 조제프 마리 뒤무스티에와 므쓔 투필 라발레트가 방데에 도착했을 때는 평화협상이 진행되고 있었기에 전투가 벌어지지 않았다. 그들은 므쓔 샤레트의 극진한 환대를 받았다. 그들은 브르타뉴인 70명과 함께 강을 건너갔다. 평화시에도 므쓔 샤레트는 자기 부대를 유지하고 있었기에 그 므쓔들은 그와 함께 있었을 뿐만 아니라 다른 뒤무스티에 집안 남자 둘을 불러들였다. 엘리와 콩스탕이 그들인데, 그들은 전쟁이 재개된 직후에 합류했다. 조제프 마리는 전투에서 큰 공을 세웠으나 심각한 부상을 당했기에 자기 어머니에게 치료를 받으려고 은밀히 루아르강을 건너 어머니 집에 돌아왔다. 그 무렵에 브르타뉴 지방의 이 지역에서는 슈앙이 조직되어 방데와 손쉬운 연락망이 구축되었다. 그의 두 형제가 그를 만나러 왔다. 그들은 조제프 마리가 샤레트의 부대에 복귀할 수 있을 정도로 몸을 회복할 때까지 일시적으로 슈앙에 가담했다. 조제프 마리는 샤레트의 부대로 돌아갈 것을 간절히 열망했다. 왜냐하면 장군은 그 형제들을 각별히 대우해주었기 때문이다. 특히 장남에게 그러하여 장군은 그를 자기의 가장 우수한 장교 가운데 한 사람으로 여겼고, 그가 부상당했을 때 칼을 잃어버린 것을 알고는 자기의 칼을 보냈다.

조제프 마리가 거의 회복되었으므로 그들은 곧 방데로 돌아갈 예정이었다. 바로 그때 끔찍한 불행이 일어났다. 그것을 설명하려면 드레뇌프에 대해 기술해야 한다. 그 성에 들어서면, 더 정확히 말하면 그 작은 집에 들어서면 마당이 있고 오른쪽에 집이 있다. 문을 열면 복도가 나오는데 그 끝에 부엌이 있으며 정원 쪽으로 부엌문이 나 있다. 복도 오른쪽에는 큰 살롱으로 들어가는 문이 있다. 살롱은 마당 쪽으로 창이 나 있고, 정원으로 나가는 문이 있다. 살롱에서 작은 복도를 통해 왼쪽으로는 오래된 방이 있고, 오른쪽으로는 작은 방이 두 개 있다. 이 작은 방 두 개는 아직 완공되지 않았으며, 마당으로 돌출한 모퉁이에 있는데, 정문 현관 근처의 외부 통로 쪽으로 창문이 나 있다. 이것이 1층의 모습이다. 새로 만드는 방들의 창은 조금 높다. 2층은 없다. 복도 왼쪽에 있는 작은 방은 12보(步) 정도의 높이이다. 새 방들은 창문도 없고 덧문도 없다. 오래된 방과 문은 매우 낡아서 제대로 닫히지 않았다.

용감한 솔 드 그리졸 장군이 이 지역의 슈앙을 지휘했다. 그는 며칠 전에 생질다 마을을 점령했다. 이 작은 전투에서 두 달 전에 슈앙에 투항한 치안군 병사가 두드러진 활약을 보여 슈앙의 신뢰를 얻는 데 성공했는데, 바로 그가 배신하고 마담 뒤무스티에의 집을 기습하게 한 사람이었다. 그날 저녁 므쓔 솔은 드레뇌프에서 장교 10여 명과 저녁식사를 하고 있었다. 그 므쓔들이 큰길에 초병으로 세워놓았던 슈앙 몇 명은 술집에 들어가 있었다. 그 치안군 병사는 많은 지휘관이 드레뇌프에서 저녁을 먹을 거라고 치안군에 알렸다. 치안군 병사 300명이 파견되어 저녁 10시경에 조용히 도착했다. 아무 소리도 내지 말라는 명령을 받았던 것이다. 그들은 모든 문과 창에 배치되었고 일부는 살금살금 복도로 들어갔다.

조제프 마리는 드레뇌프에서 자지 않았다. 그는 매일 저녁 농민들 집에 갔다가 부상 때문에 일찍 집으로 돌아왔다. 그때 그는 부엌에 서서 문 쪽에 앉아 저녁을 먹고 있던 자기 하인에게 빨리 식사를 마치라고 재촉하고 있었다. 그 순간 그는 제복을 입은 팔이 하인의 팔을 잡는 것을 보았다. 용감한 뒤무스티에는 병사들이 있을지 모르는 정원을 통해 도망치는 대신 칼을 뽑아 들고 그 병사의 팔을 베어버렸다. 곧바로 청군이 부엌으로 밀려들어와 그에게 덮쳤다. 등불이 바닥으로 떨어지자 모두 도망쳤다. 그러나 늙은 하녀는 도망치지 않고 조제프 마리를 지키려고 애썼다. 조제프 마리는 복도로 밀려났다. 그는 두 사람을 죽였고 두세 사람에게 부상을 입혔다. 그는 청군이 아무 소리도 내지 않는 것을 보고 살롱에 있는 사람들에게 알리려고 "무기를 들라!"라고 두 차례 외쳤다. 그 당시에 사람들은 여자들은 죽이지 않았지만 여자들도 그러한 관용을 별로 기대하지는 않았다. 마담 뒤무스티에는 "무기를 들라!"라는 외침을 듣고 숨지 않았다. 그녀는 자기 아들은 멀리 나가 있다고 생각했기에 그것이 자기 아들의 목소리인지 알지 못했다. 그녀는 살롱의 문을 닫고 빗장을 채우고 등불을 끈 다음, 자기가 말로 청군을 붙잡아 놓는 동안 도망치라고, 자기들만 생각하고 도망치기만 하라고 슈앙들에게 말했다. 청군이 문을 박차고, 누가 누구인지도 모르기 때문에 기습당하지 않을까 두려워하면서, 들어왔다. 마리 루이즈 뒤무스티에와 그녀의 이모는 슈앙들이 도망치게 하려고 창문 쪽의 감시가 허술한지 어떤지 살펴보았다. 도처에 청군이 있었다. 그녀들은 새 건물의 창을 보았는데, 거기에도 치안군 10명이 있었다. 마리 루이즈는 좀 더 확실히 살펴보려고 머리를 내밀었다가 얼굴에 탄환을 맞았다. 그녀는 므쓔들에게 이 창을 통해 달아날 수 있지만 사격을 받을 위험이 있다고 말했다. 두려움을 모르는 콩스탕 뒤무스티에는 "나를 좋아하는 사람은 나를 따르라!"라고 외치며 피스톨 두 발을 쏘면서 뛰어나갔다. 므쓔 솔 드 그리졸이 두 번째로 나갔고, 나머지 여덟인가 열 사람이 피스톨을 쏘면서 뒤따랐다. 청군이 사격을 가했고, 불행한 콩스탕은 그 자리에서 죽었다! 므쓔 솔은 머리에 부상을 당했으나 다른 사람들은 한 발도 맞지 않았다. 마당 바깥쪽에 있던 청군은 10명밖에 되지 않아 슈앙을 추격할 엄두를 내지 못했다. 슈앙은 므쓔 솔을 안고 도망치다가 가까이 있는 숲에 멈춰서 다시 피스톨을 쏘았다. 그들은 추격당하지 않았다. 그러는 동안, 몹시 흥분한 열여섯 살짜리 젊은이는 마드무아젤 뒤무스티에에게 여자 옷을 입혀달라고 부탁했다. 변장이 채 끝나기도 전에 청군이 그 방에 들어왔고 그가 남자임을 알아보았다. 용감한 마리 루이즈가 그는 자기 여동생이라고 외쳤지만 소용이 없었다. 그는 팔에 칼을 맞았다. 집은 아수라장이 되었다. 모든 것이 부서졌다. 그들은 여자들에게는 욕설을 퍼부었지만 아무런 해도 입히지 않았다. 여자들은 조제프 마리와 콩스탕이 살아있는 것으로 생각하여 안도했다. 한편, 엘리 뒤무스티에는 청군이 들어올 때 마당에 있다가 붙잡혔다. 그는 그의 신분이 밝혀지지 않았기 때문에 그냥 네 명의 병사에게 넘겨졌다. 왜냐하면 그는 옷을 잘 차려입은 형제들과 달리 허름한 옷을 입고 있었기 때문이었다. 병사들은 그를 여러 농가를 전전하며 오랫동안 가두어 놓았다. 그는 좋은 사과주가 있는 농가를 안다고 그들에게 은밀히 말한 다음 그들이 술을 퍼마시고 있는 동안 비밀문을 열고 숲으로 도망쳤다.

네 시간 후, 청군은 드레뇌프에서 철수했다. 그들은 예상과는 달리 마담 뒤무스티에를 감옥으로 끌고 가지 않았으며, 비무장 여자들이나 남자들에게 개머리판으로 몇 번 가격한 것 말고는 아무런 해를 입히지 않았다. 그들이 떠나자마자 엘리가 와서 두 형제의 죽음을 어머니에게 알렸다. 이 불행한 여자는 사람들이 자기를 괴롭힐 것으로 생각하여 농민들 집에 숨어 지냈다. 얼마 안 되는 재산을 모두 잃고 아무리 해도 드레뇌프에서는 머물 수 없게 되자, 그녀는 시트랑에 있는 내 어머니 집으로 피신할 생각을 했다. 그녀는 어머니가 집을 몰수당하지 않고 여전히 집을 소유하고 있을 것으로 확신했다. 그녀는 통행증을 얻고, 르동 근처에서 몰래 배를 타고 바다로 나간 다음 시트랑 근처에 내렸다. 그녀와 그 딸, 그녀의 시동생이 도착한 것을 알았을 때 우리가 느낀 감동이 어떠했을지 생각해보라! 그들은 우리의 구원자로서 환영받았다. 얼마 후, 샤레트가 죽었다는 소식이 전해졌다. 므쓔 투필 라발레트는 부상당해 침대에 누워 있었기에 자기의 장군이 맞은 운명을 피했으나 그와 함께 죽지 못한 슬픔에서 벗어날 수 없었다. 그도 우리를 보러왔다. 그는 리무쟁에 있다가 왕정복고 며칠 전에 죽었다.[202]

뒤무스티에가 시트랑에 머문 지 1년 후에 수확월 18일의 사건이 일어났다. 사람들은 압류한 물품을 우리 집에 쌓아놓았다. 나는 스페인으로 떠났다. 체질적으로 허약한 마담 뒤무스티에는 이미 많은 충격으로 타격을 입었는데, 이 최후의 충격을 이기지 못하고 며칠 지나지 않아 사망했다. 그녀는 매우 존경받는 집안에서 태어났으며 결혼 전의 이름은 마드무아젤 에리였다. 어머니는 파리로 떠났다. 어머니는 마리 루이즈와 그녀의 삼촌을 잠시 브르타뉴에 있는 그들의 친척 집으로 보냈다. 그 젊은 여자가 겪은 온갖 불행, 아름다움, 용기, 그녀의 가족 모두가 고취한 존경심 등은 그녀가 아주 훌륭한 사람과 성공적인 결혼을 하게 해주었다. 그녀는 반(Vannes) 근처에 사는 므쓔 쿠에와 결혼했다. 그녀는 왕정복고 전에 죽었고 여러 아이를 남겼다. 자기 어머니를 보러 왔던 엘리 뒤무스티에는 브르타뉴로 돌아가서 자기 가문을 명예롭게 이어가고 있다.

---

202 왕정복고(Restauration). 왕정복고는 나폴레옹 보나파르트가 퇴위한 1814년 4월 6일부터 그가 돌아온 1815년 3월 19일까지(제1차 왕정복고)와 나폴레옹의 백일천하(1815년 3월 20일부터 1815년 6월 22일) 이후 1830년 7월 29일 부르봉 왕조의 마지막 왕인 샤를 10세가 퇴위한 날까지의 기간이다.

인명 찾아보기

ㄱ

가스통 __81, 183
고티에 __382, 412
공보 __393, 396, 400, 407
구레 __318, 320
그레미옹 __53, 55, 57
그를리에 __178, 348
그리벨 백작 __391
그리퐁 __409
기냐르 __120, 173
기요 드 폴빌 신부(아그라 주교) __135, 136, 137, 142, 159, 183, 186, 208, 256, 257, 259, 351
기요(조제프) __394

ㄴ

나르본 라라 백작(루이) __37
나르본 프리츨라르 백작 __32, 33
나폴레옹 보나파르트 __5, 7, 198, 367, 374, 375, 376, 378, 379, 384, 385, 390, 392, 396, 399, 405, 407, 412
네케르 __26, 34, 35

ㄷ

다르고뉴(세브롱) __224, 341
다르장스 __316
다마스 백작(에티엔) __398, 400, 411
다브레 공작 __380
다스토르 백작 __26, 35
달루지 __398, 407, 408, 409, 411, 412
던다스 __183, 254, 256
데노 __368, 381, 382
데스누 __349
데스투슈 __253, 309
데크레소니에르 __368
데프레 드 라샤테느레 __234
델베 __81, 94, 99, 116, 119, 120, 127, 129, 133, 137, 147, 153, 170, 175, 176, 178, 179, 181, 186, 188, 189, 191, 197, 201, 206, 207, 208, 209, 211, 212, 213, 220, 221, 228, 257, 351
도니상 후작(조제프) __9, 22, 25, 35, 38, 39, 41, 42, 52, 55, 57, 59, 62, 76, 90, 92, 106, 108, 111, 112, 114, 119, 127, 133, 137, 140, 147, 149, 152, 157, 161, 168, 175, 176, 183, 188, 192, 198, 209, 210, 211, 212, 220, 226, 228, 229, 230, 252, 253, 256, 264, 268, 270, 279, 280, 290, 297, 299, 305, 306, 311, 313, 321, 334, 335, 347, 348
도니상 후작부인(마리 프랑수아즈 드 뒤르포르 드 시브라크) __6, 8, 10, 11, 14, 18, 21, 23, 24, 25, 26, 33, 35, 36, 38, 39, 40, 41, 43, 45, 46, 47, 52, 57, 59, 60, 62, 73, 76, 86, 90, 92, 101, 105, 106, 107, 108, 125, 156, 165, 167, 168, 193, 210, 211, 213, 217, 226, 228, 231, 232, 248, 249, 250, 266, 268, 270, 275, 277, 279, 280, 281, 290, 291, 294, 296, 297, 298, 299, 300, 302, 304, 305, 309, 310, 311, 314, 316, 317, 318,

319, 321, 322, 323, 324, 325, 329, 330, 331, 332, 334, 335, 337, 338, 339, 364, 367, 368, 369, 376, 378, 380, 381, 382, 383, 384, 386, 388, 391, 417, 418
도마녜 __107, 120
도메녜 __138, 149, 154
도벤하임 __243, 253, 255, 292
도종 __74, 90, 104, 108, 125, 251, 349
도티샤(샤를) __61, 154, 172, 190, 220, 222, 227, 228, 240, 253, 270, 292, 342
두생(생트마리 드 레의 신부) __199, 271, 272, 276
뒤게스클랭 __103
뒤동 __381, 382, 385, 386
뒤동 드 레스트라드 __381
뒤라 __395, 413
뒤랑 __157
뒤리보 __177, 212, 213, 215, 219, 226, 227, 232, 245, 246, 248, 261, 268, 349
뒤마니 __327
뒤무스티에 __322, 325, 326, 327, 328, 329, 330, 332, 334, 335, 336, 337, 339, 415, 416, 417, 418
뒤무스티에(마리 루이즈) __325, 326, 329, 330, 416, 418
뒤무스티에(엘리) __414, 417, 418
뒤무스티에(조제프) __327, 414, 415
뒤무스티에(콩스탕) __414, 416
뒤브뢰유 __393
뒤샤텔 __72, 368
뒤샤포 __213, 316
뒤셰니에 __348
뒤쉬미에 __412
뒤슈니에 __158
뒤우 기사 __120, 152, 201, 204, 220, 236, 253, 291
뒤우 도트리브 __120, 137, 154, 192, 201, 213, 351, 352
뒤우 장군 __201
뒤페라(다니오) __131, 133, 158, 171, 338, 348, 385
뒤퐁 __380, 381, 382, 385
뒤프렌 __389
드레스네 __255, 256
드세사르 __74, 92, 104, 108, 111, 125, 142, 147, 148, 209, 251, 253, 306, 327, 347
드세사르 신부 __101, 104, 112, 120, 141, 183, 256, 273, 278, 283, 297
드소르모 __245
드아르그 __240, 253, 275
들루슈 __71
디스니 __349
디아스 __387, 388
딜 백작 __410, 411

ㄹ

라게리비에르 __154, 236
라고델리에르 __182
라로슈생탕드레 __275
라로슈생탕드레 부인 __344
라로슈자클랭 후작(루이) __4, 5, 7, 352, 369, 370, 371, 372, 373, 374, 375, 376, 377, 378, 389, 390, 391, 393, 394, 395, 396, 397, 398, 399, 400, 401, 403, 404, 407, 408, 409, 410, 412
라로슈자클랭 후작(앙리) __61, 74, 75, 84, 86, 87, 88, 89, 90, 92, 93, 94, 95, 98, 100, 106, 107, 108, 109, 111, 118, 119, 127, 128, 129, 131, 133, 137, 138, 145, 146, 147, 148, 149, 151, 154, 155, 158, 160, 165, 167, 169, 172, 173, 175, 178, 180, 183,

188, 189, 191, 193, 195, 200, 203, 212, 213, 219, 220, 223, 229, 230, 236, 239, 240, 241, 244, 251, 253, 254, 259, 260, 263, 264, 265, 270, 272, 273, 275, 276, 278, 280, 284, 285, 286, 290, 291, 293, 294, 295, 329, 336, 352, 353, 354, 355, 356, 369, 370, 390
라로슈자클랭(쥘리앵) __352
라로슈쿠르봉 __292
라로슈푸코 __143
라로즈 __393
라마르소니에르 __132, 133, 139, 240, 253, 273, 349
라모트 __349
라바테르 __23
라발 공작(아드리앵) __5, 390
라보 __346
라부아리 __306
라브레졸리에르 __332, 335
라비고티에르 __154, 168, 292
라빌 구브레 __310
라살 __100
라살모니에르 __348
라소리니에르 __201, 212, 213
라크루아 __176, 254, 349
라투레트 백작 __387
라투르 올라녜 __379, 382, 385, 388, 389
라트레조리에르 __171
라파예트 후작 __33, 36, 37, 38
랑글루아 __283
랑발 공작부인 __28, 47, 48, 49, 50, 51, 52, 60, 73
랑베르티 __344, 345, 346
랑주리 __132, 295, 352
랭슈 __391, 396, 400, 403, 404, 405, 407
랭페르나 __291
레스퀴르 후작 __14, 15, 16, 17, 18, 19, 20, 21, 43, 44, 45, 46, 47, 48, 49, 50, 51, 52, 54, 55, 56, 57, 59, 60, 61, 62, 64, 65, 74, 75, 76, 77, 83, 84, 85, 86, 87, 88, 89, 90, 92, 100, 103, 104, 105, 106, 108, 109, 110, 111, 114, 117, 118, 119, 125, 126, 127, 128, 129, 130, 131, 133, 137, 138, 139, 145, 146, 148, 151, 152, 157, 160, 162, 163, 164, 166, 167, 170, 171, 172, 173, 174, 175, 177, 178, 179, 180, 183, 188, 189, 190, 191, 192, 196, 197, 203, 204, 205, 206, 207, 208, 209, 210, 211, 212, 213, 214, 215, 216, 217, 218, 219, 222, 224, 225, 226, 227, 228, 229, 230, 231, 232, 233, 234, 236, 238, 239, 242, 244, 245, 246, 247, 248, 249, 250, 251, 253, 289, 299, 335, 348, 357, 366, 368, 376, 394
레스퀴르(장 밥티스트) __333
렌 남작 __408
로그르니에르 __158, 200, 349
로르주 공작 __9, 25, 29, 42, 50, 380, 388
로뱅 __346
로베스피에르 __329, 340, 343, 346
로앙 추기경 __11, 25
로제 물리니에 __177, 259, 298
로제트 __312, 314, 316
롤라크 __382, 387, 388
루셰 __282
루아랑 __83, 115, 163, 175, 178, 180, 181, 188, 190, 191, 207, 215, 220, 240, 282, 361
루아조 __149, 215
루이 16세 __9, 10, 18, 26, 29, 30, 31, 32, 33, 34, 35, 36, 37, 38, 40, 41, 43, 48, 50, 52, 54, 55, 72, 75
루이 18세 __6, 9, 16, 35, 41, 378, 379, 384, 403, 404, 406, 407, 412
뤼엘 __339

뤼트켄 __393, 400, 402, 406
뤽상부르 공작 __26, 29
르노 __302, 333
르누 __132, 216, 348
르메냥 __143, 192, 259, 291, 352
르제 __214, 261, 348
르콩트 __190
리고 __372
리로 __115, 157, 160, 182, 187, 207, 221, 228, 253, 306
리비에르 __378
리샤르 __171, 280
리슈토 __71, 72
리알로(쥘리앵) __314, 316
리알로(피에르) __317, 323
린 __279, 280
링크스 __206

ㅁ

마냥 __158, 368
마르마주 __382, 389
마르상주 __132, 173, 180, 349
마르탱 __116, 239, 240, 261
마리 앙투아네트 __9, 31, 38, 41, 47, 48, 49, 52, 247, 406
마리니(베르나르) __47, 50, 55, 56, 75, 90, 104, 105, 106, 108, 111, 112, 120, 127, 137, 149, 150, 151, 154, 170, 172, 176, 188, 189, 191, 209, 225, 235, 253, 270, 280, 297, 299, 305, 306, 311, 312, 313, 314, 315, 316, 336, 357, 358, 359, 360, 361
마리안 __303, 304, 315, 319
마메(하녀) __299, 304, 311, 317, 328, 335
마크 쿼르탱 __339, 364
메스나르(방자맹) __409
메이틀랜드 __371, 372
모랑(마리) __319
모르네 __189
모리세 __342
몽드나르 __391, 396
몽디옹 기사 __132, 133, 191, 206, 232, 248, 347
몽모랑시(마티외) __5
몽모랭 백작 __14, 21, 23, 38, 54, 56, 73
몽바동 백작 __376, 377, 392
몽테스키우 백작 __16
몽티냐크 __264, 269
몽프랑 __293
물랭 __297

ㅂ

바니에 __172, 348
바랑트 __2, 4, 6, 376, 377, 390, 392, 394, 395
바르보 __348, 349
바르비에 뒤 퐁트니 __330
바셰르 __410, 411
버킹엄 후작 __411
베라르 __254
베레스퍼드 __401, 403, 404, 405, 407
베르네스 __177, 292
베르니에 신부(생로의 신부) __143, 144, 173, 203, 254, 256, 257, 261, 295, 326, 359, 360, 363
베르니에(장) __201
베르탱 __254, 256
베르퇴유 __83, 178, 284, 298
베세르 __160, 202, 205
베자리 __83, 178
보드리 다송 __71, 72, 156, 189
보디 __143
보르다 __383, 384
보르드로(르네) __198
보르페르 기사 __131, 162, 163, 164, 214, 348, 357, 360

보베 __295
보볼리에 __109, 132, 133, 145, 147, 154, 162, 163, 174, 177, 206, 209, 212, 216, 231, 232, 248, 249, 251, 253, 259, 261, 262, 264, 265, 283, 297, 298, 347, 349
보제(라빌) __131, 133, 138, 149, 150, 162, 163, 164, 208, 209, 232, 240, 251, 253, 256, 273, 284, 295, 352, 355, 356, 357, 360, 389, 395
보코르 __349, 395, 410
보퓌 __221
봉샤 __81, 94, 99, 114, 115, 127, 128, 131, 133, 137, 139, 147, 148, 154, 161, 172, 174, 175, 176, 178, 180, 181, 186, 190, 191, 195, 197, 200, 203, 204, 206, 207, 208, 209, 211, 213, 216, 217, 219, 220, 221, 224, 225, 228, 236, 239, 248, 253, 271, 330, 341, 356
봉샤 부인 __225, 270, 290, 337, 340, 341
봉탕(하인) __216, 289, 313
부공 __257, 260, 348
부라소 __120, 143, 245
부르보트 __173
부아시 __120, 137, 152, 192, 351, 352
부아시 당글라 __397
부아프레오 __147, 158, 278, 280
뷔로 드 라 바타르드리 __339
브랭 __135, 144
브뤼네 __177, 350
브자리 __348
비레 __351, 352
비롱(로죙 공작) __162
비바르(피에르) __134
비오메닐 남작 __52
빅투아르 왕녀(루이 16세의 고모) __9, 10, 23, 25, 37, 39, 41
빌뇌브 __120, 135, 173, 253, 259, 349
빌리 __303, 311
빔펜 __243

ㅅ

사뱅 __115, 202
사보니에르 __35, 41
사피노 __83, 178, 361
살로몽 __147
살뤼스 __383, 384, 400, 401, 404, 408
상글리에 __132, 290, 349
상테르 __173, 199, 200
생세르베 __292
생틸레르 __256, 275
샤레트 __82, 107, 115, 157, 160, 175, 176, 180, 181, 182, 185, 188, 190, 191, 202, 203, 204, 205, 206, 208, 209, 210, 213, 214, 220, 231, 232, 309, 310, 316, 336, 337, 338, 341, 350, 351, 353, 357, 358, 359, 360, 361, 362, 363, 390, 414, 418
샤레트(뤼도비크) __390
샤를 10세 __9, 14, 29
샤스텔뤼 백작부인 __10, 40, 45, 378
세리 __380, 385
세메종 __390
세포 __116, 200, 287, 348, 349
센 드 드낭 __269
솔 드 그리졸 __415, 416
솔리야크 __163, 291, 296, 350
숄레 __306
수아예 __116, 348, 360
술리에 __199
쉬자네 __390, 410
쉬프랑 __115
쉬피오 __199
쉴로 __55
쉴리방 __345, 346

슈앙 __274, 348, 349, 350, 365, 382, 414, 415, 416
슈투 __348
스리지(리셰르) __383, 384
스탈 부인 __5, 37
스토플레 __80, 94, 117, 127, 130, 137, 146, 148, 158, 192, 195, 199, 208, 212, 220, 240, 247, 253, 254, 260, 261, 262, 270, 273, 288, 295, 352, 355, 357, 358, 359, 360, 361, 363
시프리앵 __317, 318

ㅇ

아가트(하녀) __59, 232, 244, 248, 250, 264, 335, 344, 345, 346
아르노 __393
아르마야크 __393, 396, 397
아브릴 __206
아옝 공작 __36, 38
알라르 __193, 215, 250, 257, 259, 265, 273, 284, 286, 295, 350
앙굴렘 공작 __395, 396, 398, 400, 402, 405, 406, 407, 409, 410, 411, 412
에르보 __173, 188, 291
에르볼 드 푸아티에 __132
에를로빅(하인) __313
에옹 __24, 25
오달리 __120, 350
오도던 __337, 340
오랭 신부 __328
오를레앙 공작 __28
오를레앙가 __12
웨스테르만 __164, 166, 167, 169, 171, 181, 208, 210, 214, 221
웰링턴 __398, 399, 400, 407
이지니 __115, 207, 253

ㅈ

자고 신부(피에르) __135, 200, 218, 248, 252, 299, 302, 304, 309, 310, 381, 395
자리 __348
장리스 부인 __12
제르 __393
조제핀(황후) __376
조제핀과 루이즈(쌍둥이 딸) __319
존스톤 __412
졸리 __115, 202
지풀롱 __393

ㅋ

카글리오스트로 __22
카넬 __347
카두달(조르주) __374
카디 __120, 201, 326, 348
카리아(하녀) __305, 306, 328, 335, 337, 339
카리에 __187, 344, 345, 349
카리에르 __142, 292
카스트리 __377
카크레 __177, 348
카틀리노(자크) __79, 80, 94, 99, 117, 120, 127, 137, 152, 153, 160, 161, 174, 351, 363
카틀리노(피에르) __352, 363
카틀리니에르 __115
칼레 __71
칼비몽 백작 __36, 50
캉클로 __160, 365
캉트로 __177, 348
케리오 __329, 382, 386, 387, 389, 391, 397, 398, 400, 402, 404
케리오 신부 __45
케티노 __94, 99, 102, 103, 126, 127, 129, 130, 131, 151

켈러 __173
코샤르(로랑) __304, 311, 317, 318
코테(하인) __335, 346
콜리 __389
콩시즈 __168, 365
쿠르시 __334, 366, 367
쿠에 __325, 418
쿠에튀스 __115
쿠티 __291
퀴사르 __262, 344
클레베르 __205

ㅌ

타파르 __387, 388, 389, 393, 396, 400, 405
탈레랑 __5
탈몽 공작 __159, 161, 168, 176, 179, 191, 200, 207, 208, 212, 215, 220, 222, 242, 244, 253, 258, 261, 262, 269, 273, 285, 297, 348, 377
탱기 __347
탱테니아크 기사 __181, 182, 183, 184, 185, 186, 255
테르포르 __376
테이유 신부 __14, 15
텍시에 __128, 156, 177
토늘레 __120, 348
토마 드 푸아 __389
토마(장) __331
토마생 __15, 17, 60, 61, 62, 63, 64, 65, 73, 83, 85, 86, 87, 93, 99
토지아 __391, 404, 406
투필 라발레트 __336, 414, 418
트랑킬 __177, 348
트리베르 __394
티옹빌(메를랭) __306

ㅍ

파멜라 __13
파팽 __381, 382, 385
팔리에름 __348
페 __177
페레 __301, 302, 310, 317, 322
페로 __176, 200, 216, 219, 253, 259, 269, 349
페르난도 7세 __387, 388, 389
페린 __303
펠리시테 데 르수르스 __321, 322, 323, 324, 325, 330
포레 __80, 120, 128, 139, 154, 173, 232, 234, 261
포레스티에 __107, 108, 120, 153, 154, 159, 173, 238, 258, 261, 266, 278, 280, 286, 297, 348, 380, 385
포르타도(아브라함) __412
폴리냐크 __378, 396
퐁타 __400, 403, 408
푀 __71, 72
퓌세귀르 백작(막심) __396, 403
퓌제 __242, 348, 349
퓌토 __250, 274
프라드 주교 __375
프랑셰 __292
프레슬롱 __254
플뢰리 __61
플뢰리오 __116, 148, 154, 161, 253, 297
피롱 __154, 173, 200, 201, 221, 253, 284, 306
피슈그뤼 __385

지은이 마리 드 라로슈자클랭 후작부인
(Marie-Louise Victoire de La Rochejaquelein)

옮긴이 김응종 (金應鍾)

1955년 대전 출생. 서울대학교 인문대학 서양사학과를 졸업하고, 프랑스 프랑쉬콩테 대학교에서 박사학위를 받았다. 1988년부터 충남대학교 사학과 교수로 재직 중이며 충남대학교 평생교육원장과 인문대학장, 한국프랑스사학회 회장 등을 역임했다. 저서로는 『아날학파』(민음사), 『아날학파의 역사세계』(아르케), 『서양의 역사에는 초야권이 없다』(푸른역사), 『페르낭 브로델: 지중해 · 물질문명과 자본주의』(살림), 『서양사개념어 사전』(살림), 『관용의 역사』(푸른역사), 『오늘의 역사학』(공저. 한겨레신문사) 등이 있으며, 역서로는 『프랑스혁명사』(일월서각), 『16세기의 무신앙 문제』(민음사), 『고대도시』(아카넷), 『랑그도크의 농민들』(공역. 한길사), 『유럽은 어떻게 관용사회가 되었나』(푸른역사) 등이 있다. 현재 『다시 생각하는 프랑스혁명－혁명과 폭력』이라는 주제로 연구서를 준비 중이다.